中国社会科学院老年科研基金资助

中国社会科学院老年学者文库

王筱芸　潘潇琦　编著

大运河文化带
北京朝阳段流域历史文脉

社会科学文献出版社

SOCIAL SCIENCES ACADEMIC PRESS (CHINA)

目　录
CONTENTS

第二编 北京坝河河道和河道流域历史文脉

第三编 北京萧太后河朝阳段河道和河道流域历史文脉

第四编　北京温榆河朝阳段河道和河道流域历史文脉

导　言

　　运河是人工挖掘的用以沟通不同地区河流（海洋）之间的航运水道，兼具航运排灌、蓄水泄洪等功能。世界上著名的运河有苏伊士运河、巴拿马运河、中国大运河等，作为人类共同文化遗产，均已先后进入联合国世界文化遗产保护名录。

　　中国大运河始建于春秋时期的邗沟，由隋唐大运河、京杭大运河和浙东运河三部分组成，从开凿至今已有2500多年历史，总长3500里。途经今浙江、江苏、山东、河北四省及天津、北京两直辖市；贯通海河、黄河、淮河、长江、钱塘江五大水系，是世界上开凿时间最早、流经距离最长、规模最大的古代运河。

　　中国大运河的开凿和改造，源于中华民族对水资源认识和利用的不断深化。从春秋末期开凿短距离的邗沟开始，到隋炀帝开凿大运河，形成隋唐宋时期以洛阳为中心沟通南北的水运大动脉。元朝定都北京后，裁弯取直，纵贯南北。"国之大事在漕"，漕运乃"天下之大命所系"。[①] 元明清以来，京杭大运河漕运兴衰与封建王朝统治、江山国运息息相关。大运河是江南各省向京师输送漕粮和各种物资的命脉，是元明清三朝政事的重中之重。疆域辽阔的元、明、清三朝，都城都偏于华夏版图东北，倚仗京杭大运河，就有了一条强化南北联系、及时掌控南北社会动态、共享南北政治经济一统的通道。

　　京杭大运河不仅是加强国家政治统一、经济联系的纽带，更是在五大

---

　　① （清）郑日奎：《漕议》，载贺长龄辑《皇朝经世文编》卷四十七《户政二十二·漕运中》，文海出版社，1972，第 1634 页。

水系之间架起了一座南北文化沟通的桥梁。自江南以迄华北，大运河流域凝聚了底蕴深厚、丰富多彩的地域文化，最终积淀成一条绵延 3500 里的"大运河文化带"。它以庞大的、跨流域的复合水利工程为载体，由社会、经济、地域文化、自然环境等因素综合而成，成为中华文明独特的带状文化体系。北京段是其中核心保护区之一，是北京历史文脉的重要地理标志。作为社会文化和自然遗产资源的结合体，生态水脉、政治国脉、历史文脉、经济动脉、社会命脉，是北京大运河文化带的价值所在。①

大运河北京段横跨昌平、海淀、西城、东城、朝阳、通州六区，通惠河、北运河（白河）为其主线，坝河、温榆河、南长河为支线。北京大运河自西北流向东南，分西郊、老城、朝阳、通州四个段落，构成一条生态水脉，是《北京市大运河文化保护传承利用五年行动计划（2018 年—2022年）》和朝阳区"十四五（2021—2025）"规划大运河文化带发展规划实施重点区域和示范工程之一。大运河朝阳段流域由通惠河、坝河、萧太后河和温榆河四条河道组成。

通惠河是元明清三朝漕运主河道，是京杭大运河抵达京城门户和终点的连接河道，是北京地区漕运最发达的水道。大运河朝阳段流域特别是通惠河朝阳段的漕运门户终端标志，以及漕运入京的漕粮商贸集散功能，是大运河文化带朝阳段河道流域有容乃大、万流朝宗历史文脉的鲜明特征。

大运河文化带北京朝阳段河道流域历史文脉的时间脉络，从元明清民国到新中国成立，再到新时期北京市朝阳区出台并实施北京大运河文化带相关保护利用建设规划。其空间脉络可分为河道与河道流域两个部分。

河道历史文脉，包括河道变迁、河道闸坝建置沿革发展、河道功能和漕运盛衰源流。河道流域历史文脉，包括因河道变迁、漕运盛衰而兴废的码头仓场、集镇街市、名胜古迹、节庆庙会、民风民俗源流兴衰。河道与河道流域同时包括物质文化和非物质文化两个部分。物质文化，包括大运河河道闸坝、码头仓场、村镇街市、庙宇碑铭等漕运设施、文物古迹的历时性变化和共时性呈现。非物质文化，包括河道闸坝及村镇街市地名古今

---

① 吴文涛：《大运河对北京的历史文化意义》，《前线》2014 年第 11 期；郗志群：《北京大运河"五脉"：独具魅力的文化符号》，《北京日报》2017 年 12 月 25 日。

变迁、漕运制度沿革、节庆庙会民风民俗、名胜景观、民间传说等历时性变化和共时性呈现的文化类型。

　　本书根据大运河朝阳段流域由通惠河、坝河、萧太后河、温榆河构成的流域分布，将分四编梳理大运河文化带朝阳段流域历史文脉，呈现其古今文脉和文化类型。

　　《大运河文化带朝阳段流域历史文脉》全书章节如下：第一编，北京通惠河朝阳段河道和河道流域历史文脉；第二编，北京坝河河道和河道流域历史文脉；第三编，北京萧太后河朝阳段河道和河道流域历史文脉；第四编，北京温榆河朝阳段河道和河道流域历史文脉。

第一编
北京通惠河朝阳段河道
和河道流域历史文脉

北京西拥太行，北枕燕山，东临渤海，位于华北平原、东北平原、内蒙古高原的交汇地带。作为农耕、渔猎与游牧族群交汇集散地带，以及中原地区通往东北、西北地区的交通枢纽，具有交汇融通的开放性和包容性。北京有3000多年建城史，从周之蓟城初立到战国燕都、唐幽州城、辽南京城、金中都城，直至元大都、明清北京城，由"辟处北隅"的方国都邑，发展为"天下之中"的王朝帝都。纵观辽金元明清先后建都此地的各个王朝，无不由先定都于其族群发源地，而后迁都北京。印证了北京"幽燕之地，龙蟠虎踞，形势雄伟，南控江淮，北连朔漠，且天子必居中以受四方朝觐"① 的天时地利人和战略位置。

由蓟城发展而来的辽、金两朝都城，均围绕与永定河连接的莲花池（西湖）水系展开。元大都则突破辽、金都城格局，向东北方向拓展，城址北移于水量丰沛的高梁河水系。将高梁河沿线的天然湖泊水系纳入城市整体规划；在皇城中形成以积水潭、太液池为核心的两大水系。为未来元明清帝都与京杭大运河联通的数百年漕运繁荣奠定了基础。

元至元三十年（1293）郭守敬开通通惠河，南北大运河漕船直接驶入大都积水潭，最终解决了金朝以来漕粮从通州难入都城京仓的百年难题。郭守敬在通惠河建造的二十四闸复闸逐级抬高水位、逆水梯航行舟的水利工程技术，不仅"神工当惊世界殊"，也使京杭大运河从此"货通南北利四方"。经过元明清历朝各代不断疏浚治理，通惠河作为维系南北大运河入京漕运终端河道长达600多年。清末由于漕运腐败、黄河改道和大运河持续淤堵，清廷改河运为海运。光绪二十七年（1901），清廷实行"停漕改征折色"，大运河和通惠河漕运宣告停止。漕运停止后的通惠河，成为清末民初京城东部排水泄洪河道。

今天的通惠河，从朝阳区中部贯穿东西。从东便门流经建外地区和高碑店乡、三间房乡、管庄乡三个乡域，至通州八里桥地区后，从卧虎桥汇入北运河，全长21公里。在朝阳区区域内长16公里、宽20～50米，流域面积达63.5平方公里。通惠河穿越今东三环中路、西大望路、京张铁路、

---

① （明）宋濂等：《元史》卷一百一十九《列传第六·霸突鲁》，中华书局，1983，第2942页。

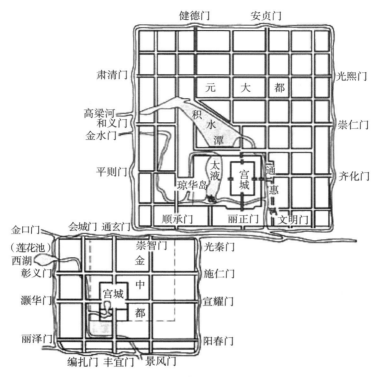

图 0-1 元大都与金中都位置

资料来源：吴文涛：《北京水利史》，人民出版社，2013，第 89 页。

东四环中路、高碑店路、东五环中路、双桥路、双桥东路和建国路。

　　700 多年来，通惠河由元明清三朝南北大运河漕运动脉，到清末民初漕运废止；从 1949 年新中国成立后不断疏通治理，到新时期前后随着北京工业化、城市现代化进程，改造成为城市东部集蓄水、泄洪、排污、热电、景观休闲于一体的多功能河道。尤其是 2014 年中国大运河世界遗产申报成功后，2019 年，中共中央办公厅、国务院办公厅发布《大运河文化保护传承利用规划纲要》。为了更好保护利用大运河北京段，北京出台并实施《北京市大运河文化带保护建设五年行动计划（2018 年—2022 年）》等专项规划。旨在通过传承保护利用发展大运河文化带历史文脉，创建发展通惠河"璀璨文化带、绿色生态带、缤纷旅游带"三大新功能，将地理空间重构为文化空间，带来跨越古今、文旅融合、休闲娱乐新体验。

第一章 北京通惠河朝阳段河道
历史文脉

通惠河是元代人工挖掘的、连接元大都和通州（京杭大运河）北运河的重要漕运河道。通惠河部分河道沿用了金代开通的旧闸河。金闸河的水利设施和漕运功能虽不完备，但它为元代开通通惠河奠定了基础，为元朝通惠河数百年漕运成功，提供了宝贵的经验。

第一节 辽金两代开源济漕，为元代开通
通惠河奠定基础

今日北京所处的幽州地区，从秦汉到隋唐，一直是重要的军事藩镇。五代至宋、辽，处于北方民族与中原王朝拉锯交战的中间地带，极具战略地位。从东汉王霸在此"从温水行漕"利用自然河道开展漕运，到汉末曹操开凿平虏渠和泉州渠，是真正意义上在北京地区开拓人工运河的漕运渠道。

一 辽萧太后运粮河首开其端

宋辽南北对峙时期，辽朝据北方建辽五都之一的陪都南京（又称燕京）于幽州。都城中心在今北京广安门一带，开启了北京作为王朝都城的新纪元。为供应当时日益扩大的城市消费，必须从辽东等地调运物资。据

记载，当时运粮的漕船只能走海路运输，在今天津宁河区的蓟运河海口靠岸，换成小船后再循今蓟运河、北运河进入辽南京城。当时的运粮河一说是辽代的萧太后河。相传太后萧绰执政时，疏浚永定河故道开通漕运。①此说久为民间传说，辽金文献中均无记载。但沿用至今的萧太后河无疑曾经是一条重要的漕运河道，标志着以人工河道连接辽南京城和北运河的开端。

二　金中都开源济漕莫定京通漕运基础

金朝是 12 世纪女真族政权创建的王朝。金中都是继辽朝之后女真族政权建立的都城。公元 1153 年，海陵王完颜亮将金朝都城从上京（今黑龙江哈尔滨阿城）南迁燕京（今北京），取名中都，寓意其居金五京之中。迁宫廷、宗庙、衙署、皇陵于此，旨在脱离女真贵族王朝旧制桎梏。通过推进一系列汉化改革，试图谋求华夏南北大一统。中都至此成为金朝在北部的统治中心。由于都城人口规模远超辽南京，朝廷贵族消费增加，金中都粮食供给主要依赖华北和山东。借助隋唐以来不断挖掘改造的华北水网，经由今卫河、滏阳河、滹沱河、子牙河、大清河等天然水道和人工运河，金朝漕粮汇集到今天津地区以后，循潞水（今北运河）汇聚通州。通州在金朝以前称潞县，海陵王天德三年（1151）升潞县为通州，取"漕运通济之义"，说明通州已经成为金中都的漕运枢纽。

因通州与金中都（今北京）之间没有自然河道，抵达通州的漕粮大多经陆路转运中都。

从通州到中都约 50 里，每年漕运达几百万石，只靠车拉肩扛，人力畜力难以承担，耗资昂贵。开凿一条水量丰富的人工运河从通州直抵中都城，成为金朝亟须解决的问题。早在迁都燕京之初的海陵王时期和金世宗初年（1153—1170），金廷曾经前后两度利用一北一南的漕渠和漕河，尝试开通中都到通州的漕运，或因北部高粱河分支灌渠（三国曹魏时期开辟的农业灌渠，金朝称漕渠、元代称坝河）东西河床坡度太大，无法存留足够承载

---

① 吴文涛：《北京水利史》，人民出版社，2013，第 63 页。

漕船的水量而难以持续；或因南部开金口河导引永定河水入漕河，但永定河地势高峻，积沙成浅不能胜舟而失败。30 年后的金章宗泰和五年（1205），再次开凿中都到通州潞水的漕河，最终获得成功。成功的原因，一是改引高梁河、白莲潭为水源，二是在漕河中设置数闸解决河床坡度过陡难于积水的问题。故金漕河又称闸河。

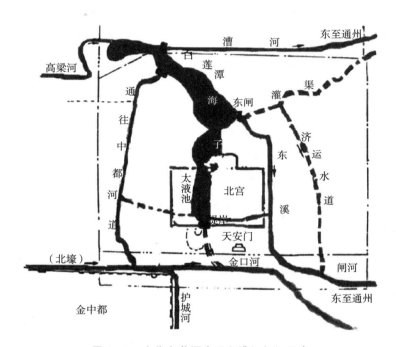

图 1 - 1　金代白莲潭水系和漕河闸河示意

资料来源：赵福生、蔡蕃：《北京大运河概述》，载《北京文博文丛》2017 年第 1 辑（总 87 期），北京燕山出版社，2017，第 27 页。

金闸河的开通大大提高了通州至金中都漕粮运输效率。但不到十年，金贞祐二年（1214），蒙古军大举入侵金中都。金末元初战乱频仍，闸河因淤堵而弃用。尽管如此，闸河仍为金中都的漕运发挥了很大功效，为元朝开通通惠河提供经验教训。

第二节　元朝开通通惠河的历史背景、意义和经过

一　元朝建都燕京，南北一统成大业

金中都于 1214 年被蒙古军占领，金于 1234 年被蒙古灭亡。元朝，是第一个在华夏中国实现南北大一统的北方边疆游牧民族王朝。学界分为大蒙古国和元朝两个阶段。大蒙古国前四汗定都今蒙古高原和林，以草原为中心，燕京（今北京）只是其横跨欧亚庞大帝国的汉地行省。1260 年忽必烈在开平封地（后来的元上都，今内蒙古锡林郭勒）即大汗位。1264 年改燕京为中都代替旧都和林，1267 年在燕京建中都城。1271 年改国号为大元，改中都城为大都，完成从蒙古草原中心向汉地中心的重大历史转折。1276 年收复江南，实现南北大一统。

元朝的统一，结束了 150 多年来华夏南北对峙、多个政权割据的局面，形成规模空前的大统一国家。所辖"北逾阴山，西极流沙，东尽辽左，南越海表"。[①] 统合草原游牧、中原农耕、东北渔猎、西域绿洲、西藏雪域高原和穆斯林海洋商业之多族、多制、多语、多宗教文化，是元朝的突出特征。蒙元王朝以马背民族的武功征伐著称，尚武崇商重匠轻文。征伐所到之处，集聚大批欧、亚、西夏、中原工匠和商人，设立专门机构管理并专为蒙古贵族服务。很多工匠因技高获官职、受到重用，地位往往高于文人儒士。蒙元王朝的驿站因出兵征伐、贸易交通非常发达，从元大都一直通达南俄草原和波斯各地。元朝由郭守敬主持的著名的修《授时历》和"四海测验"（北至极圈、南到占城的晷影实测）[②]、京杭大运河裁弯就直，通惠河开通，黄河河源探测等科技成就，都是凭借郭守敬等科学家前无古人的智慧才能和大一统的深厚资源以及四方通达的广阔疆域取得的。

1276 年元朝平宋收复江南，"元都于燕，去江南极远，而百司庶府之

① （明）宋濂等：《元史》卷五十八《志第十·地理一》，中华书局，1983，第 1345 页。
② （明）宋濂等：《元史》卷一百六十四《列传第五十一·郭守敬》，中华书局，1983，第 3846 ~ 3847 页。

繁，卫士编民之众，无不仰给于江南"。① 元朝大将伯颜提议"江南城郭郊野，市井相属，川渠交通，凡物皆以舟载，比之车乘，任重而力省。今南北混一，宜穿凿河渠，令四海之水相通，远方朝贡京师者皆由此致达，诚国家永久之利"，② 将南北大运河疏浚和开通海运漕运提上议事日程。

二　郭守敬大都治水绝思妙算，开通惠河漕船直抵积水潭

郭守敬（1231～1316），字若思。邢州邢台县（今河北省邢台市信都区）人。元朝著名的水利工程专家、天文学家、数学家，被誉为"中国科学史上最杰出的人物"。是创造性开发布局元大都水系、开通通惠河漕运、京杭大运河裁弯取直南北通航等卓越成就创建者。《元史》记载他"生有异操，不为嬉戏事"，深受"通五经，精于算数、水利"的祖父郭荣熏陶。15岁用竹篾仿制测量天体运行的浑天仪；17岁拜在祖父郭荣的挚友刘秉忠门下深造。追随后来成为忽必烈幕府重臣的刘秉忠、张文谦、张易、王恂等人在邢州紫金山书院问学深造。1251年（蒙古宪宗元年），21岁的郭守敬就成功实施邢州城北的河流疏浚工程。早在燕京尚未成为元中都的中统三年（1262），郭守敬就对燕京和华北水利状态了如指掌。在中书左丞张文谦举荐下，到上都开平（今内蒙古锡林郭勒）向忽必烈"面陈水利六事"，即有关燕京中都和华北水利的六项主张，赢得忽必烈赏识，委任他"提举诸路河渠"，经办华北各地水利事宜。至元二年（1265），忽必烈打算升中都燕京为大都之前，提郭守敬为都水少监，至元八年（1271）郭守敬与刘秉忠共同参与建设元大都，并升任统管全国河渠水利的都水监。至元十三年（1276），南北大一统之际，都水监并入工部，郭守敬升任工部郎中全面负责。③ 郭守敬的学生和同僚、元代数学家和历史学家齐履谦评价他的成就："公以纯德实学为世师法，然其不可及者有三：一曰水利之学，二曰历数之学，三曰仪象制度之学"，并以"决金口以下西山之筏，而京师材用是

---

① （明）宋濂等：《元史》卷九十三《志第四十二·食货一》，中华书局，1983，第2364页。
② （元）苏天爵辑撰《元朝名臣事略》卷二《丞相淮安忠武王（伯颜）》，姚景安点校，中华书局，1996，第20页。
③ （明）宋濂等：《元史》卷一百六十四《列传第五十一·郭守敬》，中华书局，1983，第3852～3855页。

饶；……引汶泗以接江淮之派，而燕吴漕运毕通；建斗闸以开白浮之源，而公私陆费由省"① 高度概括郭守敬创建大都漕运水系和打通南北大运河漕运的丰功伟绩。以下分三个阶段叙述。

（一）第一阶段（1266～1267）开辟西山通往大都的重要水道

至元二年（1265），郭守敬任都水少监。1266 年 12 月主持重开金口河，"凿金口，导卢沟水以漕西山木石"，开通原金朝从金口（东汉车箱渠的引水口，在今石景山发电厂内）向东流的旧河道，引卢沟（今永定河）水通航，使西山的木料、石材借此运往大都建设工地；下行的河水汇入通州闸河以利于漕运。为解决引水与防洪之间的矛盾，郭守敬采用了三项关键技术：第一，将取引水口上移到金口西北的麻峪（今石景山区麻峪村附近），比原来更容易控制引水量；第二，在金口闸前开挖减河，一旦洪水暴发，可由此回流到卢沟的主河道；第三，在金口河中段今玉渊潭附近，利用卢沟河故道的天然洼地调节水量。这三项技术体现了郭守敬谋旧创新的绝思，实现了"上可以致西山之利，下可以广京畿之漕"的目的，反映了元朝人高超的水利设计水平。忽必烈对此方案极为赞赏。从 1266 年开始金口河通济 35 年，在修建大都城中发挥了重要作用。此后由于金口河不断引发洪灾，于 1301 年（元成宗大德五年），才将金口河堵塞不用。

（二）第二阶段（1276～1289）开凿会通河，京杭大运河裁弯取直

至元八年（1271），忽必烈将燕京中都升为大都，郭守敬任都水监统管全国河渠水利。丞相伯颜于至元十二年（1275）准备大举征伐江南，命郭守敬视察河北、山东一带运河河道以利军备。郭守敬实地考察后，提出引汶、泗以通御河（今卫河）的规划方案。绘图上报得到伯颜和忽必烈赞同，为后来开凿会通河、开通南北大运河漕运奠定基础。

至元十三年（1276）元廷开始修凿济州河。至元十七年（1280），疏通通州北运河。至元十八年到二十年（1281～1283）元廷根据郭守敬的规划方案，疏浚汶水、泗水河道，开通长 150 多里的济州河。至元二十六年（1289）开凿安山至临清 265 里的会通河，修建闸坝 31 座，会通河是整个南

---

① （元）苏天爵编《元文类》卷五十，上海古籍出版社，1993，第 633 页。

北大运河中最长的人工河道，几乎从平地开挖，堪称大运河史上的创举。会通河的开通，在隋唐大运河的"运河之腰"上"裁弯取直"，使南北大运河漕运里程大大缩短。曾经以关中、洛阳为重心的隋唐大运河，随之发生划时代转折，成为以元大都为重心的京杭大运河。"会通一河，前代所未有，而元人始创为之。"元人李洧孙《大都赋》谓之："凿会通之河，而川陕豪商，吴楚大贾，飞帆一苇，径抵辇下（指大都今北京）。"①

（三）第三阶段（1292~1293）开通通惠河，漕船直抵大都积水潭

南北大一统后，在会通河未开凿、京杭大运河未疏通之前，元朝南方漕粮以海运为主。元朝海运的开创者是海盗出身的张瑄、朱清。元军南征统帅伯颜于至元十三年（1276）平定江南后，命熟悉江浙海运线路的张瑄、朱清等人，自上海崇明州出发，从海道入直沽，转运元大都。此举成功后，伯颜上奏朝廷请求沿用此海道运漕粮。招盗为商、军民联合，任命张瑄、朱清为海道运粮万户府。造平底海船60艘，招募水工，与官军一起运粮46000余石，从海道至直沽，再经北运河到达通州。海运效高价廉，风势顺利的时候，南方三省的漕粮最快半月到二十天就可以抵达直沽。海运粮食量大费廉，但最惧风浪凶险。元朝最终选择"河海并行、海运为主、河运为辅"的方式。天津直沽是海运到达的终点；从北运河转漕抵通州，通州是内河（大运河）漕运的终点。至元十六年（1279）郭守敬疏浚大都城东北方向的金朝旧漕渠，建阜通七坝开通坝河漕运，向大都运送日益增多的南来漕粮。

随着元朝海运和河运漕粮日趋平稳、运量日增，抵达通州的漕粮越来越多。通州到大都城的运输压力日益繁重。坝河的漕运能力年仅百万石。其余三分之二的漕粮需车载陆运至大都城。陆路耗费巨大，每年高达六万缗。每因下雨泥泞、道路不平而致"驴畜死者不可胜计"。开通通州到大都的漕运河道迫在眉睫。

至元二十八年（1291），有人向朝廷建议利用浑河和滦河水溯流而上，开发向上都运粮的漕运河道。忽必烈不能决断，派郭守敬实地勘查。郭守

---

① （清）于敏中等编纂《日下旧闻考》卷六，北京古籍出版社，2000，第90页。

敬探测过程中发现提议不切实际。乘着报告调查结果的机会，向忽必烈提出大都"水利十一事"，第一件就是开凿通州到大都的运粮河方案。忽必烈听后大喜，下令"当速行之"，并专门为郭守敬重置都水监职位，负责实施通惠河工程。动工之日，忽必烈下令"丞相以下皆亲操畚锸倡工，待守敬指授而后行事"，①足见忽必烈对此工程的重视。通惠河从白浮泉到通州高丽庄，总长164里，动用士兵、工匠和囚徒2万余人，耗285万个工时和巨额费用。历时一年半，"首事于（至元）二十九年之春，告成于（至元）三十年之秋"。②至元三十年（1293）秋，通惠河通航，浩浩荡荡的运粮船从通州入通惠河，逐级升闸梯航至大都城，直接抵达积水潭码头。大都城积水潭成为京杭大运河的终点。原先颠沛困顿、耗力费时的陆运漕粮入京仓自此结束，巨额公私陆运费大大节省。通惠河不仅是漕运河道，也是与元代北京城同时兴建的水利航运工程，塑造了北京的城市河湖水系，对北京城市周边区域生态环境和城市风貌的塑造产生了长远的影响。

通惠河完工之时，适逢元世祖忽必烈由上都返回大都，在积水潭东岸万年桥上看到运粮船云集潭中，兴而为之题名"通惠"。

三 "神工当惊世界殊"——通惠河引水工程和二十四闸创新

据《元史》记载：郭守敬规划的"大都运粮河，不用一亩泉旧原，别引北山白浮泉水，西折而南，经瓮山泊，自西水门入城，环汇于积水潭，复东折而南，出南水门，合入旧运粮河。每十里一置闸，比至通州，凡为闸七，距闸里许，上重置斗门，互为提阏，以过舟止水"。③其创新特征体现在四个方面。

第一，开辟新水源。放弃原来的一亩泉旧源，改引大都西北白浮泉。修建白浮瓮山河跨流域引水工程，增加白浮泉及沿途等13个水泉为新水源；

---

① （明）宋濂等：《元史》卷一百六十四《列传第五十一·郭守敬》，中华书局，1983，第3852页。

② （明）宋濂等：《元史》卷六十四《志第十六·河渠一》，中华书局，1983，第1589页。

③ （明）宋濂等：《元史》卷一百六十四《列传第五十一·郭守敬》，中华书局，1983，第3852页。

使水量汇少成多，满足漕运之需。

第二，在白浮泉、瓮山渠跨流域引水工程途中，修建瓮山泊及积水潭调蓄水库，最大限度节蓄水源，用以在枯水和丰水不同情况下，保证大都城市生活和通惠河漕运供水。

第三，在挖掘的人工河上设复闸，克服大都与通州北运河之间数十米的地势高差。

第四，选择最佳人工河道路线，利用金代旧闸河故道与通惠河、北运河衔接，节省工时缩短航程。

开凿成功的通惠河，有两项独具创新的水利工程贡献。一是通惠河的引水工程（图 1 - 2），二是通惠河的二十四闸设计。

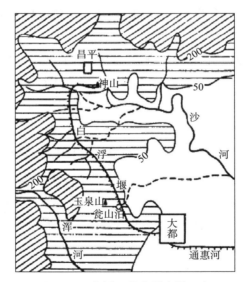

图 1 - 2　白浮、瓮山引水渠示意

资料来源：侯仁之：《步芳集》，北京出版社，1981，第 26 页。

郭守敬白浮、瓮山渠引水工程的创新之处，是引昌平白浮村神山泉，从西转至南，会一亩、马眼二泉，为通惠河找到了安全充足的水源。特别是他"别引北山白浮泉水，西折而南"的巧妙设计，不是直接从北向南开河引水，而是沿燕山山脉边缘地势，引水向西南至瓮山泊再转而向东南以达大都城，避免了白浮泉与大都城南北之间的沙河、清河低地阻隔。这条引水渠后人又称为白浮堰。①

这项巨大的引水工程，不仅为大都城通州漕运开辟了前所未有的新水源，使积水潭的水位抬高、水面扩大，"聚西北诸泉之水，流行入都城而汇于此，汪洋如海，都人因名焉"。② 而且使积水潭至通州的通惠河漕运河道水源充足。这项大胆而绝妙的创新体现了郭守敬"巧思绝人"的规划设计思想和高超的测量技术，使通惠河漕运沿用数十年不衰。

郭守敬的另一个创新，是设计创建通惠河二十四闸。因大都周边西北高东南低，造成通州至大都之间河道高差坡度陡流水湍急、上溯行船艰难的问题。为了使通州至大都的漕船能够沿通惠河入大都城达积水潭，郭守敬专门设计了十一处二十四座闸，上重置斗门即复闸。"互为提阃，以过舟止水"，即复闸一开一合相互配合，借以分段控制水量和水流高度，蓄水以便行舟，解决了河道高差、逆水行舟的困难。

据《元一统志》记载：通惠河"上下二百里，凡置闸二十有四"。③

当代著名水利专家蔡蕃根据《元史》河渠志的记载、结合实地考察，将通惠河二十四闸名称、位置标注如图 1 - 3 所示。

1. 广源闸二：在护国仁王寺西（今北京紫竹院西门外广源桥下）。

2. 西城闸二：在西水门外（今北京西直门外高梁桥附近）。

3. 朝宗闸二：在万亿库前（原北京西直门内西北角太平湖，今填平）。

4. 澄清闸（原名海子闸）三：在海子东岸（今北京地安门桥西）。

5. 文明闸二：在南水门外（今北京前门、崇文门之间北侧）。

6. 惠和闸（原名魏村闸）二：在魏村（今北京崇文门与东单南侧之间，东南一里左右）。

7. 庆丰闸（原名籍东闸）二：在籍田东（今北京东便门外二闸，又名庆丰、厂坡村）。

8. 平津闸（原名郊亭闸）三：在郊亭北（今北京朝阳区郊亭北）。

9. 溥济闸（原名杨尹闸）二：在牛店（今北京朝阳区杨闸）。

---

① 于德源：《北京漕运和仓场》，同心出版社，2004，第 124 页。
② （明）宋濂等：《元史》卷六十四《志第十六·河渠一》，中华书局，1983，第 1589 页。
③ （元）字兰肹等：《元一统志》，赵万里校辑，中华书局，1966，第 15 页。

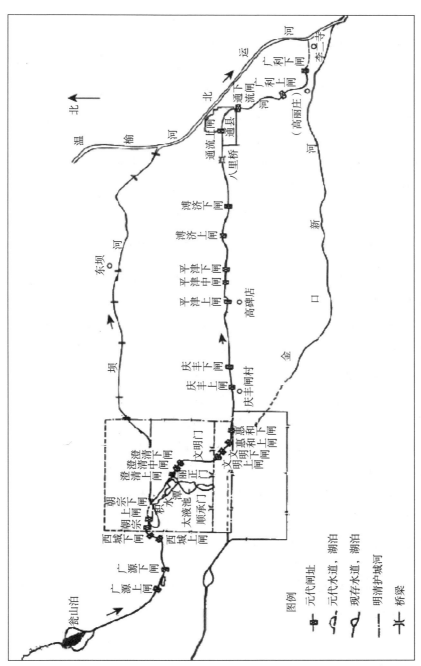

图1-3　元代通惠河二十四闸位置示意

资料来源：蔡蕃、裴王栩：《中国大运河水利工程概论》，载李泉主编《运河学研究》第2辑，社会科学文献出版社，2018，第17页。

10. 通流闸（原名通州闸）二：在通州（今通州城西北）。

11. 广利闸（原名河门闸）二：在高丽庄（今通州大高力庄）。①

通惠河十一组共二十四座水闸，每十里设闸一组。每组上下两闸（有的为三闸），相距约一里。上行（由东至西）漕船驶入上闸后，下闸闭闸节水，上闸启闸放水；两闸间河道蓄水，水涨船高，上行船驶过上闸，进入上游河段。行驶十里左右后，又进入另一组闸坝，重复上述运作。由此形成梯级航道，漕船不必像坝河那样不断用驳船隔坝倒搬剥运，可直达积水潭，节省了大量人力物力财力。这一水利科技成就，可谓"神工当惊世界殊"！

四 "货通南北利四方"——通惠河的漕运价值

通惠河的建成，标志元朝京杭大运河漕运全面直通畅达。它南起浙江杭州，穿越钱塘江、长江、淮河、黄河、海河五大水系，直达元大都，成为元朝经济命脉。每年朝廷以"漕粮"作为一项单独税种，在江南诸省征收精米为主的实物税，通过京杭大运河运至大都京仓。元大都作为元朝都城偏于东北一隅的地理位置与经济仰赖南方的地理弱点，通过大运河漕运得到了有效弥补。漕运的发达增强南北政治经济联系，凸显出元大都作为新崛起的大一统王朝都城政治中心的优势。通惠河的开通，"货通南北利四方"，带来了大都城的繁华景象。积水潭漕运码头，烟波浩渺，风景如画。沿岸遍布货栈商铺，云集南来北往的客商。积水潭东岸集中了米市、面市、缎子市、皮帽市、"穷汉市"（劳力市场）、鹅鸭市、珠子市、柴炭市、铁器市等各种店铺。遍布歌楼酒榭商铺，四时游人不绝，东西南北异域乡音相闻。积水潭北岸，北有中书省衙门，钟楼西侧有翰林院府邸；附近的万春园是进士登第的才子们相聚之所。都水监、翰林院、象房、迎宾馆也设在积水潭沿岸。这里寺庙林立，最能体现元代河、海漕运信仰特色的马（妈）祖庙也建在这里。

---

① 蔡蕃、裴玉娜：《中国大运河水利工程概论》，载李泉主编《运河学研究》第 2 辑，社会科学文献出版社，2018，第 13 页。

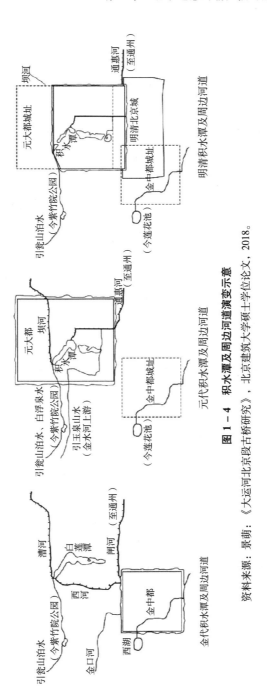

图 1 - 4　积水潭及周边河道演变示意

资料来源：景萌：《大运河北京段古桥研究》，北京建筑大学硕士学位论文，2018。

通惠河是与元代北京城同时兴建的水利航运工程，塑造了北京的城市河湖水系，对北京城市周边区域生态环境和城市风貌的塑造产生了长远的影响。元朝开通通惠河，是北京漕运史上最辉煌的一页。北京从辽金时期作为陪都到元朝成为大一统王朝帝都，如何引水济漕，同时又能充分供应京城皇家用水和通惠河漕运用水，一直是亟待解决的问题。郭守敬实施的元朝通惠河工程，不仅为漕粮进京提供了充足水源，"自是漕运无转搬之劳"；① 同时也解决了大都皇宫生活和园林用水，奠定了新都城的供水体系。处于都城中心的积水潭南半部被圈入皇城，筑成皇家宫苑，还专门开辟了皇家御河金水河。北半部被改造成运河码头，建成元代城市交通枢纽和商业中心。郭守敬开凿的通惠河上下游，完成了北京城从莲花池水系向高梁河水系的重大转折。高梁河水系从此成为大都城的水源大动脉。

如侯仁之先生所论："元初筑堰导引白浮泉水，流注大都城内积水潭以济漕运，这是北京自建城以来解决水源问题的一大创举。"② 通惠河作为元朝通州至大都的人工河道，漕运作用最重要，使用时间最长。它对京杭大运河的漕运贡献和水利价值一直持续到明清时期，是京杭大运河漕运历史源流发展重要的一环。

五　元代通惠河河道闸坝、漕运仓场管理机构的设置和功能

基于通惠河对大都漕运的重要作用，元朝很重视通惠河河道闸坝和漕运仓场设置管理，将其职务和功能设置提到前所未有的高度："惟国家一日不可去河渠之利，河渠之政一日不可授非其人。"③ 元朝继承隋、唐、金朝以来设置的专门机构——都水监管理全国水运事务的传统，在通惠河准备开凿时设立都水监。与唐朝都水监功能相似（掌管全国各地的川泽、津梁、渠堰、陂池等事务，下辖河渠、舟楫二署。其长官为都水使者，正五品上。河渠署掌管全国河渠；舟楫署掌管全国的公私舟船及漕运事务），元朝都水

---

① （明）吴仲撰《通惠河志》卷下，杨之峰标点，北京出版社，2019，第234页。
② 侯仁之：《明清北京城》，载《侯仁之文集》，北京大学出版社，1998，第86页。
③ （元）揭傒斯：《揭傒斯全集》卷五《建都水分监记·记一》，李梦生标校，上海古籍出版社，2012，第355页。

监下辖大都河道提举司和京畿都漕运使司两署，由郭守敬首任主官，从三品，比唐朝官阶高了两级。

（一）元代通惠河河道闸坝管理机构和职能

据《元史·百官志六》记载：在通惠河开凿以前，元朝都水监的机构随设随撤，比较随意。直到至元二十八年（1291）准备开通通惠河之前，才特为郭守敬正式设置。通惠河开通后，又于至元二十九年（1292）正式将大都河道提举司归属于都水监之下管辖，以便统一管理。此后凡与大都漕运河道闸坝相关的重要工程，都由都水监直接设计决策管理，包括大都地区的通惠河、坝河、白浮瓮山引水渠以及御用的金口河及其附属的桥、闸、坝等工程事务。通常由都水监提出水利闸坝整治工程的规划方案，工部负责提供各种物料，地方政府和枢密院负责提供工程所需的民夫、工匠和军丁劳力。

负责通惠河河道疏浚整治、日常闸坝维护修理的大都河道提举司设主官3员，下辖通惠河闸官28员。职能是"掌治河渠并堤防水利桥梁闸堰之事"，包括通惠河河道闸坝日常运转维护和非常时期的防洪救灾等。通惠河漕运全年分春秋两运，为保证通惠河河道有充足的水量、畅通的航道，除二十四闸共有闸官28人负责外，其下有看闸提领和若干闸夫从役，通称闸户，负责维护通惠河河道闸坝及漕运通航运行。

通惠河闸户除守闸服役，按时提、闭闸门，管理所属各闸，使漕船顺利过闸外，还兼管该闸坝和上下河道的修缮工役、日常与汛期的巡逻护卫。通惠河各闸的一般维修和小规模的改建工程由闸官、闸户自理。闸坝的维护有两个前提，一是不得影响漕运，二是节省开支，控制经费。闸官除了采取分期、分段施工办法外，还要求闸户具备石匠、木匠、铁匠等技能。如元仁宗延祐初年通惠河二十四闸诸闸"易木以石"工程，所需石工、铁工、木工技能都下令闸户自学掌握，"命闸户学为石工……一切工役取具闸户"。[1] 可见通惠河闸户的劳役繁重。漕船离开通惠河无法行动，通惠河漕运离开闸户、船工的操作则无法正常运营。故朝廷反复强调：各州县不得

---

① 于德源：《北京漕运和仓场》，同心出版社，2004，第142页。

挪用闸坝专职人员，必须保证河道闸坝和漕运专人专职。

（二）元代通惠河漕运仓场管理机构设置与功能

元代大都地区包括通惠河在内的漕运仓场之事，由都水监下属的京畿都漕运使司管理，主要包括海运、河运漕船抵达通州码头和积水潭京仓后漕粮的收纳、转运、入仓、出纳发放，以及与入仓最后一段陆路相关的车户管理。元朝中统初年，在通惠河开凿之前，元廷就仿照金代的"河仓规制"，在大都建千斯、通济、万斯等九座京仓，由大都漕司、劝农司管理。通惠河开通前后一共建成 22 座京仓，可储粮 329.25 万石，贮存能力接近元大都全年漕粮总额。[①] 22 座京仓均由"京畿都漕运使司"管理。其管理职能可以概括为：负责在 22 座京仓日常维护和出纳粮斛；负责接收新运粮提举司站车攒运公事；管理京畿押运各纲漕船的押纲官；同时管理下辖的负责通惠河漕运的运粮千户。[②]

管理京仓的最高仓官是监支纳，其下设大使、副使。还有从事文牍工作的小吏（元代称"攒典"）和从事各种体力劳动的役夫（元代称"斗脚"），共有一百人左右。在漕仓中从事各种体力劳动的役夫也即"斗脚"，专门负责收粮时过斛（即称收数量）、抬粮入仓、晾晒湿米，支放仓米时负责过斛发放、开仓厂出粮等事务。为了保护都城各京仓中仓粮的安全，元廷特别在各京仓周围设置军铺，派军人昼夜看守。如遇放粮的日子，看守粮仓的军官和仓官共同查验前来领粮人所持的支粮文帖，核对无误，才准出入。

元代大都京、通二仓的管理方法，主要有四类：漕粮的收纳制度、漕粮的发放制度、漕粮的折耗制度和仓官交接制度。

第一，漕粮的收纳制度。元代漕船在各地起运时，漕司官员要将船上的漕米取样品封存，随船抵达京师大都后，由京畿都漕运使司派官在码头开启封样，和船上的漕米对照，检查是否质量相同并且符合"干圆洁净"的质量标准。只有质量相同且合格才允许交接。如果仓米大量霉烂，与样米相去甚远，则仓官以下所有人员都要受到追究、处罚。

---

① 蔡蕃：《北京古运河与城市供水研究》，北京出版社，1987，第 159~160 页。
② 于德源：《北京漕运和仓场》，同心出版社，2004，第 141~142 页。

第二，漕粮的发放制度。元大都的各级官员及宿卫军支领仓米时，先以衙门或部伍为单位到京畿都漕运使司据人数、等级开具出"支帖"（即领粮的文书凭证），上面写明到某仓某厂支取仓粮若干。届期各官仆人、下属即持支帖到相应漕仓领粮。漕仓出粮时，仓官要亲自到场，自漕司委派的提举及仓监支纳以下，及攒典、斗级等所有人员，都要互相监视，凡发现有侵欺官物，违法作弊的，一律出首告官。如果仓米在出纳过程中被侵盗，犯人逃跑，则命仓官等一体均赔。

第三，漕粮的折耗制度。历代朝廷都允许仓官在贮存漕粮的过程中有一定的合理损耗。漕粮在仓内存贮年久，必有风干、霉变等损耗，所以元朝政府根据仓粮在漕仓中的贮存年限规定了不同的折耗比例。仓粮折耗分南粮和北粮。南粮是指海运粮，由于海运艰险，漕米难免被海水浸湿，所以入仓后容易霉变，官方允许的折耗数稍多。北粮则指自江淮、河南、山东等地的内河运粮，一般质量要比海运粮好些，所以规定的折耗数目也少些。

第四，仓官交接制度。元代京、通二仓的仓官一年就任满受代。换届时，新、旧仓官监支纳有交接手续，其内容主要是核对账簿上的记录和仓中实际存粮数量是否相符。如果前后新、旧仓官称量各仓厂中的存粮数量都一致，新、旧仓官就可以"齐界受代"，完成交接手续。元廷特别制定法令，规定新、旧仓官交接时，在京师的京、通仓由京畿都漕运使司派官监视，对照现有官粮，交点明白，别无短少滥伪之数，然后"旧官具数关发，新官验数收管"。[①]

上述通惠河河道闸坝、漕运仓场的机构设置和管理职能，奠定了明清两朝通惠河河道闸坝和漕运仓场管理的基础。

第三节　明代通惠河河道整治与闸坝河道漕运兴衰历史文脉

元惠宗至正二十八年（1368），在元末农民起义战争中崛起的朱元璋带

---

① 于德源：《北京漕运和仓场》，同心出版社，2004，第168～172页。

领红巾军，大胜兼并元朝江南诸路，继续以"驱逐胡虏，恢复中华"为号召，举兵北伐元大都。洪武元年（1368）正月，朱元璋即皇帝位于应天府（金陵，今南京），国号大明，年号洪武。同年秋九月徐达、常遇春帅师二十五万，攻破通州占领大都。元顺帝仓皇逃离，徐达命军士"封府库，守宫室"，抚民布防，休息士卒、固守封疆；改大都为北平府。延续百年的元朝被朱明王朝取代。其后明军平定晋、秦、西南、西北、辽东等地统一全国。

一 明朝北平由藩府到帝都的都城变迁与通惠河河道改变

明初朱元璋定都南京，政治重心和经济重心重新合二为一。江南、湖广地区的贡赋漕粮从水路便利到达南京。以元大都为中心的京杭大运河，因元末黄河数次决口，使山东会通河一带淤堵严重，大运河航道时断时续。元顺帝北遁草原后重立国号北元，在漠北塞外草原、秦晋辽东一带挑起战事，不断威胁刚刚建立的朱明王朝政权。北部边患自明代建立以后，一直是明王朝的致命所在。洪武三年（1370）四月明太祖大封诸子为藩王。"府置官署，……冕服车旗邸第，下天子一等。"① 藩屏守护国门制度，是朱元璋立国靖边、维护中央集权的重要基石，也被明朝历代皇帝奉为万世不变的祖训。藩王之中被分封在北方边境的九位亲王，又被称为塞王，是明太祖实行诸王靖边的最前线。塞王的职责，是随时对抗退据漠北的残元势力南下侵扰，解除北方游牧对朝廷的威胁。他们在军事上权力极大，可以调动地方部队，自行任命王府官吏，建立王府军事官属体系。洪武九年（1376）朱元璋封17岁的燕王朱棣于北平，洪武十二年（1379）在原元大都西宫修建燕王府。同时在北平、辽东屯驻大量军队，粮饷主要靠海运。每年约有六七十万石的南方漕粮，通过海运兼陆运，送往辽东和北平地区。海运多飓风，陆运费时费工费钱。海运从苏州太仓刘家港出海，有时也从山东登州出海，转漕运抵辽东或天津直沽，再从天津直沽转运通州，经通惠河抵达北平。

---

① （清）张廷玉等：《明史》卷一百十六《列传第四·诸王》，中华书局，1974，第3557页。

（一）明朝北平由藩府到帝都的变化对通惠河河道的影响

1368 年 9 月，徐达率领明军攻陷大都齐化门，元朝宣告灭亡。失去首都地位的大都，迅速降格为北平府。鉴于北平府规制不能超越国都南京的等级礼制要求，以及防御元军卷土重来的战备需要，入城第七天，徐达就任命属下大将华云龙，在大都北城中部（今北二环一线）增筑一道东西方向的城墙，即将元大都城墙从今天北京北土城路一线，南移到今德胜门至安定门一线。这道新城墙仅用 20 天就修筑完成。这里位于古高梁河外积水潭与坝河的南岸，以原有的河湖作为天然屏障，构筑了明朝西北部有斜角的新城墙与北护城河。与元大都北方边疆民族王朝，以西北为腹里而非边疆的定位不同，北平作为明王朝北部边疆的军事重镇，直接面对退据西北的北元王朝的随时进犯，必须筑城池建长城以防边患。徐达长期镇守于此，就是为了不断出击北元，收复晋、秦。

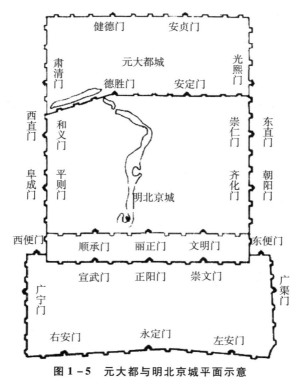

图 1-5　元大都与明北京城平面示意

资料来源：李燮平：《明初徐达筑城与元大内宫殿的拆毁——"明代北京营建始末"辨析之一》，《故宫博物院院刊》1997 年第 2 期，第 15 页。

永乐元年（1403）朱棣夺得帝位，改年号永乐。北平是永乐皇帝朱棣藩王封地和龙兴之地，可同时掣肘西北、东北，控制江南。永乐四年（1406），朱棣下令全国各地调集工匠民夫，赴北京营建宫殿，推动明朝政治中心北移。永乐十九年（1421），明成祖朱棣正式迁都北京，北平完成了由藩王府到与南京应天府对应的顺天府，最后改北京为京师。与此相应，明朝漕粮输送中心也逐渐从南京转移到北京。鉴于明初漕粮海运的飓风风险和倭寇袭扰，永乐九年（1411）朱棣命工部尚书宋礼修会通河、疏浚南北大运河，二十天后功成。于永乐十三年（1415）下令开凿淮安附近的清江浦，南北大运河恢复通航。大运河漕运再次成为定都北京的明王朝的经济命脉。永乐十七年（1419），明廷又将元大都时期的南城墙南移二里，即今天崇文门、前门、宣武门一线。开挖了南城壕亦即今前三门护城河。东、西护城河则向南延伸，与今天前三门护城河相通，经东便门入通惠河。建京师门楼与城壕、桥闸，形成九桥九闸的内城护城河系统。通惠河由原来的通航漕河变为与护城河功能合为一体。明宣德七年（1432），宣德皇帝为了屏蔽皇城外通惠河沿岸居民的喧闹，再次把皇城东墙向东扩建，把原来在元大都皇城外的通惠河河段圈入皇城之内，从此漕船不能直接入城而改在东便门外的大通桥卸载。大通桥成为明代通惠河的终端码头，明代通惠河比元代通惠河缩短三分之一，故明代又称通惠河为大通河。

元末明初昌平白浮泉至瓮山河断流，水源日渐枯竭，通惠河水量逐渐减少、经常淤塞断航，加之元末战乱无心疏浚整治，一度断航。明初因为修建紫禁城，通惠河部分河段疏通通航。白浮泉水源本来可以通过疏浚一一改善，因为明朝在昌平建明皇陵，堪舆家认为此举会影响在建的明皇陵风水，于是明廷从此放弃对白浮泉水源的疏通。白浮瓮山河断流后，明廷开凿通惠河上游的玉泉山诸水作为主要源头，经过长河故道，过德胜门水关流入什刹海分为两支。一支为供应宫廷苑囿用水，沿什刹海南岸开挖了新渠，经西不压桥流入太液池（北海、中海以及明代开挖的南海）。另从太液池北闸口分流，经白石桥进入宫城，此为内金水河。又从太液池南部、南海东岸分流，经承天门前向东为外金水河。内、外金水河在太庙东南汇

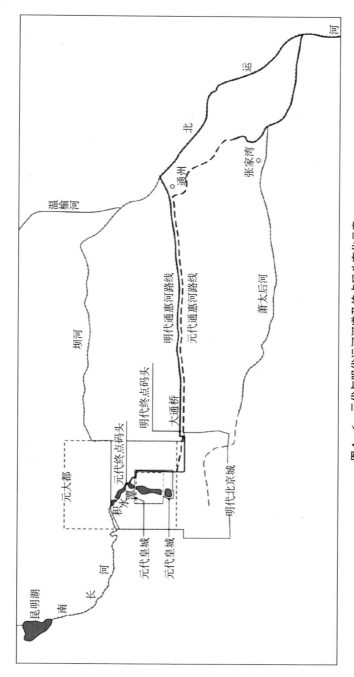

图 1 - 6　元代与明代运河河道及终点码头变化示意

资料来源：景明：《大运河北京段古桥研究》，北京建筑大学硕士学位论文，2018。

合，向东流入玉河（通惠河上游），再向南流出内城，进入南护城河。另外一支是补给城郊的运河用水，自什刹海东岸海子桥（后门桥）引出的一支，继续利用元代通惠河上游河道，先向东再转南流入南护城河，此即明代所谓"玉河"。宫苑用水与运河用水既同出玉泉山水一源，又殊途同归于通惠河。此举部分改变了元代郭守敬规划的大都城白浮瓮山河供水体系，减少了一半通惠河源头水量，致使明代通惠河经常处于淤塞状态，影响通惠河的漕运效率。

二 明代通惠河整治工程与河道闸坝、漕运方式变化

明代立国 276 年（1368～1644），明王朝疏浚整治通惠河的重要工程及河道闸坝漕运功能变化过程，可以分为四个阶段。第一阶段，明初到永乐初年（1368～1405）三十七年间通惠河基本维持元末水源断流、河道时堵时修、航道时断时续状态；第二阶段，永乐四年至嘉靖五年（1406～1526）一百二十年间，永乐初修会通河、大运河全线通漕后整治通惠河，终因水源短缺屡建屡废，漕运断续、以陆运为主；第三阶段，嘉靖六年到万历三十年（1527～1602）吴仲整治通惠河成功，通惠河持续五六十年通漕；第四阶段，万历三十一年到崇祯朝明亡（1603～1644）四十年间，通惠河故态复萌，复归淤堵，漕运时断时续。

（一）第一阶段（1368～1405）通惠河水源短缺、漕运不通已久

明朝建国初朱元璋洪武元年（1368）到朱棣永乐三年（1405）的三十七年间，由于元末明初战争不断，黄河多次决口，会通河一带淤堵不通；加之元末江南海运和漕运断绝，通惠河久淤不通水源断流，河道因战乱无人维护疏浚，停漕罢航久矣。明初朝廷为巩固北平和辽东边防，军队粮草以海运为主（永乐十三年（1415）停止海运）。据明人记载："国朝建都金陵，漕运事寝，所谓堰筑崩坏，淤塞殆尽。永乐初徙都于燕，贡赋悉由海运，粮艘往往沦没风涛，特命平江伯恭襄陈公按视旧规修浚之，漕运复通。第诸堰以土为之，岁每随筑随坏，公私困弊。迄今七十余年，未有能图经久者。"[1] 通惠河的河道漕运状态也大致相同。明初洪武朝关于疏浚北平府

---

[1] （明）杨宏、谢纯撰《漕运通志》卷之十《漕文略·堰城坝记》（万学士安撰），苟德麟、何振华点校，方志出版社，2006，第 261 页。

河道沟渠的记载不多，可能与正值元明易代、战事频繁，百废待兴、无暇顾及有关。据作于洪武年间的《北平图经志》记载，洪武中（1380 年左右）曾发军夫修复平津、庆丰等闸，竣工后将漕粮用驳船从通州经通惠河运到北平。但这次工程未及重视，也未能解决通惠河白浮瓮山河断流的问题，闸坝虽存，水源渐涸。洪武二十四年（1391）前后，通惠河再次淤堵。

（二）第二阶段（1406～1526）通惠河屡建屡废，改陆运为主漕运为辅

明洪武三十一年（1398）明太祖朱元璋驾崩，因长子朱标早逝，由皇太孙朱允炆直接继位改年号建文。建文帝鉴于众藩王各拥重兵，即位之初厉行"削藩"以确保中央集权。封藩北平的燕王朱棣实力最强，朝廷"削藩"首当其冲。燕王朱棣"靖难"发兵，以武力夺得皇位。于 1403 年在南京即位，建元永乐，史称明成祖。在明初这场"天下易位"的政治事变中，朱棣打破明太祖朱元璋的既定安排，改变了有明一代的政治格局和中国历史走向。登基伊始，朱棣便有意迁都北平。一是天子守国门，巩固北方边境以制衡南北；二是建都于其藩府龙兴之地，得天时地利人和。他于永乐元年（1403）改北平藩府为顺天府，永乐四年（1406）下诏迁都北京。永乐十九年（1421）紫禁城建成正式定都北京。从永乐四年（1406）开始，为"营建北京宫殿"，派各路大员分赴五省采木，督促军民匠役烧造砖瓦，征调工匠、民夫上百万人，迁江南富户百万入京。

北京重新成为帝都，一切仰赖江南贡赋，建材物资均需大运河运送。恢复南北大运河通畅、整治通惠河漕运，重新成为明朝的头等大事。如《明史》所云："明成祖肇建北京，转漕东南，水陆兼挽，仍元人之旧，参用海运。逮会通河开，海陆并罢。南极江口，北尽大通桥，运道三千余里。"① 永乐九年（1411），工部尚书宋礼督工浚通改造元代开凿的大运河枢纽山东会通河，同时将元朝的小型漕船改为大型漕船，水量和漕运量大增，海运渐退居次要地位。永乐十三年（1415）明廷停止海运，专一河运。原来负责海运的大批官军，转入运河漕运。从永乐年间开始，北京粮食需求越来越大，需经大运河漕运运的粮食越来越多。连接北京与通州的通惠河

---

① （清）张廷玉等：《明史》卷八十五《志第六十一·河渠三·运河上》，中华书局，1974，第 2077 页。

河道疏浚和全河通漕被重新提到明王朝议事日程。疏浚和恢复通州至北京之间的通惠河，维护其漕运畅通；疏浚河道、修理水闸、厚培堤坝、堵塞决口，是明廷经常性的任务。

永乐五年（1407）五月，北京行部首次提出对通惠河进行修治，"自西湖（今昆明湖）景东至通流凡七闸，河道淤塞，自昌平县东南白浮泉村，至西湖景东流水口一百里，宜增置十二闸，请以民工二十万，官给费用修置。命以运粮军士浚河道，其置闸俟更议"。① 上述所奏请的整治工程，正是元末明初通惠河淤堵断航的反映。本来这是一个志在全面恢复元代漕运全盛时期水系格局的宏大计划，永乐皇帝可能鉴于财力不足，只是命令运粮的军士参与河道疏浚，增置水闸疏通源头则被搁置不办，所以这次工程只疏浚了河道，从此错过了将这个宏大计划付诸实施的历史机遇。② 此后，明廷又于永乐六年（1408）"四月乙酉，设北京通州惠河、庆丰、平津、澄清、通济、普济六闸，每闸置官一员。……四月庚申，浚北京通流等为闸河道一万七百三十丈"。③ 这两次治理通惠河，通惠河虽没有恢复到元代的规模，但已可全河通航。南来漕船沿通惠河河道可直抵北京城下。利用通惠河运来各地采伐的木材，分别堆放在张家湾、通州皇木厂和庆丰闸皇木厂。由于始终治理不彻底，"未几，闸俱湮，不复通舟"。通惠河漕运又因淤堵时断时续。

断航的原因有二：一是明初通惠河上游白浮泉引水河道断流，只引西山玉泉水入城，水量剧减，造成下游通惠河水浅淤塞，不能行船。白浮泉引水工程不能修复的根本原因，先是永乐初财力主要用在紫禁城建设，没有及时恢复白浮泉水源。后来又因为明王朝在昌平白浮泉所在的天寿山建造皇陵，堪舆师以疏浚水源会破坏明皇陵风水为由加以阻止而放弃。所以，在明嘉靖七年（1528）吴仲彻底整治通惠河上下游以前，其上游水量一直短缺。永乐年间数次对通惠河的治理，只疏浚下游河道，不疏通上游水源，

---

① （明）张辅等纂修《明实录·明太宗实录》卷六十七"永乐五年五月丁卯"，"中研院"历史语言研究所校，"中研院"历史语言研究所，1962，第938页。
② 吴文涛：《北京水利史》，人民出版社，2013，第114页。
③ （明）张辅等纂修《明实录·明太宗实录》卷六十七"永乐五年五月丁卯"，"中研院"历史语言研究所校，"中研院"历史语言研究所，1962，第1054页。

舍本求末，所以屡治屡废。二是在通惠河断航期间，承揽陆运的车船人户既得利益集团，意欲垄断漕利，一直阻拦通惠河整治复漕。"国朝永乐间设立漕运，循其故道（通惠河），船得抵京交纳，自后张家湾水旱车船人户，与夫包攒光棍之徒，要行窥取漕利，巧生奸计，妄言摇动，遂将此河废置不行。"① 此后漕粮从通州到北京城，遂以陆运为主，通惠河水运为辅。陆运车户集团随之坐大，成为后来阻碍整治通惠河通漕的既得利益集团力量。鉴于陆运人车费用高昂，陆路遇雨泥泞人畜不堪，在不断修治通州到北京运粮陆路的同时，不时有官员奏议重新整治通惠河。

其后数十年，明廷依然不断整治通惠河，如明英宗正统三年（1438）五月，修造位于今东便门外的大通桥闸。正统四年（1439）十月修复大兴县（今高碑店明代属大兴县）平津闸。成化七年（1471），漕运总兵官杨茂上奏：每年江南漕粮在张家湾由水运改为陆运，赶上大雨，道路泥泞难行，每车只能载八九石粮食，却要花费一两银子。通州到京城40多里，有通惠河古河道，石闸尚存，水深约二尺，只需用石闸蓄水，让运粮卫所备好驳船，挨次剥运过闸。这样不仅节省了费用，也减少人畜疲累。于是，明宪宗命人勘察水道。成化十二年（1476）八月，平江伯陈锐等下大力气疏浚了东便门外大通桥至张家湾六十里通惠河河道。多年未见的漕船沿通惠河行至大通桥下时，引来许多人聚集围观。但这项工程依然难逃两个致命弱点，一是无法解决通惠河水源问题，河道水量不足无法续航；二是漕船到京师大通桥下没有停泊回旋的水面。"不二年，浅涩如旧。"此后，明孝宗、明武宗年间仍然不断治理通惠河，但始终未能奏效。直至明嘉靖七年（1528），吴仲亲自督阵整治通惠河，才使通惠河漕运通畅。

（三）第三阶段（1527～1602）：吴仲整治通惠河成功，持续五六十年通漕

嘉靖六年（1527），时任巡按直隶监察御史的吴仲奉命巡视通州仓，在接管案卷内，看到向信等几位大臣，屡次向朝廷上奏重开通惠河的疏议皆无果而终。阅后认为这些建议"尤为明白简当，凿凿可行。但事屡议而竟

---

① （明）张辅等纂修《明实录·明太宗实录》卷六十七"永乐五年五月丁卯"，"中研院"历史语言研究所校，"中研院"历史语言研究所，1962，第196页。

无成，言虽切而卒无补"。① 实乃利益集团从中作祟，以及各种谬误阻拦。吴仲通过上溯《元史》郭守敬开白浮瓮山河济漕成功之例，找到疏浚通惠河的铁证："典籍昭然而可据，踪迹尚在而可寻。何独至于我朝，必欲置闸河而无用？"② 他通过实地踏访通惠河上源，破除明代堪舆家的"风水"谬论，认为通惠河完全可以重新疏通，使漕粮直抵皇都。"臣曾窃料，开运一年，可省脚价银十余万两。今当民穷财尽之时，于国计不为无补。"③ 此时恰值明世宗（嘉靖皇帝）自外藩入继皇位，大力革故鼎新，有意通过自永乐以来，特别是成化、弘治、正德三朝始终悬而未决的修复通惠河问题来表现自己不凡的执政能力，为修复通惠河创造了机遇。嘉靖六年（1527）九月初四，吴仲以《巡按直隶监察御史吴仲谨题为计处国储以永图治安事》④奏议上书明世宗，请求皇上允许疏浚开通通惠河。把修复通惠河漕运提到"为计处国储以永图治安事"的高度，点明历代漕运"皆直达京师，未闻有贮国储于五十里之外者"的明朝时弊，强调通州距密云北部边关不远，敌军"轻骑疾驰，旋日可至。或据仓廒，或肆烧毁，国储一空，则京师坐困矣"⑤的严重后果。同时明确修复通惠河的可行性："今通流等八闸遗迹尚存，原设官夫具在，因而成之，为力甚易，……诚令闸运，岁可省脚价银二十余万。"⑥ 吴仲绕开水运陆运之争的既得利益集团的纠缠，从国家利益着眼，切中时弊直击要害，奏章有理有据。嘉靖皇帝阅后深以为是："疏浚闸河，诚转漕便计。自永乐以来屡议修复，因大小臣工不肯实心任事，以致因循至今，为奸人嗜利者所阻。今转输日烦，军民交敝，苟有息肩之策，何惮纷争？"⑦ 批准了吴仲的奏请，于嘉靖七年（1528）二月初动工，五月竣工，仅四个月完成。工程竣工当年，自通州运漕粮到京都二百

① （明）吴仲撰《通惠河志》卷下，杨之峰标点，北京出版社，2019，第233页。
② （明）吴仲撰《通惠河志》卷下，杨之峰标点，北京出版社，2019，第234页。
③ （明）吴仲撰《通惠河志》卷下，杨之峰标点，北京出版社，2019，第234页。
④ （明）吴仲撰《通惠河志》卷下，杨之峰标点，北京出版社，2019，第233~235页。
⑤ （明）吴仲撰《通惠河志》卷下，杨之峰标点，北京出版社，2019，第235页。
⑥ （明）张溶等纂修《明实录·明世宗实录》卷八十一"嘉靖六年十月戊午"，"中研院"历史语言研究所校，"中研院"历史语言研究所，1962，第1803页。
⑦ （明）张溶等纂修《明实录·明世宗实录》卷八十一"嘉靖六年十月戊午"，"中研院"历史语言研究所校，"中研院"历史语言研究所，1962，第1804页。

万石，省陆运脚费十二万银两。

吴仲及其各部主事专门上书皇帝提出五项机构设置和管理建议：一是"时修浚以通运道"；二是"改闸座以防水患"；三是"复旧额以给官夫"（按照原来的编制增加管理闸坝的官员和闸夫）；四是"专委任以责成效"；五是"处剥船以便运粮"。①

第一，"时修浚以通运道"：从通惠河源头开始整治：通惠河上游疏浚工程，吴仲完全按照郭守敬当年的引水路线，加以疏通整治并取得成功。寻元人故迹，以凿以疏，导神仙、马眼二泉，决榆、沙二河之脉，汇一亩众泉而为七里泊（瓮山泊），东贯都城。由大通桥下直至通州高丽庄与白河通。从源头解决通惠河水量不足的问题。

第二，"改闸座以防水患"：改闸换座，改浮运为剥运；除疏通河道外，吴仲还因地制宜，调整改变元代旧闸位置，根据符合通惠河实际的剥运方式，重新配置分布闸座。元朝庆丰两闸，保留上闸；元朝平津三闸，保留上、下两闸；元朝普济闸两闸留下闸；元朝通流闸仍旧，共计五闸。同时打造一批剥船，安排大批漕夫负责驳船运输。解决了通惠河因水量减少漕运时断时续的问题。②

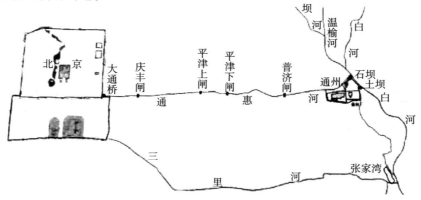

图 1-7　明代通惠河及五闸二坝

资料来源：蔡蕃、裴玉娜：《中国大运河水利工程概论》，载李泉主编《运河学研究》第 2 辑，社会科学文献出版社，2018，第 17 页。

---

① （明）吴仲撰《通惠河志》卷下，杨之峰标点，北京出版社，2019，第 257~260 页。
② （明）吴仲撰《通惠河志》卷下，杨之峰标点，北京出版社，2019，第 252 页。

第三，将通惠河下游入河口移到通州城北，直入白河（北运河）。吴仲重修的通惠河，废弃元代通惠河至高丽庄入白河的下游旧河道，将码头设在通州城，直接汇入白河。在通惠河与白河间建土石二坝、建筑葫芦口停泊漕船。漕船由北运河直抵通州石坝，然后搬运漕粮到剥船运至通惠河。由通州直达普济闸，可省元代四闸（通流、南浦、土桥、广利）和两关（东、西水关）搬运之艰。于是通惠河河道大通，千艘漕船衔尾航行在通惠河上。用于转运漕粮的剥船各闸各设六十艘，行驶的剥船前后相连。早上从通州启运的漕粮，傍晚就能到达京城。

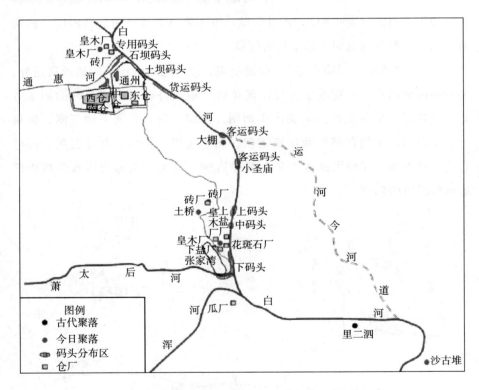

图 1 - 8　明嘉靖七年（1528）至清嘉庆十三年（1808）
通州运河水系格局与码头分布

资料来源：吴文涛：《北京运河的历史变迁及其文化意义》，《北京史学》2018 年春季刊（总第 7 辑）。

第四，"复旧额以添官夫""专委任以责成效"：设置适应新闸坝和剥运方式的管理机构人员。吴仲的通惠河整治工程，除疏浚河道外，还要建设附属各闸的官厅、厂房、号房，以及停泊剥船的月河、跨越月河的桥梁等。与元代通过复闸提升水位、直接梯航浮运的方式不同，明代漕粮隔坝剥运和剥船停泊的方式，均需要设置新的机构和人力物力。吴仲专门上书皇帝提出五项机构设置和管理建议，涉及通惠河管理的自然、人事、物质诸方面。特别强调设置专职官员、明确河官职责，增加闸夫数量和官夫俸禄；强调必须专人负责及时修补维护闸坝，才能保证通惠河漕运持续畅通。

第五，"处剥船以便运粮"：吴仲成功修复通惠河工程，结束此前历朝屡修屡废的历史，成为明代通惠河漕运史重要的转折点，标志着明代通惠河漕运方式由元代梯航浮运到明代剥运的开端。从通州石坝至大通桥闸，剥船共计搬运五处，每处用剥船60艘，每艘载漕粮150石，日运9000石；至大通桥码头登岸，再用人力小车或驴骡车运至京城东仓（朝阳门以南）。为防止大通桥处码头狭窄，明朝也允许从庆丰闸起岸。每闸建造官厅三间，厂房二十间，以供专职管理河道的官员和闸夫使用。两岸修码头泊岸以便搬运，同时平整沿岸纤道，以备水浅供纤夫使用。

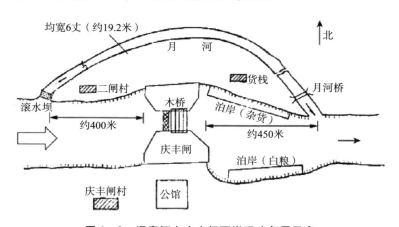

图1－9　通惠河上庆丰闸两岸码头复原示意

资料来源：蔡蕃、裴玉娜：《中国大运河水利工程概论》，载李泉主编《运河学研究》第2辑，社会科学文献出版社，2018，第31页。

北运河与通惠河连接的通州码头，是京杭大运河北端最大的水陆转运码头。由于地势地形的关系，通惠河入北运河处一直高差很大。明代在此

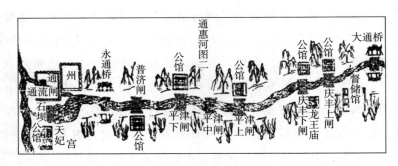

图 1 - 10   明代通惠河示意（左东、右西）

（明）吴仲撰《通惠河志》卷上，图注二，杨之峰标点，北京出版社，2019，第224 页。

建石坝和卧虎桥跌水，上游积水形成"葫芦头"水域，作为北运河与通惠河漕船倒船或停泊的泊船港。

吴仲整治后的通惠河，通州入北运河处的土、石二坝（根据土石建材分别称谓），土坝码头在通州城东北运河西岸，储放运往通州粮仓的漕粮。石坝码头在运河与通惠河交汇处西南岸，接收转运送往京城皇家粮仓的漕粮。石坝码头附近还专门建了著名的通济桥和大光楼（又称石坝楼），供户部粮厅官员验收漕粮，大光楼又名验粮楼，成为通州码头标志性建筑。

吴仲此次主持疏浚整治通惠河成功，运输漕粮节省费用作用显著，通航持续了五六十年。成为明代通惠河漕运史的重要转折。从此明代通惠河漕粮运输实行剥船制，便于在通惠河水量减少的情况下仍可保持通航。

为纪念吴仲的治河功绩，通州民众在通州为他建立了生祠。朝廷嘉奖吴仲"数年以来，漕运通行，国计久赖，功不可没"。吴仲在通惠河整修完成后，将疏浚整治通惠河的经验和漕运建置制度及元代挖掘整治通惠河的史料整理成《通惠河志》进呈朝廷，从中保留了很多重要的治河史料和经验。后来被交付史馆采入会典，成为记述通惠河唯一的一部专志。

（四）第四阶段（1603～1644）明末通惠河漕运由盛至衰

明嘉靖七年（1528）吴仲整治通惠河成功后，通惠河全河通航维持了五六十年。即便如此，通惠河上、下游依然需要不断疏浚整治。通惠河河道依然不断承受上游水源匮乏与下游泥沙淤积夹击造成的困扰，每年小治不断，每过几年就需要大规模疏浚整治。明朝万历后期至明末崇祯朝，朝政日益腐败。通惠河修治不及时，问题逐渐增多。万历三十五年（1607）闰六月"霪雨一月，平地水涌，通惠河堤闸莫辨"。万历四十年（1612）六月通惠河冲决泛滥。此后历经万历末年、天启朝官员多次奏请，明廷均未能实施通惠河全面整治疏浚。至明末通惠河再次故态复萌，处于时堵时疏的断航状态。

三　明代通惠河闸坝设置与功能管理变化

明朝通惠河嘉靖七年（1528）由吴仲重新建置的漕运闸坝管理制度，与明朝大运河漕运管理制度变化密切相关。明朝漕运闸坝仓场管理制度，借鉴元朝相关制度，从漕粮征收、交兑、起运、过闸到入仓，各个环节更加系统化、精细化。这些漕运制度变化，也影响明朝通惠河河道闸坝功能管理。

元朝的漕运管理制度是漕、运分开，设置隶属于吏部的都水监管理全国水政，各河段还设置分监掌管各地的漕运事务。在漕运管理方面由漕运使总管漕政，各河段还驻有军队防守。明代大运河漕运和通惠河漕运闸坝管理，是由兵部负责派出漕军作为运军。工部负责河道整治疏浚管理，户部负责仓场仓储和漕粮支领管理。明成化年间，又以通粮厅作为户部派出管理北京漕运的主管机构，与工部等几十个衙门合作，是由朝廷官僚行政衙门与多部门合作实施的管理体系。管理上比元朝更系统精细化，也由此形成庞大的官僚行政体系。

（一）明朝漕粮运输征收制度变化对通惠河河道闸坝漕运管理的影响

有明一代，江南漕粮的运输方式、征收方式发生过一系列变革，由此影响大运河和通惠河河道闸坝管理方式和漕运方式。

1. 漕粮运输变化

明朝的漕运经过三次改革。洪武时期海运，永乐前期海陆兼运，永乐中期以后，专一河运。海运和海陆兼运使用官军，又叫军运。南北大运河漕运征调民夫，又叫民运。永乐十三年（1415）停海运专一河运后，从事海运和海陆兼运的官军转入河运，不再征调民夫。

2. 明朝漕粮征收与漕运方式变化

由明初支运改为兑运，再由兑运改为长运。无论支运、兑运、长运，均由官军负责。不同之处是漕粮征收户运达漕军指定仓库因远近不同成本大小不同。后来因此产生的附加成本使各地漕户苦不堪言。兑运是明宣宗朱瞻基针对支运弊病提出的分地域集中漕粮，民粮可就近入仓，大大减轻农民的负担。此后兑运、支运二法相参，久生弊病，又被长运法所取代。所谓"长运法"，即全部漕粮由官军长运至北京，成为有明一代比较固定的漕运方式。它基本免除了农民的运输之劳，也对漕粮运军有利。运军还被允许在漕船上附载他物，堪称军民两便。

明代运军劳役强度大，责任大风险大报酬低，生活窘困。故朝廷允许他们的漕船携带一些私货，称为"土宜"，作为一定的经济补偿。但对数量和种类均有规定。随后运军贩私活动日盛，借助运军贩私，商人可以逃税，而运军无本即可获利。明代运军的贩私活动，产生了两个方面的直接效果：一方面，漕船免税附带土宜及为客商带货，使明朝的河运税收减少；另一方面，沿途贩易，又使正常的漕运秩序受到严重影响。但运军的贩私活动，客观上促进沿河两岸的商业繁荣，加强了南北各地的商贸交流。明朝漕运方式的变化，以及运军的贩私，对通惠河河道两岸闸坝码头村落集镇的商业发展、南北物质文化及生活方式的交流都产生很大影响。

3. 漕粮征收比例的变化对通惠河漕运的影响

与元代相比，明代通惠河漕粮运输数量减少。其功能不能达到元代全盛时期的原因，与明代漕粮征色（征收）方式的改变有关。明初由全征本色（即粮食、布匹等实物），到英宗正统元年（1436）开始实行部分漕粮改折，由征收粮食布匹等实物，改为每年征纳白银百万两，称金花银。① 自此入京漕粮日渐减少。明世宗嘉靖初年，又因为山东、河南歉收，改折之议屡兴。②

---

① "英宗时，始设太仓库。初，岁赋不征金银，惟坑冶税有金银，入内承运库。其岁赋偶折金银者，俱送南京供武臣禄。而各边有缓急，亦取足其中。正统元年改折漕粮，岁以百万为额，尽解内承运库，不复送南京。自给武臣禄十余万两外，皆为御用。所谓金花银也。"［（清）张廷玉等撰《明史》卷七十九《志第五十五·食货三》，中华书局，1974，第 1927 页］

② "临、德二仓之贮米也，凡十九万，计十年得百九十万。自世宗初，灾伤拨补日多，而山东、河南以岁歉，数请轻减，且二仓囤积多朽腐。于是改折之议屡兴，而仓储渐耗矣。"［（清）张廷玉等撰《明史》卷七十九《志第五十五·食货三》，中华书局，1974，第 1920 页］

嘉靖十一年（1532），漕粮400万石定额中，改折竟达210万石，超过一半，实际运到北京的漕粮只有190万石。[①] 万历三十年（1602），漕粮抵京只有138万余石，当时管理仓场的官员疾呼："太仓入不当出！"[②] 改折征色使入京漕粮锐减，加之从明朝中期开始，通州至北京之间的陆运始终没有停止，使明代通惠河的重要性远低于元代。漕粮减少与水源问题交织，使明代通惠河漕运功能随之减弱。

（二）明朝通惠河河道闸坝设置与管理变化

1. 明代通惠河闸坝减少

明代北京通惠河自洪武、永乐年间开始，直到明世宗嘉靖七年（1528）最终疏浚成功，河道的闸座数目均有不同记载。除了明英宗正统三年（1438）位于今东便门外的大通桥闸是明朝新创建之外，其他基本沿用元代通惠河闸名和旧闸闸座数。不断维修的也是元代通惠河上的旧闸。明世宗嘉靖七年（1528）吴仲全面修复通惠河，基本确定为"五闸二坝"，自西向东，分别是大通桥闸、庆丰闸、平津闸、普（溥）济闸、通流闸。吴仲按照元代郭守敬故道，自白浮泉引水下至宛平县青龙桥入今昆明湖（时称西湖）及青龙桥以下至积水潭东岸的澄清等闸依旧。

2. 明代通惠河闸坝管理和功能变化

与元朝一样，明代也是由工部负责实施河道整治管理。通惠河由工部委派管河同知或判官专门管理河道。另有工部管闸主事驻扎在通州，管理各闸闸座，以后又改以职位更高的工部郎中担任此职，专驻通州管理河道、闸座的维修工作，称管河郎中。

通惠河疏浚整治工程完成后，吴仲曾专门上书皇帝提出五项河道、人员、物资建置建议：一是"时修浚以通运道"；二是"改闸座以防水患"；

---

① "是岁……漕运米四百万石，内改折二百一十万石，实运米一百九十万石。"[（明）张溶等纂修《明实录·明世宗实录》卷一百四十五 嘉靖十一年十二月"是岁"，"中研院"历史语言研究所校，"中研院"历史语言研究所，1962，第3378页]

② "万历三十年，漕运抵京，仅百三十八万余石。而抚臣议截留漕米以济河工，仓场侍郎赵世卿争之，言：'太仓入不当出，计二年后，六军万姓将待新漕举炊，倘输纳愆期，不复有京师矣。'"[（清）张廷玉等撰《明史》卷七十九《志第五十五·食货三》，中华书局，1974，第1921页]

三是"复旧额以给官夫"（按照原来的编制增加管理闸坝的官员和闸夫）；四是"专委任以责成效"；五是"处剥船以便运粮"。

针对"专委任以责成效"的机构和人员设置，明廷在通州至北京大通桥沿途的庆丰、平津上、平津下、普济各闸都设置闸官、闸吏和闸夫，建各闸公馆为办事之所。大通桥设监督官督理全河运务，大通桥建官署督储馆，地位在诸闸公馆之上。

通州石坝、土坝各派官员负责漕粮起车入通仓或过石坝进通惠河入京仓，分别建有石坝公馆和土坝官厅。当漕粮在通州到通惠河上各闸之间倒运时，若遇上风雨骤至，或一时驳船接继不上以致漕粮不能及时转运，为此明廷在石、土两坝及普济、平津下、平津上、庆丰和大通桥都分别建有号房，作为临时堆放漕粮之用。

嘉靖皇帝还特准在通州设置专管河道的机构。今通州文庙前的司空分署街，就是当时工部管河分司官署所在地。明代通惠河重开之前共有九闸，整治后共五闸二坝。每闸建造官厅三间，厂房二十间，两岸修码头泊岸以便搬运，同时平整沿岸纤道。

针对"改闸座以防水患"的闸座分布和功能变化：沿河设置五座闸，因修理河道或漕粮运输之需而不时启闭。并于嘉靖七年（1528）通惠河河道整治成功之后，设闸官一员，添设闸夫一百名。为了节水，平时闸门不再开启。为方便船只进退，在大通桥和主要闸口下开辟了"泊船潭"与月河。京通五闸上下游都设了漕粮码头与杂货码头。漕粮码头在南岸较大，杂货码头在北岸较小。

针对"时修浚以通运道"的目标和任务，通惠河各闸、坝的夫役分工是："漕河夫役，在闸者，曰闸夫，以掌启闭；溜夫，以挽船上下。在坝者，曰坝夫，以车挽船过坝。在浅铺者，曰浅夫，以巡视堤岸、树木，招呼运船，使不胶于滩沙；或遇修堤浚河，聚而役之，又禁捕盗贼。"①

与元代漕船梯航浮运，直接抵达积水潭码头的方式不同，明代通惠河"五闸二坝"各闸坝的剥船必须停泊月河码头的新变化，使通惠河各闸坝配

---

① （明）王琼撰《漕河图志》卷之三，姚汉源、谭徐明点校，水利电力出版社，1990，第133页。

置了大量的不同功能的夫役，分别是里河船户、闸运经纪、运粮置袋经纪，还包括各闸必须配置的水脚、扛夫、车户。

里河船户：自通州石坝到北京大通桥的通惠河，明代人又称里河。专门负责此段剥船运输漕粮入京仓的船户称里河船户。

闸运经纪：通惠河自通州石坝到庆丰闸计闸坝 5 处，每闸有闸运经纪 66 名，按"千字文"顺序编号，前 12 号，每号有经纪 25 名，共有经纪 330 名。每名经纪领里河剥船 1 艘，每船有水手 5 人，对号运粮。

运粮置袋经纪：有 330 名经纪，还有小甲 13 名，共计 343 名。每名负责置办口袋 700 条，头运供应 400 条，续运供应 300 条。343 名共置办口袋 240100 条。

六闸水脚："六闸"指庆丰、平津上下、普济 4 闸和通州石坝和大通桥码头六处。每闸有水脚 26 名，共 156 名。水脚本人同船户一样只是服役并不直接劳作。每名水脚可雇扛夫 15 人，156 名水脚可雇扛夫 2340 人。

大通桥车户：计 66 名，负责剥船抵大通桥下以后，将剥运漕粮用马车分运各个京仓。车户和船户一样，只是服役并不劳作。由于车户从漕粮陆运中可以牟取厚利，多被权势户垄断。

土坝车户：计 50 名，负责将通州土坝的漕粮运送到通州各仓。每二名通州车户领剥船一艘，负责通州漕粮转运入通仓。

与元代通惠河河道复闸作为船闸，漕船不用剥运可以直抵积水潭码头卸粮的漕运模式不同，明代通惠河河道各闸已失去船闸功能，但仍必须保持其节制水量的功能，否则因为河道东西高差，没有闸座控制，则河水一泻无余。明朝通惠河的剥船，从通州到北京大通桥经各闸逆流而上，必须靠船夫持篙或者牵缆助力，否则不进则退。每船有舵夫船头掌舵，4 名船夫持篙。也有用驴在岸上牵引代劳。所以明代通惠河各闸两岸都配置种麻的官地，供各闸编绳索用。除供闸门启闭使用外，也供各闸之间牵引剥船之用。①

---

①　于德源：《北京漕运和仓场》，同心出版社，2004，第 223~224 页。

第四节 清至民国通惠河整治与漕运盛衰终结

大清王朝，是由崛起于今黑龙江一带的女真族后裔满洲八旗贵族建立的又一北方民族大一统王朝。1616 年，努尔哈赤在赫图阿拉建立后金，脱离了明朝的统治。几经迁都，最后于 1636 年定都沈阳，改国号为大清，开始扩张之路。1644 年 4 月，李自成农民军围攻北京之际，摄政王多尔衮乘势率大军进攻山海关，伺机夺取明朝天下。李自成攻克北京城，明朝将亡之际，驻守山海关的总兵吴三桂，以为明帝报仇为名，引清兵入关。四月二十二日，清军和吴三桂联兵在山海关打败李自成农民军。多尔衮于当日封吴三桂为平西王，第二天即向北京进军。顺治元年（1644）五月三日，多尔衮率领清兵入北京城，奏请顺治皇帝迁都北京。十月初一，顺治皇帝御皇极门，昭示天下大清王朝"定鼎燕京"。

一　清王朝建都北京，八旗制一统南北

入关后的清军把大顺农民军作为主要敌人，对故明势力采取安抚拉拢政策。直隶和山东、山西大批官僚士绅归顺清朝。清廷在定都前后，采取多项重要措施，巩固其统治地位。首先是厚葬崇祯帝保护明皇陵，对明王勋戚给予礼遇。祭祀辽太祖、金太祖、金世宗、明太祖于历代帝王庙，以示清朝乃继承华夏历代王朝的正统。大力减轻赋税，改革明朝弊政，取消冗赋重税，"岁减数百万两，民赖以苏"。大力打击太监势力，笼络汉族地主上层贵族，优待和重用明朝降官，特开博学鸿词科举考试选拔进士、安抚士人，缓解汉人特别是汉族知识分子激烈的民族对立情绪。

清朝定都北京，实行的都城制度与明朝最大的区别，是在城内强制实行旗、民分城居住制度。强令内城居住的汉民（除寺院僧侣外）一律迁居外城，腾出内城安置满洲皇室和以满洲人为核心的八旗官兵眷属。八旗兵内城划片驻防：东直门内正白旗；朝阳门内镶白旗；崇文门内正蓝旗；宣武门内镶蓝旗；阜成门内镶红旗；西直门内正红旗；德胜门内正黄旗；安

定门内镶黄旗。外城东、西、南、北、中，由五城御史管。八旗制度是清
王朝的政治、军事组织核心，清王室以旗统人、以旗统兵、统辖天下。不
但京城由八旗兵划片驻防，全国也由八旗兵划片驻防，关外更是由八旗划
片驻防守护。八旗的势力严密控制全国的要害，清朝皇权据此得以巩固。

二　清朝通惠河整治与漕运衰落废止

清朝定都北京后，漕运管理基本沿用明代制度。南北大运河在明末清
初战争中，多处受黄河决口影响，致使河道淤塞、漕运梗阻，平定南方后，
经过逐步修整局部恢复南粮北运，通惠河漕运基本如前。在近代铁路兴起
之前，北京的粮食贡赋等物资供应，如元、明两朝一样，仍然依赖于大运
河漕运。通惠河的不断疏浚整治与不可抗拒的衰落直至废止终结，是清代
各朝必须面临的问题。

清代通惠河河道整治和漕运由盛而衰直至废止的过程，是在清代大运
河漕运盛衰终结的大背景下发生的，分为初、盛、中晚末三个阶段。第一
阶段，清朝初期（顺治年 1644～1661，共 17 年）；第二阶段，康乾盛世时
期（1662～1795，共 133 年）；第三阶段，清中晚至末期（1796～1911，共
115 年）。

（一）第一阶段，清初沿袭明通惠河旧制

清初刚定鼎北京，多尔衮暴毙前后，他推行的"剃发令"持续引发各
地反清高潮。顺治皇帝采取"抚重于剿""招降弥乱"的怀柔政策以息民
愤。同时推行屯田垦荒政策，恢复被战乱破坏的农业经济；启用汉官经略
湖广、广东、广西、云南、贵州等地，以示对汉人的重用，为平定边疆和
大一统做准备。

北京通惠河自明代嘉靖七年（1528）吴仲修复以后，虽仍有大小淤堵，
但时修时通，一直通用不废。清初通惠河闸坝设置和漕运方式基本沿袭明
朝，无论是清初从辽东海运抵通州，或是收复江南后南粮北运，一直利用
通惠河通漕。根据北运河和通惠河的水量大小、淤堵状态决定运量大小。
据《清世祖实录》记载，顺治八年（1651）清廷曾提议用漕船附载江南营
造北京宫室的砖瓦，由通惠河运到京师，后来担心有碍漕运暂时停止了。

可知清初通惠河河道因浅淤狭窄，运量不大，必须保证漕粮优先，其余物资后置。据清代著名史学家谈迁《北游录》于顺治十年（1653）八月从嘉兴到北京行记：他于九十月间到达通州下船，陆路途经通惠河五闸……入京城东便门、大通桥。又于顺治十三年（1656）二月自北京搭乘回空漕船返回嘉兴："（二月）乙卯……策蹇出东便门。……弛策于通州南门宿焉。……丙辰，步五里土桥，十五里张家湾。……（策蹇）三十里登舟。"①可知当时因为北运河枯水，江南漕船只能停泊在三十多里外的北运河。清代通惠河与北运河一样，面临上游水源进一步萎缩，漕船越停越远、航道不通的问题。

顺治十四年（1657），负责维修河道的官员上书给事中雷一龙请修里河（即通惠河）五闸。当时沿大运河北上的漕船，因为北运河时常面临浅涩淤塞，南方来的漕船是重船，只能改在张家湾卸载，然后用便于在狭浅河道行驶的轻便剥船转运至通州码头，再陆运通州仓。转运北京城的漕粮，则在通州城北石坝换通惠河驳船，逐闸剥运，直至北京东便门外大通桥起岸。大通桥有若干车户专门负责将漕粮运至朝阳门、东直门一带的京仓。通惠河河面狭窄，容量有限，只能剥运部分漕粮，其他入京漕粮则由通州陆路运往京师，所以顺治十三年（1656）又曾修筑通州至京师陆路，以利运粮。

1644 年清王朝刚刚建都北京，清廷沿用明朝漕运旧制的同时，设置漕运总督为管理漕运事务的最高长官，并明确官属品级以示重视。漕运总督官从二品，如兼任兵部尚书则从一品，位高权重。驻扎在南北大运河的枢纽之地淮安，凡有漕之地经理漕务的文武官员，都归其节制管辖，在地方上，又设置了地、厅、汛三级分管机构，以强化对地方漕运段的管理。同时设置一系列漕粮押运、监兑、管理等机构，专门负责漕粮的运输和保存。

清代漕粮征收与漕运管理，较之明代的另外一个重大变化，是改军民交兑为官收官兑。将漕户所征漕粮交给运军称为"兑"，所谓军民交兑，是指漕户将粮运至本州县码头，交兑运军，由运军代为北运，但漕户须贴给运军耗米作为浮费的补贴。清初也曾沿用这一明代旧制，不久，因运军借

---

① （清）谈迁撰《北游录》后纪程，汪北平点校，中华书局，1997，第 133 页。

机向漕粮纳户随意勒索，浮费大增，民不堪其苦，遂于顺治九年（1652）改为官收官兑。即纳户将漕粮交付所在州县官，与各省运军互不相见。这导致清代漕粮征收、运输制度上的一系列变化。此后，漕粮征收、交兑、起运、督催、稽查、交仓、出纳等一系列过程，均由漕运机构和运军官兵垄断，使清代漕运系统成了一个半封闭的独立王国，漕运弊端也以新的形式出现。这些变化，都对清初和后来的通惠河漕运产生影响。

（二）第二阶段，康乾盛世通惠河整治成功漕运鼎盛

1662 年，康熙皇帝登基即位。他在位的六十一年是清朝发展最快的时期。康熙之后，继雍正帝即位的乾隆皇帝，其在位的六十年是清朝又一快速发展时期。乾隆皇帝在康熙雍正的基础上，加强与蒙、回、藏等边疆民族的联系，稳定了清朝边疆和对边疆各族的统治，国力更加昌盛，史称"康乾盛世"。康熙皇帝一直重视对黄河和大运河持续整治，将漕运、河工、盐政并称"三大政"，视为朝廷头等大事。康熙、乾隆两朝对漕运三大政重视的独特方式，是祖孙两代皇帝前后"六下江南"，把治河、导淮、济运作为巩固清朝政治经济的重大举措。康熙皇帝于康熙二十三年到四十六年（1684～1707）沿大运河六下江南南巡，旨在"一劳永逸、全面修治"，表达清廷对漕运、黄河彻底整治的决心。乾隆在位六十年，清朝达到文治武功的高峰。他在康熙、雍正两朝的基础上，实施宽严相济的治国方针，更重视社会稳定和经济发展，五次普免天下钱粮，减轻农民的负担。成功缓和了统治阶级内部的矛盾，解决粮食短缺的问题。乾隆同样把西征和南巡作为平生最重要的大事。

漕运是历代封建王朝重要的经济命脉，从元、明至清朝，江南地区粮食、赋税的转运，南北军队物资的运输，沿线经济带的发展，漕仓体系的建设，京畿地区的繁荣稳定等，无一不仰赖大运河。在大运河治理方面，为了改变明末运河失修、漕运梗阻的状况，清朝从入关当年就将治理大运河提升到了战略层面，每年都会征调大批民夫修筑堤坝、疏通河道。康熙平定三藩之乱后，倾举国之力治河保漕，历时三十年才彻底改变漕运梗阻现象，使大运河再次"商贾舟楫不绝"，呈现康乾盛世的漕运繁荣。

康乾两朝，成功整治通惠河各有两大工程。

图 1 - 11　清代通惠河示意

资料来源：于德源：《北京漕运和仓场》，同心出版社，2004，第 301 页。

第一，康熙朝通惠河治理两大工程：一是修筑通州通惠河下游拦水坝和通惠河五闸二坝滚水坝与月河，优化河道丰水期和枯水期水量蓄泄，以利漕运。二是疏浚朝阳门外护城河，使大通桥运河直通朝阳门和东直门。

与前朝一样，康熙朝除不断疏浚整治通惠河之外，非常重视通惠河水源的开源蓄水和河道蓄泄问题。康熙二十七年（1688）接受工部尚书建议，将通惠河与沙河在通州葛庄的两河分流处，"于散漫分流之所筑建小堤，将水拦束。其所蓄之水，放泄时可增两挑以济漕运"。① 实施成功后，又将此法推广到通惠河与其他支流汇合处，以此增加通惠河的水量。

康熙三十五年（1696），清廷整治由通州至京城的五闸河道，加筑堤岸，建滚水坝以泄水。通惠河的航道和漕运一度得到较大改善。通惠河除官方漕船行驶外，康熙皇帝还下旨，允许民船往来："通州至大通桥闸河向无民船往来，今应令小舟泛载，于民殊有利济。"② 当年六月，实施的官员奏报：百姓各造小船，将通州货物运至京师甚易，而雨水时往来行人亦便。

康熙三十六年（1697），为了节省劳力方便漕运，清廷又疏浚大通桥到

---

① （清）马齐等纂修《清实录·圣祖仁皇帝实录》卷一百三十七"康熙二十七年十一月丙子"，中华书局，1985，第 497 页。
② （清）马齐等纂修《清实录·圣祖仁皇帝实录》卷一百七十四"康熙三十五年六月丙辰"，中华书局，1985，第 884 页。

朝阳门外护城河的河道，在朝阳门和东直门建回龙闸水关蓄水控水，利用护城河开辟漕运，改变明代以来漕粮抵达大通桥后，再用马车陆运至朝阳门内各粮仓的状况。从此漕粮可以从大通桥直抵朝阳门和东直门，就近存入附近的京仓，节省了大量人力物力，完成明代多年议而未行的大通桥至东直门、朝阳门京仓的河道建设。

第二，乾隆朝通惠河治理两大工程：一是西山聚水扩源，保证通惠河和北运河河道水量充足、漕运通畅；二是不断疏浚大通桥、加固各堤坝，同时建立每十年一次大规模疏通通惠河的制度。

如果说康熙朝主要是通过修筑通惠河下游拦水坝和五闸二坝滚水坝与月河以节流利航的话，乾隆朝则主要是通过上游西山聚水扩源，以开源的方式整治通惠河。康熙、雍正、乾隆三朝以来，在西山修建以"三山五园"为主体的皇家园林，改前朝的"宫居理政"为"园居理政"。皇家园林需要大量水源养护，使原来作为通惠河上游水源的万泉庄、玉泉山、瓮山泊之水更加捉襟见肘。瓮山泊，又叫七里泊，是元代通惠河上源的调节湖水，明代以后成为大运河和城市供水主要水源。乾隆年间（1736～1795），为缓和通惠河漕运与"三山五园"皇家园林的用水矛盾，清廷在北京西郊山麓一带，进行了一系列治理集聚水源工程。首先是大瓮山，通过大力收集西山和玉泉山诸泉水，大大拓宽瓮山泊，使"新湖之廓与深两倍于旧"，加筑东堤，拦蓄玉泉山东流之水，形成一片水面汪洋，使之成为集蓄水、排水设施完备的水源水库。其次为增加蓄水量，还修建十余公里长的石渠，导引西山碧云寺、卧佛寺等泉水至玉泉山下，使通惠河河道水量充沛，运力大增。乾隆十六年（1751）诏谕改瓮山为万寿山，将元代瓮山泊改称昆明湖，并且专门设立"泉宗庙"进行祭祀。乾隆皇帝把河渠济漕聚水扩源、疏浚通漕工程，提到国家大事的高度："夫河渠，国家之大事也。浮漕、利涉、灌田，使涨有受而旱无虞。"[①] 如侯仁之先生所论：正因为有昆明湖水库"西山山麓的若干细小泉流，才得被囊括而尽，一齐被汇聚到昆明湖中。……使涓滴之水，都能为济漕通运和点缀园林之用。……明清两朝对

---

① （清）于敏中等编纂《日下旧闻考》卷八十四，北京古籍出版社，2000，第1392页。

于北京近郊水源的开发和利用，至此达于极点"。[①]

乾隆年间除在通惠河上游的昆明湖多源蓄水，使通惠河水量充沛、航运能力大增外，还于乾隆三年（1738）、二十三年（1758）、二十五年（1760）先后疏浚东护城河大通桥以下淤积，使通惠河航道更加通畅便利。并且建议在例行的岁修之外，实行每十年大规模疏浚河道的制度。"与其逐年劳费，不若大加挑浚，后可节省过半。"同时将通惠河汛情多发地划分为四段，建立汛期分段防洪整治制度。各负其责、赏罚分明。

乾隆五十四年（1789）秋，针对洪水冲垮通惠河多处堤岸的灾情，将通惠河各闸所有坝座砌石，一律改为石坝，薄弱的堤岸还进行培土增厚。这一次大规模的维护疏浚，对于稳定通惠河漕运发挥了重要作用。经过康熙、乾隆两朝的大规模整治，再次提升并且扩大京师通惠河漕运规模。

漕运是历代封建王朝重要的经济命脉，从元、明至清朝，京畿地区的繁荣稳定等，无不仰赖大运河的强大运输功能。清王朝将漕运与河工、盐政并称"三大政"，是国家最重大的经济事务。每年朝廷在江南各省征收谷物为主的漕粮约 300 万石，通过大运河运抵京仓。经过康熙、雍正、乾隆三朝的不断改进，清廷在漕运征收制度和仓场管理机制方面，对漕运官员尤其是漕粮征收官员制定了严格的考核标准。粮道官员必须"照额征收，且不能缓"。如果不能按时、足额征收漕粮，粮道官员将面临问责。欠一成，罚一年俸禄；欠两成，降一级；欠三成，直接革职。如果圆满完成任务，就可以提升一级。管理较之前代更加严格。在征收、运道、漕政运行管理机制上，其规定之细密，法令之严苛，远超前朝。另外，漕运是直接涉及巨额钱粮的职能部门，从漕粮征收、交兑、起运、过闸到入仓、发放，各个环节都有权力寻租和陋规存在的空间。随着清廷监察体系的失灵以及漕运系统的僵化膨胀，其弊端也随之出现。随着康乾盛世落下帷幕，积蓄已久的漕运腐败日益暴露，危机四伏。

（三）第三阶段，清中晚至末期通惠河漕运盛衰废止

清中晚期至清末（1796～1911）共 115 年，以嘉庆、道光、咸丰为清

---

① 侯仁之：《明清北京城》，载《侯仁之文集》，北京大学出版社，1998，第 88 页。

中晚期，以同治、光绪、宣统为清末期。在清中晚期至清末内忧外患日益加剧的穷途末路上，大运河、通惠河漕运也由盛到衰直至废止。清中晚期漕运，由于黄河水患持续加剧，由以河运为主逐步变为以海运为主；由木船河运，变为轮船海路承运，最终由火车替代漕运。漕粮征收，由全交本色改为以折色征银为主。在此过程中，西方轮船技术与漕粮海运相结合，催生了中国漕粮运输工具的近代化。其标志是以清同治朝轮船招商局为代表的轮船及后来的火车运输在中国大规模出现，南北大运河 600 多年漕运，也因此衰落终结。

1. 清中晚期国势衰败与漕运制度腐败对通惠河漕运衰落的影响

中国历代漕运的兴衰，总是与王朝的兴亡联动。嘉庆皇帝 1796 年即位时，面对乾隆末年危机四伏的政局，打出"咸与维新"的旗号，整饬内政，整肃纲纪。嘉庆朝面临的危机，是盛极而衰的颓败国势，与黄河泛滥频发、漕弊积重难返交错。嘉庆皇帝在位二十五年，黄河大决堤达十五次之多，平均不到两年爆发一次。黄河泛滥决堤，连接黄河水系的大运河淤塞，漕运受阻，漕粮无法顺利送达京师，严重威胁清王朝的国计民生。更严重的是漕务废弛和漕政腐败，成为清代吏治腐败的极致。漕运是直接涉及巨额钱粮的职能部门，从漕粮征收、交兑、起运、过闸到入仓、发放，各个环节都有权力寻租和陋规存在的空间。漕船过闸，漕船运载量和吃水的深浅，一切都由监督官员决定。想要顺利过闸，运军必须行贿疏通。而过闸费只是整个过程的九牛一毛，其他还有剥运费、疏浅缆运费、屯官费、催攒费等等不计其数。清廷实行官收官兑，各种漕耗、漕费与漕粮一起征收，全由漕粮纳户负担，可知纳户的实际支出远远超出额定之征。征收漕粮的州县官借机向纳户盘剥，同时趁机刁难勒索运军；运军也借此要挟州县官，贪官污吏和运军各自浮收勒索漕户，以中饱私囊。嘉庆时期的清朝漕运系统，已经演变为一个巨大的贪腐体系。而嘉庆皇帝治河保漕以及整饬漕务的努力全部失败，陷于失控状态。

嘉庆初年的北京通惠河与大运河一样，因河水泛滥，闸坝堤岸坍塌爆发，多次大规模抢修。嘉庆二年（1797）平津下闸南岸决堤岸八丈，平津下闸和普济闸坍塌残破。嘉庆六年（1801）通惠河水涨，平津上闸、平津下闸、普济闸等闸堤岸漫口,决堤十二丈。按照惯例,通惠河十年必须大修一次。嘉庆年间,通惠河河道管理已大不如前,通惠河挑浚工程常被延误,导致通惠河河道淤浅严重。自乾隆五十四年(1789)之后,通惠河已有二十年没有清淤。河底日渐增高,堤岸越发单薄。嘉庆十四年(1809)堤岸闸坝多次冲决,河道坍塌,抢修造成漕运迟滞、京仓暂停运转。清廷催令河渠直督抓紧实施抢修工程。嘉庆十五年(1810)对朝阳门至大通桥护城河挑淤工程,因为时局动荡和战争一直未能实施。

道光皇帝1821年登基,在位30年。面临的王朝危机和漕运问题比嘉庆朝更为严峻。1840～1842年鸦片战争失败、清廷割地赔款、沦为半封建半殖民地社会。清廷为支付高达2800万银两的战争赔款,弥补由鸦片大量输入而造成的财政亏空,加紧横征暴敛,增加税收一至三倍以上。加之西方列强在第一次鸦片战争中以占领运河、切断运道、竭力参与挤压漕运的方式挟制清廷。内外夹击的漕运危机,促使清廷不得不另辟海运之途。道光四年(1824),黄河高家堰决口,导致高邮至清江浦段运河梗阻,漕粮无法北运,京师出现粮食供应危机。道光六年(1826)清廷首次试行漕粮招商海运,雇用一千多艘商船,将苏、松、常、镇、太四府一州的漕粮,从上海北运到天津。共运送漕粮一百六十余万石,耗银一百四十余万两。其速度之快、费用之省、运输之顺利,远超清廷预期。这促使清廷内部开始考虑漕运转型,也即放弃河运,改走海运。

用海运代替河运看似简单,实际涉及漕运制度中国家利益与地方官僚及漕运部门的利益博弈。相比于河运的巨额费用,海运虽然拥有明显优势,但自清初至嘉道年间,漕运经过两百多年的发展,形成了一条涉及众多部门和行业的利益链。复杂的利益集团之间的矛盾与朝廷对海运风险的不可控,使清中晚期各位皇帝在河运与海运的抉择之间摇摆不定。道光皇帝在利用海运应对漕运之困时,同时拨巨款疏浚整治河道。随着大运河逐渐通畅,又将漕运扳回到河运的轨道上。在他看来"海运乃权宜之计"。清代的第二次漕粮海运重启于道光二十八年(1848),迫于运河再次淤堵,为接济京师粮食储备急需,朝廷创行招商采买,再次用商船将漕粮由海路运到天津直沽,天津成为海运轮船北运的终点码头。海运漕粮是大运河梗阻之后的临时补救举措，随着再次治理疏通运河，海运再次停止。

嘉庆、道光年间，通惠河河道整治和漕政管理已大不如前，通惠河挑浚工程常被延迟，不能按期进行，导致通惠河河道淤浅严重。自嘉庆十四年（1809）清淤之后至道光五年（1825），通惠河又经过十五年的时间未经挑浚，河道淤浅，闸坝失修。道光三年（1823）清廷在通惠河庆丰、平津上、平津下、普济四闸之间添置船厂，使剥船遇雨时可入厂趋避，以免淋湿漕粮。道光五年（1825）曾"大挑"通惠河，保证了二三十年间的漕运安稳局面。图 1 - 12 是道光二十九年（1849）通惠河的河道和闸坝状态。

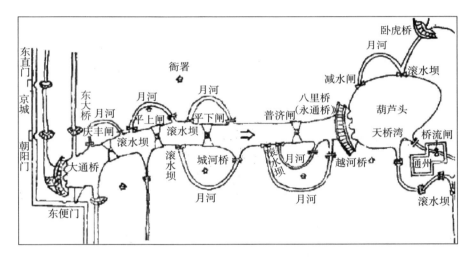

图 1 - 12　1849 年时通惠河上的月河

资料来源：蔡蕃、裴玉娜：《中国大运河水利工程概论》，载李泉主编《运河学研究 第2 辑》，社会科学文献出版社，2018，第 25 页。

咸丰皇帝 1851 年登基，与他在位统治十一年相始终的是太平天国起义、第二次鸦片战争和黄河灾难性大改道引发的大运河漕运瘫痪。咸丰皇帝1851 年即位伊始，即爆发太平天国起义。两年内太平军先后攻取了汉阳、岳州、汉口、南京等南方重镇，直接威胁清朝中部腹地。太平天国于咸丰三年（1853）占领并且定都南京。不仅抢占清廷苏、浙财赋之区，而且太平军所到之处，"粮仓与运船俱废"。直接占领、切断南北大运河漕运通道，粮食一扫而光。湖南、湖北、江西、安徽等地漕粮被截留无法北运，"粮道断绝，京师震动"。咸丰三年（1853）十月末，京城大米已断绝达三月之久，全城三分之二人口撤离，形势万分危急！京仓仓储断绝，连旗人俸粮都一再空欠，"旗人投御河死者，日夜不绝"。自咸丰三年（1853）起，朝廷催办江浙招商买米运送天津的上谕急如星火。命招商购买粳米二三十万石运赴天津。命上海绅商等先行起运四五十万石，陆续放洋海运到天津。催办的廷寄皆以"五百里""六百里""六百里加紧"驰发。与此同时，清廷命令江南各省在籍官绅举办团练，组织地主武装抗击太平天国。依靠曾国藩、左宗棠、李鸿章等人结合外国势力，合力对抗太平天国运动。湖北、湖南、江西、安徽四省漕粮，按照每石一两三钱的价格折成白银，转运到京城或者就地充当军饷。这就是当时两江督抚提出的南漕海运、漕折改银解京发饷，以应对漕运困局的解决办法。

咸丰五年（1855），黄河爆发灾难性决口，改道由山东利津入海。之后黄河泛滥成灾，冲决运河堤岸，黄泥漫灌河道，大运河千疮百孔。山东部分运河段淤垫成陆，致使漕运受阻，大运河处于瘫痪状态。清廷无奈之际再兴海运，并就此成为定制。咸丰十年（1860）英法联军列强因为不满足于《天津条约》规定的权利，要求清廷大规模开放通商口岸。于咸丰十年（1860）春，攻占天津后在通州八里桥击败清军入侵北京，史称"庚申房变"。咸丰皇帝自圆明园逃往热河（今承德市），清廷签订丧权辱国的《北京条约》并承认《瑷珲条约》。继之英法联军攻占、抢劫并火烧圆明园。清廷疲于应付内忧外患，无力整治大运河，河运持续衰微。咸丰中大运河为太平天国军截断，通惠河运量锐减。本用以临时解困的漕粮海运、漕折改银，代替漕运占据主导地位。乾隆时期整治疏浚扩源聚水的昆明湖水库，作为通惠河的上游水源，一度为通惠河漕运带来便利。咸丰十年（1860）英法联军的破坏，使昆明湖上游的引水渠道与圆明园毁于一旦。北京近郊的水道无人维护，导致通惠河水源枯竭，河道淤堵。

2. 清末国势衰败与通惠河漕运废止

1861年同治皇帝登基，年仅六岁，由两宫太后垂帘听政、议政王奕䜣主持政务，在位13年。鉴于第二次鸦片战争和"庚申房变"西方列强挤压，清廷及以曾国藩、左宗棠、李鸿章为代表的"经世派"痛感科技落后必然挨打，倡导学习西方"以夷制夷"，推行新政。推行一系列学习西方现代化的"洋务运动"，史称"同治中兴"。"同治中兴"中实施了关于漕运的两大革新：一是江南漕粮改折征收的新政；一是为漕粮海运专门开办"官督商办"的招商局轮船公司。同治四年（1865）后，由于京杭运河持续淤塞，南方漕粮部分改为海运。有漕八省除了江苏、浙江仍征收漕粮海运之外，其余一律漕折。漕折征收与漕粮海运，成为清廷此时的主要漕运模式。为打破鸦片战争以来，西方列强轮船公司对沿海和长江航运的垄断，免使漕运受制于洋人，清廷于同治十一年（1872）十二月，由洋务运动领导者李鸿章发起创办了中国第一个"官督商办"轮船招商局，旨在"使我内江外海之利不至为洋人尽占"。华商集资，自主购置商业轮船海运漕粮，盈亏自负。由最初每年海运漕粮约二十万石，不断加大招商局的轮运比例，到光绪三年（1877）招商局已经承揽朝廷海运一多半运量。其随后展开的客运业，挤垮了英美合办的旗昌公司。光绪二十六年（1900）后漕粮海运全部划归轮船招商局。

从同治朝至光绪朝（1860~1890），清廷官办南漕海运与招商采买海运至津，两种模式并举。在南漕海运、改折征收的背景下，江苏州县借助新的粮食市场与交通方式，进行常态化的漕粮采办，漕务运作的基本面貌由此与传统的漕粮征收、漕粮河运大为不同。自此，从唐宋到明清，实行千年的漕运制度为之一变。

同治朝漕粮海运逐渐成为漕运主体，但是并没终结通惠河的漕运功能。直至光绪朝，清廷依然有不断对通惠河河道疏浚整治的记录。通惠河漕运虽然时断时续，依然发挥运漕粮入京仓的功能。

同治皇帝于1875年1月病逝，"同治中兴"如回光返照转瞬即逝，根本无力挽回大清帝国江河日下的败亡之势。1875年1月，载湉被两宫皇太后拥立为帝，年号光绪。他登基时年仅三岁半，由慈安、慈禧两宫太后垂帘听政。光绪十五年（1889）载湉亲政，在位34年间，清廷遭遇的一系列事变、国变、战争和战败割地赔款，加速了大清王朝走向灭亡。中日甲午战争（1894）失败、"戊戌变法"（1898）百日维新流产、义和团之战与八国联军入侵京津的庚子事变（1900），是压倒骆驼的最后一根稻草。1900年（光绪二十六年庚子）八国联军侵华，对清代漕粮海运造成沉重打击。由于慈禧太后挟光绪皇帝逃至西安，天津、北京等地又相继被联军占领，此年海运停止。清政府紧急成立清江浦和汉口两个转运局，将上海尚未运出的漕粮，部分改由河运和陆运运抵西安。1901 年签订《辛丑条约》，清廷以关税和盐税作为抵押的 9.8 亿两白银庚子赔款，造成清王朝财政体系完全崩溃，最终导致清代大运河漕运和通惠河漕运终结。

清代同治、光绪朝以后，清廷内外交困，风雨飘摇、国势日下。通惠河虽仍有漕粮岁制，因河况日下，漕政管理大不如前，河道淤塞决溢严重，处于半瘫痪状态。光绪十一年（1885），因通惠河河道淤积，漕船浅涩难行，仓场奏请疏浚通惠河道。但因缺乏持续维护，每到雨季堤岸崩塌，两岸泥沙冲入河中，疏浚不久河道又淤浅阻航。光绪二十年（1894），仓场衙门再次奏请重新挑浚通惠河，培修堤岸、筑通惠河各闸码头。虽然几经疏浚修筑，无奈清廷国运与漕运日趋衰败、大势已去。光绪二十六年（1900），八国联军入侵北京，占据京城各仓。本来就饱受咸丰十年（1860）英法联军烧毁掳掠的西郊皇家园林和昆明湖引水道，废毁程度雪上加霜。北京近郊的水道再无专人维护，随之而来的是通惠河上游河道湖泊淤塞、水利工程废毁，导致通惠河水源日益枯竭，无法通航。

1901 年七月光绪皇帝发布上谕："漕政日久弊生。层层剥蚀，上耗国帑，下腴民生。当此时势艰难，财用匮乏，亟宜力除糜费，核实整顿。著自本年为始，各省河运海运，一律改征折色。"[①] 光绪二十八年（1902），清廷宣布废除各省的漕运屯田，裁撤所有领运官及服务于运河的各河道官员。[②]

---

① "乙丑。谕内阁、漕政日久弊生。层层剥蚀，上耗国帑，下腴民生。当此时势艰难，财用匮乏，亟宜力除糜费，核实整顿。著自本年为始，各省河运海运，一律改征折色。"［（清）世续等纂修《清实录·德宗景皇帝实录》卷之四百八十五"光绪二十七年七月乙丑"，中华书局，1987，第 403～404 页］

② "二十八年，部议本年江、浙漕粮，纯归招商局轮船承运，费应力从减省。盛宣怀奏：'近年沪局轮船，因事起运太迟，栈耗既巨，及运至塘沽，又值联军未退，费用倍于常时。二十六、二十七两年，招商局所领水脚，实不敷所出。本年太古洋行愿减价揽载，英、日议定商约，均欲漕运列入约章，臣等力拒之。盖招商局为中国公司，前李鸿章奏准漕米、军米悉归招商局承运，实寓有深意也。此次详察中外情形，拟请自二十八年冬漕始，于向章每石轮船水脚保险等项漕米银三钱八分八厘一毫内减去五分，永为定制。'从之。"［（清）赵尔巽等撰《清史稿》卷一百二十二《志九十七·食货三·漕运》，中华书局，1976，第 3602 页］

1905 年以"河运全停"取消漕运总督一职，改为江淮巡抚。[①] 1906 年规定，以往天津至北京的漕粮运输，"改由铁路火车径运京仓交兑"。[②] 通惠河作为漕粮入京河道的重要功能就此废止，通惠河历元明清三代 600 多年漕运，由盛至衰，就此终结。

三　民国时期通惠河漕运废止后的功能

1911 年辛亥革命结束了清朝统治。1911～1949 年三十八年间，北京（北平）经历了北洋政府时期—国民政府前期—八年沦陷时期—国民政府后期。自光绪二十七年（1901）清廷宣布大运河"全河停运改征色银"后，漕运功能停废的北京通惠河，主要作为北京城的排污河道和夏季行洪河道。1915～1917 年北洋政府在修建北京环城铁路时，将环绕都城的部分北京护城河改为暗沟。

1928 年 6 月国民政府迁都南京，北京改设北平特别市。1928 年 7 月至 1929 年 9 月，从法国学成归来的著名工程专家华南圭，担任北平特别市工务局局长期间，主持对北京郊区水源的系统调查，提出修治永定河、整理包括通惠河在内的玉泉水系的宏大计划。华南圭关于北京水环境与地区水利关系的卓识，体现在他主持制定的《玉泉源流之状况及整理大纲计划书》与《北平通航计划之草案》里。华南圭将水利开发与周边沟渠整治视为北平市政建设的根本措施，1928 年 9 月他在《北平特别市工务局组织成立宣言》中提出疏浚北京护城河和通惠河的计划："须浚河筑闸，引永定河或孙河之水，经过北平城南或城东，再由二闸下行，以利航行。"[③] 他在《北平

---

① "丙寅。谕内阁、政务处奏议覆裁改漕运总督一折。江北地方辽阔。宜有重镇。顺治年间。改设漕运总督。原兼管巡抚事。现在河运全停。著即改为江淮巡抚。以符名实而资治理。即以原驻地方为行省。江宁布政使所属之江淮杨徐四府。暨通海两直隶州。全归管理。仍著两江总督兼辖。各专责成。"［（清）世续等纂修《清实录·德宗景皇帝实录》卷之五百四十 光绪三十年十二月下丙寅，中华书局，1987，第 179～180 页］

② "海运米石运抵塘沽，改由铁路火车径运京仓交兑，所有增给剥船户耗米价银，及加给剥船户津贴银两等款，停止开销。"［《军机处录副奏折》光绪三十二年六月初二日，署两江总督周馥等折］

③ 华南圭：《北平特别市工务局组织成立宣言》，《中华工程师学会学报》1928 年 15 第 5、6 期。

通航计划之草案》中指出，北京"自铁道通运以来，河渠废弛，如人身之只具骨干脉络，而无津液之贯通，殊为遗憾。"[①] 草案讨论了自北平至天津、三家店至北平的河道通航路线，但因为时局动荡和战争原因一直未能实施。

民国初期，由于北平城市人口与用水量激增，加上气候干旱等因素影响，曾经万泉涌流的西山诸泉逐渐衰竭，永定河中下游多年断流，北京护城河和城市沟渠急需治理。谙熟西方城市管理之道的华南圭，倡议把城市排水系统由明沟改为暗沟，以改善城市的环境卫生。

1929 年，国民政府对北平全城河道进行调查并且编制整治规划。1934年《北平市河道整治计划》出炉。其中华南圭的《疏浚旧河通航计划》，描绘了以石景山上游之三家店为起点，沿永定河岸至金口河到西便门长约三十公里通航计划的美好图景。这一计划将北平城内外河道疏浚整治的步骤设计得十分切实可行：使金口河之水穿城而过，挟污秽入东便门通惠河以迄通县。……而通惠河之水量亦得增加其来源。华南圭的永定河—通惠河—通州通航计划与玉泉水—通惠河水系整治计划，在民国时期得到部分实施，日本侵华中断了这个进程。而后来类似的永定河—通惠河—通州通航计划得以重新提出并且实施，则是在 80 多年后的 2020 年。

第五节　朝阳门石道：明清与通惠河水陆互补的漕粮车运陆路

朝阳门运粮道作为元明清京通之间重要的漕粮运输陆路，与通惠河水路相辅相成，是辅助京师漕粮入仓、保证京城百官供给的"生命线"。梳理明清朝阳门运粮陆路的形成源流和历史文脉，可以了解通惠河开通前和停废后，通州至京城的运粮陆路，在河道淤堵或上游水源不足时，如何相辅相成、共筑漕粮入京通道的水陆互补价值。

---

① 华北特别市工务局：《北平通航计划之草案》，《中华工程师学会学报》1928 年 15 第 7、8 期。

一　金中都时期京通运粮陆路溯源：从蓟襄驰道到运粮要道

早在金朝迁都燕京之时，通州到蓟城的陆路早已形成。通州，西汉建置路县，属渔阳郡。东汉沿用西汉旧称，改"路县"为"潞县"，因其所附潞河得名。潞县自古就是燕京蓟城东部的水陆要枢。早在秦朝，就有连接广阳郡蓟城到辽东郡襄平的蓟襄驰道，从蓟城（今北京）出发，经今通州地区，通往辽东地区。随着辽、金两朝相继把燕京蓟城作为都城之一，通州除水陆要道枢纽之外，作为燕京京畿拱卫的军事战略地位不断上升。金朝海陵王完颜亮于天德三年（1151）迁都燕京，当时山东、河北的粮食通过白河（北运河）运抵通州，海陵王因潞县在漕运上的重要地位，将其升格为通州，取"漕运通济之意"。

海陵王和金世宗初年，漕粮从通州运到金中都，主要依靠这条陆路官道。从潞县出发，三十里到交亭（今朝阳大郊亭，位置大约在今两广大道一带），再三十里到中都城。每年漕运多达几百万石，都是靠这条陆路运达。金廷虽然曾经先后开凿漕渠、漕河和闸河以通漕运，均因为东西河道高差无法蓄水通航，始终没能用水路替代陆路。

二　元大都与元代京通运粮门和运粮土路

忽必烈于 1260 年夺大汗位，在金莲川（今元上都）称帝后，于 1267 年在燕京建大都城。选址在旧金中都城偏东北方向。从元朝开始，元大都（今北京）首次成为全国性都城。开启元朝政治中心在北方，经济中心在南方的统治模式。通过京杭大运河，将南北政治经济中心连为一体。通州作为京杭大运河的终点，曾经是金朝的漕运通济要枢，也是元朝的漕运要枢和仓储重地。

元朝是一边建大都城、一边进行夺取江南的战争。从 1267 年到 1285 年，历经近二十年，元大都宫城都城才最终建成。在大都城建成之前，忽必烈曾驻金中都旧城，沿用金朝通州至京中都的运粮陆路。在至元三十年（1293）通惠河开通以前，抵达通州的几百万石漕粮，一部分通过坝河漕运，运到元大都东北光熙门千斯仓等京仓储存。一部分从通州经由陆路车运到大都东齐化门，入齐化门附近诸京仓。至元十六年（1279）大都兴建不久，元朝就设置"新运粮提举司"专事陆运，下辖250辆运粮车，隶属于兵部，主要负责从通州运送漕粮到大都。通州至大都齐化门运粮土路，就是担任这一重任的运粮官道。齐化门运粮土路，由齐化门关厢、齐化门外大街及至通州土路组成。元朝华北地区最大的道教丛林、元大都著名的东岳庙就位于离齐化门三里地的关厢附近。商贾云集，香火兴旺，庙会繁盛，历元明清不衰。

至元三十年（1293）忽必烈授命郭守敬开通通惠河后，通州到元大都的漕粮运输，可以通过水路直抵积水潭码头诸仓，分担并且解决了京通之间陆路运输漕粮的巨大困难，但是齐化门运粮土路的功能依然沿用不废。

三 明代朝阳门运粮土路名称与功能变化

明洪武元年（1368）八月初二，大将徐达率部由元大都齐化门攻入大都城。元顺帝夜遁健德门逃离大都，元朝灭亡。大都改为北平府，封藩燕王朱棣。朱棣于靖难之役后称帝，迁都北京。明永乐十七年（1419）改建齐化门，不久毁于大火。明正统元年（1436）重建齐化门，更名为"朝阳门"。北京朝阳门之名，来自明朱元璋洪武年间建都金陵应天府（今南京）都城之东门朝阳门。"朝阳"有两重含意，一是朝阳门在东方，由城内向东看，是朝着太阳升起的方向；二是从城外进京城，是朝皇帝所在的紫禁城朝拜，也可称为"朝阳"。

明代朝阳门又称"粮门"，意即漕粮入京之门。沿袭元代的传统，朝阳门外大街是通州陆运漕粮进入京仓的交通要道。明代在朝阳门外护城河边修筑了很多粮仓，每逢开漕运粮时节，往来粮车络绎不绝。朝阳门瓮城门洞内左壁镶着一块方石，上刻一谷穗，是朝阳门镇门之物，以谷穗象征朝阳门是"粮门"和漕粮入京之门。明代京城负责漕运、仓场管理的官员，皆以谷穗为官服标记。朝阳门外大街除作为陆运漕粮进京的交通要道，也是京城通往京东各县的咽喉路段。沿街有众多的南北货商铺、车马店和客货栈，为全国各地从通州到朝阳门京仓的运粮车马、商家和行人提供方便。

由于明代北京城墙的北缩、南扩和皇城城墙东移，明代通惠河漕运终点改为东便门城外大通桥，故通惠河在明朝也称大通河。从此江南运粮船到达大通桥后，换车马分别陆运入朝阳门、崇文门和东直门内的京仓。朝阳门内外的京仓最大最多，与朝阳门运粮陆路距通州最近有关。明代京仓也统称十三仓。自明初以降，因通惠河上游白浮泉断流，水源剧减；加之明皇陵在建，无法疏浚水源，通惠河淤堵严重，航道时断时续，陆路运粮逐渐由辅助成为主要方式。从永乐朝开始，就不断修筑朝阳门运粮道，以便在通惠河断航时，漕粮从陆路运入京仓。

明永乐二十一年（1423）平江伯陈瑄就指出：陆路运输漕粮，自通州到北京"往还八十余里，不免延迟妨误"，请求将三分之一漕粮贮入通州仓。明宣宗宣德七年（1432）因通惠河平津闸水冲闸，堤岸俱塌，责令修复自通州到北京所必经羊营"挽运所运之路"。[①] 明英宗正统二年（1437）"修八里桥，自京至通州往来之路，其地平广，车可兼行，今为水所败，故令修之"。[②] 正统七年（1442）六月，漕官上书"自通州张家湾抵朝阳等门四十余里。每夏运粮者多伤暑渴，请令所司三里置一水缸，仍植柳道旁，以供休息"。[③] 明朝政府一再修筑张家湾和通州到北京的运粮陆路，就是为了在通惠河航道不通时，保证漕粮顺利陆运入京仓。由于朝阳门运粮道是土路，每经雨季就会变得坑洼不平，泥泞不堪。明宪宗成化九年（1473）户部奏，漕粮自通州、张家湾起车赴京仓，一遇阴雨，车价顿涨，以致运军赔累。户部特别奏请：暂借京操旗军及火甲人等，自朝阳门抵张家湾修筑道路约宽四丈，务在高坦坚实，道旁植柳，每五里置铺、凿井，令人守之，供来往运粮人员休息。[④] 无论明廷怎么下力气修筑维系朝阳门运粮道，陆路车运终究因人力物力投入巨大，成为漕粮入京仓的巨大问题。如明孝宗弘治五年（1492）刑部都给事中赵兹奏言："漕运军士沿途艰苦，舟抵张

---

① （明）张辅等纂修《明实录·明宣宗实录》卷八十六，"中研院"历史语言研究所校，"中研院"历史语言研究所，1962，第1994页。

② （明）孙继宗等纂修《明实录·明英宗实录》卷三十三，"中研院"历史语言研究所校，"中研院"历史语言研究所，1962，第640页。

③ （明）孙继宗等纂修《明实录·明英宗实录》卷九十三，"中研院"历史语言研究所校，"中研院"历史语言研究所，1962，第1882~1883页。

④ （明）张懋等纂修《明实录·明宪宗实录》卷一二〇，"中研院"历史语言研究所校，"中研院"历史语言研究所，1962，第2316~2317页。

家湾又雇车转搬，一遇霖雨即有留滞漂没之患，输纳米毕而河冰已合，往往卖船举债，继以逃窜。"① 要从根本上解决问题，还必须恢复通惠河漕运。而通惠河本身水源不足、疏浚整治投入巨大，与车运利益集团的阻挠形成水陆相争的矛盾，使得历朝皇帝难以决断抉择。

明世宗嘉靖七年（1528），监察御史吴仲极力奏请整治通惠河，是绕开水陆之争，从国家利益着眼，倡导水陆并行，才获得皇帝奏准和朝廷官僚集团的支持，得以成功整治通惠河。通惠河水势增大，恢复通惠河漕运。尽管通惠河全线通漕后，漕粮可以从水路抵达大通桥入京仓。但明朝政府仍然实施通惠河与朝阳门运粮道"水陆舟车并举"的模式，以应付通惠河再次淤堵。"水陆舟车并举"也成为明代京通漕运的模式。

四　清代朝阳门石道——从鼎盛到衰败

崇祯十七年（1644）三月十九，李自成攻入北京，崇祯皇帝在煤山自尽身亡。五月初二，清军入朝阳门，进北京城。清朝定都北京，在城内强制实行旗、民分城居住制度。特别建立八旗粮仓专门供给八旗官兵，粮仓大部分位于东城朝阳门附近。朝阳门运粮道再次成为运输江南漕粮，保证朝廷供给的要道。

（一）清雍正、乾隆时期朝阳门运粮道改成石道

清代与明代一样，由于通惠河时断时续，京通间的朝阳门运粮陆路发挥了水陆互补的重要作用。朝阳门运粮道，不仅是南粮北运入京要道，也是清朝皇帝拜谒东陵皇祖的御路。元、明以来一直是土路，马拉铁瓦轱辘车，每遇雨雪天气，车辙成深沟，泥泞难行，常发生陷车事故："轮蹄经涉，岁月滋久，地势渐洼，又时雨即降、积雪初融之候，停注泥淖中，有一车之蹶需数十人之力以资牵挽者矣。"② 为了便于皇帝出行，清朝在北京城外东、南、西三个方向修建了三条御道，即朝阳门至通州御道，广安门

---

① （明）张懋等纂修《明实录·明孝宗实录》卷六十一，"中研院"历史语言研究所校，"中研院"历史语言研究所，1962，第1186~1187页。

② （清）于敏中等编纂《日下旧闻考》卷八十八 郊坰 东一，北京古籍出版社，2000，第1479~1481页。

至卢沟桥御道，西直门至香山、玉泉山、万寿山"三山五园"御道。康熙、雍正朝，西直门御道、广安门御道已先后铺石建成。唯有朝阳门运粮道一直是土路，年久失修："今直隶至江南大道，车轮马迹，践压岁久，致通衢竟成沟堑，两旁之土，高出如岸，一遇雨水之时，众流汇归，积潦难退，行旅每苦泥泞，或至守候时日。"① 雍正七年（1729）正月，皇帝谕令工部整治通州至朝阳门运粮道，将土路改为石道。在没有水泥沥青的古代，石道是最高级的路面，也是十分巨大的工程。朝阳门至通州 40 里，修筑石路十分艰难，须用花岗岩石整条铺砌。修这条石路约需 15 万块条石，每块条石几百斤重。要到山区开采石块，加工后用马车运到工地。路面要先平整夯实，铺条石全靠石匠手工劳作，花费巨大的财力人力物力。工程始于雍正七年（1729）八月，雍正八年（1730）五月告竣。历时近一年。"起洼为高，修建石路，计长五千五百八十八丈有奇，宽二丈，两旁土路各宽一丈五尺，长亦如之。"② 石道总长约十九公里，宽二丈，两旁修土道各宽一丈五尺。除了京通间石道外，由通州新城、旧城至各仓门及东西沿河两道，也建成石路，共计长一千五十余丈，约三点五公里。

这条两侧为土路中间用条石铺砌成的"石道"，即今天北京朝阳路的前身。雍正十一年（1733），为纪念通州石道建成，特立《御制通州石道碑》，记录修筑始末，及高度评价朝阳门运粮道的重要功能："自朝阳门至通州四十里，为国东门孔道，凡正供输将，匪颁诏糈，由通州达京师者，悉遵是路。潞河为万国朝宗之地，四海九州，岁致百货，千樯万艘，辐辏云集，商贾行旅，梯山航海而至者，车毂络绎，相望于道。盖仓庾之都会，而水陆之冲逵也。"③ 雍正皇帝希望此次整修朝阳门石道，"一劳永逸，良用欣慰"。④

从雍正八年（1730）石道修筑成功，到乾隆二十二年（1757）的二十七年间，朝阳门石道因每日承载量过大，路面损坏严重，原有条石十之四

① （清）允禄、弘昼编《世宗宪皇帝上谕内阁》卷七十七 雍正七年正月二十八日奉，（清）永瑢、纪昀等纂修《景印文渊阁四库全书》第 415 册·史部一七三·诏令奏议类，台湾商务印书馆，1986，第 186 页。

② （清）于敏中等编纂《日下旧闻考》卷八十八，北京古籍出版社，2000，第 1479～1481 页。

③ （清）于敏中等编纂《日下旧闻考》卷八十八，北京古籍出版社，2000，第 1479～1480 页。

④ （清）于敏中等编纂《日下旧闻考》卷八十八，北京古籍出版社，2000，第 1479～1480 页。

五需重新增补。乾隆皇帝两次下令修整："历年既久，凸凹不平，车辆往来，每有倾侧之虞。自应亟为修整。"① 此次修治历时四年，到乾隆二十五年（1760）七月竣工。乾隆二十六年（1761）六月，为纪念朝阳门石道再次修建，乾隆御笔亲书《重修朝阳门石道碑》，强调朝阳门石道弥补通惠河外阔而内狭、南来漕军"舍舟遵陆，径趋朝阳门，以舟缓而车便，南北之用有不同"② 的水陆互补兼具的重要功能。"是地为国东门，既食货交会，而修废举坠，又立政之常经。"③ 他直接将朝阳门石道道路整治与食货交会通畅，提到体现朝廷为政举措高下的高度进行审视和评价。

雍正、乾隆两朝皇帝两次修筑朝阳门石道，均在石道旁书写碑文竖碑立亭。雍正碑立于今通州西八里桥，乾隆《重修朝阳门石道碑》位于今朝阳区三间房乡三间房村东石道路北，《日下旧闻考》曾记载两碑碑文。雍正和乾隆御制石道碑形制规模相同，石碑高 5 米，宽 1.6 米，厚 0.8 米，螭虎盘踞碑首，龟趺碑座。两碑阳面为雍正和乾隆皇帝书写的满汉碑文，记载修建朝阳门石道的缘由，修建经过、石道长度、宽度规模、耗资白银和竣工年月。碑文四周刻有精美龙纹，碑两侧雕独龙戏珠，碑阴无字。雍正《御制通州石道碑》和八里桥一组文物光绪二十六年（1900）被八国联军烧毁。2005 年在原址重建碑亭。1984 年，"永通桥及雍正《御制通州石道碑》"被列入北京市文物保护单位。2013 年，作为大运河北京段文化遗产，被并入全国重点文物保护单位大运河之内。乾隆《重修朝阳门石道碑》于1984 年对碑座进行加固，周围设置了铁栅护栏。2009 年石碑被盗，第二年抓获盗碑者，将石碑移至朝阳路定福庄路南口过街天桥旁，2010 年朝阳区政府对该碑复建了碑亭。两处碑亭均按原样复建，为朝阳区文物保护单位。

从明代开始，明廷在朝阳门运粮土路旁植树掘井，以方便漕粮运军和南北商贸行者。清代沿用旧例，也在朝阳门石道旁植树。乾隆皇帝《过通州》："上陵时节近清明，晓发鸣梢出帝京。树杪遥看塔影矗，移时堤外潞

---

① （清）庆桂等纂修《清实录·高宗纯皇帝实录》卷五四九"乾隆二十二年十月下、乾隆二十二年丁丑十月"，中华书局，1986，第 999 页。

② （清）于敏中等编纂《日下旧闻考》卷八十八，北京古籍出版社，2000，第 1480~1481 页。

③ （清）于敏中等编纂《日下旧闻考》卷八十八，北京古籍出版社，2000，第 1480~1481 页。

川横。"写清明节到清东陵祭扫先祖。出朝阳门沿石道东行，透过道旁的树梢，远远看到通州北城的燃灯塔和潞河堤岸外的河水。可知其时朝阳门到通州石道两旁都栽了树。京通朝阳门石道修整后，为南北漕粮运输和货物交会带来巨大便利。运粮人马车辆往往要在城门外等候交验、通关入仓，带来人流物流的过往停留，于是旅店、商铺、餐饮业及相关服务业随之繁盛。在朝阳门外，有诸多"关东店"，周边旅店林立，商贾云集，由于商队验放缓慢，在傍晚关城之前往往有很多人进不了城，因此就在城外留宿，形成朝阳门外繁盛的南北商贸集萃之地。

京通四十里石道，西起朝阳门，经朝阳门关厢、朝阳门外大街、东大桥、红庙、八里庄、十里堡、三间房、八里桥，达通州西门。据清朝朝鲜使臣李德懋到北京朝贡日记记载："（五月十五）疾驰入朝阳门，盖自通州大道，铺白方石讫于此，凡四十里。"[①]可知这条路不仅是京通间运粮通道，也是京城到江南的驿路，也是海外使臣和南北商人进入京城的通路。朝鲜使臣还记录了他们的乘车体验："自通州至北京为四十里路，皆铺石。日夜为车辙所磨泐，往往有嵌缺处，车行其上，摇荡欹侧殊可苦。"[②]

（二）清末漕运停废与朝阳门石道由盛至衰

清中晚至末期（1796～1911，嘉庆、道光、咸丰、同治、光绪、宣统六帝115年），特别是同治、光绪、宣统所代表的清末，随着清朝国运衰危、漕运废止，朝阳门石道也由鼎盛走向衰落。标志清朝衰败的两大事件为第二次鸦片战争和庚子国变。前者导致1860年9月21日英法联军从天津长驱直入侵犯北京，胁迫清朝签订《北京条约》。后者导致四十年后的光绪二十六年（1900）八月，八国联军再次侵犯北京，引发庚子国变，签订丧权辱国的《辛丑条约》，导致清朝最终灭亡。元明清三代，京通之间必经的咽喉要道，成为元明清三朝从鼎盛到衰亡的见证。

1860年9月21日发生在朝阳门石道通州段的八里桥之战，是首场中外

---

① 〔韩〕林基中主编《燕行录全集》卷五十七《入燕记》下，〔韩国〕东国大学校出版部，2001，第275页。

② 〔韩〕林基中主编《燕行录全集》卷七十一《燕辕直指》卷二，〔韩国〕东国大学校出版部，2001，第154页。

激战。八里桥东距通州八里，西距京城三十里，是由通州入京城的咽喉要地。9 月 21 日凌晨 4 时，英法联军由骑兵开路向八里桥方向推进，清军僧格林沁率蒙古马队七千、步兵万余名清军拼死抵抗。三万清军殉国，英法联军仅 12 人伤亡。英法联军突破八里桥后进入北京城，在火烧圆明园大肆掠夺后，最终迫使清政府签订《北京条约》。立于朝阳门石道八里桥旁的雍正皇帝《御制通州石道碑》，在此次战役中被毁。据说法军统帅孟班托被石道碑的精美奇特所吸引，想作为胜利纪念碑运回法国，像埃及方尖碑一样安放在巴黎广场上。被告知无法运走，孟班托还曾为此遗憾不已。

朝阳门石道发生的第二次中外激战，是 1900 年八国联军入侵北京。光绪二十六年（1900）春，义和团运动成为八国联军侵华战争的导火索。以镇压义和团为名，八国联军前后集聚装备精良的五万军人，于 1900 年 8 月 13 日夜，分三路从广渠门、朝阳门、东直门进攻北京。其中日军 7200 人，携火炮 54 门，从通州出发，经八里桥、定福庄、红庙、关东店，于 14 日 7 时半抵达朝阳门外东岳庙附近，用炮火猛攻朝阳门。1900 年 8 月 14 日晚，北京城被攻陷，史称"庚子国变"。朝阳门箭楼被日俄军队炮火轰塌，朝阳门瓮城内的镇门谷穗被毁。朝阳门城楼东外侧城墙垛口处的连脊小庙三座，内供三皇（伏羲氏、神农氏、轩辕氏），也同时毁于日军的炮火。清廷于 1903 年重修朝阳门箭楼，于 1906 年竣工。

1901 年，巨额庚子赔款成为压塌清廷财政的最后一根稻草。光绪二十七年（1901）清廷宣告漕运停止，同时裁撤全河及通州各漕运衙署。通州作为元明清数百年漕运重镇，就此停废，京通朝阳门石道，作为漕粮入京陆路运输通道的重要功能，也就此废止。

五　民国时期朝阳门和朝阳门石道变迁

1911 年辛亥革命结束了清朝统治。1911～1949 年三十八年间，北京经历了北洋政府时期—国民政府前期—八年沦陷时期—国民政府后期。朝阳门石道也随之经历衰极到新变的过程。

（一）北洋政府时期朝阳门和朝阳门石道变迁

北洋政府（1912～1928）是指中华民国前期以袁世凯为首的晚清北洋

军阀在北京建立的中央政府。

辛亥革命后，封建帝制灭亡，民主共和制诞生，北京也逐步从皇权社会向市民社会迈进。城市规划和设施的建设，也渐渐转变为考虑市民需求。民国初年北京城还保持着清朝皇城格局，街道规制完全按照传统皇城格局设计。每隔一段距离就建有牌坊，宽度仅可容纳两辆马车交会，人力车、马车、骡车是主要的交通工具。随着北京城人口不断增长，旧的交通工具已经无法满足出行和物资运输要求。1912 年，北京户籍常住人口 72 万，1916 年已达 80 万，加上外来人口，近百万人需要吃穿衣住行。仅粮食和煤炭的需求量，每天就以数百吨计。尽管北京当时已有京张、京奉、京汉几条铁路，粮食和煤炭等物资可以从数百公里外运送到北京。但如何将这些物资运送进内城，仍然与元明清面临同样的问题。1914 年年初，北洋政府认为北京急需一条环城交通线，解决粮食、煤炭运输问题。1915 年，北洋政府下令修建"京师环城铁路"。在北京内城的东南角楼和东北角楼两侧的城墙处，各开建中国传统的拱券式铁道券洞，铁路在两座角楼的内侧穿洞而过。虽然长度仅为 6.5 公里，但每年 1000 万人次的运力，确实解决了很多实际问题。1915 年修建环城铁路时，拆除朝阳门瓮城及闸楼，朝阳门箭楼成了一个单体建筑。与朝阳门经历的巨大变化一样，民国初年，北洋政府翻修朝阳门石道为京津大道（后更名为京津公路），朝阳门石道几乎被拆光。通州城内石道也由于年久失修，损坏严重。

1917～1918 年，北洋政府翻修朝阳门石道，旨在进一步修整、连通通州与天津的道路，加强对天津地区的控制。直隶水灾期间，北洋政府采纳美国红十字会的建议，通过以工代赈的方式，对朝阳门石道进行翻修。美国红十字会拨赈灾款 10 万元，北洋政府出资 10 万元协同共建。工程于 1917 年底从北京朝阳门外大黄庄，修至通州新城南门。将原来石道所铺条石撤换或砸碎，铺成长 10 公里、宽 6 米左右的泥结碎石路，并在两侧各修 3 米宽的大车道。后来通往天津的大道因经费不足而未能完成。[①] 之后该路屡有修缮，1918 年，石道被进一步改修成马路。据当时报载，东便门内外

---

① 北京市公路局、北京市公路局通县分局编《通县公路志》，文津出版社，1995，第 14 页。

等处朝阳门石道及石桥，因年久失修，以致坑坎不平，往来车马，时有倾翻伤人情事。报纸呼吁，该处为京通间往来必经之路，应该派人从速修理，以利交通。由朝阳门石道改建的京津大道，也称为"博爱路"，后改称京津公路，是北京第一条利用现代技术详测、按现代公路技术标准修建的标准化公路，也是北京地区通往外地的第一条干线公路。[①]

（二）民国时期朝阳门和朝阳门石道的变迁

1937 年 7 月"七七事变"，日军从朝阳门、永定门、广安门三路进攻北京（时称北平），北京沦陷。日本人出于军事需要，对京津大道进行修整。从 1938 年到 1939 年，在原路基上扩宽 8～10 米，并于 1940 年在北京至通县路段铺筑了宽 7 米沥青混凝土路面。1938 年至 1940 年修建了天津至塘沽公路，1941 年整修了京津公路中通县至柳滩段和柳滩至天津段的路段。至此，京津公路与京塘公路连接起来，始称京塘国道，是北京地区最早修建的公路。

1945 年日本投降后，该路段先后归国民政府交通部公路总局下辖工程处管理。对该路进行维护和改善，逐渐补修更换混凝土路面，培垫路基。1946 年 9 月，继续将里程碑、标号、标志灯安设齐全。解放战争后期，因失修失养，道路状况下降，行车路况变差。

六　新中国成立到新时期以来朝阳门和朝阳门石道的古今变迁

1949 年 1 月 31 日，北平和平解放。新中国成立后，朝阳门和朝阳门石道也发生了翻天覆地的变化。

（一）从朝阳门到朝阳门立交桥的巨变

1949 年新中国成立时，为了便利交通，在朝阳门城门北侧城垣开豁口。1953 年 5 月为改善交通，将朝阳门、阜成门，以及东四牌楼、西四牌楼和帝王庙前的牌楼拆除，交通取直线通过。拓宽朝阳门外马路路面，铺为沥青路，拓展为公交线路。1957 年拆除朝阳门箭楼城楼。1958 年改造护城河、拆除朝阳门水关。在对朝阳门石道进行改造拓展的同时，将原朝阳门关厢

---

① 北京市公路局、北京市公路局通县分局编《通县公路志》，文津出版社，1995，第 14～15 页。

至东大桥段的朝阳门石道，改为朝阳门外大街。20世纪60~80年代北京修建二环路，使朝阳门石道起始处的朝阳门，完成从城门到立交桥的古今变迁。1988年7月，朝阳门外大街再次拓宽。1990年5月调整朝阳门外大街的起始段落，将原来位于东大桥的起点，向东延伸至东三环中路与东三环北路相接处的京广桥。

（二）朝阳门石道的"一扩三"发展建设

20世纪以来，铁路、公路交通快速发展，货物大多由水运转为陆运。从元代运粮土路到明清朝阳门石道，直至成为当代京塘公路，朝阳门石道发生古今变迁的同时，被扩展成三道并立。

原来始于北京朝阳门的朝阳门石道，自朝阳门关厢至东大桥段，新中国成立后，称朝阳门外大街。原朝阳门石道，在五十年代道路修整后，称为朝阳路。清代的朝阳门石道，与今天的朝阳路基本重合。今天的朝阳门外大街，沿袭古代朝阳门南北商贸文化集聚的关厢商贸圈，是北京著名的中央商务区（CBD）。朝阳路中段慈云寺至十里堡，是中国第一个五年计划期间建成的闻名遐迩的"北京纺织城"。朝阳路东段是北京第二外国语学院、中国传媒大学等北京东部文教科研单位集聚区。1995年，京通快速路开始修建，在原朝阳门石道施工时，发现不少花岗岩长条石块，上面有车轴的痕迹。经专家断定，是清代朝阳门石道原迹及原石。这些条石后来被集中放置于朝阳区建外CBD公园，成为朝阳门石道原貌的永久纪念和展示。

原来从朝阳门连接北京和通州的朝阳门石道，为适应新中国成立到改革开放新时期的快速发展，已经拓展为三条道路：朝阳路、京通路和朝阳北路。1963年在朝阳路南侧修建了八王坟至五里店的京通路。1995年将京通路改成全封闭、全立交快速路，40分钟路程缩短为15分钟。2003年在朝阳路北侧修建了朝阳北路，全长15.2公里。2005年拓宽朝阳路，主路宽15米，双向四车道，辅路各宽13米，双向六车道。如今，由清代朝阳门石道拓展的朝阳路，与京通快速路、朝阳北路平行，是京城通往通州—京塘路的三条主干线。京通快速路，从北京建国门开始，经大北窑、铁道口、九棵树、土桥到达通州。古老的朝阳门石道，从新中国成立到新时期进入21世纪以来，不断发展焕发新活力。

图 1 – 13 建外 CBD 公园中遗存的朝阳门石道原石

资料来源：北京市朝阳区文化旅游局。

第六节 新中国成立至今通惠河朝阳段河道流域 整治与功能创新

自光绪二十七年（1901）清廷宣布大运河漕运停止后，北京通惠河的漕运功能停废，此后主要作为北京城市排污和夏季泄洪河道。

自 1949 年新中国成立至今七十多年来，北京市政府对作为城市污水和泄洪通道的通惠河进行了大规模整治。通惠河的功能从元明清以漕运为主，到新中国成立后作为现当代城市的排水泄洪河道，再到新时期以来发展为北京东部贯穿 CBD 核心区和城市副中心的滨河绿廊，其现已成为北京集排水泄洪、绿色生态、旅游休闲和漕运历史人文景观于一体的中国大运河文化带展示区。本节将分三个阶段：第一阶段，新中国成立三十年（1949 ~ 1977）；第二阶段，新时期以来至大运河申遗成功；第三阶段，21 世纪"十三五"和"十四五"规划实施期间（2016 ~ 2025）。

一 新中国成立三十年通惠河朝阳段河道整治与功能变化

自清末到新中国成立前，因为连年战乱，北京通惠河一直没有进行彻底治理。漕运停止后，通惠河河道淤浅，闸坝逐渐废毁不用，只作为北京东部排水河道，主要承担北京城区的排水泄洪功能。

（一）通惠河的城市排水泄洪功能

北京有 3000 多年的建城史，最早的城市排水沟渠，可上溯至西周。在今琉璃河董家林村东，燕都城墙外有石砌排水沟，应该是最早的都城护城河排水系统雏形。到元代，经过精心设计的元大都和元大都排水系统，呈现为都城四周的护城河和主要街道两侧由条石砌成的明沟。明代将大运河经通惠河抵达北京的漕运码头终点，由积水潭改到东便门外大通桥，又将东护城河接通通惠河，与朝阳门、东直门贯通。从此，作为漕运航道的通惠河，与北京护城河连为一体，与北京护城河水系一样，同时具有排水泄洪功能。从明代开始，朝廷多在北京城排水明沟上加盖条石板，俗称板沟。紫禁城内的板沟，可谓排水设计的杰作，建成后六百多年，几乎不见暴雨积水记载。到清代，逐渐将板沟改成暗沟（地下排水道）。据统计，乾隆时期北京城已有排水暗沟 37 公里。特别在东城，因为是漕粮京仓聚集地，需要严防水患，所以各大排水暗沟，已形成较完整的系统。而与护城河连通的通惠河，成为全城排污泄洪的总通道。明清时期，皇家紫禁城排水系统，主要靠从内金水河（三大殿前的河流）排到皇城筒子河和护城河，最后汇入通惠河。

明清北京护城河水源来自玉泉水系，经长河至京城西北角分为东西二支。东支流向西北护城河，至德胜门西又分为二支。一支由铁棍闸入城为城内水道（内城六海等）总入口；一支沿城北向东经安定门，过东直门、朝阳门至东便门外，流入通惠河。西支沿城西南行，经西直门、阜成门至西便门外，又分为二支，一支穿越城墙东行，入前三门护城河，经宣武、正阳、崇文三门至东便门外入通惠河；一支沿外城南行，合西北南旱河来水，过广安门合莲花河来水，绕外城经右安门、永定门、左安门、广渠门，至东便门外入通惠河。可见通惠河即使在漕运功能停废后，依然是北京城排水泄洪的重要河道。

从图 1-14 看，三条护城河共同汇入通惠河，三个入河口之间相距约 300 米，形成三个护城河口同汇通惠河的态势。由于东北护城河坡陡（平均纵坡 1:920）水大，前三门护城河河身窄短（1.77 公里）流急，两路河水先流到东便门。南护城河河长（15.45 公里）坡缓（平均纵坡 1:2600）河水流得慢，后到东便门。当北京城区突降大雨暴雨时，东便门通惠河河口呈现一幅特有的行洪景象：三个河口的洪峰汇入同一河道，虽来势汹汹却前后有序。古人充分利用汇入通惠河的三条护城河的入河口因不同坡度产生错峰时间差的巧妙设计，令人赞叹。可知，通惠河的排水泄洪功能，对北京城排水体系具有非常重要的作用。

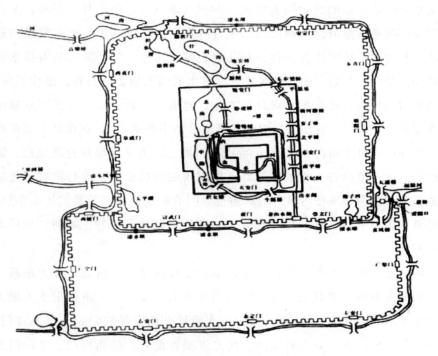

图 1-14　清代北京护城河示意

资料来源：李裕宏：《京水钩沉（一）》，《北京规划建设》2007 年第 1 期，第 71 页。

（二）新中国成立三十年通惠河整治工程成就

新中国成立初五十年代，随着北京城各项建设快速发展，城区人口急剧增长，北京生活污水和工业污水量迅速增加。整治作为通惠河支流的内外城区排水系统和疏浚作为排水泄洪总通道的通惠河河道，被提上议事日程。

1. 新中国成立三十年北京内外城排水体系和通惠河整治工程

民国至新中国成立初，北京市城区共有下水道 314 公里，但大部分由于年久失修，坍塌淤塞严重，能正常使用的只有 20 余公里。外城及关厢百姓聚集区，基本依靠渗井、渗坑和明沟排水，晴天污水臭气弥漫，雨天内涝严重。作为内外城泄洪排水汇总通道的通惠河，也淤堵不堪。1949 ~ 1952年，是国民经济恢复期，各行各业百废待兴。市政工程建设的首要任务是清运垃圾粪场，疏浚河湖，整修内外城区旧沟臭沟。1950 年 2 月，北京市政府动员城市灾民以工代赈，疏浚东便门至庆丰闸 2700 余米河段。1951 ~ 1952 年，疏浚整治通惠河，打通庆丰二闸卡口，扩大通惠河排水泄洪功能。与此同时，对内城旧排水沟进行系统疏挖整修，修复旧下水道 220 余公里，清出旧沟中的淤泥 16 万立方米。还疏挖了长河、前三门护城河，以及连接南护城河的龙潭湖、陶然亭湖等湖泊，整治了通惠河河道和上游支流的城市排水系统。

1953 ~ 1957 年，国民经济和社会发展第一个五年计划实施期间，北京开始大规模经济建设。在市政工程建设方面，城市下水道开始实行雨污分流制；城区新建大批地下排污管道。四海（北海、中海、南海、什刹海）下水道是重点工程。西起西四北大街，沿地安大街、张自忠路向东排入东护城河，全长约 5 公里，最大排水断面十多平方米，是当时全市最大排水管道，最后汇入通惠河。同时在前三门大街北侧，沿着城墙根修了两条直径一米二的引水渠，引到东便门外的通惠河之中。前三门护城河环境大为改善。加上前三门、东护城河、通惠河北岸等污水截流管道的建设，大大减少了通惠河上游入河污水量。

2. 发展北京东郊工业区与通惠河治污工程

五六十年代，北京东郊工业化发展迅猛，通惠河两岸工厂林立。由于持续不断的工业废水、生活污水排入河内，河水严重污染。1956 年 5 月，为了寻找通惠河污水治理办法，选定高碑店村南的高地作为污水处理厂。1958 年为解决位于高碑店的热电厂用水问题，在高碑店村建设新拦河闸，闸北建拦河堤。改建工程 1959 年 4 月开工，1960 年 9 月完工。1960 年为了处理日益增多的污水，遂建设一座简易污水处理厂。建沉淀池，采用一级物理沉淀工艺处理污水，设计规模为每日 20 万 ~ 35 万立方米。沉淀处理后的水排入东南郊灌渠灌溉农田。以此为起点，建设通惠河流域范围内（城区和东郊工业区）的通惠河污水治理框架——高碑店污水处理系统。六十年代后期，因经济建设基本停滞，高碑店污水处理厂建设无法继续。七十年代初随着国内外环境污染日益严重，周恩来总理批示要防治"三废"，保护城市环境，为子孙后代造福。1972 年联合国召开"第一次人类环境会议"，我国也于 1973 年召开了"第一次全国环境保护会议"。针对通惠河的污染，北京城市设计总院组成"高碑店城市污水处理科研设计组"，持续关注北京城市新建区的雨污水管网，搜集沿岸工厂排入通惠河的冶金、印染、化工、农药、酿造等工业废水处理工艺数据。高碑店污水处理的小型试验研究一直进行。1976 年，高碑店污水处理中间试验厂开工，设计规模为日处理污水 2000 吨，1979 年竣工。1980 年开始生产性试验。

3. 通惠河引进新水源增加新功能

新中国成立后，鉴于玉泉水系断流，北京市除了对通惠河上下游支流和河道进行疏浚排污之外，1953 ~ 1957 第一个五年计划的重要目标，是开拓新水源，引永定河、潮白河水入城。1956 年北京开始修建三家店、官厅等大型水库。1956 年引永定河水入城，经前三门汇入通惠河，为北京城市水系提供了新水源。此后随着北京周边先后建成多座大型水库，北京平均引水流量是新中国成立初的 25 倍，极大改善了北京城市水环境。随着水源的改善，通惠河的功能也随之变化。除了作为宣泄城区雨污水的排水河道，同时也是官厅、密云两水库向东郊地区进行农业灌溉的通道。

4. 前三门护城河备战改河与通惠河整治

1965 年，由于国际紧张局势影响，政府在前三门备战改河、修建地铁。此举成为北京护城河改河排污建设的转折点。1965 ~ 1967 年，前三门护城河挖沟改河，将一条高 4 米、宽 8 米的巨大混凝土方涵筑入河底，河水被引入方涵管道流入通惠河。自此，前三门护城河改为暗河。同时把南护城河、东护城河、前三门护城河三个通惠河入河口集中到东便门铁路桥，形成咽喉地带。原来各自距离 300 米的三个入河口集中于一处，洪水错峰时间差消除后，城区大雨行洪时洪水相互顶托，造成城内及东便门铁路桥下严重积水，雨后路面淤泥 20～30 厘米，交通瘫痪，成为京城防汛的巨大难题。[①]
1965 年，为了解决这个难题，疏浚拓宽东便门至庆丰闸通惠河河道，底宽
由原来的 10 米拓宽到 27 米。拆除铁路桥跌水，拓宽庆丰闸闸口。1969～
1970 年，改建普济闸，修建拓宽通惠河庆丰闸。对通惠河河道进行清淤排
污，同时建成通惠河各闸闸桥，整治砌筑通惠河河岸。为掌握监测各护城
河汛情和河道水情，专门在东护城河建国门桥、前三门护城河北京车站木
桥、通惠河大北窑西乐家花园组建水文站。1965 年开始的备战改河、修建
地铁工程，一直持续到八十年代。

二　新时期以来通惠河的整治成就与管理创新

（一）八十年代通惠河的污染状态和污染治理

通惠河流经朝阳区 16 公里，贯穿朝阳区东西，是承担北京城区排水面
积最大的河道。新时期 80 年代以来，因为改革开放和城市化加速，通惠河
一带居住人口迅速增至 220 万，通惠河高碑店污水处理厂流域范围内，已分
布有 1118 家工厂。工业和生活污水量急剧增加，每日排入通惠河的工业、
生活污水达 80 万立方米，致使通惠河下游河水黑臭、污染严重。据 1980 年
北京水务部门监测，通惠河有机污染为 5 级、有毒污染为 5 级。1980 年，
全国最大的污水处理厂——日处理 2000 立方米的污水试验厂在高碑店筹建，
1984 年完成高碑店污水处理厂一期工程（50 万立方米/日）初步设计，
1989 年 12 月政府立项，一期工程于 1990 年开工，1993 年建成投入运行。
高碑店污水处理厂是解决通惠河污染的重点环境保护工程，它是当时国内
规模最大、工艺设备最先进的污水处理厂。其服务范围包括老城区及东郊
工业区，总面积为 96 平方公里，它的建成使北京四分之一的城市污水得到
治理。通惠河污水在高碑店闸上游进入污水厂处理，变得清澈透明后缓缓
流向通惠河。为农业提供较好的灌溉用水，为工业发展、使用中水、节省
水资源创造了条件，社会效益和经济效益非常明显，对治理北京水污染，
改善首都生态环境具有十分重要的作用。

[①] 李裕宏：《京水钩沉（三）》，《北京规划建设》2007 年第 3 期。

（二） 新时期通惠河整治加速期

1. 第一阶段：新时期十年通惠河闸坝整治

图 1 - 15　高碑店污水处理厂

资料来源：北京市市政设计研究院总院有限公司。

1978 年，北京市规划局与水利局拟定分阶段治理通惠河的规划。第一阶段，重点整治通惠河高碑店河道和各闸坝。1981 ~ 1984 年，改建高碑店旧闸，在旧闸北侧建新闸。同时疏浚高碑店水闸上部河道，以扩大高碑店湖容量，解决汛期蓄洪问题。1985 ~ 1987 年，改建普济闸。新闸在旧闸下游 430 米处，以便扩容疏解日益增多的河道排水。1987 ~ 1989 年，通惠河河道疏浚之后，依次建筑东便门橡胶坝、大北窑橡胶坝、高碑店闸、普济闸、通惠闸等河道排水蓄水闸坝，提高河道排水能力。[①]

2. 第二阶段：全面提升通惠河防洪标准

从 1993 年 3 月开始，朝阳区对通惠河进行全面治理。治理标准从原来的 20 年一遇设计，提高到高碑店闸以上河道为 100 年一遇标准，高碑店闸以下河道为 50 年一遇标准。治理工程分上、下两段施工。根据通惠河各河段情况，采取不同的导流施工方案。除了整治河道、建设闸坝闸桥外，兼及河道两岸排污管铺设和绿化美化。

通惠河治理工程上段由东便门橡胶坝至高碑店闸，长 7.8 公里，河底宽由 50 年代的 27 米拓宽到 40 米。东便门橡胶坝到外环铁路桥，河道采用混凝土衬砌，直墙护岸，两岸各有约 7 米宽的巡河路与绿化带。外环铁路桥至

---

① 北京市地方志编纂委员会编《北京志·地质矿产水利气象卷·水利志》，北京出版社，2000，第 282 ~ 284 页。

高碑店闸为高碑店湖区，面积约 20 公顷。湖中开挖主河槽，两岸建平台，各宽 3.5 米，滨河路宽分别为 5 米和 7 米。两岸均修建了污水截留管道，污水不再直排通惠河。至 1995 年竣工。下段由高碑店闸至八里桥闸，长 12.5 公里，底宽 43 米，两岸各有 2.5 米宽人行便道。1996 年开工，1997 年竣工。①

3. 第三阶段：加紧通惠河污染治理

针对通惠河污染，通惠河沿线再次扩建污水干管，以保证城市污水和工业污水汇入截污管道，进入污水处理厂净化。根据北京新排水泄洪规定，为减轻城区防洪排水压力，采取"西蓄东排，南北分洪"的分段滞蓄措施，控泄干流及汇入通惠河的流量，彻底解决六十年代以来护城河集中汇入通惠河的顶堵淤积问题。此次全面治理通惠河，除治污还清之外，还对庆丰闸遗址和高碑店闸（平津闸）遗址进行了文物古迹保护。

4. 第四阶段：21 世纪京城水系与通惠河治理创新

新时期改革开放，大大推动了京城水系治理，持续提出新的治理目标。1998 年提出的水系治理目标是"水清、岸绿、流畅、通航"。2002 年 11 月 11 日启动的北京三环水系建设，预计在 2005 年实现"三环碧水绕京城"。

三环水系的第一环，是以紫禁城护城河为中心的内城河湖水系环，包含筒子河和六海（北海、中海、南海以及什刹海、前海、后海等）。三环水系的第二环，是二环护城河市中心区风景观赏河道环，包括昆明湖到玉渊潭的昆玉河、长河、转河、北护城河、南护城河、通惠河高碑店湖以上的河段。三环水系的第三环，是北面的清河、南面的小羊河、东面的坝河、东南方的北运河、西南方的永定河。共 273 公里河道，水面面积达 510 公顷。与通惠河治理密切相关的是第二环水系，从玉渊潭通过西便门到南护城河，由南护城河到龙潭湖，再由龙潭湖绕到东便门，东便门往东抵达通惠河。

（三）21 世纪北京水系治污和水环境优化

北京于 2001 年 7 月 13 日申奥成功。北京在申办 2008 年奥运会时承诺的水环境治理目标是，必须实现污水处理率达 90%、再生水回用率达 50%。在申奥成功前的 1990～2000 年，北京市已经建成北小河、通惠河高碑店、

---

① 北京市地方志编纂委员会编《北京志·地质矿产水利气象卷·水利志》，北京出版社，2000，第 282～284 页。

方庄 3 座污水处理厂，日污水处理能力达 108 万立方米，污水处理率达到 40%。申奥成功后，北京市投入巨资加快水污染治理。2001～2006 年，北京市以奥运为契机，加快改善城市水环境。截至 2006 年底，北京城区共建设完成通惠河高碑店等 9 座污水处理厂，铺设排水管线 4000 公里，日处理污水能力达 250 万立方米，污水处理率达 90%，提前实现了奥运会水环境治理目标。这 9 座污水处理厂的建成，标志着北京市污水处理设施格局已经形成。通惠河、坝河、清河、凉水河 4 条主要水系水污染状况得到有效改善，为 2008 年奥运会的举办创造了一个优美的水环境，同时也大大优化了北京水环境。

（四）21 世纪通惠河整治工程与管理创新

1. 水生态修复和执法封堵双管齐下

新时期以来，随着改革开放不断深化，随着北京城市化加速、突飞猛进，北京中央商务区东扩发展，通惠河沿岸新增很多居民住宅小区，人口翻了几十倍，污水量也随之大幅增加。从 2004 年起，为将污水截流进入市政管线，然后进入污水处理厂净化处理，朝阳区水务局连续十年建设通惠河两岸截污干线，直至 2014 年干线正式贯通。

工程尚未完成，计划赶不上变化。通惠河污染最严重的高碑店闸至普济闸河段约 8 公里，沿河两岸密密麻麻布满了小餐馆、洗车店和厕所。连续几年春、夏大雨降临，生活污水和垃圾被雨水冲刷溢流出排污干道，进入河道。河道里挤满大量生活垃圾、塑料废弃物，河上漂浮大量黑色颗粒状物质，臭气熏天，严重污染河道水体。据 2015 年 2 月朝阳水务局排查数据，通惠河 190 个排水口，仍有 22 个不间断排污，每天 3 万吨污水直接入河。由于排污口产权难以明确、污水来源难以查明等种种原因，截污治污阻力重重。

针对上述难题，朝阳区实施了两个整治解决方案：第一，开启 2015 年新一轮通惠河整治方案；第二，实行朝阳区"河长制"管理办法，行业与属地联合一体治污。

2015 年新一轮通惠河整治，主要针对通惠河汛期溢流污水污染、水体流动性差、植被少自净能力差、水景观差、河道生态景观不足等弊病，尝试探索新的解决办法。通过污水截流、调蓄深隧旁侧蓄污廊道和调蓄池减少污水入河等一体化处理方式，以及执法封堵和水生态修复双管齐下等工程，创新通惠河综合治理方法。

针对通惠河雨季溢流污染问题，相关部门结合城市现状，因地制宜地制定改造方案。采取建设截流设施和调蓄池、升级改造管网、提高污水厂处理能力等措施，不断完善城市排水系统。同时加强雨水资源的合理利用与管理。2015 年，朝阳区定福庄等 3 座再生水厂建设任务完成 95%；通惠河完成截污工作，水质基本达到水清、无臭、无水华。持续清理河道垃圾渣土 5094 立方米、漂浮物 3745 立方米，清淤 3.3 万立方米，拆除违章建筑 2004 平方米，新增绿化面积 17 万平方米。

为提高通惠河水流动性，改善河道水质，朝阳区对 2008 年实施的通惠河水质改善工程进行改造，建设通惠河水循环工程。经过治理，2015 年通惠河朝阳区段十八个排污口的排污问题得到彻底解决，通惠河水质基本还清。

2. 实施"河长制"，创新行业与属地联合治污管理

针对通惠河治污涉及水务、环保、园林、规划、市政、城管等多个部门，必须多方合作的特点，从 2015 年 1 月开始，北京朝阳区试点实行河长制。结合朝阳区实际，建立"河系 + 属地"分级分段负责体系。河长制，其实就是属地负责制。由市区各级党政主要负责人分别承包一条河，担任"河长"，负责督办截污治污。这将改变以往河道单一部门治理多头分管的无奈局面。一旦出现水污染、水质下降、生态遭破坏等问题，河长第一次被约谈，第二次将被"黄牌"警告，第三次直接撤职。

2015 年下半年，朝阳区从规范工作机制入手，建立"河长制"，明确河道管理责任。朝阳区四套班子主要领导，分别担任通惠河、萧太后河、坝河、清河等四个河道的河长。依据河道流经区域，按属地下设街乡级河长、社区村级河长，构建区、街乡和社区村三级"河长制"管理体系。过去污染重、无人愿管的河道，现在都有了主管领导。当出现重大水环境污染事件，将直接对"河长"进行问责。这种人人有压力、大家有动力的治污体制，有助于整合区、街乡、社区村三级辖区各部门资源、资金和人员，

开展河道治污、美化、防洪工作。朝阳区通过完善"河长制"、联席治理等工作机制，实现河道有人管、污水合力治。通过集中治理河道污水口，到2015 年年底，通惠河水质基本达到水清、无臭、无水华，充分改善河道水质。

（五）大运河申遗成功前后，通惠河规划实施新目标

2014 年 6 月 22 日，在第 38 届世界遗产大会上，大运河成功列入《世界遗产名录》。大运河和长城一样，都是中华民族标识性文化遗产。它以线长、点多、面广的线性活态文化遗产项目申报世界遗产，是一项伟大的创举。

大运河列入《世界遗产名录》，表明大运河遗产的价值和保护工作、大运河文明的传承得到国际社会的认可，提升了中华文明在国内外的传播度和美誉度。大运河文化带作为中华文明的精神标识，成为中外人民的共识。大运河申遗成功对大运河沿线文化遗产和大运河文化带历史文脉的深入挖掘梳理，对于通惠河的整治目标、功能创新具有重要的推动作用。

1. 中共中央办公厅、国务院办公厅印发《大运河文化保护传承利用规划纲要》进行大运河文化带建设顶层设计

2016～2019 年，国务院组织专家研究、撰写大运河文化传承利用规划。2019 年 2 月，中共中央办公厅、国务院办公厅印发《大运河文化保护传承利用规划纲要》，提出了大运河文化保护传承利用的相关背景、指导思想、基本原则、功能定位和主要目标。强调要按照"河为线，城为珠，线串珠，珠带面"的思路，清晰构建大运河文化保护传承利用的空间布局和规划分区。为将大运河打造成为中华民族伟大复兴的标志性文化品牌，提供了强有力的国家规划战略支撑。

2. 北京市发布《北京市大运河文化保护传承利用实施规划》

大运河文化保护传承利用规划实施，也是北京市未来几十年规划发展重要目标之一。2019 年 12 月 5 日，北京市发布《北京市大运河文化保护传承利用实施规划》和《北京市大运河文化保护传承利用五年行动计划（2018 年—2022 年）》，提出构建"一河、两道、三区"的大运河文化带发展格局。"一河"即以大运河北京段为轴线，组织推进大运河文化保护传承利用，建设大运河文化带。"两道"即大运河全线滨河绿道和重点游船通航

河道。"三区"即运河文化展示区、运河生态景观区和疏解整治提升区。规划和行动计划从 2025 年、2035 年、2050 年三个阶段对大运河文化保护传承利用的中、长期目标进行安排。

3. 朝阳区 2020 年 6 月发布《朝阳区大运河文化保护传承利用规划》

根据中共中央办公厅、国务院办公厅《大运河文化保护传承利用规划纲要》提出的大运河文化带"璀璨文化带、绿色生态带、缤纷旅游带""三带"新功能，朝阳区 2020 年 6 月发布《朝阳区大运河文化保护传承利用规划》。同时展示配套的"朝阳区大运河文化带重大项目落地示意图"和"通惠河沿线重点项目布局图"，体现了北京朝阳区从 2016 年开始，在通惠河朝阳段流域的保护建设上，以"理顺水脉、追溯文脉、疏通路脉、保育绿脉"为策略，挖掘大运河历史文脉，串联通惠河人文和生态景观，培育沿线旅游项目精品，全力展现通惠河蕴含的文化宝藏的实施建设成果和目标愿景。

综上所述，本章梳理叙述的元、明、清、民国到新中国成立新时期以来，通惠河从开始通漕到停漕后的历代河道整治历史文脉可以归纳为以下几个时期。

第一，元代通惠河开通漕运的历史创举、价值与意义，以及元代通惠河河道整治和漕运模式特征。

第二，明代通惠河上源和城墙外移改变通惠河终端和闸座设置，将元代梯航浮运改为隔坝搬运的巨大变化，一方面导致以闸坝为中心的码头集散和商贸生态形成；另一方面导致河道漕运时断时续，形成明代水陆并举或以陆运为主的状态；直至吴仲整治成功，通惠河漕运正常通漕的历史。

第三，清代从水源和河道闸坝多方面整治通惠河，在提高通惠河漕运运力的同时，突破官船垄断通惠河航道的旧制，首开允许民船在漕运间歇时入河航运的先河。清代漕运由盛至衰直至终结的历史过程。

第四，新中国成立至改革开放以来，对通惠河河道全面整治，由排水排污泄洪功能扩展建设为生态休闲功能的历程。在"理顺水脉、追溯文脉、疏通路脉、保育绿脉"策略指导下，将通惠河建成城市生态水系和绿色滨水廊道、重建大运河文化带历史景观的规划实施过程。

第二章　北京通惠河朝阳段河道流域历史文脉

通惠河朝阳段河道流域，指通惠河朝阳段向两岸扩展的辐射区。通惠河北岸流域辐射区，是从庆丰闸到平津闸、普济闸、八里桥，与通惠河平行的朝阳门关厢、朝阳门运粮石道等沿岸地域，统辖漕粮由通州入京仓的水陆必经之地。通惠河南岸流域辐射区，同样是从庆丰闸到平津闸、普济闸、八里桥，与通惠河南岸平行的广渠门关厢以及自崇文门到通州古驿道的沿岸地域。

通惠河河道与河道流域，是既密切相关又不尽相同的空间。流域作为河道的延展辐射区，作为人、水、地交叉互动的复合系统，比河道具有更深广的延展性，具有更多样的群体和群体集聚空间，具有更丰富的文化和文化类型呈现。如果说本编第一章的目的，是理顺通惠河水脉，那么本章目的是追溯和梳理通惠河流域文脉。

通惠河朝阳段流域，自元代通惠河开通以来，历元明清数百年间，随河道闸坝建设和漕运开通而来的闸户坝夫、纤夫挽夫、船工扛夫、南北商贩集聚形成村落码头集镇，由此形成漕运文化、商贸文化、民俗文化，留下众多名胜古迹。经由数百年历时性和共时性积淀的文化遗产，成为大运河文化带朝阳段源远流长的历史文脉和深厚文化内蕴。新中国成立 70 多年来，随着工业化、城市化、商业化进程，形成了现代工业文化、当代国际商贸文化和中央商务区、后现代文化艺术创意产业集聚区，以及新时期以来，对源远流长的大运河文化带历史文脉进行追溯活化传承、整合创新，建成了"璀璨文化带、绿色生态带、缤纷旅游带"。

　　本章将通过叙述通惠河朝阳段流域三闸（庆丰闸、平津闸、普济闸）一桥（永通桥）一道（朝阳门石道）历时性和共时性历史文脉，追溯挖掘梳理通惠河朝阳段流域不同时期的文化类型和文化遗产源流。元、明、清、民国、新中国成立至今，北京通惠河朝阳段流域闸坝村落集镇、碑铭庙宇、人文景观古今变化情况如表 2 - 1 所示。

第一节　通惠河庆丰闸流域漕运文化多元文脉与源流兴衰

　　元代通惠河漕运从通州高丽庄（张家湾）到积水潭，首尾相接的漕船，除在各闸上下闸之间等待闸门蓄水启闭通航外，一般不在通惠河两岸停泊，直抵积水潭码头终端。河道一百六十多里，形成以通州和积水潭为首尾的漕粮集散和南北商贸中心。明清通惠河漕粮码头终端，从积水潭移到东便门大通桥。建五闸二坝十三仓，河道长 21 公里。为适应上游水源日益短缺的现状，明清两代将元代逐闸蓄水梯航浮运，改为用剥船在两闸之间往返隔闸剥运。各闸配置闸官，管理几十艘剥船船户和大量漕工；由专门的船运和搬运经纪把头管理，必须在固定的闸坝码头停泊和搬运。从通州北石坝码头，经永通桥（八里桥）、普济闸、平津上下闸、庆丰闸到大通桥闸起岸，形成以各闸为中心的漕粮剥运集散码头和南北货物集散村镇。

一　通惠河庆丰闸漕运文化

（一）庆丰闸流域闸户船夫群体聚散与漕工文化源流

1. 庆丰闸闸坝、村落名称变迁与漕工文化兴起

　　元代庆丰闸原名籍东闸，是上下两座木闸，得名于其所处的"籍田"地标。"籍田"，是古代封建王朝祭祀先农始祖之地，除了设置祭坛外，专门辟籍田种植谷物，作为朝廷标榜的农耕示范（明清两朝称"籍田"为"先农坛"，建在北京南面，沿用至今）。《元史》元世祖至元七年（1270）

表 2-1 北京通惠河朝阳段流域闸坝村落集镇、碑铭庙宇、人文景观古今变化情况

名称	始建时间	现址	旧址	古迹遗存	当代景观	始建年代	备注
庆丰上闸（籍东，庆丰闸，二闸）	元至元二十九年（1292）	大通桥东八里王家庄	"庆丰闸在东便门外八里店，至大通桥上下二木闸。元至元二十九年建上下二木闸，名籍东。至顺初易以石。明嘉靖七年（1528）并二闸为一，有闸官。"	南岸明初皇木厂，北岸龙王庙等，北岸清代公主墓、南岸张家花园、东家花园	通惠河南岸北京庆丰公园西段和东段	2009	庆丰闸今不存
《神木谣》碑	清乾隆二十五年（1760）	通惠河南岸九龙坡、广渠门二里许	通惠河南岸九龙坡、广渠门二里许；清乾隆二十五年（1760）建《神木谣》碑、神木廊、神木庙	清乾隆二十五年《神木谣》碑、神木廊、神木庙	通惠河南岸北京庆丰公园东段神木博物馆	2018~2021	区级保护
庆丰下闸	元至元二十九年（1292）	南磨房乡深沟村附近，明嘉靖七年（1528）停用	20 世纪 80 年代尚存八字闸遗址				下闸今不存
平津上闸（郊亭、高亭闸，高店闸，平上闸，三闸）	元至元二十九年（1292）	高碑店乡高碑店西北	"平津闸在大兴县东，有上下二闸，上闸西至庆丰闸十五里，下闸距上闸七里，里，至元二十九年建，初为木闸，名郊亭，明宣德七年（1432）重建"	高碑店娘娘庙、龙王庙、将军庙和庙会；高碑店前街集镇	高碑店水库、高碑店商业街、高碑店民俗村、通惠河文化产业集聚区	1959~2009	国家级保护、北京大运河文化带遗产
平津中闸（郊亭中闸）	元至元二十九年（1292）	平津上下二闸之间					中闸今不存
平津下闸（郊亭下闸，花园闸）	元至元二十九年（1292）	高碑店乡花园闸村附近					下闸今不存

续表

名称	始建时间	现址	旧址	古迹遗存	当代景观	始建年代	备注
普济上闸（杨尹上闸、溥济上闸）	元至元二十九年（1292）	老龙背村村东附近	"普济闸在通州西十二里，旧有上下二闸，相距五里……元至元二十九年建木闸，……延祐中易木以石。今并为一闸"；"明正统八年（1443）九月修通州普济闸"				区级保护
普济下闸	元至元二十九年（1292）	杨闸村村南附近					
朝阳门石道	清雍正	以永通桥为界位于朝阳区通惠河北岸		清雍正朝阳门石道碑、乾隆朝阳门石道碑			市级保护
永通桥（八里桥）	明正统十一年（1446）建，清雍正、乾隆年间修缮	管庄乡八里桥村东南，通惠河东段与通州交界处，距通州界西八里			重建清雍正、乾隆朝阳门石道碑、石道公园、八里桥公园	2020～	国家级保护

六月记载："立籍田大都东南郊。"可知籍东闸建于元大都东南郊、籍田以东的位置。① 元贞元年（1295）七月，籍东闸改名庆丰闸，② 应该是得名于朝廷建置的皇家"籍田"丰收之庆。闸坝名称由最初得名于"籍田"地标，后来又因籍田"庆丰"而名随寓意而改。元至顺元年（1330），元廷将初建时的木闸改为石闸。到明代，又改通惠河为五闸二坝。庆丰闸位居第二，故称二闸，明清一直沿用。元代庆丰闸分上、下两闸，上闸距大通闸八里，下闸距上闸五里。距上闸五里的庆丰下闸所在地是深沟村，庆丰下闸明代停用。但深沟村的名称和位置，从元明清民国到新中国成立以来至 2016 年，一直沿用不变。

元代庆丰上闸所在的"都城东南王家庄"，成村时间应早于开通通惠河之时，由以王姓宗族为主的农耕户聚居。明清时期，王家庄已经由据闸坝称呼的二闸村和庆丰闸村之名代替，标志着元代庆丰闸所在的王家庄村名承载的宗族农耕文化，已经被明清以来随闸坝名而称的二闸村漕运文化所代替。据地名志记载，清末民初村民约定俗成，将北岸的村子称为二闸村，南岸的村子称为庆丰闸村。③ 村名变迁历史，往往标示地名承载的历史事件和文化变迁，表明庆丰闸古村落元明清以来，已经由原来的宗族农耕户，转为以闸夫船户等漕工群体为主。两种群体的生活生产方式不同、文化类型不同，虽有差异，但又相互交叉并存，代表了漕运文化和农耕文化，以及其他文化类型，在庆丰闸流域的新兴、交替或多元并存。

2. 庆丰闸漕工群体聚散与漕工文化兴衰转型

随着元代通惠河通航、漕运日益兴盛，大量各种姓氏的各地漕工迁移聚居于庆丰闸二闸村。元明清闸户船夫群体，与传统农耕户相比，除了生产、生活方式不同之外，最大的差别，是闸户船夫属于在编的"君粮户"，有旱涝保收的皇粮供应，同时掌握各种维护河道闸坝、应付洪水灾情的工匠技能。元朝大都河道提举司设主官 3 员，下辖通惠河二十四闸闸官 28 员，职能是"掌治河渠并堤防水利桥梁闸堰之事"，包括通惠河河道闸坝日常运

---

① （明）宋濂等：《元史》卷七《本纪第七》，中华书局，1983，第 130 页。
② 蔡蕃：《北京古运河与城市供水研究》，北京出版社，1987，第 102 页。
③ 朝阳区地名志编辑委员会编《北京市朝阳区地名志》，北京出版社，1993，第 240 页。

转维护和非常时期的防洪救灾等。通惠河漕运全年分春秋两运，为保证通惠河航道畅通，除设置闸官外，还有看闸提领和若干闸夫从役，通称闸户。从元代开始，对闸户有严苛的要求，必须同时具备石匠、木匠、铁匠等各项技能，足以应付和解决河道的任何问题。

明朝嘉靖七年（1528），监察御史吴仲整治通惠河成功。除开拓水源、疏浚河道外，将元代通惠河二十四闸改为五闸二坝。通惠河终点码头从积水潭改到大通桥。漕运方式由元代逐闸蓄水梯航浮运改为隔闸剥运。在大通桥头闸、庆丰二闸、平津三闸、普济四闸和通州石坝土坝，分别建造管理闸坝的公馆、官厅、厂房、号房。每闸建造官厅三间，厂房二十间，以供专职管理河道的官员和闸夫、船夫等配套服务的漕工使用。[①] 为在各闸停泊剥船，两岸修码头泊岸以便搬运。专门修筑滚水坝、月河和跨越月河的桥梁。专门配备挽夫、纤夫，以备漕船水浅无法行船时由挽夫、纤夫沿岸拉船。根据吴仲《通惠河志》记载，从通州石坝至大通桥闸，剥船共计搬运五处，每处用剥船 60 艘，每艘载漕粮 150 石，日运 9000 石。[②] 明清时期的河道闸坝变化，使各个闸坝在编的闸户、船夫和配套服务的漕工数量，远远超过元朝。各闸定额定编配备的剥船、船夫、闸户、扛夫、纤夫，聚居成村，形成以闸坝为中心的村落码头。

明清庆丰闸北岸东侧的二闸村，有 30 多户人家，多是在编吃皇粮的闸户、船户，俗称"君粮户"。村中马、金是大姓，郭是小姓。还有很多不在编户的扛夫、脚夫聚居一村。二闸村著名的闸户马八，是庆丰闸的启闸人，一位民间传说中神话般的传奇人物。汛期是指挥二闸老少爷们与洪水搏斗的统领，平日又是一位手艺颇佳的瓦匠。

二闸向西八里，是明代通惠河漕船终点大通桥闸，俗称头闸。漕船到大通桥，船回头，米入仓。大通桥闸，桥闸一体，两边桥头岸上各有四柱三门三顶牌楼一座，作为督储馆和专门验收漕粮入仓的治斛厅，又名"大通桥公署"，其建筑规格高于各闸坝公馆。清代备有黑红棍标识的水文站，设在大通桥北头。据记载，明代正统年间在大通桥建桥闸，隶属庆丰闸统

---

① （明）吴仲撰《通惠河志》卷下，杨之峰标点，北京出版社，2019，第 231～232 页。
② （明）吴仲撰《通惠河志》卷下，杨之峰标点，北京出版社，2019，第 230～231 页。

一管理。① 凡有汛情，便派闸户骑马向庆丰闸以下各闸报警，庆丰闸护闸人再骑马向平津上闸报警，这样一闸传一闸，将汛情报告全河各闸。

明清时期，二闸有两项重要的防汛设施：一是闸门，二是泄洪桥。二闸闸门共有十三块启动闸板，用以蓄水、泄洪。元明清各个朝代，朝廷都在通惠河二闸口设官执掌闸坝，在编闸夫数名，专司天情水势，掌握闸门启闭。水大则泄，水小则蓄。每个闸口都有负责指挥闸板起落的看闸人，人称闸头。二闸村的闸头马八，被称为二闸流域一带的"奇人"。他能根据天气情况判断何时下雨，下多大雨，河水会涨多高，应该落几块闸板。每当汛情到来，他便敲起铜锣，南岸北岸地高声呼喊："老少爷们儿，起闸板喽！"只要听到这呼喊声，各家各户就像听到军令一样，汇集到二闸闸口。接着是一幕惊心动魄的场面：几十个男子汉赤条条站在水中，把住闸口的绞棍，将铁钩准确地勾住闸板两头的大铁环，喊着号子齐心协力把闸板推到两边，河水瞬时向东冲泻，场面非常壮观。二闸泄洪拱桥，位于二闸口400米处的北岸，为三座桥柱连成一体的石拱桥，向北形成漫坡。桥低于二闸村，高于河水面，当洪水来袭，如果未及打开闸门，洪水即可绕过村子，从拱桥下向北再折向东，流到高碑店平津上闸。② 正是由于历代以来这些漕工群体对通惠河河道闸坝的维护修治，通惠河漕运才得以持续通航600多年。

明清时期在北岸二闸村设定编船户二十四家，专司剥运。每户配一条八丈四尺的运粮官船，每船每次载二百九十五石粮，由驴拉纤。③ 南岸庆丰闸村，也有在编的几十户"君粮户"，专事剥船隔闸搬运漕粮，还有世代相承的专业闸夫世家。两岸村民多靠漕运吃饭，支船、拉纤，造船修船，还有为码头装卸货物的扛夫、脚夫等。庆丰闸村也有30多户人家，主要有马、金、郭、孙、王等姓。明清漕运兴盛时，孙家为漕船户，素有行船、舱船（修船）的技术，人称舱匠孙家，还有小船王家，祖辈都为朝廷修造漕船。另有一孙家，祖辈在大通闸看闸，看闸的孙七爷，是专门招呼人们防汛的

---

① （清）于敏中等编纂《日下旧闻考》卷八十九，北京古籍出版社，2000，第1512页。
② 朝阳区地名志编辑委员会编《北京市朝阳区地名志》，北京出版社，1993，第240页。
③ 朝阳区地名志编辑委员会编《北京市朝阳区地名志》，北京出版社，1993，第240页。

闸头，在当地颇有威望。清末停漕后，他改在庆丰闸闸口码头开茶馆维生。

清朝在南岸庆丰闸东侧，还建有临时的粮仓。漕运繁忙时，将来不及入京仓的漕粮暂存于此。冬季通惠河上结冰，扛夫、脚夫用附近皇木厂的下脚木料，做成冰车拉运粮食，一车能装八袋粮。

清末漕运停止后，南北两岸庆丰闸村和二闸村吃皇粮的职业闸户船户失去赖以生存的生计，另改他业。民国以后，庆丰闸两岸村落的船把式，大多到京城北海、什刹海或各大公园撑船，由庆丰闸漕工转变为京城公园船工。其他漕工，则沿用原来闸户、船户要求掌握的手艺，或改做泥瓦工，为周边有钱的大户人家建园盖房；或给人看家护院。例如为南岸乐家建花园的，是二闸有名的闸头马八。看管乐家花园的，是庆丰闸船工孙姓人家。

清末漕运停止，聚居二闸村的漕工群体失去生计之时，庆丰闸积淀数百年的漕工文化，也随之由兴至衰。他们或回归农耕生活和农耕文化，或转型京城船工、京郊工匠，融入京城平民文化。

（二）庆丰闸漕运文化中的宗教祭祀、庙宇庙会、民风民俗

1. 二闸北岸龙王庙祭祀与二闸村民风民俗

庆丰闸流域与漕运相关的庙宇和宗教祭祀，是龙王庙二月二祭祀仪典。二闸龙王庙，位于二闸东侧，过了关帝庙和二闸桥就是。庙有两重大殿，供奉水神龙王。明清两代，这座龙王庙是专供朝廷漕司官吏举办官方龙神祭祀的庙宇。龙王庙春、秋两次官方祭祀，由地方官亲临举办。按照庆丰闸两岸村落民间习俗，七月十五中元节，才是老百姓心目中龙王庙最热闹风光的民俗节庆。船户们在漕船上搭焰口台，请庙里和尚念经，往河里送供品。二闸村的民风民俗，既与二闸四庙（龙王庙、灵通观、土地庙、关帝庙）的宗教祭祀、敬神活动有关，也与二闸村村民独特的技艺有关。二闸村最有名的民俗文化，是由漕工和村民担纲的舞狮会，名闻遐迩。二闸村有一对造型特别的闭口"大明狮"，与北京周边乡镇的张口狮不同，形态逼真，色彩绚丽，挂有十三只特制钢铃。二闸舞狮会，起源于明朝正德年间，会旗标是："大明正德京都二闸钢铃舞太狮公益助善童子老会。"明末，这对狮子流落东便门花市蟠桃宫，清代又重新回到二闸村。

清末民国时期，二闸狮子会最为鼎盛，各路花会都要参拜二闸狮子，

每逢节庆或受请走会时，二闸狮子会举着会旗在前面开路，众人抬着行头，迈着训练有素的步伐，一路进发，场面蔚为壮观。一路上，狮子会自备全套，茶水不扰。最早的二闸狮子会会头是郑焕章，后由村民李寿接管。二闸村街上，凡有红白喜事或遇庙会节庆，都请狮子会走街串巷表演。

"二闸的狮子会凫水"，是二闸村独特的漕运民俗文化，来自二闸村在通惠河里的舞狮表演。据传清末时，二闸村太狮会在大船上表演，船一摇晃，表演黄狮的两个演员没站稳，一起跌入水中。这本是个失误，可这俩演员凭借好水性，在水中又舞动起来，留在船上的青狮子见状，也索性跳入水中，一对青黄狮子在水中上下舞动水花四溅，煞是好看。一经传播，便有了"二闸的狮子会凫水"的独特表演。每逢端午节和中元节，除舞狮会以外，五月节庆丰闸沿河的龙舟赛也颇为著名。龙舟上载着舞狮，轮流在河里舞动。

二闸龙王庙还是村民的公共议事场所，村民有重要的事情，都在这里商议。这里平时也用来存放二闸钢铃舞太狮的行头，漕工们也常常在此排演狮舞。清末漕运停止后，龙王庙春秋两次的官方祭祀停，民间七月半的龙王庙庙会也不再举行。二闸龙王庙原址，在今通惠河北岸北京电视台新址南边。龙王庙早已不存，仅有庙门西侧的一株古槐仍在，掩映着高大簇新的北京电视台。

1959年国庆十周年，二闸狮子会还参加了国庆大典游行，得到各方赞许。二闸狮子会最后一次亮相，是70年代末参加日坛公园庙会。"文革"期间，狮子会的行头、照片等全部在河边被焚毁。70年代末，又仿造一对，现存于北京朝阳区文化馆非遗中心。改革开放后二闸狮子会重新组建，成为朝阳区区级非物质文化遗产。

二闸的灵通观、土地庙和关帝庙，代表着元代漕运兴盛前，传统农耕村落的民间宗教信仰。灵通观是建于明代的道观，为二闸村和周边村民祈福消灾所用，民国时已废弃。遗址在今永安南里建华南路南端（建外永安里中街25号）。九十年代后期，此处建跨通惠河北路的过街桥，名灵通观桥。只有这个桥名，还承载着与通惠河庆丰闸历史文脉的依稀联系。

建在二闸西侧的土地庙和关帝庙，是传统乡土普通百姓对"土地"和

"忠义"的崇拜。每年二月二前后，二闸周边的百姓都会到土地庙祭祀土地爷，把他当作护佑一方乡土平安的神灵。二闸土地庙很小，只有东西厢房、倒座各三间，庙里供奉着土地爷、土地奶奶，曾经香火十分旺盛。门外有两株百年老槐树。

二闸村还有独特的"避蚊石"，据说在二闸闸口北侧 400 米的石桥上。石桥桥面用大石块雕砌而成，传说其中有一块非常神奇，能让蚊虫退避三舍。无论蚊虫怎么猖獗，只要站在桥上，一只蚊子都没有。因为它的神奇，人们总想在众多的石块中找到它，但始终没能如愿，直到 1956 年石桥拆除，也没有人能找到这块稀世珍宝，终究是个传说。

新中国成立后，北岸的二闸村村舍均为自建平房，四合院样式居多，建有门楼、影壁。沿通惠河北岸有一条土路，坑洼不平，雨后泥泞。路南靠通惠河畔植有一排柳树。五六十年代，通惠河南岸和北岸村落，归属不同街道管辖。通惠河北岸归属建外街道管辖，叫二闸村，通惠河南岸归双井街道管辖，叫庆丰闸村。80 年代改革开放到 21 世纪初，通惠河北岸庆丰闸流域改为永安里，原豫王坟、八王坟一带被改造成国贸中心——北京中央商务区。2005 年，为修建通惠河北路，通惠河二闸村拆迁。拆迁后的二闸村，规划为通惠河北路现代滨河景观，与南岸的庆丰公园遥遥相对。

2. 二闸南岸流域庙宇地名传说与民间民俗文化

通惠河庆丰闸南岸，有"圣水龙王庙"、财神庙、九龙山观音阁和深沟村广惠寺。

圣水龙王庙，是通惠河南岸庆丰闸村附近庙小名声大的庙宇。与北岸官方供奉祭祀的龙王庙不同，是民间信仰的承载。庙旁有一条从崇文门经庆丰闸村，通往高碑店和通州的土路。路傍深沟，沟底的圣水泉清冽甘美，传说可治各种疾病。城里人纷纷来取水治病，名声大噪。人们在泉眼旁建庙供奉，随泉名称圣水龙王庙。庙里供着龙王爷、龙王奶奶和龙王大闺女一家三口，香火很旺。圣水泉原是喷泉，水有几尺高，后成自流水，汩汩不断从沙石中涌出，形成溪流，是通惠河南岸庆丰闸村百姓的日常饮用水源。泉水流向东南，在庆丰闸村后面汇成一个大水坑。圣水泉沟上搭一座小桥，供人畜车马往来。某天一个赶大车的车夫将要过桥时，辕马突然受惊拉着车狂奔，竟然悬着一个车辖辘过了桥。车夫深信是圣水龙王托住了悬空的车辖辘，大车才没翻到沟里。为感谢神灵保佑，特地在桥旁建了一个小小的财神庙。清末张家花园建成后，将小庙翻盖成大庙，变成张家私庙，也允许外人来烧香求财。张家花园财神庙建成"开光"时，请了富连成戏班在此唱了几天大戏，此后一直香火不断。每逢节气节庆，城里村外烧香的人络绎不绝。

庆丰闸往东是九龙山，位于通惠河庆丰下闸南岸深沟村南，皇木厂东侧，是一座东西走向、长约二里的土山，山顶有观音阁。九龙山"有土阜高数丈，蜿蜒里许，形势若龙。主峰有建于明代的庙宇，山门匾额'观音阁'。重修于清道光六年（1826）三月，庙外立有重修石碑。山门外有一个大铁钟，是乾隆五十四年（1789）大通桥科房车户、皂役、各仓挡手捐铸。据传，该庙清初时为李自成的护国军师宋献策隐居处。另传庙内藏有龙骨"。① 九龙山山势不高，仅庙宇前有两棵槐，山麓多为蒿草和酸枣棵子覆盖。夏秋时，雨水将整座土山冲出九条崎岖的水沟；暴雨时，每条水沟里的水像小白龙一样从山顶飞瀑而下，因此得名九龙山。清末民国初年，观音阁逐渐废弃。现九龙山已经有名无实，只剩"九龙山"地铁站名，标示着曾经的历史和地名文化。

九龙山北侧的深沟村，元至元二十九年（1292），郭守敬在此建闸时，是南来漕船蓄水梯航必经的闸口。明代嘉靖七年（1528），深沟村庆丰下闸废止不用，但其八字形的闸坝底座，直到 20 世纪 80 年代依然存在，在河底清晰可见。

明成化十三年（1477）深沟村曾建广惠寺。据明代大学士、礼部右侍郎程敏政所撰《广惠寺记》② 记载，广惠寺位于深沟村东侧，距崇文门十里。寺前有一条路，是从崇文门经过深沟村，往高碑店到通州的都城孔道，是打仗的官兵、运送漕粮的漕军船丁、南北商人和百姓赶集的必经之路。其文详述广惠寺兴建缘起，描述主持为修建寺庙奋斗二十多年终于成功的感人故事。最终建成的广惠寺雕梁画栋巍然壮丽，为过往的行者提供休憩、

---

① 朝阳区地名志编辑委员会编《北京市朝阳区地名志》，北京出版社，1993，第 254 页。

② （明）程敏政撰《篁墩文集》卷十八，上海古籍出版社，1991，第 322～323 页。

祝祷之地，得到明宪宗赐名建碑。历经明清民国数百年，新中国成立初，广惠寺仍有二进大殿，殿有佛像，院内存古井一口。大庙（广惠寺）坐南朝北，门前即是从东便门通往高碑店的土道。六七十年代，残存的大殿成为深沟村生产大队队部，后为队办企业所用，90 年代后入驻某印刷公司。2016 年 1 月深沟村拆迁，原址被规划纳入通惠河南岸滨河绿化带。与东西毗邻的高碑店村和庆丰闸村一起，成为通惠河大运河文化滨水景观带。

（三）从双清亭到双花园——庆丰闸流域的建筑遗存与花园文化

位于庆丰闸南岸的双清亭，是元朝都水监（专门负责通惠河漕运河道水政）张经历的花园，当时称双清亭。据清代《宸垣识略》记载："双清亭在通惠河上，元都水监张经历园也，今废。"[①] 清初有人在此建双林庵。清乾隆时期，双林庵尚存大殿和北房数间。清末，（同仁堂）乐家花园和张家花园在此地建成，当地人又称双花园。地名一直沿用至今。这一带因为有通惠河南岸深沟旁的泉水滋润，曾经是一派荷花莲塘与稻田交织的田园风光。"村口人家浅，为园傍野塘。疏泉畦水细，铺地芥花香。斜缆穿堤柳，饥乌上钓床。燕寒宜种秫，亦插稻田秧。"[②] 一派北地江南田园风光。

乐家花园是北京同仁堂乐八乐振所建。据说他到二闸游玩时，喜爱这里树青水秀，恬静怡人，决定在此居家造园。乐家花园坐东朝西，大门开在西面，正对着京城。门上有匾书"静宜堂先得月"，对联"但愿桑麻长，不闻城市喧"。院墙四角有"静宜堂"碑界石各一。大门外有八字形砖砌影壁一座。迎门五间正厅，堂后连有小戏台。前后隔为南北两个小院，由带有十景窗的粉墙及走廊连接，北院贴通惠河岸边，是一座二层小楼，名"桅楼"，暗合通惠河"漕舟千渡"的著名景观。楼前用玲珑剔透的太湖石堆砌假山，辟荷花池。二闸村民有人生病，看门人孙家人代为求药，乐家也不拒绝。民国后期战乱频仍，乐振去世后，乐家花园逐渐荒废。

与乐家花园毗邻的张家花园主人名张德山，号子丰，是中国近代洋务

---

① （清）吴长元辑《宸垣识略》卷十二《郊坰一》，北京古籍出版社，1981，第 249 页。
② （清）田雯：《古欢堂集》卷八《庆丰闸闲步》二首之一，载（清）永瑢、纪昀等纂修《景印文渊阁四库全书》第 1324 册《集部二六三·别集类》，台湾商务印书馆，1986，第 98 页。

运动最早的轮船实业家之一。他留过洋，曾为建筑工程师，后从事海上航运。自有的德和船行发展成拥有 20 条轮船、六七十条大船的政记轮船公司，总部设在青岛，在上海、天津、烟台也有自己的码头、仓库，人称"海张五"。他在五十多岁年富力强时去世，其时张家花园主要建筑已完工，为一座倒山字形二层小楼。青瓦白墙，外观中西合璧，内部完全西化。张家花园沿庆丰闸村后街向东延伸，引圣水龙王庙泉水，开辟了荷花塘、荸荠坑、玉米地、水稻田，呈现一片不是江南却胜似江南的风光。张家花园和乐家花园在民国中期逐渐败落。1948 年解放战争时期，傅作义部队在此防守，庆丰闸西边的乐家花园、张家花园相继被拆。

新中国成立后，庆丰闸村由原来的自建平房村落逐渐形成街区。80 年代，北京市环卫局在通惠河南岸建职工宿舍，将庆丰闸村改建成前街和后街。

90 年代到 21 世纪初，这个依傍通惠河南岸历史悠久的村落，平房低矮环境脏乱；与一河之隔的通惠河北岸——90 年代修建的——北京中央商务区现代化高楼大厦形成鲜明对比。2005 年通惠河北岸整治，北岸二闸村拆迁改建为通惠河北路。南岸庆丰闸村位于国贸 CBD 中心和城乡接合部的东郊市场之间，村民以出租房屋给外来务工人员为生，形成北京城乡接合部常见的"城中村"。2009 年春天，为迎接中华人民共和国成立 60 周年大庆，北京市朝阳区在新一轮的城市建设改造中，启动通惠河南岸双井街道庆丰闸前后街"城中村"拆迁工程，共占地 14 万平方米，拆迁涉及居民 833 户、企业 16 家，拆迁后平整一新。南岸庆丰闸村经历数百年历程，变身通惠河南岸绿色滨河大道，昔日的庆丰闸两岸，建成融历史景观和现代化都市为一体的庆丰公园，成为大运河文化带通惠河庆丰闸滨河历史人文景观带。

二 明代以君臣为中心的二闸览胜和赏游文化

（一）明代二闸皇家览胜和文人赏游文化兴起

元代通惠河开通漕运，河道漕船全部由军队垄断专营，禁止民船民运。通州和积水潭码头两端，作为漕船和漕粮首尾集散中心，汇聚了主要的商贸和人流。位于元大都东南郊的庆丰闸、平津闸、普济闸等沿岸闸口不设停泊码头，虽植柳以荫行人，有村落人居，并非游览之地。

早在明宣德七年（1432），宣德皇帝为了屏避皇城外通惠河沿岸居民的喧闹，将皇城城墙东扩，把原来在元大都皇城外的通惠河河道，圈入皇城之内，作为护城河的一段。又在东便门外建大通桥和桥闸，漕船改在东便门外大通桥卸载，大通桥成为明代通惠河的终端码头。东便门外大通桥闸和庆丰闸之间，成为漕船和人流出入要道。二闸两岸随之来往行人渐多。

1. 二闸两岸北方秦淮

明代从大通桥至二闸的七八里河段，水面开阔，水质清澈，两岸垂柳成行，景色秀美。明代中后期，文人描绘大通桥至庆丰闸一带沿岸风光的诗词渐多："水深秋气切，竹密雨声多。熟果当尊落，飞尘旋堞过。柳阴催系缆，细听桔槔歌。"[1] 被诗人们比喻为江南秦淮。明人《帝京景物略》以"倚高城，临运河，一二园亭而东之"，描写大通桥至庆丰闸一带方圆十余里古树浓荫的北方秦淮景观。

2. 君臣泛舟览胜、漕舟千渡竞发

嘉靖七年（1528）御史吴仲成功整治通惠河，开源扩河，河道闸坝焕然一新。当年秋天，支持吴仲治河的明朝嘉靖皇帝，为庆祝通惠河整治成功，由首辅大学士张璁、杨一清等陪同，首开明朝皇帝巡游通惠河先例。整治一新的通惠河"廛居夹岸二十里，柳垂垂蘸河，漕舟上下达。"[2] 张璁等一行官员即席联句作诗恭贺，嘉靖皇帝阅后大喜，当即赏赐群臣御酒御膳，一时传为佳话。张璁等以"秋雨城南许放舟，天恩载泳向中流。飞帆卷雨移乘马，轻浪翻风已破鸥"[3] 描写他们陪同皇帝神游通惠河的情景。

---

[1]　"水深秋气切，竹密雨声多。熟果当尊落，飞尘旋堞过。柳阴催系缆，细听桔槔歌。落日舟仍放，微风坐不辞。林归云气没，花影夕阴移。野典匆忙得，清游醉梦疑。只应骢马客，坚约后来期。"〔（明）刘侗、于奕正：《帝京景物略》卷之二《三忠祠·华亭徐阶夏日吴侍御邀游通惠河》，北京古籍出版社，1980，第83页〕

[2]　"嘉靖丁亥，御史吴仲请修，修三月告成功，上舟观之，廛居夹岸二十里，柳垂垂蘸河，漕舟上下达。大学士张璁等联句以闻，上喜，给光禄馔，又分御膳赐焉。"〔（明）刘侗、于奕正：《帝京景物略》卷之二《三忠祠》，北京古籍出版社，1980，第82页〕

[3]　（明）刘侗、于奕正：《帝京景物略》卷之二《三忠祠·永嘉张璁侍上泛通惠河同官联句》，北京古籍出版社，1980，第82页。

"极知景运从今远，万岁千秋此胜游。"一语双关，点明圣上此番游赏后，庆丰闸一带将作为名胜，千古流芳。当时文人追随嘉靖皇帝君臣泛舟二闸的奇观，争相歌颂通惠河漕运通达，庆丰闸漕船相接景象："东南千万艘，飞挽遵旧路。远积万世赖，攸同四方聚。"① 由此建构庆丰闸"漕舟千渡"的著名景观。

鉴于嘉靖皇帝君臣赏游通惠河，首开"二闸泛舟"赏心乐事。引发明代文人追随皇帝君臣，兴起"二闸泛舟"赏游时尚和诗词书写。如明朝著名文人袁宏道在他的《大通桥泛舟》诗中说："京师百戏都，所少唯舟筏。"② ——北京城百戏荟萃，可供玩赏的无奇不有，就是没有南方的游船；要想驾舟御水，只能到通惠河。虽然河道不宽，但往来的游船，好像到了江南水乡："何况集棠舟，游遨似吴越。"皇帝圣游在先，君臣赏游，形成明代文人热衷的二闸览胜时尚风气。清人也是如此，认为"北京泛舟之乐，夏季以东便门外运河之二闸为盛"。③

3. 半取水道二闸送别

据记载，明朝二闸一带，是城里人在大通桥东便门乘船，到二闸后换船到通州的交通转换枢纽。明代《帝京景物略》称大通桥河和二闸之间为"半取水道送行人"的换船地："出都门，半取水道，送行人。闲者别张家湾，忙者置酒此祠亭。"④ 这里的"祠亭"，指位于通惠河庆丰闸南岸与大通桥之间的三忠寺，是明代人专为三位著名的忠义之士——诸葛亮、岳飞和文天祥而建。祠内供奉三人的塑像，祠后的"濯缨亭"紧靠通惠河："亭即河之岸，拨船千艘，亭槛艘樯，日与摩拂。"⑤ 正是"漕舟千渡、帆樯林立、

---

① "神禹疏九河，四海异奔赴。兹惟故道存，朝宗复东注。我皇宅下土，襟带绵世祚。岁久川原堙，乱流入径渡。庙堂思远犹，臣工戒漕务。水若效川灵，榜人理舟具。东南千万艘，飞挽遵旧路。远积万世赖，攸同四方聚。嗟予匪济川，览兹良叹誉。畴能树奇勋，江东吴侍御。"〔（明）刘侗、于奕正：《帝京景物略》卷之二《三忠祠·益都陈经通惠河泛舟》，北京古籍出版社，1980，第84页〕

② （明）刘侗、于奕正：《帝京景物略》卷之二《三忠祠·公安袁宏道夏初黄无净邀同项玄池诸友及家伯修泛舟大通桥》，北京古籍出版社，1980，第85页。

③ 崇彝：《道咸以来朝野杂记》，北京古籍出版社，1982，第24页。

④ （明）刘侗、于奕正：《帝京景物略》卷之二《三忠祠》，北京古籍出版社，1980，第81页。

⑤ （明）刘侗、于奕正：《帝京景物略》卷之二《三忠祠》，北京古籍出版社，1980，第81页。

游客如织"的景象。在文人笔下，通惠河二闸送别的场景，堪比唐代长安灞桥折柳送别，因此，都人二闸送别，既作为京城民俗，也成为二闸一景。

4. 二闸跌水观瀑

二闸除了能坐船，还可看水。水闸把水位抬高了，溢出的水有如瀑布。雨后河水涨满，水势尤大。所以，除二闸泛舟的京风民俗外，"二闸跌水观瀑"是明清文人墨客和百姓赏游的庆丰闸胜景。明代诗人袁宏道在诗中夸赞二闸之水："闸水高十仞，百斛量琳屑。骏马下危坡，疾雷镇空碣。"① 河水越过高闸倾泻而下，有如骏马奔腾，那响动像隆隆雷声，震天动地。庆丰闸是维持与大通桥闸之间河水水平的重要闸口。从大通桥闸到二闸闸口，水面跌落，四五米落差形成的跌水瀑布，水声如雷，卷起千堆雪，形成独特的"二闸口跌水瀑布"景观，吸引无数都人前来观赏。明清时期都人春天"二闸踏青"，夏秋"二闸泛舟"、观赏"二闸跌瀑"，冬天"坐二闸冰床"，形成二闸独特的京风民俗。从东便门过大通桥往二闸，远远就能听到闸口跌水瀑布的隆隆水声。乘舟则在距闸口五、六丈处弃舟登岸，观赏二闸跌瀑的凛然气势。明清文人墨客笔下，有写酒后乘舟观"二闸跌瀑"，回家很久枕边还闻到水气的。② 有写二闸瀑布，水声惊天动地，气势惊心动魄的。③

（二）清代二闸泛舟游赏文化与雅俗共赏京风民俗

1. 清代开河禁，开二闸泛舟赏游文化

清初因为通惠河河道淤堵，除了运送漕粮，其他的宫廷建材不允许下河，清廷有专门禁止民船入河的禁令。清代康乾两朝扩大西湖（昆明湖）水源，疏浚河道，漕运鼎盛。乾隆皇帝特别下诏，允许普通船户在通惠河行船。二闸泛舟，继明代君臣赏心乐事，成为清朝雅俗共赏的时尚和民俗。

① （明）刘侗、于奕正：《帝京景物略》卷之二《三忠祠·公安袁宏道夏初黄无净邀同项玄池诸友及家伯修泛舟大通桥》，北京古籍出版社，1980，第85页。
② "舟行穷幽奥，目境转奇邃。临涯逼悬流，万雷击山坠。对面不闻语，但见口开闭。冰柱万条直，雪岩千片碎。侧身奔石间，趾酸心病悸。归卧北窗下，枕边闻水气。"［（明）刘侗、于奕正：《帝京景物略》卷之二《三忠祠·公安袁宗道夏日高户部循卿招饮大通桥》，北京古籍出版社，1980，第85页］
③ "闸水高十仞，百斛量琳屑。骏马下危坡，疾雷震空碣。西门亦有水，宽丈深寸尺。"［（明）刘侗、于奕正：《帝京景物略》卷之二《三忠祠·公安袁宏道夏初黄无净邀同项玄池诸友及家伯修泛舟大通桥》，北京古籍出版社，1980，第85页］

二闸再次成为游人荟萃之所和行人往返京通两地的必经之地。"由京至通，来往相属，行人亦赖之。冬月则有拖床，冰行尤便。"① 因为城内的"昆明湖、长河，例禁泛舟，什刹海仅有踏藕船，小不堪泛，二闸遂为游人荟萃之所"。从春夏到秋冬，四时节气节庆逛二闸或泛舟二闸的京风民俗，清代比明代更兴盛。

"自五月朔至七月望，青帘画舫，酒肆歌台，令人疑在秦淮河上，内城例自齐化门（朝阳门）外登舟，至东便门易舟，至通惠闸。外城则自东便门外登舟。其舟或买之竟日，到处流连。或旦往夕还，一随人意。"② 和明代一样，庆丰闸依然是乘舟南下人们的离别之地，"似出长安道，如经灞水边"。③

2. 随二闸泛舟兴起的二闸茶肆酒楼文化

清代乾隆中期以后，由于通惠河河禁开放，普通民船可以入河游赏，二闸两岸随之增建不少茶棚酒楼、摊贩小吃，供游人歇息享用。"临河茶棚甚多，以大花障为有名，肴酒俱备，价昂而不佳。"④ 大花障酒肆，因外围一圈篱笆墙，墙上爬满了牵牛花得名。二闸有名的茶棚，还有"二花障""柳连居""雨来散"等。望东楼是酒楼，就在二闸附近，闸口处还有一个望海轩酒楼。庆丰闸两岸酒楼最鼎盛的时候，南有望东楼、北有望海楼。供应通惠河产的鲜鲫鱼，味道鲜美。"午饭必于闸上酒肆，小饮既酣。……夕阳既下，箫鼓中流，连骑归来，争门竞入，此亦一小销金锅也。"⑤ 二闸因此成为游人荟萃，文人墨客流连忘返之地。"逛二闸"真正成为京城人喜爱的京风民俗。通惠河二闸茶肆酒楼文化，一直延续到清末民国初，如时人所撰写的《竹枝词》所云："乘舟二闸欲幽探，食小鱼汤味亦甘，最是望东楼上好，桅樯烟雨似江南。"⑥

① （清）震钧：《天咫偶闻》卷八《郊坰》，北京古籍出版社，1982，第185页。
② （清）震钧：《天咫偶闻》卷八《郊坰》，北京古籍出版社，1982，第184页。
③ "径凿神山水，仍通郭外船。轻流三十里，远汇百重泉。……似出长安道，如经灞水边。……客兴逢新月，王程忆旧年。"［（清）震钧：《天咫偶闻》卷八，北京古籍出版社，1982，第184页］
④ 崇彝：《道咸以来朝野杂记》，北京古籍出版社，1982，第24页。
⑤ （清）震钧：《天咫偶闻》卷八《郊坰》，北京古籍出版社，1982，第184页。
⑥ （清）得硕亭：《草珠一串》，载路工编选《清代北京竹枝词（十三种）》，北京古籍出版社，1982，第57页。

　　夏秋之际，游人如潮，二闸两岸如同庙会一样，有杂耍卖艺的、变戏法儿的，还有在河里戏水的孩子。好事者将铜钱扔进河里，让孩子们潜水去摸，谁摸到就是谁的。一枚铜子儿扔下，便有几个孩子争先恐后扎进水里。有些阔佬将鼻烟壶、玉扇坠儿之类抛入水中让孩子们去捞，捞到了即给他们赏赐。如清末汪述祖《二闸竹枝词》写的："几个儿童赤体蹲，身轻如鸟浪中翻。今朝乞得钱三倍，归与爷娘共笑言。"①

　　3. 二闸文人墨客诗酒唱和、节气节庆赏游文化

　　清代二闸同时也是文人墨客喜爱的诗酒唱和之处。清人麟庆则以书写和图画生动描绘三月三"二闸修禊"的节气图景："二闸一带，清流萦碧，杂树连青，间以公主山林，颇饶逸致。以故，春秋佳日，都人士每往游焉。……于是或泛小舟，或循曲岸，或流觞而列坐水次，或踏青而径入山林。日永风和，川晴野媚，觉高情爽气，各任其天。"②

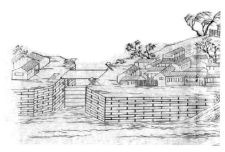

图 2 - 1　二闸修禊

资料来源：（清）麟庆著文、汪春泉等绘图《鸿雪因缘图记》第一集上册 二闸修禊，北京古籍出版社，1984，影印本无页码。

　　与完颜麟庆生活时代相近的清人敦敏，是清朝著名诗人和画家，敦敏、敦诚兄弟二人，与清代文学家《红楼梦》作者曹雪芹是宗室密友。他们常

---

①　（清）汪述祖：《二闸竹枝词》，载丘良任、潘超、孙忠铨总主编《中华竹枝词全编》北京卷，北京出版社，2007，第 11 页。

②　（清）麟庆著文，汪春泉等绘图《鸿雪因缘图记》第一集上册《二闸修禊》，北京古籍出版社，1984，影印本无页码。

常相邀在二闸附近的酒楼聚饮。敦敏的《懋斋诗钞》有《庆丰闸酒楼和壁间韵》和《咏庆丰闸流水》诗："石坝束流急，奔涛素练长。寒飞千尺雪，白挂一帘霜。喷雨珠还迸，悬秋月倍凉。滔滔惊逝水，渔笛满沧浪。"① 描述明清以来文人和都人百姓喜欢的二闸跌水瀑布。2009 年在庆丰闸遗址重建的庆丰公园，专门以他们的诗酒唱和情景塑造了"文槐忆故"历史人文景观。

二闸览胜和"逛二闸"京俗民风，从明中期的文人书写想象，到清朝蔚为大观。清末光绪二十七年（1901）清廷下诏停止漕运，通惠河漕运功能废止，漕船不再运送漕粮，但二闸载人游船依然来来往往、络绎不绝。

（三）民国时期"逛二闸"京俗与赏游文化衰落

清末民初通惠河漕运废止后，二闸河道不再通漕，多是搭乘游客的游船。表面看"逛二闸"的京俗儿歌依旧："劳您驾，道您乏，赶明儿请您逛二闸。两岸风光美如画，向东五里是三闸。"② 二闸儿童戏水的民风依然。他们赤身裸体跳入激流，将游人扔的铜钱，衔出水面，换得几个赏钱回家交与爹娘同享。但从以下时人记载的情景，依然可以看出漕运停止后，二闸两岸流域的古今之变。

1. 清末民初庆丰闸的今昔变迁

对于往来于东便门和二闸周边的游人和小商贩而言，最大的变化，莫过于随着漕运停止，原来沿闸设立的收税卡撤销了："士女纷纷日往还，贩夫贾竖笑开颜。一肩桃李无租税，二闸如今不设关。"③ 每天往返于二闸游玩的男女依旧络绎不绝，但收税的关卡撤了，做瓜果生意的小贩们因免税而喜笑颜开。

变化之二，随着清末民国公路、铁路等新型交通运输工具逐步代替船运，昔日逛二闸的游人已经日渐冷落："忆昔曾为二闸游，行人如蚁荡行

---

① （清）爱新觉罗·敦敏：《懋斋诗钞》一卷《咏庆丰闸流水》，新文丰出版股份有限公司，1977，影印本无页码。
② （清）汪述祖：《二闸竹枝词》，载丘良任、潘超、孙忠铨总主编《中华竹枝词全编》北京卷，北京出版社，2007，第 11 页。
③ （清）汪述祖：《二闸竹枝词》，载丘良任、潘超、孙忠铨总主编《中华竹枝词全编》北京卷，北京出版社，2007，第 11 页。

图 2 - 2　内城东南角楼（东便门）外护城河上的船户（20 世纪初）

资料来源：林京：《寻觅旧京》，人民文学出版社，2014，第 78 页。

舟。汽车自达通州路，冷落河干旧酒楼。"① 原来在二闸乘船到通州的游人多如蚂蚁，自从汽车直达通州后，游人不再，通惠河两岸的酒楼也冷清了。

变化之三，随着漕运废止、清王朝灭亡，故宫、北海公园等皇家宫苑相继对公众开放，西方动物园等新娱乐方式引进中国，兴盛于明清的二闸胜景，遂渐无人问津，日渐荒芜。"又闻赛会补中元，戏罢莲灯尚插门。怪道今年游客少，高车都去万生园。"② 每年七月十五中元节，通惠河二闸上的赛龙舟照例热闹非凡。但今年中元节龙舟赛一再拖延，好不容易补上，却因游客稀少了无兴趣，原来游人都乘车到万生园看动物去了。

2. "逛二闸"京俗的衰落

著名作家沈从文民国初年初到北平，便与其他文学青年一起，慕名前往二闸，体验传闻中"逛二闸"的京风民俗，结果大失所望。他写于 1927 年的《逛二闸》，以外乡人的视角，冷静直视二闸的萧条破败："怎么二闸这样荒凉的地方也值得人称道？"掌船的舵公给他讲述明清之际作为胜景的二闸流水绿荫、通惠河上曾经的"漕舟千渡"胜景，对于尘埃扑面的

---

① （清）汪述祖：《二闸竹枝词》，载丘良任、潘超、孙忠铨总主编《中华竹枝词全编》北京卷，北京出版社，2007，第 11 页。

② （清）汪述祖：《二闸竹枝词》，载丘良任、潘超、孙忠铨总主编《中华竹枝词全编》北京卷，北京出版社，2007，第 11 页。

京师人而言，实属难得。北方老乡单为看船观河，也值得老远跑一趟二闸。但沈从文最直观的，依然是清末漕运停止后，"二闸在天然淘汰下，亦只有日复一日萧条下去"的衰败现实。昔日"二闸泛舟"的京俗盛景，已经蜕变为"船上所载的，总不外乎粪肥、稻草、干柴、芦苇束之类，再要白脸新衣的学生，花两毛钱到这船上来嗅这微臭的空气，把船在这从北京流出的阳沟水面上缓缓的驶行，是办得到的事么？"① 此后，经历沦陷和解放战争，兴盛于明清的二闸胜景和"逛二闸"京俗，逐渐消失。1949 年新中国成立后，通惠河成为京城排污、泄洪河道，庆丰闸两岸流域不再具有赏游功能。

三　庆丰闸流域古迹遗存与东方木镇神木文化

明代皇木厂，位于通惠河南岸庆丰闸南侧、广渠门外九龙山西南侧。清代乾隆皇帝曾经两度巡视此处，创作并且亲笔御书刻石《神木行》《神木谣》碑。随后清廷特建神木亭、神木廊、神木庙，钦定春秋两次祭祀神木仪典。明清皇木厂地名遗址、明清两朝关于神木和东方木镇的文献记载、祭祀仪典，是庆丰闸流域不可多得的历史遗存和文化遗产，作为通惠河漕运文化和传统五行五方五镇文化的体现，历史文脉源远流长。

（一）北京东方木镇和神木文化产生的远源近由

北京东方木镇和东方神木产生的远源，是阴阳五行八卦易经——这一基于古代中国人对自然和宇宙信仰的思想文化体系。永乐皇帝专门建置五镇的根本原因，是他凭借"靖难"发兵，以武力夺得皇位后，极力主张迁都北京。为了平息群臣百官非议，专设木、金、水、火、土五方五镇，以标示其皇位奉天承运的合法性和权威性。

明洪武三十一年（1398），明太祖朱元璋驾崩，由皇太孙朱允炆直接继承皇位，改元建文。建文帝即位之初，厉行"削藩"以确保中央集权大权在握。封藩北平的燕王朱棣，是朱元璋的第四子，实力最强，居诸藩之首，朝廷"削藩"首当其冲。燕王朱棣凭借"靖难"发兵，攻打南京城夺取皇

---

① 沈从文：《逛二闸》，《晨报副刊》1927 年 9 月 28、29、30 日。

位。于 1403 年在南京即位，建元永乐，史称明成祖，俗称永乐皇帝。登基伊始，朱棣便有意迁都北平。意在天子守国门，巩固北方边境制衡北元辽东，控制南北。然而迁都北京绝非易事。首先，朱棣登基后，大肆屠杀建文帝一朝的武将文臣，株连九族，结怨江南。迁都北平，可在他的藩府龙兴之地，享天时地利人和之便。他于永乐元年（1403）改北平藩府为"顺天府"，与都城南京"应天府"对应。永乐四年（1406）下诏"营建北京宫殿"。经过元末战火，元大都毁坏严重，重建皇城，非朝夕之事。迁都北平，再次造成南北政治中心和经济中心分离，一切供给必须仰赖江南。元末明初大运河淤堵不通，修运河、运漕粮、建宫殿、大兴土木，漕运与财政困难重重，势必引发江南世家贵族和百官众臣不满。永乐四年（1406）朱棣下"营建北京宫殿诏"，派尚书、侍郎、副都御使、金都御史等大员七人，分赴五省采木，督军民匠役烧造砖瓦建设北京。同时征调工匠、民夫、士兵上百万人北上建设。同年，迁徙直隶苏州等十府与浙江等九省富民充实北京。

为平复迁都非议，永乐十八年（1420），朝廷颁布《北京宫殿告成诏》，宣布"北京实为都会，地势雄壮、山川巩固、四方万国、道里适均。惟天意之所属，实卜筮之攸同"。[①]强调建都北京，奉天承运合乎正统；经过实地堪舆卜筮，体现天地人和的天道。强调迁都北京建皇城帝都，一切都是"仿古制，循舆情，创建宫室。上以绍皇考太祖高皇帝之先志；下以贻子孙万世之弘规"，[②]必造福子孙万代。北京五行（木火金水土）五方（东南西北中）五镇的设立，也是为强化这一目的，按照汉代古制，用来辟邪镇城。它们依次是东方木镇皇木厂巨木、南方火镇永定门外燕墩、西方金镇西郊大钟寺巨钟、北方水镇德胜门内镇水观音庵（建于永乐年间，旧称法华寺。清代改以昆明湖铜牛为水镇）、中央土镇紫禁城北万寿山（今景山）。北京五行五方五镇的设立，是当年辅佐朱棣发起"奉天靖难"夺得帝位、俗称

---

① （明）张辅等纂修《明实录·明太宗实录》卷二三一《北京宫殿告成诏》，"中研院"历史语言研究所校，"中研院"历史语言研究所，1962，第 2235 页。

② （明）张辅等纂修《明实录·明太宗实录》卷二三一《北京宫殿告成诏》，"中研院"历史语言研究所校，"中研院"历史语言研究所，1962，第 2235 页。

"黑衣丞相"的姚广孝主持的。① 他于明永乐十六年（1418）主持铸造监制的西方金镇永乐大钟（放置在城西万寿寺，清朝移至觉生寺，即今大钟寺），内外刻华严经一部。② 因朱棣在"靖难之役"中杀戮过度，铸大钟刻佛经消孽，③ 旨在镇压鬼魂，为皇帝和国都祝祷祈福。

（二）作为北京建都祥瑞神迹出现的明代神木和神木祭祀

北京东方神木和东方木镇设置最早，最初是作为北京皇城建设的祥瑞神迹出现的。据《明实录·明太宗实录》记载，明永乐四年（1406）闰七月朱棣下诏建北京宫殿，专设皇木采办处和采办大臣，派出尚书、侍郎、副都御使、金都御史等各部大员分赴五省采木，④ 包括勘察申报、采伐、拽运泄运、运解交收、储备五个环节。皇木，既指皇宫专用，也是珍稀巨木。据记载，工部尚书宋礼于永乐四年（1406）在四川勘探，上报发现特大金丝楠木的神迹奇事："有大木数株，不借人力，一夕出大谷，达于江，盖山川之灵相之。"⑤ 皇帝阅后龙颜大悦："祥瑞之兆，神助我也！"马上派礼部郎中王羽，把大木所在的四川屏山县马湖府山，封为神木山。建祠立碑，祭祀木神。作《敕建神木山神祠碑》碑文，描述朝廷上下因木神显灵，"踊跃交庆，稽首称贺，谓圣德所至"。⑥ 神木成为最早的建都祥瑞。作为天人感应的祥瑞之物，巨木经三年辗转，从四川经长江、通过大运河通惠河运到北京。

据《明史》记载，各地采伐的木材和各种建材运到北京后，工部设立神木厂、大木厂、台基厂、黑窑厂和琉璃厂等作为贮藏材料之所。北京多处储存皇木之地，如通州张家湾皇木厂、通惠河庆丰闸南岸广渠门外神木厂、崇文门内神木厂大街等。存放来自四川屏山县祥瑞神木的，是位于通

① 侯仁之主编《什刹海志》，北京出版社，2003，第258~259、402页；郑永华：《姚广孝史事研究》，人民出版社，2011，第276~278页。
② （清）于敏中等编纂《日下旧闻考》卷七十七，北京古籍出版社，2000，第1296页。
③ 郑永华：《姚广孝史事研究》，人民出版社，2011，第279页。
④ （明）张辅等纂修《明实录·明太宗实录》卷五十七，"中研院"历史语言研究所校，"中研院"历史语言研究所，1962，第835页。
⑤ （明）张辅等纂修《明实录·明太宗实录》卷六十五，"中研院"历史语言研究所校，"中研院"历史语言研究所，1962，第916页。
⑥ （明）张辅等纂修《明实录·明太宗实录》卷六十五，"中研院"历史语言研究所校，"中研院"历史语言研究所，1962，第916页。

惠河南岸、广渠门外的皇木厂,① 亦因存放神木得名神木厂。据《明史》记载,当时从神木厂迎接神木到紫禁城上宫殿金梁,是一个非常重要的仪式。不仅要择吉日,而且由神木厂出发,经广渠门、正阳门、大明门、午门,最后到皇极门,都有专门的工部官员守护,并作升梁祭告。② 永乐十八年(1420)北京城建成,大臣们纷纷上表庆贺,特别歌颂神木祥瑞:"神祇献珍而山石自出,河岳效顺而神木自行。"③ "天启其心,巨灵作力,地产神木,山出文石。"④ 大部分神木都用于建宫殿,唯一的巨木因诘屈不直,不合尺寸,作为天人感应的祥瑞和护佑京城的东方木镇,立于通惠河畔神木厂内,明廷还专设神木千户所护卫。⑤《日下旧闻考》引明末清初孙承泽的《春明梦余录》记载:"京师神木厂所积大木,皆永乐时物。其中最巨者曰'樟扁头',围二丈外,卧四丈余,骑而过其下,高可隐身。岁久风雨淋漓已渐朽矣。"⑥ 从永乐初年到明末,历二百多年,东方木镇已然日渐衰朽。明代对神木的祭祀,只在神木产地——四川屏山县神木祠有春秋两祭。北京神木厂并无祭祀记载。随着明成祖根基稳固、国运亨通,通惠河畔皇木厂的木镇,已经完成使命,明清易代,遂沦为无人问津的前朝旧物。

(三)清代乾隆皇帝的神木崇拜与神木文化兴盛

三百多年后,清乾隆皇帝分别于乾隆八年(1743)和乾隆二十三年(1758)两度造访皇木厂,为皇木厂遗存的东方木镇题诗。《神木谣》序,直写造访皇木厂所见神木之巨:"其长六十余尺,卧于地骑者隔木立弗相见也。相传前明时所置以应甲乙生气云。"⑦ 点出明代立其为东方甲乙木镇的由来。接着写神木在《易经》中神奇的卦位卦象,追溯神木得日月精华、

---

① 刘精义、吴梦麟:《碑刻与文献中记载的明永乐朝采木》,载《中国紫禁城学会论文集(第七辑)》,故宫出版社,2012,第28~29页。
② (明)张辅等纂修《明实录·明太宗实录》卷六十五,"中研院"历史语言研究所校,"中研院"历史语言研究所,1962,第917页。
③ (清)于敏中等编纂《日下旧闻考》卷六,北京古籍出版社,2000,第91页。
④ (清)于敏中等编纂《日下旧闻考》卷七,北京古籍出版社,2000,第110页。
⑤ (明)徐光祚等纂修《明实录·明武宗实录》卷三十九"正德三年六月","中研院"历史语言研究所校,"中研院"历史语言研究所,1962,第927页。
⑥ (清)于敏中等编纂《日下旧闻考》卷八十九,北京古籍出版社,2000,第1518页。
⑦ (清)于敏中等编纂《日下旧闻考》卷八十九,北京古籍出版社,2000,第1518页。

历八百年山居修炼为千年神树的前生，以及沦落于此无人问津，虫吃鼠咬，树皮斑驳破损的今世，前世今生形成巨大盛衰反差，为神木被弃置不用抱屈。其后，乾隆皇帝沿用明清坊间对神木驾临通惠河的传说——于震天动地的暴雨和雷鸣电闪中，通惠河水暴涨，南海龙王诸将，簇拥着巨大的神木溯流而上，到二闸时恰闻公鸡报晓，南海龙王匆匆放下神木返回南海龙宫。通惠河二闸刹那间雨消云散洪水退去，神木就留在二闸边——强调东方神木作为上天赐予的前朝祥瑞，虽然皮毛受损，仍然以巨大神力护佑国家昌盛。通过明清两朝帝王的祥瑞叙事和赐名题诗，在帝王神木叙事的加持和建构下，清代东方神木的神奇来历和镇守护佑功能，再次获得官方钦定。清廷重视有加，随之刻碑建廊立庙。由无人问津的废弃之木，再度成为护佑京东的东方木镇、神木和木神。由木而神，由神而祭，由祭成典，成为官方钦定、民间认同的木神崇拜和东方神木文化。

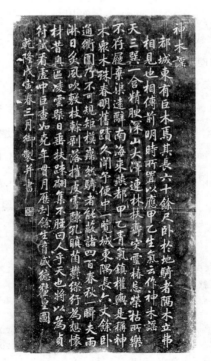

图 2-3　《神木谣》碑文

资料来源：北京市朝阳区文化旅游局文物管理所。

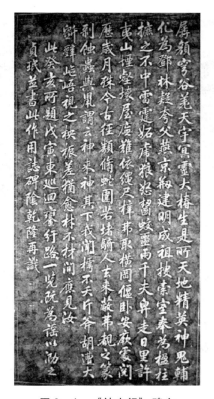

图 2-4　《神木行》碑文

资料来源：北京市朝阳区文化旅游局文物管理所。

乾隆皇帝题诗加持后，清廷在皇木厂为神木立碑刻石，建神木廊和神木庙。乾隆四十九年（1784），下诏命内务府于春秋二季专门祭祀神木。神木庙春秋两祭，由乾隆朝一直延续到清朝灭亡才停止。清朝入关前信仰萨满教，崇尚自然神，清宫内一直祭祀木神。除皇木厂神木庙的春秋两次祭祀外，清宫也专门立有木神牌位，供内廷进行木神祭祀。据清人震钧《天咫偶闻》记载，光绪末年，《神木谣》碑已经倒塌，石栏尚存。神木已经半朽，折为两半。[1]

① "大通桥之南，有皇木厂。属工部，岁遣官致祭。高庙（乾隆）有《皇木谣》刻石。木旧有屋，今圮，石阑尚存。木已朽其半，且折为二，犹高可隐人。远望如龙之骧首，又似万斛之舟。质作牁檀色，纹如叠云卷浪，扣之有声，不知何木。"〔（清）震钧：《天咫偶闻》卷八，北京古籍出版社，1982，第 187 页〕

图 2 - 5　2020 年故宫博物院《丹宸永固——紫禁城建成六百年》展览上展出的
清朝"重华宫六殿神木神牌"

（四）新中国成立前后二闸神木遗存古今变迁与景观重建

民国时期，国民政府将神木厂改为黄木厂。根据 1936 年 1 月北平政府
的古迹古物调查，黄木厂"有巨木一株，名曰神木，长六十余尺"。40 年代
末，黄木厂被划入工业区规划，曾计划将神木和神木庙迁建，后来因为战
争不了了之。至新中国成立前夕，巨木腹心已空，人可以洞穿而过。

1949 年新中国成立后，改明清皇木厂为黄木场。黄木场周边已成菜园。
神木糟朽，神木廊、碑亭、石碑和护栏仍在，只是年久失修，透风漏雨。
1952 年，永茂实业公司所属北京市乐器厂（后改名北京钢琴厂）在此建厂，
神木及碑亭围入乐器厂大院。因民间传说神木有特效，老百姓常来锯木屑
回家煮水疗疾，致使神木四周木屑四散。50 年代，北京市人民政府批示，
黄木场、神木、神木亭等为明初永乐年遗物，具有历史价值，永茂公司在
该地建厂，应予以修缮保护，不得拆移损坏。1958 年，北京市首次文物普
查，提示"乐器厂内皇木前后皆为厂房。皇木已朽，碑亭残破，亭角倾斜
有危险"。60 年代初，神木碑亭倒塌，神木中心腐朽。60 年代末到 70 年代，
倒塌的《神木谣》碑被埋在食堂地下。神木被用来做成十张会议桌，目前
有八张存于朝阳区文旅局文管所库房。1985 年 7 月，改革开放新时期，北
京钢琴厂翻建厂房，《神木谣》御碑被挖出并立于厂区一角，同时出土有御
碑石墩和残碑座。2000 年前后，北京钢琴厂为御碑制作了保护用的玻璃罩

子。2005 年北京钢琴厂搬迁至通州，此地成为北京空军干休所驻地。2011年 11 月，重修《神木谣》碑亭。2014 年，随着中国大运河申报世界文化遗产成功，通惠河被纳入国家大运河保护传承规划区。朝阳区加快建设通惠河人文景观，全力恢复大运河遗迹、建设大运河文化带。2018 年，《神木谣》碑从双井地区空军干休所皇木厂原址，迁到庆丰公园东区，复建乾隆《神木谣》碑亭。从民间征集到与原神木体积相仿的巨型金丝楠木阴沉木，重建神木廊。2019 年，经北京市批准，朝阳区文旅局邀请北京大学和清华大学专家团队规划设计，在庆丰公园东区建设神木博物馆。

图 2-6　《神木谣》碑

资料来源：北京市朝阳区文化旅游局文物管理所。

图 2-7　《神木谣》碑亭

资料来源：北京市朝阳区文化旅游局文物管理所。

明代皇木厂和东方木镇、清代乾隆皇帝钦定的"神木"和《神木谣》碑，作为通惠河庆丰闸流域明清历史遗存、朝阳区区级物质与非物质文化遗产，承载着丰富的历史信息，彰显着大运河文化带底蕴深厚的历史文脉。如今它们均迁移聚集于庆丰公园统一展陈保护。《神木谣》碑、神木廊和新创建的神木博物馆三位一体，重新构成新的历史人文景观和历史文脉再现空间，为当代人讲述和再现源远流长的"大运河文化带—北京东方木镇神木叙事"文化源流。

图 2 - 8　神木与神木廊
资料来源：北京市朝阳区文化旅游局文物管理所。

四　庆丰闸两岸古墓遗存与清代园寝文化

（一）清初圈地政策与庆丰闸流域的古墓遗存

北京通惠河两岸流域，明代庙多，清代墓多。原因是清贵族入关后，在北京周边发起的强行"圈地"运动。清朝之前，墓葬等级有"陵"与"墓"两种。"陵"特指皇帝墓葬，诸侯百官称"墓"，有森严的等级制度。清朝入关，在"陵"和"墓"之间，加"园寝"之称，把皇帝的兄弟、妃嫔、皇子公主及皇族宗室墓葬，统称为"园寝"。清军入关后，从顺治元年（1644）开始，先后三次圈占京郊周边五百里以内土地，安置满洲贵族、勋臣和八旗兵丁。老百姓称这种残暴的掠夺行径为"圈占"。从顺治朝（顺治四年1647年）到康熙朝（康熙八年1669年），二十余年间，共圈占土地约十七万顷。大批贵族在圈占过程中强占大量民地良田，设置皇庄及八旗官兵田庄，强迫失去土地的汉族农民为其劳役。因为圈地造成激烈的民族矛盾，康熙皇帝于康熙二十四年（1685）四月，发布诏令永不得再圈地。清代通惠河两岸流域遍布皇族园寝，是清代特殊的圈地手段和园寝制度的产物。清廷除赐予诸王勋戚园寝封地外，还赐予配套的生产种植"园地"，雇用失地的"民人"为他们种植土地、看护园寝。看墓人和种园人集聚成村，村名就以皇族诸王姓氏命名。按照《大清会典》规定的标准，亲王、公主的园寝可以配置"享堂五间、大门三间、绘五彩饰以金、覆绿琉璃瓦、坟园周百丈、立碑用交龙首龟趺"。通惠河庆丰闸两岸流域分布的亲王、公主园寝建筑，大多体现了这个规制。这里的皇族墓园不仅体量巨大，每个墓园有专门照看墓地的村民，依照爵位高低，至少有十户以上。每户有住房三间，养身地二十亩。清末之前，按照清朝规定的园寝祭奠仪式，需要在五供石桌上进献，子孙进地宫行礼。

清代通惠河上流传一句民谣："一出便门往东看，石人石马六把罐。"点出东便门外通惠河畔庆丰闸流域，除了沿岸杨柳、荷花稻田田园风光外，一大特色，就是遍布清代王爷公主皇族"园寝"，石人石马是皇族"园寝"的典型标配。

（二）庆丰闸流域古墓分布与古今变迁

1. 历代豫王坟分布与古今变迁

通惠河庆丰闸南北两岸，多处分布豫王坟和佛手公主坟。豫王，即豫亲王，是清朝开国元勋八大铁帽子王之一，首位豫亲王就是大名鼎鼎的多铎。他是清太祖努尔哈赤第十五子，也是睿亲王多尔衮同胞兄弟，崇德元年（1636）封豫亲王。清军入关后，他率领军队攻克明朝南京，战功显赫。顺治六年（1649）因天花病逝，年仅36岁。乾隆四十三年（1778），乾隆称其"开国诸王战功之最"，诏令多铎配享太庙。清朝近300年间，豫亲王世爵一共传了九代，共计九位豫亲王、五位信郡王。豫亲王家族共有王爷园寝十余处，分布在今东二环至东五环之间的朝阳区通惠河两岸流域内。

第一代豫王坟多铎的墓园，在通惠河北岸建国门外大北窑，老地名为苗家地。墓园东到张洛房，南到三块板村，西边是豫王爷家族第二辈坟地，北到关东店，占地一百五十亩。园寝两道大墙，砖墙内住有守墓的马、徐等十户。每户住房三间，养身地二十亩。园寝子墙一道，碑楼一座，立驮龙碑一方。进宫门正对享殿五间，东西配殿各三间，下有隧道直通地宫。正是今北京中央商务区国贸一期所在地。第二代豫王坟也在通惠河北岸，位于今光华路。改革开放后，两处墓园被推平，原址建起国贸一期和北京建国饭店。第三代豫王坟在北京通惠河南岸三忠祠南边（又称广渠门外禹王坟），50 年代在此建北京光华木材厂。据说第三代豫王坟开挖后，泉水如涌，成为一口巨大的水井，人们在井沿上架了六个辘轳同时汲水也淘不干。"六把罐"便是指这井辘轳上六只打水用的柳条罐子。第三代豫王因罪被夺去爵位，这座墓园也弃置不用。留下这口井，当地人用来浇园子。随后"六把罐"成为地名。清朝灭亡后，末代豫亲王端镇丧失了所有经济来源，入不敷出。于 1916 年将豫亲王府卖给美国洛克菲勒基金会，即现今著名的北京协和医学院和协和医院。1930 年，他又把其他豫亲王墓的树木、棺椁挖出来卖掉。1947 年解放战争时期，国民党某部在多铎园寝构筑围城工事碉堡，将园寝四周住房全部拆毁。1958 年年底，人民政府进行文物普查，对豫王坟地面建筑测量登记，责成 1953 年在此建厂的北京金属结构厂进行厂管护。1984 年 3 月 20 日，豫王坟成为朝阳区第一批文物暂保单位之一。1985 年 3 月 5 日经北京市规划局批准，在此建中国国际贸易中心大厦。经与北京市文物局洽商，拆除的墓园砖瓦石片赠予平谷县。

2. 八王坟遗存与古今变迁

通惠河北岸东北方向、庆丰闸北侧是八王坟。八王坟是清太祖努尔哈赤第十二子英亲王阿济格的园寝，也是北京比较有名的清代王爷坟，位于今东四环四惠桥西南侧的通惠河北岸。英亲王阿济格与十四子多尔衮、十五子多铎同为太妃阿巴亥所生，是一名骁勇善战的虎将。与明朝交战，"五十六战皆捷"，被封为英亲王，在清初开国诸王中位列"八王"，所以他的墓地民间俗称"八王坟"，作为地名沿用至今。顺治八年（1651），多尔衮病死张家口，阿济格密谋承袭多尔衮摄政王位，事泄获罪赐死，葬于通惠河北岸二闸北侧，即后世所称"八王坟"。康熙皇帝即位后，推重阿济格的开国功勋，重修八王坟，按照大清亲王规制，所建园寝占地一顷多，规模宏大。辛亥革命后，八王坟的宫门享殿被后代拆除卖掉，破坏严重。日伪时期，八王坟多次被盗。新中国成立初期，八王坟已经破败不堪。五六十年代此地建了几个工厂，与厂区配套，八王坟一带很快形成工人宿舍区。70 年代后，随着长安街东延，开通八王坟到公主坟的 1 路汽车，八王坟成为北京交通主干线家喻户晓的地名。而今的八王坟，以大望桥为中心，西接建国路，东启京通快速路，南北纵贯西大望路，成为中央商务区东扩区繁华商圈。

3. 佛手公主墓遗存与古今变迁

佛手公主墓，位于庆丰闸闸口东侧、八王坟往东的松公村。松公坟原名佛手公主坟，清朝和嘉公主园寝。和嘉公主为乾隆第四女，生于乾隆十年（1745）十二月，十五岁下嫁孝贤纯皇后的侄子福隆安。于乾隆三十二年（1767）去世，年仅二十三岁。福隆安 39 岁去世。夫妻二人合葬于佛手公主坟。因公主手指相连，呈佛手状，俗称佛手公主，正名和嘉公主反倒无人提及。公主坟占地一顷多，紧临通惠河北岸。从东便门启程的游船，须至庆丰闸口换船才能到达。靠岸沿台阶拾级而上，是一片松林。松林内正北有神路，迎面一座牌楼，三门四柱石牌坊。牌坊正面刻"银汉分光"四字；背面刻"金枝玉德"四字。牌楼后是两两相对的石狮、石人、石马、石骆驼、擎天柱各一对。其后是墓园宫门，顺着甬道北行，有石驳岸、神桥、碑楼；内立近四米高的谕祭碑。进宫门是享殿五间，院内石五供桌后有砖砌抹灰宝顶一座，下设须弥座，有两方驮龙碑，满、汉文各一。墙内外广植松柏树，被时人赞誉："墓前石兽、翁仲甚宏丽。"墓园有专人看守。清末民初，因墓主后代不肖子孙，卖掉墓园树木棺椁，无人看守日渐荒废，成为京城人和外国人逛二闸后造访的游览地。

图 2-9　佛手公主园寝碑亭前甬道旁的石马

资料来源：〔美〕约翰·詹布鲁恩摄影《约翰·詹布鲁恩镜头下的北京：1910～1929》，中国摄影出版社，2016，第 133 页。

图 2-10　佛手公主坟的文官石像

资料来源：〔美〕约翰·詹布鲁恩摄影《约翰·詹布鲁恩镜头下的北京：1910~1929》，中国摄影出版社，2016，第 133 页。

通惠河河水经过庆丰闸口到佛手公主墓后，水色一清小鱼衔尾，仿佛南国水乡之境。如北京民俗学家金受申所叙："（二闸）北岸佛手公主坟一带，疏密相间也生了许多枫树，秋来老红，下临碧水，遥望芦花，令人神往。在中秋重阳之间，身着皂夹衣（要带一件棉袍才好），在二闸雇好高碑店来回船，小舟席棚，四无遮拦，极可游目骋怀。"① 佛手公主坟 1938 年被盗，两年后公爷府卖树，公主坟荒芜，基本无人看管。1958 年文物普查时神路石像群、华表、石牌坊、驮龙碑、石供桌、宝顶等仍存。2005 年，为修建通惠河北路，将残存的佛手公主墓拆除，其他石人石像存放在高碑店乡 "北京科举匾额博物馆"。清代遍布皇族园寝的通惠河庆丰闸两岸，如今代之而起的，是现代化的高楼大厦。原来由王公贵族独占的通惠河庆丰闸两岸风水宝地，现在成为普通老百姓共同享用的繁华商圈、公园绿地和滨河大道。

---

① 杨良志选编《金受申讲北京》，北京出版社，2005，第 49 页。

五　从庆丰闸漕运遗址到庆丰公园大运河人文景观重建

50 年代到 70 年代计划经济时期，通惠河庆丰闸两岸流域，建成北京东郊工业基地。由明清时期庙多、墓多，变为厂房烟囱林立。20 世纪 80～90 年代改革开放新时期至今，通惠河庆丰闸建国门外和大北窑一带北岸流域，又将昔日的工厂区，先后打造成北京使馆区和中央商务区核心区，现代化的商务写字楼和国贸饭店拔地而起。南岸庆丰闸流域双井街道，将庆丰闸遗址和脏、乱、差的"城中村"，拆迁改造，建成通惠河水岸绿廊和庆丰公园，变身中央商务区后花园。昔日烟囱林立、工厂密集的工业区，一部分建成花园、住宅；一部分创建成为各类文化创意产业集聚区。庆丰闸两岸流域，发生翻天覆地的变化。

（一）新中国成立至改革开放以来庆丰闸两岸流域古今变迁

1. 从臭水沟到建成驻外使馆区和北京中央商务区

1939 年北京沦陷时期，在东便门北侧东城墙处开了一个豁子，叫启明门。1946 年改称建国门。1949 年新中国成立初，从东便门出建国门豁口外，满目荒郊旷野。沿通惠河北岸的鸭子口、蓝靛厂和灵通观一带到庆丰闸，全是菜园子和用碎砖头、旧瓦片垒砌的破旧平房。沿河有齐家园村、三块板村、二闸村、八王坟村、郎家园村、大北窑村和松公村。残存的历史遗迹有日坛、黄金台、豫王坟、二闸遗址等。50 年代，北京东郊规划为京东工业区，打通从东单到建国门之间的数条胡同，扒开观象台北侧的建国门豁子，修建建国门内、外大街和建国路。50～60 年代，通惠河两岸流域的工业厂房，如雨后春笋拔地而起。建国门外东段南侧建成北京第一机床厂、粮油机械厂等几十家国有企业；西段北侧是使馆区，有日本、英国、古巴、越南等二十多个国家大使馆。改革开放新时期，建国门外大街作为北京东西轴线的东段延长线，路南路北两侧耸立长富宫饭店、建国饭店、京伦饭店、国泰饭店、中国大饭店、中国国际贸易中心、金桥大厦、贵友商场、赛特购物中心等，形成最早的北京国际商务中心区雏形。由明清时期的"庙多""坟多"，迅速创建出北京中央商务区地标性建筑群，成为跻身世界现代化大都市的著名商务中心区。

2. 从新中国成立初工业区到新时期文化创意产业集聚区

大北窑和双井地区位于通惠河庆丰闸流域北岸，明代曾经是皇室游猎场獐鹿园，清代分布大量皇族墓园。大北窑，来自40年代侵华日军在此地建窑烧砖的大窑烟囱标志，后来成为地名。新中国成立后50~60年代成为北京市政府规划的东郊工业区。在通惠河庆丰闸流域北岸的大北窑和双井地区，先后建成华北农业机械总厂、北京内燃机总厂、北京光华木材厂、北京起重机器厂、华北金属结构厂、北京重型汽车制造厂、北京市玻璃厂、北京齿轮总厂等几十家工厂。几十年来，大北窑到双井一带，分布了木材加工业、机械制造业、汽车制造业、酿造业、造纸业、乐器业等产业，为新中国工业化做出卓越贡献。1986年随着改革开放深入发展，修建东三环，大北窑立交桥应运而生。21世纪初"大北窑桥"更名"国贸桥"。大量工厂搬迁拆迁，现代化的国际商务中心区和写字楼群拔地而起，见证了中国经济由新中国成立初期工业化到改革开放新时期的巨大变化。随着新世纪来临，在国家"十一五""十二五"规划发展目标推动下，通惠河南北两岸流域，继以国贸商圈为中心的北京国际商务中心后，继续发展北京商务中心东扩区，东接大望路华贸商圈，南接双井富力商圈、潘家园传统文化商圈。2013年，北京市朝阳区根据建设"三区"（国际商务中心区、文化创新实验区、和谐宜居模范区）的规划，对通惠河南岸流域的大北窑老北京内燃机总厂废旧厂房车间进行升级改造，建成北汽双井文创园。东郊工业遗址，纷纷升级转型为新的文化产业集聚区——北京国家广告产业园区、朗园创意产业园、尚8设计创意产业园、高碑店传统文化创意产业园——与人民日报社、中央电视台、北京电视台等国家传媒机构密布的中心地带相互呼应，标志着改革开放新时期产业转型升级的时代潮流，对推进构建北京市"高精尖"产业结构具有典型示范意义。

（二）庆丰公园大运河人文景观

新中国成立后，通惠河朝阳区段庆丰闸段河道，成为北京护城河和东部地区主要排污泄洪和农业灌溉水道，随着两岸流域工业区和住宅区的不断扩大，通惠河时常淤堵，水质堪忧。从新中国成立到改革开放以来，市区政府多次疏浚、整治通惠河，浚宽河道，改善水质。通惠河南北两岸流域发生翻天覆地巨变。1992～1993 年，朝阳区首次在庆丰闸两岸流域兴土动工，疏浚拓宽通惠河庆丰闸河道的同时，在南北两岸用水泥铺设堤岸，加筑高挡板墙，防止两岸生活垃圾和建筑垃圾入河。此次整治，由北京市水务局将原通惠河庆丰闸遗址的闸坝构件、石刻和护闸神兽蚣蝮，移至通州区大运河水梦园内保存。并且在通惠河庆丰闸遗址上，重新修建横跨南北两岸的汉白玉雕刻拱桥一座。石桥为拱形结构，栏杆、板柱均采用元代建筑模式。桥西南北两岸坡上安置重 5 吨的仿元代镇水兽蚣蝮。

图 2－11　北京通州水梦园内收藏的通惠河庆丰闸上的护河神兽蚣蝮

资料来源：北京市朝阳区文化旅游局。

图 2－12　通惠河上的汉白玉雕刻拱桥和镇水兽蚣蝮

资料来源：北京市朝阳区文化旅游局。

2005 年 6 月，拆迁二闸村，同时将 1993 年修建的通惠河北岸临河高达两米的水泥挡板墙拆除，拓展出北岸临河滨水部分的大量空间。2006 年把通惠河北岸建成现代滨水景观区。北京中央商务区通惠河北岸，旧貌换新颜。

2009 年，随着北京市政府牵头参与中国大运河申报世界非遗的组织筹备工作，北京市朝阳区加快通惠河庆丰闸南岸流域的拆迁整治工作。于 2009 年春，结合通惠河南岸流域双井地区城中村改造，在通惠河南岸庆丰闸遗址，规划兴建通惠河庆丰公园，重现通惠河庆丰闸 600 多年漕运历史文脉。2009 年 9 月 20 日，庆丰公园建成，是南岸"通惠河滨水文化景观带"率先启动建设的重要部分。

东三环东侧通惠河庆丰闸遗址北岸，是现代绿色滨水景观区和著名的北京中央商务区商务楼群、新北京广播电视大厦、首都地标中华第一高楼——中国尊交叠相接。

图 2 - 13　通惠河庆丰公园北岸国贸商圈景观

资料来源：北京朝阳区庆丰公园。

位于通惠河南岸一侧的庆丰公园，沿通惠河南岸而建，形状狭长，被三环路分割成东西两园。西起建国门外灵通观桥，跨越东三环，东至北京电视台南侧庆丰闸遗址石拱桥，北至京通路，南到京包铁路线，宽度在 70 米至 250 米之间，全长 1700 米，总设计面积约 26.7 公顷，是通惠河朝阳段庆丰闸流域重要的大运河文化带历史人文景观集萃。

庆丰公园西园面积较小，西起建国门外灵通观桥，紧邻建外 CBD 公园"万流朝宗"牌坊。西园以绿化景观带为主，共有印象之舟、桃柳映岸、惠州帆影、都市蜃楼和乐家花园几个景观。2009 年，二闸村拆迁时，发现清末民初乐家花园建筑地基遗址，作为清末民初通惠河流域建筑遗迹（经朝阳区普查作为登记文物），经过修缮重建，现有两进院，山门一间、前廊后厦的正房五间，属于典型的民国建筑样式。该地原为元代都水监张经历的花园，名双清亭。清末民初，除同仁堂乐家花园建在此地外，另有张家花园，故称双花园。

图 2 - 14　庆丰公园西园内复建的乐家花园

资料来源：北京市朝阳区文化旅游局。

东三环东侧南岸的庆丰公园东园，是庆丰公园主园。隔通惠河与北岸的建外 SOHO、北京电视台新址、中国尊遥遥相望，处在传统与现代历史时空交汇点，是元明清 600 多年漕运河道和众多历史遗迹的承载地。作为重新创建的大运河历史人文景观，承载和彰显着大运河文化带通惠河朝阳段重要历史文脉。

庆丰公园东园梳理提炼元明清通惠河漕运历史文脉，精心设计了八大景点：京畿秦淮、大通帆涌、庆丰古闸、文槐忆故、惠水春意、新城绮望、叠水花溪、银枫幽谷。贯穿公园的通惠河古河道是整个设计的灵魂，八个景点，将大运河文化带历史文脉、人文景观、古迹遗韵融入自然景观。进入东园公园门口的花岗岩立体雕塑是庆丰公园的八景之一——"京畿秦淮"，雕塑有六米高，四面是雕刻的壁画，浓缩再现通惠河庆丰闸元明清 600 多年间的漕运盛景。走进公园，"大通帆涌"是一组大型帆船主题雕塑，底座上的浮雕石群，再现元明清通惠河漕运的情景，层层台阶蜿蜒曲折模拟水流景观，漕船满载货物缓缓前行。数个木质船头造型的观景平台，无数船头木雕的龙首高昂，船舷布满木雕的祥云图案，船上扬着高大的风帆，是元明清通惠河庆丰闸流域"漕舟千渡、帆樯林立"历史景观的当代重现。

游人可以站在"甲板"上观赏通惠河美景，怀古凭吊的同时，又可以仰望对岸高楼林立的都市新景，是体验古今交汇的最佳观赏空间。

"庆丰古闸"，是利用庆丰闸遗址重建的历史人文景观，是大运河通惠河历史文脉的空间承载和见证，位于通惠河北岸，原庆丰闸闸口遗址。拆除二闸村后，北岸临河南侧的40米区域，重新建成三层错台滨水活动空间，保持都市、河道与人流互动关系。南北两岸镇水神兽蚣蝮仍在，守护着庆丰闸遗址，八字闸基在水底清晰可见。庆丰闸遗址，修建仿元代屋脊式艺术壁画，壁画由三部分组成："庆丰闸遗址"题字石碑、取自清代《鸿雪因缘图记》"二闸修禊"墨玉石刻画、镇水神兽石雕蚣蝮。还原清代"二闸一带，清流萦碧，杂树连青"的胜景。东园深处，给人印象最深的"文槐忆故"——重现乾隆时期文学巨匠曹雪芹与族人敦敏兄弟，在古槐下喝茶赋诗的情景。

2013年，在中国大运河申报世界遗产成功前，通惠河庆丰闸遗址成为北京市大运河十一个重点文物保护区域之一。2014年中国大运河申报世界遗产成功，从当年清明节开始，由北京民俗博物馆、朝阳区文明办、双井街道办事处和庆丰公园联合主办"北京二闸清明踏青节"，将明清三月三"二闸修禊"、夏秋"逛二闸"的京风民俗延续下来，使老百姓有机会在古老的通惠河畔，在繁华的东三环国贸北京中央商务区实现"清明踏青"的美好愿望，为身处闹市的人们亲近自然提供了一个好去处。在明媚的春光中，"第二届北京二闸清明踏青节"隆重开场。清明诗歌朗诵、秧歌、舞狮、高跷等花会相继展演，京剧、传统乐器、拉弓、民间手工艺品非遗精彩展示，击鼓传柳、清明笔会绘诗画、清明品茶等习俗供游人体验。还有清明节俗文化展、清明邮品展等专题展览，供人们参观。

2020年，通惠河庆丰闸到高碑店水库东端码头的水上游船开通，明清时期"二闸泛舟"的胜景，在今天的通惠河重现。通惠河庆丰闸流域600多年的历史文脉，通过八大历史人文景观，重现元明清600多年的漕运盛况，在这里穿越古今，不断活化延续。

综上所述，本节追溯挖掘梳理元明清民国到新中国成立及新时期以来，通惠河庆丰闸流域历史文脉和主要文化源流，归纳如下。

第一，庆丰闸漕运文化之一：元明清漕工群体集散和漕工文化兴衰，以及随漕工文化兴起的漕运宗教祭祀、庙宇庙会、民风民俗文化兴衰。

第二，庆丰闸漕运文化之二：以明朝君臣为中心建构的二闸泛舟览胜和文人赏游文化，以及清朝乾隆时期首开民船入河，随之兴盛的"二闸泛舟""逛二闸"赏游文化和京风民俗。

第三，庆丰闸流域明清皇家神木文化源流。

第四，庆丰闸流域的皇家古墓遗存与清代园寝文化。

第五，新中国成立到新时期以来庆丰闸流域的古今变迁与现代工业、国际商贸文化发展。

第六，从庆丰闸漕运遗址到庆丰公园的大运河文脉传承创新。

第二节　通惠河平津闸流域漕运文化历史文脉

通惠河庆丰闸往东十五里，是著名的平津上闸。元至元二十九年（1292），建成之初称郊亭闸，沿用辽、金、元由燕京中都城经此地"郊亭驿"和"郊亭村"通往辽东古道之驿名称之，[①] 体现了郊亭驿和郊亭闸（后改名平津闸）作为古道陆路驿站和漕运闸坝水陆要枢的重要性和延续性。平津闸有上、下两闸，相间七里。上闸与庆丰闸距离十五里，打开上闸，庆丰闸河道水尽闸底露出，可见平津上闸对这一段十五里长水道的重要性。高碑店村因为处于通惠河中段、平津上闸漕运咽喉，形成漕粮和南北货集散的码头集镇街市，积淀数百年漕运文化。

清朝光绪二十七年（1901）漕运废止，通惠河各闸不再通漕。高碑店村人借助临河优势，转型开展观赏鱼和食用鱼养殖业，由漕工转型养鱼。新中国成立后，通惠河成为北京东南城区主要排污、泄洪水道。50~60年代，高碑店村新建高碑店拦河闸和水库，分流为通惠河和通惠灌渠两支，

---

① "自上京至燕，……四十里至三河县，三十里至潞县，三十里至交亭，三十里至燕。"[（宋）洪皓：《松漠纪闻》，吉林文史出版社，1986，第42页]

成为河道、水库、灌渠和通惠河污水处理多种功能集聚的重要枢纽。高碑店闸建成后，平津上闸不再使用，成为历史遗迹。

今日高碑店村，作为帝都京东重镇，位于北京市东长安街延长线南侧，距离天安门广场仅八公里。属朝阳区高碑店乡管辖，下辖高碑店村和东店两个自然村。现在的高碑店村，北临京通快速路，西临东四环，东临东五环，南通广渠路和京沈高速路。继承元明清通惠河商贸码头集镇的历史文脉和商贸传统，成为京东闻名遐迩的古典家具城和民俗文化荟萃之地。进入21世纪，得时代风气之先，成为跨界创意产业集聚区。既是北京CBD中心距离市区最近的古村落旅游目的地，也是北京环城旅游水系东端码头。无论古今，高碑店村始终是大运河文化带通惠河平津闸流域历史文脉中底蕴深厚的重要一环。

平津上闸，是元明清至今七百多年来，通惠河唯一保存完整，具有较高历史价值的元代闸坝遗存。2004～2005年，朝阳区政府出资400多万元整修平津闸上闸，复建龙王庙、将军庙，重新呈现元明清平津闸漕运码头面貌。2013年，作为通惠河唯一留存的元代漕运码头遗址，由国务院公布为大运河沿线文物，全国重点文物保护单位。本节将分两部分梳理元明清至新中国成立到改革开放新时期以来平津上、下闸流域历史文脉。

图 2 – 15　通惠河平津上闸遗存

资料来源：北京市朝阳区文化旅游局文物管理所。

一　通惠河平津闸流域漕运文化

（一）通惠河平津闸漕运文化历史文脉

1. 平津闸闸坝村落名称变迁与高碑店村名沿革的地名文化脉络

元至元二十九年（1292），郭守敬最初设计郊亭闸时，分上下两闸，实际建成后是上、中、下三闸。元成宗元贞元年（1295），郊亭闸改名平津闸。明朝嘉靖七年（1528），吴仲整治通惠河，改平津上、中、下三闸为上、下两闸。清代以来，平津上闸称平津闸，俗称老闸口。平津下闸，俗称花儿闸或"花园闸"。

据《元史·河渠志》记载：元至元二十九年（1292），郭守敬建"郊亭闸二，在都城东南二十五里银王庄"。[①]　建成之初称郊亭闸，随辽金元由燕京中都城经此地的"郊亭驿"和"郊亭村"之名称之，[②] 体现了郊亭闸随郊亭驿之称，在元代初建时，强调其依附古道陆路驿站交通要枢的地名缘起和地名文化。元成宗元贞元年（1295），郊亭闸改名平津闸。平津上下两闸之间相距七里，平津上闸与庆丰上闸相距十五里。打开平津上闸，庆丰闸河道水尽闸底露出；平津上、下两闸关闭，两闸之间的七里水面与岸齐平；平津闸之"平津"，应得名于此。闸坝名称由沿袭古道驿站之名到随漕运功能和河道特征而改。据成书于元代的《元一统志》记载：平津闸"在郊亭北"，[③] 可知元代平津闸位于古道郊亭驿北面，在大都城东南二十五里的银王庄。平津闸所在的银王庄，成村时间应该早于元朝开通通惠河和建闸的时间。银王庄，应该是以从事银作的王姓宗族聚居的村落。银王庄附近，元以前的辽金时期，已经设郊亭驿，并有大、小郊亭村。大、小郊亭地名，从元明清一直沿用至今。

元代平津闸所在的银王庄，后来改称"糕糜店""高蜜店""高米店""高碑店"。表明到明清时期，银王庄已由银作手工村落，发展成与南迁种稻之民和大运河漕运漕粮加工密切相关的"糕糜店""高蜜店""高米店"

---

① （明）宋濂等：《元史》卷六十四《志第十六·河渠一》，中华书局，1983，第1589页。

② "自上京至燕，……四十里至三河县，三十里至潞县，三十里至交亭，三十里至燕。"［（宋）洪皓：《松漠纪闻》，吉林文史出版社，1986，第42页］

③ （元）孛兰肹等：《元一统志》，赵万里校辑，中华书局，1966，第15页。

"高碑店"。① 据高碑店村志追本溯源，今天的高碑店村，当起源于其周边的辽代郊亭村，后发展、衍生为元代银王庄、高蜜店等不同名称的小村落。到明代，又演化为"糕糜店""高碑店"等随物产标志和地理标志称谓的不同村名。② 又因"糕糜店""高米店""高蜜店"等地域物产标志物不断变化；③ 明清时期，因村落周边皇族贵胄园寝古碑遍布，及作为清代大兴县所辖"大兴六景"之一——"漕艘午渡""碑林波光"地理标志的凸显，④ 逐渐约定俗称为高碑店村。村名一直沿用至今。

2. 平津闸漕工群体集聚与高碑店村漕运文化源流

今天的平津闸位于高碑店村北口桥西，闸口呈对头燕翅型，闸墙由巨大的长方条石有序叠压，石与石之间挖槽用银锭型铁固定。闸口长 13.9 米，两边对称堤坝 54.44 米。南侧保存完好，占地 780 平方米。北侧因湖水侵蚀残存堤坝约 30 米，占地约 400 平方米。

元代平津闸位于通惠河中段，是漕船进入京城的重要咽喉。平津上闸流域附近村落，元代通惠河开漕以来，逐渐由传统农耕户聚居，转为闸户、坝夫和纤夫、扛夫聚居的村落。他们因漕运之需，为经过平津上闸的漕船进行闸坝启闭、蓄水浮航拉纤服务。元、明、清三代，朝廷都在平津闸设闸官管理，不断整治河道闸坝。设固定闸户坝夫疏通航道，应付灾情："天旱水小，则闭闸堵水，短运剥船；雨涝水大，则开闸泄水，放行大舟。"⑤ 明代嘉靖七年（1528），吴仲整治通惠河成功后，将元代的二十四闸，改为五闸二坝。各闸增盖公馆、厂房，专门配备剥船船夫和纤夫、挽夫、扛夫隔闸搬运。平津上闸与通惠河其他闸坝一样，配备运粮剥船 60 只，以每船经

---

① 高春利、李萍、曹彦生主编《高碑店村民俗文化志》，北京民俗博物馆编，民族出版社，2007，第 246~247 页。

② 高春利、李萍、曹彦生主编《高碑店村民俗文化志》，北京民俗博物馆编，民族出版社，2007，第 237 页。

③ "北京高碑店传说曾名高蜜店，相传有人倚郎家园的枣树林养蜂酿蜜为生，方圆数十里来此购蜜者颇多因此而得名。又因村中古刹地藏庵原有铸钟和碑上有'齐化门'（今朝阳门）外高蜜店信友等铭刻得名。"（高春利、李萍、曹彦生主编《高碑店村民俗文化志》，北京民俗博物馆编，民族出版社，2007，第 247~248 页）

④ 朝阳区地名志编辑委员会编《北京市朝阳区地名志》，北京出版社，1993，第 601 页。

⑤ （明）张懋等纂修《明实录·明宪宗实录》卷九十七，"中研院"历史语言研究所校，"中研院"历史语言研究所，1962，第 853 页。

纪、船夫5人计算，加上配套的扛夫、纤夫、闸夫等，直接参与漕运的人员当在六七百人以上。再加上眷属，明代高碑店村应该是一个千数人的村落。

与庆丰闸村以闸户坝夫为主体的叙事和记忆特征不同，高碑店村村民叙事记忆的漕工群体，以扛夫为主体。村民们都记得，他们祖辈以上的男人，差不多都是扛夫，自称"扛大个的"，也即是在码头上装卸粮食或在坝上隔闸搬运的苦劳力。[①] 因为通惠河西高东低形成的逆水行舟态势，所有漕船都要在平津闸隔闸搬运，过坝转船，才能进入京城京仓。高碑店村的漕工特别是扛夫群体，祖祖辈辈用自己的肩膀，搬运了数不清的江南漕粮和南北货物。他们把平津上闸亲切地称为"金窝银窝，不如老闸窝！"就是因为通惠河平津古渡漕运码头，数百年来，给高碑店村漕工群体，带来生计生机与财富。当地曾经流传民谚："半个北京城是用我们的肩膀扛过去的。"

3. 从漕工到渔户转型与高碑店"小金鱼"民俗吉祥文化兴起

清朝末年，随着通惠河漕运终结，世世代代依靠漕运生活的高碑店人等于断了大半生路。聪明的高碑店人，从最初的迷惘绝望、四处尝试各种生计，很快把目光投向通惠河河边的浅塘河坑。原本由朝廷垄断、严禁沿河村民在通惠河擅自挖塘自用。漕运停止后，高碑店人"坐地打井、借河谋生"，在通惠河边挖坑围堰养起了鱼，养鱼户逐渐发展到一百多户，养殖面积达500多亩。高碑店渔户，主要集中在高碑店村西北平津闸一带。转型渔行的高碑店人，有专门养鱼的、贩鱼的、送鱼的、卖鱼的，形成一条完整的养殖、买卖链条。养鱼业不仅成了高碑店漕工的新生计和新生活方式，而且逐渐做大，在北京城东城南，都有高碑店人的鱼铺商号。后来渔户们发现，鲤鱼鲫鱼鱼苗中常有金红色的小鱼苗，就捞出来单独养殖，并专门进行杂交培育。最终培育出一种红里透金、个头小巧、皮实好养、价钱便宜的小金鱼，被京城人亲切地称为"高碑店小金鱼"。老北京人过年，喜欢买上一盆水仙花、一缸小金鱼摆在屋里，营造"四季花开吉庆有余（鱼）"的节庆氛围和吉利口彩。"高碑店小金鱼"，不仅成为高碑店村漕工后代新的生计，而且创造了北京城里家喻户晓的"民俗吉祥物"。

---

① 高春利、李萍、曹彦生主编《高碑店村民俗文化志》，北京民俗博物馆编，民族出版社，2007，第1页。

（二）高碑店漕运码头集镇街市文化历史文脉

1. 高碑店漕运集镇街市文化兴起

明清以来，朝廷允许南来漕船漕丁船工附带江南"土宜"。平津上闸高碑店村也由漕运码头，发展成为南方土宜——农产品、日用品、家具、农具等品类繁多的南北货物码头集镇大村。加上明代大通桥附近河道狭窄，而平津上闸流域高碑店码头水域宽阔，便于漕船泊岸，南方土宜大多在高碑店码头集散，以防按规定检查或纳税。清中后期，高碑店码头漕运更加活跃，形成繁忙的商贸街市，店铺林立，商贾云集。据高碑店村志记载，高碑店村位于通惠河南岸，坐北朝南。通惠河经由村西北的平津上闸，从村北由西向东流过。高碑店除了作为平津上闸漕运码头，同时也是都城孔道的重要驿站。高碑店村有前街和后街两条主要街道。前街位于高碑店村南半部，由京城崇文门至通州的官道从前街穿村而过。往来官吏、差役、商旅都把这里作为休憩之地。商铺、客栈、车马店也傍官道而设。村子的北半部，沿通惠河南岸，还有一条东西走向的街道，高碑店人称"后街"或"街里"。有门面的买卖家基本都集中在这条街上，是高碑店的商业街。高碑店人生活在漕运繁忙的河道闸坝和京城孔道陆路驿站周边，见识天下物资水陆云集和南北货物的集散。至清末，高碑店村后街已经形成 200 米长，聚集 20 多家商铺的商业街，依次分布肉铺、油盐店、干果铺、饽饽铺、药铺、麻铺、馒头铺、烧饼铺、米粮店、大酒缸、剃头房、果局子、杂货铺、炸货铺、茶棚等各类商铺。高碑店村前街官道上，还分布客栈、煤铺、棚铺、轿子铺和茶馆酒楼等。[①] 再加上走街串巷挑挑儿卖货的和摆常摊儿的，不但本村人的日常生活所需一应俱全，周围村的人也常到高碑店村买东西。连办红白喜事的轿子铺、棚铺全活皆备，是方圆十里的商业中心。高碑店前、后街的商家店铺和南北货贸易业态，从清末以来已经形成规模，按照货物品种分别经营的情况，与京城已经没有多少差别。[②]

---

① 高春利、李萍、曹彦生主编《高碑店村民俗文化志》，北京民俗博物馆编，民族出版社，2007，第 61~62 页。

② 高春利、李萍、曹彦生主编《高碑店村民俗文化志》，北京民俗博物馆编，民族出版社，2007，第 5 页。

从漕运码头到繁华集镇街市的变迁，形成明清民国以来高碑店村漕运码头与街市商贸兼得的形态，村民以漕运和商贸为主、农耕渔户兼得的生产、生活方式。

2. 平津闸高碑店"一闸二庙"历史遗存、龙王庙祭祀与庙会民俗文化

高碑店"一闸二庙"历史遗存和龙王庙祭祀与庙会民俗文化，是明清高碑店漕运集镇街市文化的重要内容。作为平津闸流域集镇大村，高碑店建有不少庙宇，素以龙王庙、将军庙、娘娘庙、五帝庙和朝阳庵五庙著称。尤其是二月二高碑店龙王庙的祭祀庙会和娘娘庙五月节庙会，十里八村远近闻名。这些庙宇庙会、民风民俗，不仅是高碑店漕运集镇街市文化的数百年积淀，在高碑店村民生活中，具有重要的宗教信仰支持和群体认同意义。庙宇庙会与集镇节气节庆相辅相成，形成高碑店独特的民风民俗。

高碑店村的主要寺庙，分别分布在村子的北侧东西通惠河沿岸一带，与村落民居和街市保持了明显距离，体现了村民人、神有别的传统体认。高碑店龙王庙建于村北、平津闸口一侧，将军庙位于老闸口北侧路东。远近闻名的高碑店娘娘庙，位于村东尽头，是一处坐北朝南的院落。在娘娘庙的西北角紧临五帝庙，是村里人办丧事时必去之处。

高碑店著名的"一闸二庙"，是平津闸和龙王庙、将军庙。龙王庙是明清时期，朝廷每年春秋两次举行官方祭祀之地。由漕司官吏主持祭祀龙神仪典，祈祷通惠河水丰漕顺惠泽家国，表达朝廷和民间对护水龙神的敬畏，具有鲜明的大运河漕运文化特征。将军庙，是平津闸流域村落村民对"忠义"的崇拜。

明代嘉靖七年（1528）监察御史吴仲整治通惠河成功，曾经同时在平津上闸建龙王庙。三十多年后，千户侯朱东津又率众建龙王祠。水部官员吴遵晦于嘉靖四十年（1561）孟夏既望，为其撰写《通惠河龙王祠记》；清乾隆五十五年（1790）八月重修。据明朝水部官员吴遵晦撰写的《通惠河龙王祠记》记载，从明嘉靖四十年（1561）通惠河龙王祠建成后，每年二月二龙抬头，朝廷督水监漕的官员都要在这里举行"祭龙祈漕"仪式。高碑店村百姓为了表达"惠泽报恩"的心情，划着飘有"风调雨顺""龙恩惠泽"字样的彩旗和彩船，齐聚平津上闸前。龙王庙里朝官上香颂表，村民在庙外摆放贡品。祭祀仪典结束后，祠前、闸上、村里的百姓们，与参加

庆典的人们汇拢一起，敲锣打鼓燃放鞭炮，扭秧歌、舞狮子、赛龙舟一片欢腾。后来高碑店人又在龙王祠祭祀仪礼中融入了"佑村祈福"的内容，二月二龙抬头更成为高碑店村民喜闻乐见的节庆民俗。

清末以来，高碑店后街养鱼的人家，与龙王庙的关系更为密切。到庙里祭拜的多是他们，龙王祠的维修，也多由渔户们出钱。每遇洪水村里鱼塘大水漫灌，满塘活鱼被洪水冲得不知去向，受损的都是养鱼户。每次下大雨发洪水，养鱼户们就不顾一切地往闸口上跑；闸房就要打锣、起闸板、开闸放水。平津上闸是全村人和鱼塘的安全所系，龙王庙和龙神祭祀寄托了他们对生计和命运的希望。高碑店龙王祠的东厢房是一个茶馆，除养鱼、卖鱼户外，高碑店有头有脸的人也经常到茶馆来商谈，是村里人的"活动中心"。

在高碑店村，与平安祈福漕运鱼行财运相关的民俗，除了"二月二龙抬头"的龙王祠祭祀活动和祈雨求晴的民俗外，还有大年初二"挑财水"的独特民俗。高碑店村人有句老话："粮满仓，水满缸""仓没满，水得满"。表现了久居通惠河畔的高碑店人，靠河为生，视水运为财运的习俗特征。高碑店村里共有四口水井，分别在娘娘庙东、老闸口南、北后街、朝阳庵前。大年初二天不亮，村民们就去井台挑担水回来，叫"抢银水"，又叫"挑财水"。这水就是财，谁最早担回水，谁这一年就会兴旺发达。高碑店因水而兴，龙王庙因水而建，高碑店人视水如财。特殊的地域空间和生计、生活方式，决定了高碑店的民风民俗特色。

随着光绪二十七年（1901）漕运停止，平津上闸龙王祠的官方祭祀也停止了。民国后期，龙王祠的配殿被国民党警察所占据，庙里的香火也逐渐衰落。50年代中期，为在后街修通惠河灌渠，龙王庙被用作指挥部，佛像被拆。60年代末"文革"时期，龙王庙被彻底拆除。龙王祠的庙碑，清末民国年间，被村民改做水井辘轳石，60年代被用作修车台基石。2002年11月，在挖掘整理高碑店村史时，明代《通惠河龙王祠记》石碑，被村史组在村里原"北京市朝阳区申光开关柜配件福利厂"院内发现。历经440多年，石碑文字已漫漶不清，后存于高碑店村史博物馆。2011年平津闸高碑店龙王庙复建后，石碑移至庙院重新竖立。现存明代《通惠河龙王祠记》石碑高150厘米、宽70厘米、厚18厘米，碑文以楷书书写。由于长期埋在

土里，石碑漫漶不清，能够看清的文字仅 327 字，落款清晰：嘉靖辛酉岁
（明嘉靖四十年，1561）孟夏既望水部即钱唐吴遵晦撰。① 碑文开篇即追溯
上古祭祀龙神、无处不有龙祠的传统。其次赞颂千户侯朱东津率众在平津
上闸建龙王祠、延续上古传统，为通惠河漕运祈福的善举。明清易代，平
津上闸龙王祠破损，清人于乾隆年间，重修并改名为龙神祠，并刻碑立石
纪念。清碑后因战乱遗失。

　　2009 年 3 月 29 日，清代《重修通惠河龙神祠碑》，在高碑店村中民舍
一角被发现，清洗后迁村史博物馆保存（图 2 - 17）。清代《重修通惠河龙
神祠碑》只存半截残碑，长 80 厘米、宽 70 厘米、厚 20 厘米。② 仅存 243 字
碑文："通惠河平上闸（平津上闸）之畔，乡有龙神祠建于前明嘉靖年间，有
碑。"记述了明代龙王祠所处地理位置、建祠时间及刻石立碑史实。接着叙述
清代重修龙神祠后，神像庄严、冠冕一新之状。描写通惠河畔平津上闸龙神
祠东侧修葺一新后，不仅可以"供人憩息"，还可以远眺通惠河上"帆樯比栉
而来"的美景。经查碑文落款纪年为清乾隆五十五年（庚戌，1790）。③

图 2 - 16　《通惠河龙王祠记》石碑

　　资料来源：北京市朝阳区高碑店村
史博物馆。

图 2 - 17　清代《重修通惠河龙神祠碑》

　　资料来源：北京市朝阳区高碑店村史博
物馆。

---

① 高春利、李萍、曹彦生主编《高碑店村民俗文化志》，北京民俗博物馆编，民族出版社，
　　2007，第 49 页。
② 北京市朝阳区高碑店村史博物馆。
③ 高春利、李萍、曹彦生主编《高碑店村民俗文化志》，北京民俗博物馆编，民族出版社，
　　2007，第 49 页。

　　高碑店将军庙位于平津上闸闸口北侧路东，修建年代已不可考。据村里老人们回忆，庙中的将军塑像，一手捧幡、一手挑着大拇指，身着蓝衣，腰挎宝剑，看管着漕运。将军的塑像据传在八国联军入侵时就被法国军队推倒了，后来用一幅画像代替。将军庙很早就败落，没有什么香火。

　　2011年，通惠河平津上闸龙王庙和将军庙在原址复建。龙王庙有山门、正殿和配殿；正殿为龙王殿，里面供奉有龙王，还有雷公电母和风神、雨神。龙王庙和将军庙的复建不仅重现通惠河平津上闸码头旧貌新颜，也是平津上闸流域高碑店人，对数百年大运河漕运文脉和高碑店民俗文化传承有序的见证。自此，每年"二月二龙抬头"，村里都要举行祀龙祈福的仪式和龙王庙庙会民俗活动，以此接续漕运文脉，传承振兴百年民俗。

图 2 - 18　2011 年重建的平津上闸龙王庙

资料来源：北京市朝阳区文化旅游局文物管理所。

　　3. 随高碑店渔户与农户兴盛的民俗文化：娘娘庙五月节民风民俗文化遗产

　　高碑店村的民俗节庆，除了大年春节、二月二祭祀神龙、七月半放河灯、中秋节、九九重阳节之外，最著名的是五月娘娘庙庙会。娘娘庙位于高碑店村东尽头，坐北朝南，独处一院，也被村人称为"东庙"。娘娘庙供奉的是"琼霄、碧霄、云霄"三位娘娘，是高碑店街市上规模最大也最有名气的庙宇，被十里八乡作为京东一带区域性信仰中心。

　　清至民国时期，高碑店每年五月初一到初六是五月端午节庆，都要举办娘娘庙庙会。所以村人也称之为"五节庙"，把娘娘庙庙会称为"五月节"。是由漕工转型渔户和农户后的高碑店人，根据时令节气和本村渔户农户的劳动生计节律，约定俗成形成的集节气节庆、休闲娱乐于一体的民俗活动。五月节在高碑店人心中，比春节更重要。因为春节正是高碑店人最忙碌的时候，大家一门心思抓住这一年里最后的商机，渔户商贩全村老小，忙得不亦乐乎。只有到了农历五月初，渔市和农事稍息，才能充分享受娘娘庙庙会节庆的快乐。五月节高碑店人家家都要换新衣，在外奔波的人，即使春节不回来，这时候都要回家团聚。每年五月节庙会，吸引了京城和周边十里八乡的人来烧香朝拜、祈福还愿，看花会、逛集市，观赏河景。五月节娘娘庙庙会最出彩的，是五月节开始和结束的时候，由高碑店高跷老会秧歌，专门进行接娘娘驾到和给娘娘送驾的仪典仪式。高碑店高跷老会名号是"东便门外高碑店村公议助善秧歌盛会一堂"，有一百多年历史。

　　农历五月初一，庙会正式开始。逛庙会的有农夫、渔户和南腔北调的客商、工匠。庙会地摊上百货齐全，娘娘庙前叫卖声此起彼伏。高跷老会秧歌会威风凛凛地开场，祈福助兴的多路花会班子，从四面八方赶来助兴。有二闸的舞狮子、半壁店的小车会、朝外二道街的少林武术等。五月初五，娘娘庙庙会买卖达到鼎盛，耍猴的、拉洋片的、吹糖人的、套圈跑马戏的全部到齐。

　　初六这一天，给娘娘送驾是庙会最重要的仪式，村里有头有脸的人都要参加。送驾的队伍很长，有抬纸马、纸轿的，有吹打乐器的，还有表演高跷大秧歌的。送驾队伍从娘娘庙出发，绕村一圈，最后到庙外把纸活烧了，就算是把娘娘"送走"了。然后高跷大秧歌在娘娘庙前的高台表演节目，就此送驾圆满结束。高跷大秧歌是娘娘庙庙会的重要组成部分，也是高碑店民俗文化全面展现的高光时刻。五月节逛庙会看戏，是娘娘庙庙会的高潮，也是高碑店人最引以为傲之处，尤其是看高碑店高跷大秧歌。在庙会表演的还有京城的会班，京郊十里八乡乡班，更有沿大运河来自河北、山东甚至更远的江南曲艺杂耍艺人。看戏时人山人海，各家各户都会把亲戚们接来高碑店庙会看热闹、看大戏。有的人家在戏台周围支起一人多高的台子，全家老少坐在上面既风光，又看得清清楚楚。

图 2 – 19　高碑店的高跷大秧歌

资料来源：北京市朝阳区高碑店村史博物馆。

高跷也称拐子，源于原始劳动和祭祀仪式。古人将木棍缚踏足下，采集树上的野果和高处的作物。踩高跷也是古代祭祀活动中百戏的一种，早在春秋时期就已出现。汉魏六朝称踩高跷为"跷技"，宋代称"踏桥"，清代以来称"踩高跷"。高跷从民间戏曲人物表演中吸收了杂技技艺，形成了特殊的舞蹈表演形式。高跷秧歌技艺性强，形式活泼幽默，动作惊险打趣，便于远近观赏，没有舞台也如鹤立鸡群。在民间花会中，一直是人们喜爱的民俗表演形式之一。明清以来高跷常与秧歌结合，叫作"高跷秧歌"。通常由演员数人扮陀头、渔翁、樵夫、渔婆、公子等民间生活人物，配以腰鼓、手锣、彩妆彩衣，足下全部踩着高跷。也有扮《水游传》《西游记》《白蛇传》等戏曲人物，通常有十二个角色。高碑店高跷老会始建于光绪十二年（1886），已有一百三十多年历史。光绪年间，由高碑店村人张家斌组织了高碑店第一代高跷老会，几年下来聚集了一批争强好胜、勤学苦练的把式。在十二传统角色基础上，还以高碑店渔业生活为灵感，独创了鲇鱼精、嘎鱼精两个新角色。鲇鱼姥姥、嘎鱼舅舅从此成为高碑店大秧歌独特的角色。

从清末至民国，高碑店村的娘娘庙庙会基本年年都有。日伪时期，庙会冷清，停滞多年。从 1946 年开始，高碑店又恢复了多年的娘娘庙庙会和高跷会，还请新式的马戏团来助演马戏。新中国成立后，娘娘庙庙会仍然举办，因为破除迷信，删除了求神拜娘娘的仪式，娘娘庙庙会最后变成了村镇大集。20 世纪 60 年代后期，娘娘庙改成高碑店村小学校。但作为高碑店村民俗文化标志的高跷老会秧歌，一直生生不息。高碑店高跷老会，以"公议助善"著称，展现了高碑店人乐善好施的传统、积德行善的义举和热爱生活、自娱自乐的民风民俗。

新中国成立后，高碑店高跷秧歌会，曾于 1949 年、1954 年在天安门广场参加欢度国庆活动。改革开放新时期以来，于 1987 年、1988 年、1989 年参加北京龙潭杯花会表演赛，荣获第一名，抖擞高碑店人的精气神。2009 年 10 月 22 日，高碑店高跷老会高跷秧歌，被列入第三批北京市级非物质文化遗产名录，喜讯传来，高碑店全村一片欢腾。高碑店人珍视这一传承百年的高跷非遗文化，已经培育了第六代少儿高跷队，高碑店高跷老会传承有序，后继有人。

（三）新中国成立至改革开放以来平津上闸高碑店村的当代变迁

1. 新中国成立以来高碑店闸的新建与功能变迁

1949 年新中国成立后，通惠河成为北京东部城区排水、排污、泄洪主要河道和农业灌渠，污染日益严重。1956 年 5 月，为治理通惠河污水，北京市政府选定高碑店村南的一块高地作为污水处理厂。1960 年在此修建一座简易沉淀池，沉淀后的城市污水用于农田灌溉，形成了北京东部最早的通惠河高碑店污水处理系统。1958 年为解决第一热电厂用水问题，在高碑店村北建新拦河闸，闸北建拦河堤和高碑店水库。1959 年 4 月开工，1960 年 9 月完工。新拦河闸定名高碑店闸，成为后来高碑店湖和高碑店污水处理厂的蓄水闸。

2. 新中国成立至新时期 90 年代以来高碑店村的当代变迁

从元明清通惠河开漕运粮到清末漕运停止，直至新中国成立以及新时期以来，高碑店村人自我总结，七百多年来，他们经历了三次巨变。第一次巨变：元朝通惠河郊亭驿流域由"亭"到"闸"（郊亭闸）的水陆转换、功能巨变；漕运码头带来的商机，使平津上闸流域的村落由传统驿站、农耕和银作村落，变为具有码头集镇商贸功能的高碑店。第二次巨变：清光绪二十七年（1901），600多年漕运停止，高碑店人靠漕运吃饭的生计断绝，再次迎来巨变。他们发挥临河优势，由漕工转型养殖渔户，再次开辟出养鱼新业态。第三次巨变：90年代改革开放新时期，由"三无村"到"三有村"，用历史文脉和百年民俗加持高碑店村转型新的文化创意产业，再次实现创新巨变。

新中国成立后，高碑店村人由养鱼业转为蔬菜种植。村民80%的收入来自种蔬菜，是北京市蔬菜供应地之一。80年代改革开放后，高碑店作为地处北京东长安街延长线南侧的城乡接合部村落，在京郊农村城市化迅猛发展进程中，原有的耕地被陆续征用开发，用于建设北京市各项重点工程——高碑店污水处理厂、铁路及污水管线、东五环交通枢纽等。高碑店村周边高楼大厦林立、新文化地标群起——西边著名的北京中央商务区，北边华润饭店、紫檀博物馆、高尔夫球场，南边高碑店一、二期污水处理厂。高碑店人不断用自己的耕地，为北京城市发展做出贡献。进入21世纪，高碑店村民再次面临城市快速发展带来的城乡变革转型。他们填平鱼塘，扩地盖房，离土上楼，一度自我戏称为"叫农村无农业、称农民无耕地、农转居无工作"的"三无"村。关键时刻，高碑店人再次顺应时代潮流，挖掘潜力，接续漕运商贸文脉，展现丰厚的文化民俗底蕴，在21世纪获得新的发展机遇。他们以商铺租赁业为载体，整合创新底蕴深厚的民俗文化传统，培育和发展高碑店古典家具一条街的新型家具家居文化产业。建设通惠河平津闸漕运历史文化区和漕运码头水上旅游文化区，打造通惠河高碑店文化创意产业集聚区的宏大蓝图。走出一条"发展文化产业、促进就业发展、改善环境村貌、构建和谐新村"的发展之路，实现了"人不离村可上楼、足不出户能致富"的高碑店文化产业新业态，把高碑店建成了"发展有后劲、人人有事干、生活有乐趣"的"三有村"。

3. 21世纪以来高碑店村转型升级文化创意产业集聚区新三步

90年代初到21世纪，高碑店人延续高碑店商贸街市文脉，用文化提升土地和商业价值，实现三步新拓展。

第一步，打造古典家具文化产业——高碑店古典家具一条街，是高碑店人整合漕运历史文脉，建构高碑店文化产业挖到的第一桶金。他们在高碑店村南打造了全长 1800 米的高碑店古典家具家居文化产业一条街。清一色明清建筑、古色古香商铺风格，形成集加工、展示、展览、销售、修复、体验于一体的中国古典家具集散地。历经十余年的精心培育发展，汇聚 400 余家各具特色的古典家具商户，成为北京别具文化特色的购物、旅游、体验目的地。作为"北京特色商业街"，实现经济效益、社会效益、文化景观效益同步发展。

图 2 - 20　古色古香的高碑店村古典家具家居街

资料来源：北京市朝阳区高碑店村史博物馆。

第二步，恢复高碑店民俗文化传统，弘扬中华传统民俗文化。高碑店人在创建文化产业的同时，将高碑店从腊月二十三到大年三十的春节民俗活动，整合成高碑店漕运庙会。加上正月十五的元宵灯会、二月二的龙抬头节、五月五的端午节、七月十五的中元节、八月十五的中秋节、九月九的重阳节、十月初一的祭祖节、腊月初八的腊八节，一个个传统节气节庆从年头过到年尾。凭借高碑店人积累的百年庙会和节气节庆民俗文化深厚底蕴，高碑店村成为京郊独具特色的民俗文化和文化产业聚集区。他们梳理聚焦自己的历史文脉，内建"高碑店村史博物馆"，珍藏村民对高碑店七百年历史文化的集体记忆。外修通惠河平津上闸老闸口，复建龙王庙、将军庙，新建郭守敬纪念雕像，开辟"孝悌园"文化广场。兴建高碑店村碑和腾隆阁新地标，供人们登楼远望，怀古览今，追根溯源。

第三步，创建高碑店跨界多主题文化创意产业集聚区。2015 年，高碑店村成为北京市朝阳区首批认定的文化创意产业集聚区。规划建设"漕运历史文化区、古典家具艺术文化区、传统文化产业区、华夏民俗文化产业区"四个文化产业主题地标。

"漕运历史文化区"，是以平津上闸历史遗存为中心，与复原的"一闸二庙"龙王庙、将军庙为主体的漕运历史文化景观。"古典家具艺术文化区"，是在高碑店古典家具一条街基础上，扩展形成的"两街、一馆、一祠"新文化地标。两街，即古典家具一条街和水乡茶楼一条街。一馆，即琦檀宇宙艺术博物馆。一祠，即鲁班祠。"传统文化产业区"是高碑店国粹艺术街，位于高碑店村东南，由"礼、义、信、智、仁"的礼安门、义安门、信安门、智安门、仁安门五栋大厦组成，各自独立又整合一体。高碑店国粹艺术街内，分布"四馆""三院""一中心"。"四馆"：紫砂壶博物馆、内画壶艺术博物馆、暖炉博物馆、科举牌匾博物馆。"三院"：中国油画研究院、雕塑研究院、紫砂壶研究院。"一中心"：体验老北京市井文化集聚区——华声天桥艺术中心。"华夏民俗文化产业区"，也即中国非物质文化遗产集聚地——民俗文化园。

2006 年春节，高碑店村举办首届漕运庙会。用"新民俗新节庆新风尚"凝聚乡愁，发挥民俗文化引领作用，垂范乡里涵育民风，为高碑店漕运历史遗存赋能。庙会开始时，通惠河畔平津古闸旁漕旗飘舞，老闸口边举行了隆重的开漕祈福仪式，巨大的漕旗升上高杆，在欢呼声和鼓乐声中，高跷会、威风锣鼓、舞钢叉、小车会、五虎棍、舞龙狮、耍中幡等轮番上演。修整一新的通惠河灌渠旁，沿街各色年货琳琅满目，各地民间艺人展演手艺绝活。漕运民俗园展示了漕运历史文化和特色礼品，中外宾朋赏民俗扭秧歌踩高跷载歌载舞。入夜时分，漕灯初上，通惠河畔点点礼花竞放。新的漕运庙会，让人们再次穿越时空，体验七百多年前，通惠河平津上闸开槽时节百船竞发的胜景。

4. 建设高碑店通惠河生态景观廊道与环湖旅游发展目标

2014 年中国大运河列入世界文化遗产，通惠河平津古闸被列为国家大运河重点文物保护单位。作为大运河文化带通惠河平津闸遗址核心保护区的高碑店村，以 2019 年中共中央办公厅、国务院办公厅发布的《大运河文化保护传承利用规划纲要》为指导，结合《北京城市总体规划（2016 年—2035 年）》提出的"水城共融、蓝绿交织、文化传承"规划原则，规划实现一系列新的发展目标。

（1）连接首都核心区与城市副中心——通惠河高碑店两道夹河生态景观廊道

通惠河高碑店两道夹河生态景观廊道，是处于首都核心区前往通州城市副中心两条东西向交通动脉——一条是通惠河北侧的京通快速路，另一条是通惠河南侧的广渠快速路——之间的蓝绿交织生态景观廊道。它们延续七百多年前、平津上闸高碑店处于通惠河漕运咽喉和都城孔道驿站之间的水陆要道文脉，作当今连接首都核心区与城市副中心两道夹河生态景观廊道的文脉地标升华，更是朝阳区和高碑店"十三五（2016—2020）"规划倾力打造的大运河文化带——通惠河平津闸漕运历史人文景观的东延。它东起北花园，西至八里庄，流经半壁店、高碑店、高井，全长 5.7 公里，拥有 12 公里临水驳岸。六座从京通快速路横跨通惠河的大桥分别以灵、艺、尚、典、舞、悠命名，成为通惠河高碑店生态景观魅力廊道上六条夺目的彩虹。作为两道夹河生态景观廊道的步入通道和联结点，使河道生态与都市交融、历史景观与当代时尚并存，为大运河文化带平津闸历史遗存活化赋能，让两道夹河的高碑店通惠河生态魅力廊道与周边社区"连"起来、"活"起来、"亮"起来！

（2）建设漕运历史文化景观开通"高碑店环湖游"

通惠河高碑店湖，是元明清平津上闸漕运码头所在地。平津上闸是京杭大运河通惠河唯一保存完整的元代闸口和漕运码头遗址，是珍贵的大运河历史遗存和文化遗产。至今已 730 年的平津上闸，与将军庙、龙王庙"一闸二庙"在南岸守望，为人们提供穿越古今的文化体验。通过整修提升望海楼周边广场和仿古建筑群，在此还原明清码头集市，让人们近距离体验漕运历史，感受大运河文化。

紧邻平津上闸遗址的高碑店湖，湖面宽阔，湖岸蜿蜒，沿湖文化资源丰富。经过多方协调，已经统筹开通与通惠河高碑店漕运历史文化游览区配套的"高碑店环湖游"。高碑店湖拥有 142900 平方米水域面积、48 条载客游船。从漕运码头启航后，可自东向西环湖一周，游程约 30 分钟。高碑店湖南岸、东岸、北岸区域，是大运河漕运历史遗存景观带。沿湖可观赏到漕运码头、龙王庙、将军庙、人工岛、西店村文化产业园区、高碑店同心桥、华润时代中心、平津古闸等漕运历史遗存和当代文化地标性建筑。还可以遍览高碑店湖波光粼粼，两岸垂柳依依，湖边三五成群的野鸭游弋的自然美景。南岸是古色古香的仿明清古建，北岸是现代写字楼、中国尊，还有呼啸而过的城铁八通线。夹河两道是北京中央商务区东扩区和北京现代化都市地标建筑群。高碑店环湖旅游开通后，人们乘坐游船观赏，从北向南观赏和体验历史与文明，从南向北看到现代与时尚。

2021 年 6 月 11 日，由高碑店最美乡村策划的"首届大运河通惠河畔文化节"隆重开幕。大运河文化带蕴含的中华民族的历史基因、传承的中华民族悠久历史文脉，通过这一综合节庆获得很好展示。这一整合高碑店明清时期五月节历史文脉和民俗特色的文化节，旨在共同推动大运河文化保护传承大局，实现大运河产业发展与文化发展联动，串联通惠河沿线的文、商、旅资源，形成互动依托的聚合平台。

二 通惠河平津下闸（花园闸）流域漕运文化和园寝文化

元代通惠河平津上闸往东七里左右，是"平津下闸"。元至元二十九年（1292），郭守敬最初设计郊亭闸时，分上下两闸，实际建成是上、中、下三闸。元成宗元贞元年（1295），郊亭闸改名平津闸。明朝嘉靖七年（1528），吴仲整治通惠河，改平津上、中、下三闸为上、下两闸。清代以来，平津下闸，改称"花园闸"，元明清一直沿用。

1983 年，朝阳区高碑店乡建立北花园村村民委员会，辖花园闸村和北花园村、小花园村 3 个自然村，村委会所在地是花园闸村。地处北京市朝阳区高碑店乡东部，西距天安门 15 公里。东与三间房乡、中国传媒大学相接，南邻豆各庄乡，西邻高碑店村，北连高井村。京通快速路、地铁八通线横贯东西，东五环路纵贯南北。

（一）平津下闸的地名变迁与地名文化

元至元二十九年（1292），郭守敬建闸时名郊亭闸，为上、中、下三闸。元成宗元贞元年（1295），郊亭闸改名平津闸。据《明史》记载，明朝宣德七年（1432）正月重建平津闸；正统四年（1439）和正统十三年（1448），明廷曾经多次修治平津上、中、下三闸。明朝嘉靖七年（1528），吴仲整治通惠河，改平津上、中、下三闸为上、下两闸。把平津中闸移到通州城西水关外使用，此后文献再没有关于"平津中闸"的记载。平津下闸，一直沿用至清末漕运停止。元、明两代，平津下闸与上闸分别简称"平下闸"和"平上闸"。清代改称花园闸，当地人儿化为"花儿闸"，一直沿用至今。1969 年，建花园闸新闸时，拆除旧闸。

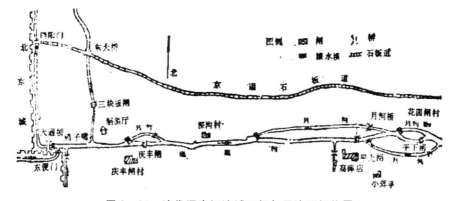

图 2 - 21　清代通惠河流域五闸与平津下闸位置

资料来源：蔡蕃：《北京古运河与城市供水研究》，北京出版社，1987，第 119 页。

平津下闸流域周边有三个村落，今称花园闸村、北花园村和小花园村。原来的村名已经湮没无闻。作为平津下闸流域村落，其成村时间，应早于或与平津下闸建闸的元至元二十九年（1292）同时。据记载，通惠河平津下闸北岸的村落名花园闸村，通惠河南岸东侧村落名北花园村，紧邻北花园村西侧的村落名小花园村。清代将元明"平津下闸"改称花园闸，缘于清廷在平津下闸南岸东侧建皇家花卉养植之地，最初称为百花园，后因百花园与南邻的王四营乡南花园对应，改称北花园。[①] 沿袭这一历史变迁和地

---

① 朝阳区地名志编辑委员会编《北京市朝阳区地名志》，北京出版社，1993，第521 页。

名变化，当地村民遂将平津下闸也一并称为花园闸。从平津下闸到花园闸闸名和村名变迁看，花园闸村和北花园村、小花园村等村名，应该与平津下闸流域清代以来的皇家花卉种植设置和皇家贵族圈地建园寝墓地密切相关。

（二）平津下闸（花园闸）的漕工集散与漕工记忆

居住在花园闸村的漕工们，据老辈人回忆，大多是明代从山东迁来的闸户船夫和扛夫，在花园闸村生活了十多辈。他们依旧记得祖辈的闸夫、船夫或扛夫生活；记得漕船在花园闸口泊岸，扛夫们就上闸扛大米口袋，隔闸搬运。漕船和漕粮是由通州西关船运到普济闸，再由普济闸剥船运到他们所在的花园闸。漕船长 8 丈，宽 4 丈；通惠河枯水时，由纤夫拉纤，或用小毛驴拉纤。在花园闸村东面有一个下闸窝，与通惠河相连。通惠河运粮漕船进到花园闸，就在下闸窝停泊，装卸物资，补充饮用水和食物。花园闸村的村民，全靠漕运维持生计。

随着清末通惠河漕运停止，下闸窝泊船处被填平成为陆地。清末停漕以前，居住在通惠河南岸的北花园村、小花园村人，就逐渐不再以漕运为生计。据村民回忆，清代北花园村人最早以种植皇家花卉为业。停漕后，小花园村人则以赶驴拉脚为生。驮着人往东是下通州，往西是上北京。清末民国以后，花园闸村以漕运为生的村民，与北花园村和小花园村人一样，改为种植蔬菜。花园闸附近三个村落均没有建立庙宇和开展庙会民俗活动的记载。

（三）花园闸的清代古墓遗存和园寝文化

清朝花园闸流域周围的几个村落，被圈为皇亲贵族园寝墓地。花园闸村坐北朝南，通惠河从村南由西向东流过。花园闸村内，是光绪朝最显赫的重臣荣禄的墓园。与花园闸村隔通惠河对望的三间房乡椰子井村，是清朝睿亲王多尔衮家族几代亲王墓园。按大清规制，皇族重臣的园寝，建筑高大巍峨，牌楼、神道、宝顶，一应俱全。占地广阔，树木葱茏，环境优美，如同花园。清代以后，当地人也很自然地将平津下闸称为花园闸。随着周边村落陆续建皇族园寝，护园的坟户也逐步增多。

荣禄为满洲正白旗，曾任直隶总督、北洋大臣、文华殿大学士，加太子太保。1903 年荣禄去世，卒谥文忠。荣禄园寝建于清光绪三十一年（1905），占地 30 余亩，四周筑围墙，南面正中为园寝大门，门内立龟趺石碑两通，石道尽头是荣禄墓宝鼎。1963 年修建国路时，荣禄墓被平覆。尚存破损园寝大殿 6 间，后为北花园食品厂使用。90 年代后，被列为朝阳区区级文物保护单位。

图 2－22　北花园桥下的花园闸

　　1969 年，老花园闸拆除，在通惠河花园闸原址，新建闸桥一体的花园闸桥。该桥全长 57.25 米，宽 6.36 米，横跨通惠河。90 年代仍然可见河两岸残基条石。经过近 50 年的使用，该桥存在主梁承载力不足、混凝土耐久性病害等问题。2020 年 6 月 19 日，完成对花园闸桥加固改造工程。花园闸桥的修缮，让高碑店地区北花园村、花园闸社区等地居民出行更加安全便利。

图 2－23　北花园闸桥：平津下闸

第三节　通惠河普济闸流域古迹遗存与历史文脉

通惠河平津下闸往东下一个闸，是普济闸，也是通惠河朝阳段流域最末一闸。普济闸与其所在的一河（通惠河）、一桥（永通桥）、一道（朝阳门石道）四位一体，构成普济闸、永通桥、通惠河漕运河道与运粮石道——水、陆、桥、闸、车、船汇聚的普济闸流域水陆之交、舟车之会咽喉要道，是集多种地域文化和古今底蕴深厚的历史文脉于一体的人文景观荟萃之地。

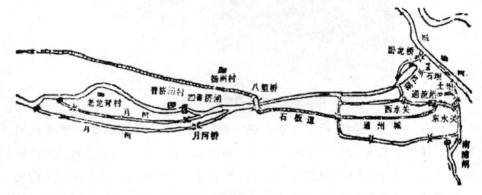

图 2－24　清代通惠河普济闸、永通桥位置及与京通朝阳门石道相交示意

资料来源：蔡蕃：《北京古运河与城市供水研究》，北京出版社，1987，第 119 页。

一　普济闸流域村落形成与流域文化

（一）普济闸流域闸坝村落地名变迁与地名文化

普济闸，元至元二十九年（1292），郭守敬初建时名杨尹闸，为上、下两闸。元贞元年（1295）七月，改杨尹闸为溥济闸。元朝延祐年间（1314～1320），改溥济木闸为石闸。明代将"溥济闸"之"溥"，改为"普"，明清以来一直称普济闸，沿用至今。明永乐初年，明廷在普济闸设闸官管理闸坝。明朝宣德七年（1432）、正统八年（1443），明廷曾经多次整修普济闸。普济上、下闸在明代正统年间尚存，到明正德年间，普济上闸已经停废不用。嘉靖七年（1528）吴仲整治通惠河成功，《通惠河图》上已经不见普济上闸。

元代杨尹闸所在位置，据《元史·河渠志》记载："杨尹闸二，在都城东南三十里。"[1] 元代杨尹上闸，距花园闸五里；杨尹下闸，距通州城西关十里。两闸之间距离五里。经当代水利专家实地调查，确认普济上闸的位置，在今通惠河老龙背村村东（图 2 - 26）；[2] 下闸在今普济庄南。1981 年，

图 2 - 25　普济闸遗址：1981 年摄于通惠河上游左岸，有门梁处是闸口

资料来源：蔡蕃：《北京古运河与城市供水研究》，北京出版社，1987，第 106 页。

图 2 - 26　1987 年建成的新普济闸，距旧闸 430 米

资料来源：北京市朝阳区水务局。

---

① （明）宋濂等：《元史》卷六十四《志第十六·河渠一》，中华书局，1983，第 1589 页。

② 蔡蕃：《北京古运河与城市供水研究》，北京出版社，1987，第 119 页。

专家考察普济闸时，普济庄南仍可见普济下闸遗址，闸口和左闸墙尚存。1987 年 9 月，朝阳区水务局建新普济闸，新闸在旧闸下游 430 米处。普济闸旧闸于 1987 年被拆除。

元代杨尹闸闸名，得名缘由不见记载。今普济闸流域仍有"杨闸村，该村南侧元代为通惠河杨尹闸，后成村，简化为今名"。[①] 据传说，该闸修建时的监工为一杨姓官员，人们称其为杨府尹（府尹为古代官职），于是称此闸为杨尹闸，后简称杨闸。据记载，明宣宗宣德七年（1432）四月"修通州羊营桥闸"。[②] 此处的"羊营桥闸"，原引用者以为"羊营"是"杨尹"转音。其实不排除另外一种可能，"羊营"是"杨尹"的原名。表明此地可能曾经是前代军队屯田牧羊营所，元代沿用以称通惠河新建闸名。后来元代改"杨尹闸"为"溥济闸"，回归以河道之水济舟通漕的本体功用名闸。明代改"溥"为"普"，可能由河道济舟通漕之用，推而广之为通惠"普济"众生之意。

（二）普济闸流域多族村落形成、古今变迁与流域文化

嘉靖七年（1528）吴仲整治通惠河成功后，在普济闸设闸夫六十五名，聚居于通惠河普济闸附近的普济庄。普济闸周边有普济庄、杨闸村、管庄、八里桥村等历史悠久的村落。这些村落，或是因农户聚居成村，或是因屯田扎营成村，或是因漕运漕工聚集而形成村落。从元明清以来，分别分布在普济闸、京通朝阳门石道和八里桥一带。每个村落之间相距不超过一里地。村民曾经大多以漕工为主，清末则转为车夫、脚夫、农户，还有外来的看坟户。

1. 普济庄村落变迁与明清漕工文化到车夫文化变迁转型

普济庄因普济闸得名，坐落在通惠河北岸，南濒通惠河，北靠明清京通朝阳门石道，与杨闸村隔京通石道相对。普济庄成村时间，应晚于杨闸村，与明代溥济闸更名普济闸同时。明清以后，因村民多为汉、回二族，汉民多居村东，回民多居村西，各自设有帮会，普济庄遂一分为二，易名为普济东会和普济西会，后来简称东会村和西会村，村名沿用至今。东会

① 朝阳区地名志编辑委员会编《北京市朝阳区地名志》，北京出版社，1993，第 489 页。
② 蔡蕃：《北京古运河与城市供水研究》，北京出版社，1987，第 106 页。

村是汉民聚居地，村民主体是明代由山东迁徙驻此的船工闸夫，已经祖祖辈辈十几代生息繁衍于此。西会村是回民聚居村落。

普济闸距通州城西关十里，西距平津上闸十二里，处于漕船刚出通州漕粮集散中心，再过两闸便是水面开阔、商贸兴盛的平津上闸高碑店码头集镇；船户与土宜商贸一般不在此交易。普济闸即使在明清漕运兴盛之时，由于地理位置所致，远不如平津上闸高碑店集镇街市兴旺。所以相比较而言，普济庄一带漕工群体和村民比较贫穷。普济庄漕工后代们，除了记得装满漕粮的漕船，是由通州北关塔（又名"燃灯塔"）下的尖闸和八里桥桥洞过来，记得祖祖辈辈扛米过坝之外，留在记忆深处的就是一个"穷"字。由这样的记忆和叙事，构成普济庄以扛夫为主体的漕工文化。

清末漕运停止后，与通惠河其他闸坝的人们离漕不离乡，多在本村本土谋生的状况不同，普济庄人大多离乡进城，凭着一副在通惠河普济闸扛活的筋骨，加入北京城"骆驼祥子"车夫队伍。用挽船的双手抄起洋车把，踩过码头漕船的双足，踏入尘土飞扬的京城马路。来自普济庄的车夫，主要集中在哈德门（今崇文门）里和哈德门外的洋车行赁车谋生。与花园闸村人进城卖鸡蛋，一天打个来回不同，普济庄人在外拉洋车，长年累月回不了家，为的是给家里多挣钱。挣来的钱都拴在腰包，一文一文地攒着，遇到穷哥们回家，就由他把大伙的钱捎回家去。男人们在城里卖苦力拉洋车，有家回不得；女人留在家拉扯孩子度日。直到50年代，村里土地改革，这帮拉洋车的苦哥儿们才被拢回家。据统计，普济庄全村在城里拉洋车的有近40家。从清末民国到新中国成立，由元明清数百年积淀形成的漕工文化，转而形成普济庄独特的城乡贫民群体和车夫文化。

因为普济庄的土地太少，仅有刘姓一家地主有地，这是漕运停止后漕工们迫不得已离家进城谋生的主要原因。停漕后留在普济庄的人，只能在河里拉大网，打小鱼儿。或者开几分地，种点西瓜。普济庄没有建庙，村民平时的休闲活动，是普济闸东会村的一档文会，名叫"普济学善"。这是60年前清末民国时期，由在北京城里拉洋车的穷哥儿们，一人拿一块钱，凑钱买了乐器组织的。与众不同的是，这档文会从不参加外面的民间花会走会活动。只是在自家村子里，为村里人结婚、送殡时吹吹打打用。这也是普济闸拉洋车的穷人们建这档文会的初衷。东会村里做漕工的、打小鱼儿的、拉洋车的、种瓜的村民们，活着无声无息，死了，也总得让人知道。"普济学善"没有贺牌，只有八分铜（八副镲）、四个钹、一个支鼓、一个镗鼓、一个镲锅和一对辉煌不再的普济闸门铜（两只铜碗形乐器），以及从外面学回来的一套"活儿"（打击乐曲）。东会村、西会村，不分回汉，只要是穷人，哪家老人故去了，他们便会排成七人队形或九人队形，不收取任何报酬，将往生的老人热热闹闹送走。

　　毗邻普济闸的东会村、西会村、杨闸村都没建龙王庙。除了因为穷盖不起，也与回民居多，信仰不同以及东会村人多神合一祭拜的信仰取向有关。东会村汉族村民，如果需要祈祷龙王求雨保晴，就到通惠河河边堆个小土堆，点上香、顶礼跪拜一番即可。早先的普济庄，建有一座九神庙，原是普济庄胡姓大户人家的家庙。庙毗邻通惠河边，原本坐西朝东，后来改成坐东朝西。庙里供的神既多且杂，正中是关公，两边各站一排，有白脸的二郎神、黑脸的秃尾巴老李（民间信奉的黑龙神，俗称"秃尾巴老李，连风带雨"）、阎王爷、药王爷、土地爷及关公的保镖周仓，老百姓也记不全神仙的名字。像这样无论哪路神仙，不分教派混住一庙供奉的情况，在外人看来很忤逆，在普济庄人眼里十分自然。反映了东会村人多神合一祭拜的信仰取向——只要能够保佑老百姓平安，无论何方神圣，全都给供上。庙里还有位老道是个罗锅，由间或帮忙变成庙里的住持。庙里一年只有一次祭祀，每年农历六月二十七日吃膳会。开庙时烧一次香，请求各路神仙齐心协力保证老天不下冰雹，不砸坏普济庄人的西瓜地就好。

　　2. 普济闸流域回民屯兵垦荒聚族成村历史和清真寺文化

　　普济闸流域的西会村、杨闸村、管庄和常营，都是回族聚居地，西会村是单一回族聚居村落；杨闸村和管庄回汉杂居，回民居多，占村民的75%。元明两代回族大量迁居到北京地区，元代回民，是作为元朝最信任也最善于经商赚钱的商人群体和工匠群体迁徙入元大都。明代迁居普济闸流域的回民，据记载，一是明初来自南方的大量回族农户和工匠；一是来源于明代兵制，大量军户屯田垦荒聚族而居，形成回民聚居村落。普济闸流域的西会村、杨闸村、管庄和常营，其成村历史大致相类。

杨闸村坐落于通惠河北岸，因村南侧元代郭守敬所建杨尹闸得名，后来简称杨闸村。杨闸村村南与东会村相接，村西与管庄为邻。通惠河自西向东流经杨闸村南。明清京通朝阳门石道从杨闸村经过。村内的清真寺建于清代，面积约 2000 平方米。该寺坐东朝西，南向开门；礼拜大殿面阔三间，进深四间。九举前后出廊，带五举卷棚，一卷一殿式。硬山箍头脊，后殿抱厦顶出四角攒尖亭。作为回民的宗教场所使用至今，被列为朝阳区区级文物保护单位。

西会村东与东会村毗连，西南隔通惠河与小寺村相望，南隔通惠河与塔营相对，西北与管庄为邻。由原普济庄汉回杂居，后分为回民聚居。村民久居此地，繁衍生息。村内有始建于清代道光年间的西会村清真寺，该寺坐西朝东，礼拜大殿面阔三间，为一卷两殿式，后殿六角攒尖亭。殿内匾额上书"清真无二"四字，为清朝道光年间体仁阁大学士曹振镛所书，殿前有柏树两株，南北配殿各三间。至今仍在使用，是朝阳区区级文物保护单位。

3. 管庄明清漕运文化、宫灯制作文化与庙会民俗文化

管庄，是普济闸流域历史悠久的村落，因村民多姓管，所以称管庄，明神宗万历二十一年（1593）始见管庄村名。[①] 管庄位于通惠河北岸，普济闸最西北侧，东侧与西会村毗邻，西与三间房村交界，南隔通惠河与南岸的小寺村相对，北与常营接壤，通惠河流经管庄村南。朝阳路、建国路横贯村南而过。管庄是回汉村民杂居，明代盛行佛教，清代盛行回教。

管庄有建于明代的德原寺，今管庄西里 17 号塔楼，就是德原寺大雄宝殿遗址。管庄清代建有药王庙，位于管庄西北部、紧邻三间房村，现已不存。管庄村西部的清真寺建于清代，有一百多年的历史。现存礼拜大殿，面阔五间，为一卷两殿式，大式硬山箍头脊，绿琉璃瓦屋面，前廊带雀替，后殿起六角攒尖亭，亭下方砌一块石刻横匾，上书"清真古寺"四字。北配殿面阔三间，进深两间，硬山绿琉璃瓦屋面。1986 年对大殿进行修缮。2005 年进行整体重修。

与管庄隔通惠河相对的南岸小寺村，有道教碧霞宫（娘娘庙），明清漕

---

① 朝阳区地名志编辑委员会编《北京市朝阳区地名志》，北京出版社，1993，第 489 页。

运兴盛的时候，管庄与小寺村的庙宇庙会，每逢集日节庆都很热闹。与通惠河流域其他闸坝村落的风俗习惯一样，每年农历七月十五，普济闸周边村落的民众，会在通惠河上放灯。穷人无钱买灯，自己动手制作。最省钱的办法是用大茄子一切对半，四周插上竹帘薄片，中间点上蜡烛，放入河中。入夜水面星光点点，缓缓漂流，苦中作乐，自成一景。

明清时每年农历三月初一，是通惠河开漕节。朝廷设在通州的漕运官员，会择日举行春祭。祭祀活动在通惠河通州石坝举行，仓场总督率官员着官服或礼服依等级列队，向吴仲等历代有功于漕河漕运的牌位鞠躬礼拜、上香，奏弦、管、笙、云锣等乐器。官祭之后是民祭，鞭炮、鼓乐齐鸣，有耍石的、舞狮的、踩高跷的、跑小车的，还有模仿漕运背粮食的，模仿吴仲巡视河坝的，一片欢乐气氛。普济闸周边村落的男女老幼也会前往观看，人流如潮。开漕节过后，普济闸也从一冬的沉寂中忙碌起来。每天漕船来来往往，船夫、闸夫、扛大个儿的，都在普济闸隔闸搬运，吃饭休息。

明清时期，管庄常有庙会，民俗活动比较丰富。管庄的"童子高跷会"历史悠久，明清时期，每到节庆，都在庙会表演或者走村串会。还有太极拳、花棍、秧歌、抖空竹等表演。新中国成立后，管庄的"童子高跷会"一直活跃在普济闸流域周边村落。1949 年国庆节，还被邀请在开国大典上表演，成为普济闸人引以为傲的喜事。

此外，管庄地区一直是专为皇宫制作宫灯的钦定专属地区，村民有制作宫灯的传统手艺。当地能工巧匠按皇室宫灯的制作标准，精心制作。官府还会按时派员监督，不得有误。

4. 八里桥庄历史、海家坟传说与庙宇庙会、民风民俗

八里桥庄，原名八里庄，因距通州西关八里得名。后因明代在村东建八里桥而互相借名而称，遂由八里庄改称八里桥庄。八里桥庄，位于八里桥西北处，明代正统年间八里桥建成之前，此处只是一座简易木桥，常修常坏。"通州城西八里有河，京都诸水汇流而东。河虽不广，每夏秋之交雨水泛溢，常架木为桥，比舟为梁，数易辄坏。"① 明代正统十一年（1446），

---

① （清）于敏中等编纂《日下旧闻考》卷一百九，北京古籍出版社，2000，第 1817 页。

在此建石拱桥，最初沿用八里庄名称八里桥。桥建成后，明英宗赐名"永通桥"。

八里桥庄位于通惠河北岸，八里桥西北；地势北高南低，通惠河自西向东流经村庄南部，村庄中部有一片水塘。村庄南部有数条与通惠河相同的沟渠，新中国成立后建成灌渠。

八里桥庄一带，一直流传着乾隆皇帝乳母海家坟的传说逸闻。距八里桥庄200米处，曾经是乾隆皇帝奶娘码汉卡氏的墓园。据皇上奶娘后裔所言，海家原住朝阳门内，祖辈也是朝廷命官。皇后生下皇子，要找奶娘喂养。海家有位贤妻良母体态丰盈，举止言谈非同一般，于是进宫做了乾隆皇帝的奶娘。她精心喂养，细心照料，博得皇后的认可与赞赏。乾隆皇帝不忘奶娘的养育之恩，在清东陵与京城之间，为奶娘选择了八里桥庄作为墓园。乾隆皇帝清明节赴东陵祭祀祖先时，会驻跸海家庄园，看望奶娘。传说乾隆皇帝有旨，官员经过此地要净土泼街，文官掀帘，武官下蹬，以示对奶娘的敬重。据说乾隆皇帝还规定，凡是从南方运来的粮食，经过八里桥庄码头时，每船都要卸下一袋，以供海家之用。年年如此，从不间断。这些都是民间传闻，无法考证是否确实。据说皇上还把专治妇科病的宫廷秘方"龟灵集"传给奶娘，御笔题写"心得其善"四个大字。以后海家又将此方传给同仁堂，至今仍然沿用。皇帝奶娘死后归葬八里桥庄海家坟，墓园红墙黄瓦，周边土垅近百米，柏树数十棵。从八里桥西行三里，经过海家墓园的道路，都是用花岗岩大石板铺路，直达八里桥庄。海家后人先后从城内迁到海家坟附近。新中国成立后，海家在八里桥庄的宅子仍然保存完好，由海家后人居住至今。

八里桥庄，与普济闸流域其他村落一样，都是信仰多神，多庙祭拜。八里桥庄有三座庙宇：真武庙、玉皇庙、七圣庙。这三座庙都是明清时期建造的。八里桥庄的真武庙，位于八里桥桥头北侧。玉皇庙位于八里桥庄中心，京通朝阳门石道北侧约300米处，地势高视野开阔。据当地老人回忆，庙内供奉玉皇大帝、王母娘娘、太白金星等天神神位。七圣庙在京通路北侧约30米处。庙内有树龄八九百年的老槐树。三座庙内的殿堂，都是用上等木料、砖瓦建造的。砖雕精致，泥塑神像栩栩如生，庙内香火不断。

每逢节庆，庙内施粥舍豆，以满足信众及贫苦百姓危难之需。三座庙内各有一口深井，水质甘甜，为庙里及附近百姓提供饮用水。清末以后，三座庙逐渐荒芜，建筑破败，至今已荡然无存。

二 普济闸流域古迹遗存、人文景观之一：永通桥历史文脉

普济闸除以上梳理的、其所在流域各村落积淀的地域文化外，还因其所在的一河（通惠河）、一桥（永通桥）、一道（朝阳门石道）四位一体，构成普济闸、永通桥、通惠河漕运河道与运粮石道——水、陆、桥、闸、车、船汇聚的普济闸流域水陆之交、舟车之会咽喉要道。尤其是位于普济闸东侧的永通桥和京通石道旁的清朝雍正、乾隆皇帝通州石道碑，更是明清两代集古今沧桑、底蕴深厚的历史文脉于一体的著名古迹遗存、人文景观。

（一）永通桥建造缘起、过程、规制功能与价值意义

1. 永通桥建造缘起、时间、区位优势、价值和意义

明朝正统十年（1445），因通惠河上源干枯、通惠河河道淤堵严重，明廷通过京通运粮土路运送漕粮入京仓的任务日重。此处原有的木桥，一直是附近村落随搭随毁，摇摇欲坠，非常不安全。在"筑治通州抵京师一带道路"（也即朝阳门运粮土路）时，明英宗特别下诏在普济闸建桥。[1] 明英宗正统十一年（1446）八月，明廷在通惠河普济闸建桥完毕。桥位于普济闸东，因距通州城关八里，与通惠河旁的八里庄相邻，故称"八里桥"。建成后明英宗赐名"永通桥"，民间则依然称八里桥。桥建成后，时任国子监祭酒的明代著名文士李时勉，受邀作《敕建永通桥记》，详述建桥的背景和意义。正统十二年（1447）三月刻石立碑，碑立于永通桥畔供人瞻仰。所谓"敕建"，即此桥一是由明英宗朱祁镇特别下诏建造的，建成后皇帝亲自赐名；二是建桥后特别修建河神庙和牌楼，以示此桥深受朝廷重视；三是此桥规制构造特殊，是通惠河流域最长、最宽的石桥，充分考虑到陆运漕粮车马的繁忙。采用三券石拱，不仅有利于承重，减少水的阻力，还可以

---

① （明）孙继宗等纂修《明实录·明英宗实录》卷一三二，"中研院"历史语言研究所校，"中研院"历史语言研究所，1962，第2622页。

使来来往往的漕船不必落桅，长驱直入。

李时勉的《敕建永通桥记》，开首点明通州乃"四方万国贡赋，由水道以达京师者，必萃于此，实国家之要冲"[1] 的重要区位优势，强调由此水陆运送的漕粮，对朝廷万世之基业、军国所资的重要意义："朝廷迁都北京，建万世不拔之丕基，其要在于漕运，实军国所资，而此桥乃陆运之通衢。"接着记叙建桥前"每夏秋之交，雨水泛涨，尝架木为桥，或比舟为梁，以通道往来数易而速坏，舆马多致覆溺，而运输者尤为艰阻。劳费烦扰，不胜其患"的艰难状况。传神描述了建桥期间，"群工百役，莫不踊跃攻金攻石，并手偕作。惟桥南北，惟水西东，不日而成，敷奏厥功"同心合力协作过程。此桥建成后，"商旅使客，车舆步骑，昔忧颠覆，今履平易。岸有丰草，水有游鱼，昔为艰险，今为坦途。运输之来，纷纭络绎"，一派繁盛景象。刻石立碑，是因"惟此成功，帝德之致，勒之兹碑，以告永世"。[2]

明代永通桥建成后，在南北桥头各建一牌楼，上书"永通桥"三字。桥畔还建"河神祠"，除供奉祭祀河神以保佑永通桥永世畅通平安外，还立关帝神镇之。永通桥由于坡度很大，站在两端无法看到对面。夜晚在桥上俯瞰，桥洞倒影与天上明月相映，景色甚佳。故明清以来此地为通州八景之"长桥映月"。映月指二景，一是桥本身构造之三孔券，垂影水中，上下结合似满月；二是抚栏下望，夜空之月垂影通惠河中，因桥高而大，居高临下方能欣赏到此景。两岸菖蒲摇曳、鱼灯蟹火、河中驳船、桥上车马，景象之幽美可见一斑。明清两代，"长桥映月"与永通桥、永通桥牌楼、永通桥石碑与碑记、河神庙与其供奉的河神和关帝，共同构成了永通桥重要的历史人文景观。

2. 永通桥的特殊设计构造和功能特征

永通桥桥长 60.7 米，宽 12.26 米，为花岗岩三券拱桥，是北京运河古

---

[1] （明）李时勉：《古廉集》卷二《敕建永通桥记》，载（清）永瑢、纪昀等纂修《景印文渊阁四库全书》第 1242 册《集部一八一·别集类》，台湾商务印书馆，1986，第 672 ~ 673 页。

[2] （明）李时勉：《古廉集》卷二《敕建永通桥记》，载（清）永瑢、纪昀等纂修《景印文渊阁四库全书》第 1242 册《集部一八一·别集类》，台湾商务印书馆，1986，第 672 ~ 673 页。

图 2 – 27 永通桥

资料来源：北京市朝阳区文化旅游局文物管理所。

桥中最长的，也是通惠河上唯一的大型三孔石拱桥。中间大券高 8.5 米，宽 6.7 米，两个次券仅高 3.5 米，三孔悬殊，形成"中拱奇高"的结构特点。中孔奇高的特殊构造，是专为方便漕船高耸的桅杆不必挽桅即可通行而设计的，因此有"八里桥不落桅"的赞誉！两边小券作分水泄洪之用。桥拱高大宏伟，全桥蔚为壮观。

永通桥南北走向，桥面由花岗岩石铺就，桥石之间以铁块相互嵌合，使桥体坚固异常。桥墩呈船形，前端有分水尖，尖上安装三角形铁桩。在桥墩和桥拱水位线位置加固了一圈腰铁，用来预防春天解冻时的冰块撞击或夏天洪水冲刷及过往船只碰撞。

永通桥桥两侧有 64 块凹刻回形纹石雕护栏板，板面上的雕刻刀法流畅，粗犷有力。还有 66 根望柱，其中 62 根望柱柱顶有石狮，4 根转角方形望柱柱顶无狮。望柱上雕的石狮形态各异，栩栩如生，可与著名的卢沟桥石狮媲美，体现出八里桥不仅是京东要津的重要桥梁，亦是建桥史上的佳作。

永通桥南北桥头各有一只独角异兽。桥下四角护岸各有一只蚣蝮镇水神兽，扭颈倾头，怒视碧波，是古人用来护佑过往漕船平安，祈望永通桥稳固永通的神力象征。

图 2 - 28　永通桥桥头护桥神兽

资料来源：北京市朝阳区文化旅游局文物管理所。

图 2 - 29　永通桥两岸护坡石上的蚣蝮镇水神兽

资料来源：北京市朝阳区文化旅游局文物管理所。

3. 永通桥建成的民间传说

在普济闸流域，"八里桥"还有个俗称"扒拉桥"。据说八里桥开建之初，工地上来了一位打零工的白发老头。干活时，人们发现他仅仅凿了一块小石头就不见了。临近完工时，最大的拱桥孔洞与桥面形成的窟窿，怎么也封不了口。万分焦急中，忽然有人想到老石匠凿的小石头块，赶快找来往上一放，恰好合适！人们才醒悟是鲁班爷来过了。这块石头放上去，它能够活动，却掉不出来。此后人们俗称此桥为"扒拉桥"。①

---

① 赵书主编，北京民间文艺家协会编著《北京胡同故事》，文物出版社，2009，第 77~79 页。

（二）清朝永通桥被赋予的新功能价值与文化内涵

1. 清朝"国东门孔道"与皇家御道御桥

清朝永通桥除保持水陆舟车交汇枢纽的重要区位优势外，还是清代雍正七年（1729）所建京通朝阳门四十里石道——"国东门孔道"的通州起始处。除了漕粮陆路运输通道的重要功能外，永通桥在清代还有重要的战略地位，是清代八里桥御营驻地。历史上拱卫京师的古桥有四座，一为京西南的卢沟桥，一为京北昌平的朝宗桥，一为京东南马驹桥，再就是京东永通桥。清代永通桥对清王朝更重要的意义，是每年清明节，清代历朝皇帝，必须由此前往清东陵祭祀祖先。① 雍正十一年（1733），清廷首次对八里桥进行加固栏杆、更新桥面维修。嘉庆四年（1799），乾隆皇帝去世，当年九月丁巳，乾隆梓宫发引，嘉庆皇帝跪送行礼，是日"驻跸八里桥御营"。② 可见当时八里桥已经是清廷军队驻守之地。

永通桥作为京津咽喉要道，也是外国使者入京必经之路，很多外朝使臣记叙永通桥"长桥映月"景观。如明代万历三十八年（1610）朝鲜使臣郑士信所写："渡八里桥，桥之左右设狮子、石栏，其雕刻壮巧，一路无此比。玉河水由此桥下，桥之北头及路傍远近祠庙之宏敞，寺刹之壮丽。百倍于一路。"③

2. 京津咽喉国门孔道两度见证抗敌入侵

永通桥作为京津咽喉，是京东入城的国门要道。清代曾在此发生两次大规模的抗敌入侵之战。第一次是清咸丰十年（1860），第二次鸦片战争期间。咸丰十年（1860）9月21日，英法联军八千余人分三路向八里桥发起进攻，僧格林沁率三万清军英勇阻击来犯之敌。终因大刀长矛敌不过火炮枪弹，八里桥最终失守，历史在此留下悲壮惨烈的一笔。驻守在此的清朝官兵抗击英法联军对北京的入侵，成为近代中国抗击外族侵略的宝贵见证。

八里桥之役第二天英法联军攻进北京，疯狂掠杀，被誉为"万园之园"

---

① （清）马齐等纂修《清实录·圣祖仁皇帝实录》卷二四四，中华书局，1985，第424页。

② （清）曹振镛等纂修《清实录·仁宗睿皇帝实录》卷五十一，中华书局，1986，第85页。

③ 〔韩〕林基中主编《燕行录全集》卷九《梅窗先生朝天录》，〔韩国〕东国大学校出版部，2001，第328页。

图 2 - 30　1860 年 12 月 22 日《伦敦新闻画报》刊发的反映八里桥战斗的版画

资料来源：北京市通州区图书馆。

的圆明园被火烧洗劫。八里桥南北桥头的牌楼和河神庙，也被英法联军毁损殆尽。

第二次八里桥之战，是清光绪二十六年（1900）庚子国变期间，八国联军从天津攻破通州，经八里桥入北京城。义和团与八国联军在此展开激烈战斗，史称八里桥战役。在这场反侵略战斗中，中国军民在此浴血奋战，固守长桥，捍卫京师，英雄壮举可歌可泣，浩气长存。

八里桥战役第二年，光绪二十七年（1901）清廷停止漕运，八里桥下来来往往的漕船不再，八里桥上南来北往的行人车马依旧。1938 年，民国政府修京通路，将八里桥桥两端垫土，降低了八里桥主拱桥桥面的坡度。

（三）新中国成立到新时期以来永通桥的当代变迁

50 年代，永通桥桥面铺设沥青，以便车行。1984 年永通桥被北京市人民政府列为北京市文物保护单位。2007 年，在永通桥桥两端安装限高杆，以防大型载重车通过毁坏桥体。2011 年，因洪水冲刷永通桥桥洞坍塌，被北京市文物局纳入抢险修缮项目。项目于 2011 年 6 月开工，10 月底完工，并在桥两侧栏板加装铁质护栏以防污损。

2013 年 3 月 5 日"大运河及永通桥、石道碑"被国务院列为"全国重点文物保护单位"。

图 2 - 31　永通桥文物保护碑

资料来源：北京市朝阳区文化旅游局文物管理所。

2018 年，朝阳区再次启动修复八里桥，修复后的八里桥在上游增加了水域宽度，重新在桥的两端各修了三个分水涵洞，以减少对老桥的冲击。

图 2 - 32　2018 年正在修复的八里桥

资料来源：北京市朝阳区文化旅游局文物管理所。

2018～2019 年，北京市为推进大运河文化带保护利用工作，在永通桥

上游 152 米处建新八里桥。老八里桥作为重点文物，只供人行。新旧两桥像
两道长虹，横卧于通惠河上，形成"双桥"辉映景观。老八里桥周边目前
已经建成八里桥公园，大运河文化带通惠河永通桥新历史人文景观已经蔚
为大观。

图 2-33　新八里桥

资料来源：北京市朝阳区文化旅游局。

三　普济闸流域古迹遗存、人文景观之二：朝阳门石道与清雍正、乾隆石道碑

朝阳门运粮道，作为京通之间重要的漕粮陆路运输通道，元明清数百
年来，一直与通惠河水路漕运相辅相成。在通惠河淤堵、断航时，成为京
师漕粮及时入仓、保障军国之资的"生命线"。元朝至元三十年（1293）
郭守敬开通惠河通漕，大大减轻了京通之间陆路运输的沉重负担。随着明
清通惠河源头水量日少，明清京通漕粮入京仓，一直维持水、陆兼行两条
通道。明清朝廷在不断疏浚通惠河河道，保持漕粮运送的同时，一再修筑
通州到北京朝阳门的运粮陆路，以期在通惠河不能满足通航条件时，保证
漕粮陆运通畅。明正统十年（1445），朝廷在"筑治通州抵京师一带道

路"时，明英宗特别下诏建造普济闸流域八里桥。① 八里桥原是民间修筑的破木桥，在京通运粮陆路修建后第二年，即明正统十一年（1446）重新建造。

（一）雍正皇帝《御制通州石道碑》建造始末与古今变迁

清代与明代一样，由于通惠河水源不足，漕运时断时续，京通之间的朝阳门运粮陆路日益重要。此道对清王朝的意义，远远超过元明两朝。清初修建清东陵，京通陆路成为北京至清东陵的御道。雍正朝以前，此路一直是土路。马拉铁轮轱辘车，每遇雨雪天气，车辙成深沟，泥泞难行，常发生陷车事故。"轮蹄经涉，岁月滋久，地势渐洼，又时雨即降、积雪初融之候，停注泥淖中，有一车之蹶需数十人之力以资牵挽者矣。"② 明朝正统年间，明英宗曾经试图铺石，因为条件不具备，最终不了了之。雍正七年（1729），雍正皇帝诏令动用库银建造京通石道，期望"利济民物""一劳永逸"。在清朝举国皆为土路之时，在京通之间修建四十里石道，绝对是那个时代的壮举。

朝阳门至通州 40 里陆路，全部铺设两丈宽（约 6.7 米）的石板路面。同时在路面两侧各建一条 5 米宽的土路。建石道需 15 万块条石，每块条石长 4 尺、宽 2 尺、厚 8 寸左右，重 100 余斤，全部来自盘山。石道铺设工程一年完工。

四年之后的清雍正十一年（1733），雍正皇帝亲笔御书，刻石立通州石道碑。将通州之要、道途之难、修路之需、石道之工、始竣之时、费用之巨一一详细交代。并且高度评价京通运粮石道的重要性和战略地位。石碑特立于永通桥桥东："自朝阳门至通州四十里，为国东门孔道……由通州达京师者，悉遵是路……潞河为万国朝宗之地，四海九州，岁致百货，千穑万艘，辐辏云集，商贾行旅，梯山航海而至者，车毂络绎，相望于道。"③ 雍正皇帝对于朝阳门石道建造成功，"一劳永逸，良用欣慰"。④

---

① （明）孙继宗等纂修《明实录·明英宗实录》卷一三二，"中研院"历史语言研究所校，"中研院"历史语言研究所，1962，第 2622 页。

② （清）于敏中等编纂《日下旧闻考》卷八十八，北京古籍出版社，2000，第 1479 页。

③ （清）于敏中等编纂《日下旧闻考》卷八十八，北京古籍出版社，2000，第 1497~1480 页。

④ （清）于敏中等编纂《日下旧闻考》卷八十八，北京古籍出版社，2000，第 1497~1480 页。

雍正皇帝《御制通州石道碑》，碑身高 5 米、宽 1.6 米、厚 0.8 米；碑趺长 4 米、高 1.5 米、宽 1.8 米；由两块长方巨石拼成，阳面浮雕海水江崖四兽。碑阳螭首，正中设镜平方额，篆刻"御制"二字，碑周身雕群龙戏水。碑阳的碑文左边满文，右边汉文。光绪二十六年（1900）庚子之变，八国联军从永通桥入侵北京，雍正《御制通州石道碑》碑亭被烧毁。2005年，北京市朝阳区政府重建碑亭，亭总高 12 米，黄琉璃筒瓦带四角攒尖宝顶，双围柱、重檐歇山顶。现位于八里桥桥东 200 米处京通快速路北。雍正石碑坐北朝南，南向面道，螭首龟趺，其精其巨，京东堪冠。

图 2-34　2005 年重建雍正皇帝《御制通州石道碑》碑亭

资料来源：北京市朝阳区文化旅游局文物管理所。

1984 年，"永通桥及石道碑"，列入北京市文物保护单位。2013 年成为大运河全国重点文物保护单位。"大运河永通桥及石道碑"，作为通惠河普济闸流域重要的历史遗存，彰显着大运河文化带源远流长的历史文脉。

（二）乾隆皇帝《重修朝阳门石道碑》建造始末与古今变迁

从雍正八年（1730）京通朝阳门石道建造成功，到乾隆二十二年（1757）重修，二十七年间，朝阳门石道因车流量过大，路面损坏严重，原有条石十之四五需重新增补修整。乾隆二十二年（1757）皇帝下诏："京师之朝阳……门外，旧有石道，于行旅车徒，最为有益。乃历年既久，凸凹不平，车辆往来，每有倾侧之虞。自应亟为修整。"① 此次修整历时四年，

---

① （清）庆桂等纂修《清实录·高宗纯皇帝实录》卷五四九"乾隆二十二年十月下、乾隆二十二年丁丑十月"，中华书局，1986，第 999 页。

于乾隆二十五年（1760）七月竣工。乾隆二十六年（1761）六月，乾隆皇帝亲笔御书《重修朝阳门石道碑》碑文，强调重修石道的意义"是地为国东门，既食货交会，而修废举坠又立政之常经"，以及南来漕军"舍舟遵陆，径趋朝阳门，以舟缓而车便，南北之用有不同"① 的水陆互补兼具的重要功能。乾隆《重修朝阳门石道碑》，原位于普济闸流域三间房村西五十米处。碑高6米左右，宽1.5米左右，厚0.65米。碑为螭首龟趺，碑阳碑文为满汉字，碑阴无字。原建碑亭为四角攒尖，黄琉璃筒瓦带宝顶，柱栋朱髹，和玺彩画。至20世纪80年代，石碑一直完好，碑文字迹清晰。1984年加固碑基，周围设铁护栏。1995年《重修朝阳门石道碑》被列入朝阳区文物保护单位。2009年，乾隆皇帝《重修朝阳门石道碑》被盗，2012年破案。石碑运回三间房村西，重新立于原址。现位于朝阳区三间房乡定福庄北北京第二外国语学院公交站。距雍正皇帝《御制通州石道碑》五千米。

图2-35　乾隆皇帝《重修朝阳门石道碑》与碑亭

资料来源：北京市朝阳区文化旅游局文物管理所。

2020年，乾隆皇帝《重修朝阳门石道碑》所在的三间房乡定福庄拆迁，土地平整后建成"石道碑"花园。公园除《重修朝阳门石道碑》外，增加铸铜浮雕朝阳门石道图和说明文。

① （清）于敏中等编纂《日下旧闻考》卷八十八，北京古籍出版社，2000，第1480页。

图 2 – 36　乾隆皇帝《重修朝阳门石道碑》花园

资料来源：北京市朝阳区文化旅游局文物管理所。

图 2 – 37　铸铜浮雕朝阳门石道图及说明

资料来源：北京市朝阳区文化旅游局文物管理所。

　　八里桥庄东侧永通桥畔，明代立《敕建永通桥记》石碑，清代立雍正皇帝《御制通州石道碑》，今在三间房乡"石道碑"花园立乾隆《重修朝阳门石道碑》，成为接续通惠河普济闸流域古今历史文脉的古迹遗存和新历史人文景观，昭示此地的古今变迁与文脉连接。

四 通惠河普济闸流域与京通朝阳门石道的当代变迁

分布在通惠河普济闸流域的管庄、杨闸村、西会村、东会村、八里桥庄、小寺村等村落，清代属大兴县、民国时期属通州管辖。新中国成立后，1958 年划归朝阳区，1959 年建立双桥公社，1983 年改归管庄乡所辖。2002 年 12 月，在管庄乡设立地区办事处，同时行使农村和城市双重管理职能。普济闸流域所在的管庄乡，东邻通州区城关镇，南与豆各庄乡、黑庄户乡两乡毗邻，西接三间房乡，北与常营乡接壤。改革开放新时期以来，管庄乡在城乡一体化发展进程中，实施农村平房拆迁工程，安置农民上楼居住，提高村民的生活质量，逐步完成城乡接合部村落村民离土上楼的城市化过程。管庄乡随之发生了日新月异的变化。农民上楼和棚户区改造腾退的大量土地，用来植树造林、整修草坪，美化了景观，清洁了空气。普济闸流域新建西会绿地公园和兴会公园，使管庄乡一带市容市貌焕然一新。

在 2016 ~ 2020 年朝阳区"十三五"规划发展目标中，管庄乡是北京中央商务区东扩区——定福庄国际传媒走廊规划目标之一。在 2021 ~ 2025 年的规划发展目标中，管庄作为北京的绿色廊道、大运河文化带亮点，将在"以文铸魂，引领发展""以水筑底，绿色发展"的大运河文化带规划发展原则指导下，深入挖掘永通桥和京通朝阳门石道的历史文脉、文化内涵，创建八里桥音乐公园。通过创新整合永通桥和通惠河普济闸、京通石道舟车之会、水陆之交历史文脉，重现永通桥、通州石道碑与"长桥映月"新历史人文景观，使人们穿越古今，沉浸式体验大运河文化带历史文脉、人文景观。在提升八里桥古迹遗存认知度、美誉度的同时，打造集大运河文化带风貌、漕运历史人文景观和爱国主义教育功能于一体的八里桥音乐公园。

至此，我们已经完成了从元代通惠河开通漕运，元明清 600 多年通惠河漕运和漕运文化由盛至衰历史文脉的追溯梳理过程。700 多年前，通惠河朝阳段两岸流域，从"漕舟千渡"的古老漕运河道到新中国成立前淤堵不堪的臭水沟，经过新中国成立以来 70 多年的建设创新发展，通惠河朝阳段流域，从庆丰闸到八里桥，从庆丰公园到八里桥公园，21 公里的两岸滨水绿廊连荫，串起庆丰公园、高碑店漕运历史文化区、西会公园、兴会公园和八里桥公园一颗颗闪亮明珠，体现了大运河文化带通惠河朝阳段流域"理顺水脉、追溯文脉、疏通路脉、保育绿脉"的发展策略，实现大运河文化带传承保护利用规划提出的"璀璨文化带、绿色生态带、缤纷旅游带"目标。

综上所述，本章挖掘梳理了元明清民国到新中国成立以来，通惠河河道流域四闸（庆丰闸、平津闸、花园闸、普济闸）、一桥（永通桥）、一道（朝阳门石道）历史文脉和主要文化类型源流，归纳如下。

第一，庆丰闸漕运文化之一：元明清庆丰闸漕工群体集散和漕工文化兴衰。庆丰闸漕运文化之二：以明朝君臣为中心的二闸览胜和赏游文化。庆丰闸漕运文化之三：清朝乾隆时期开民船入河禁令，随之兴盛的"二闸泛舟""逛二闸"赏游文化和京风民俗。庆丰闸漕运文化之四：庆丰闸流域明清皇家神木文化源流。庆丰闸漕运文化之五：庆丰闸两岸皇家古墓遗存与清代园寝文化；新中国成立以来庆丰闸流域的古今变迁与现代工业文明、当代国际商贸发展；21世纪从庆丰闸漕运遗址到庆丰公园的大运河文脉传承创新。

第二，平津闸高碑店漕运文化之一：平津闸流域漕工文化和鱼行文化的交替兴衰。平津闸高碑店漕运文化之二：高碑店漕运码头集镇街市文化历史文脉。平津闸高碑店漕运文化之三：高碑店"一闸二庙"历史遗存与庙会民俗文化；新中国成立至改革开放以来平津上闸高碑店村的当代变迁。

第三，通惠河平津下闸（花园闸）流域漕工文化和园寝文化。

第四，普济闸流域漕运文化：普济庄村落变迁与明清漕工文化到车夫文化。普济闸流域村落与流域文化：回民屯兵垦荒聚族成村历史和清真寺文化。普济闸流域村落与漕运文化：管庄明清漕运文化、宫灯制作文化与庙会民俗文化。普济闸流域村落墓园文化：八里桥庄历史、海家坟传说与庙宇庙会、民风民俗。

第五，普济闸流域古迹遗存、人文景观之一：永通桥历史文脉。

第六，普济闸流域古迹遗存、人文景观之二：朝阳门石道与清雍正、乾隆石道碑历史文脉。

第二编
北京坝河河道和河道流域
历史文脉

坝河，亦名阜通七坝，是元大都在通惠河开凿前使用的一条重要漕运河道。与通惠河一南一北，构成通州至大都城的两条漕运动脉。坝河自大都城积水潭沿今德胜门东流，出光熙门汇入大都东护城河后，又分水东流，至通州西北入温榆河。全长五十里。元代至元十六年（1279）开通，著名水利专家郭守敬在河上筑拦河闸坝 7 座，以节水漕运。逐闸分段行船，隔坝剥运漕粮。由此得名坝河。元代每年通过坝河，从通州向大都运送漕粮百万石："岁漕米百万，全借船坝夫力。自冰开发运至河冻时止，计二百四十日，日运粮四千六百余石，所辖船夫一千三百余人，坝夫七百三十，占役俱尽，昼夜不息。"① 作为元大都重要的漕运河道，坝河的作用仅次于通惠河。元朝末年，坝河因为水源匮乏河道淤堵，漕运时断时续，最终停航。明、清至民国也未再利用通漕，废弃为城东排水干渠。

今天的坝河，位于北京市东郊朝阳区境内，作为北京市东部重要排水河道，自西向东依次流经今和平街街道、香河园街道、太阳宫地区、酒仙桥街道、将台地区、东坝地区和金盏地区，在朝阳区与通州区交界的东郊边界汇入温榆河。坝河的主要支流有北小河、亮马河、北土城沟等。坝河主河道全长 21.63 公里，流域面积约 163 平方公里，属北运河水系。今天的朝阳区坝河是排水功能与休闲观景兼具的河道。作为北京大运河文化带重要的漕运河道和漕运历史文化遗存，其历史文脉底蕴深厚、源远流长，具有可挖掘传承、整合创新的文旅、生态价值，能为当代人带来更多的物质文明和精神文化享受。

① （明）宋濂等：《元史》卷六十四《志第十六·河渠一》，中华书局，1983，第 1590 页。

第三章　坝河河道水系形成、功能变迁与漕运兴衰

第一节　金代漕河漕运功能的开发与废止

一　金代以前坝河水系形成历史与功能溯源

坝河得名于元代，它在金代被称为漕渠或漕河。《金史·河渠志》将其归于河渠一类。作为一条历史久远的古高粱河支流，据地质学家考证，它早在公元前十世纪即已形成。作为古高粱河支流的人工引河，由三国曹魏镇北将军刘靖率部开凿。北朝郦道元《水经注》引述：三国曹魏镇北将军刘靖，于嘉平二年（250）在今北京西部石景山区的㶟水（今永定河）上筑戾陵堰，开车箱渠，将永定河水向东引入蓟城高粱河，以此灌溉蓟城南北的农田。景元三年（262），曹魏朝廷又派樊晨，重修水门整治渠道。自此，㶟水（永定河）沿车箱渠，自蓟城西北向东到达渔阳郡潞县（今北京通州一带），滋润沿途四五百里土地。樊晨的成就，主要是在今德胜门水关附近一带，加开了一道干渠，引高粱河水分支东流至渔阳潞县。[1] 据专家考证，这条人工河，就是后世的坝河。[2] 这条人工河，在三国时期就成为北京地区

---

① 于德源：《北京漕运和仓场》，同心出版社，2004，第 73 页。
② 蔡蕃：《元代的坝河——大都运河研究》，《水利学报》1984 年第 12 期。

重要的农田灌渠，此后历代曾经对灌渠多次修治。如北齐天统元年（565），幽州刺史斛律羡"导高梁水北合易京，东会于潞，因以灌田"①。可知这条干渠从三国时期至元代命名为坝河以前，其功能主要是农业灌溉。经历朝历代不断修治，一直流通沿用不废。直至金朝南迁燕都，对山东、河北的漕粮依赖日重，才尝试将这一灌渠改造扩展为通漕以运粮。

二　金代灌渠漕运功能的开发与废止

金贞元元年（1153），金海陵王完颜亮将都城从上京（今黑龙江省哈尔滨市阿城区）南迁至燕京（今北京），并称"中都"，开启燕京作为都城的历史。随着金中都都城建成，庞大的皇室贵族、文武百官及附属百姓快速涌入中都，使区域人口很快超过百万，中都逐渐成为北中国最大的城市。中都城对粮食需求急速增加，需要从中原地区运送大量粮食到此。古代粮食陆运成本极高，而水路则相对便宜。海陵王将隋永济渠第三段——桑干河河道，开掘连通从天津至通州的潞河，从此通州才成为南北运河的北终点，成为各地漕粮运送至中都城的重要中转之地。海陵王据此升潞县为通州，取"漕运通济"之义。但通州到中都最后五十里，依然全靠陆运，费钱费力。因此，通州到中都之间漕运河道的开通，就成为金廷亟须解决的问题。

海陵王和金世宗初年（1151~1163），金廷曾利用中都城北部的灌渠，尝试开通通州到中都的漕运。经漕渠把粮食从通州运到中都城以北，然后再陆运到中都城内。由于燕京地区地势西北高、东南低，导致旧漕河的河床坡度很大，难以留存足够行船深度的水量。要将灌渠开发为漕河，水量明显不足。于是金廷在灌渠上游高梁河与高梁河汇入的白莲潭（今积水潭附近）两处设置闸门调节漕河水量，以利漕河通船。由于旧漕河水源单一，且河道狭窄，很快便淤堵不通，无法承担起漕运的重任，从通州至中都城的粮食运输仍然只能靠陆路。

到金世宗大定四年（1164），漕河已经淤塞，漕运废止。从金世宗大定

---

① （唐）李百药：《北齐书》卷十七《列传第九》，中华书局，1983，第227页。

四年到元初，史书没有漕河通航运送漕粮入中都的记载。

第二节 元代重开坝河引流筑坝
与漕运的兴盛衰废

金中都于 1214 年被蒙古军队占领，金朝迁都汴京（今开封）后二十年，于 1234 年被灭。1260 年 5 月，忽必烈即汗位于开平（今上都），建元中统。以汉地为依托，出兵击败与他争夺汗位的阿里不哥。元至元元年（1264），忽必烈将燕京作为中都。随着王朝重心不断南移，燕京从原来只作为蒙古燕京行省，到后来作为中都，地位越来越重要。至元四年（1267），忽必烈采纳重臣霸突鲁和刘秉忠的建议定大都于燕京："幽燕之地，龙盘虎踞，形势雄伟，南控江淮，北连朔漠。且天子必居中以受四方朝觐。大王果欲经营天下，驻跸之处，非燕不可。"[①] 于是忽必烈在原金中都东北建大都城，奠定了今日北京城作为大一统国家首都的基础。

据记载，早在忽必烈准备定鼎燕京的中统元年（1260），元朝就全面接手原金朝在山东、河南、河北的漕粮供赋。一直着手在通州修建漕仓，囤积漕粮，千方百计解决通州到元中都旧漕河淤堵不通问题，以保证漕粮入京。

一 郭守敬引玉泉水济坝河、筑七坝开坝河漕运

元朝著名水利专家郭守敬，将坝河河道整治开发分为三个阶段：第一阶段是中统三年（1262）引玉泉水济坝河漕运；第二阶段是至元十六年（1279）筑卓通七坝增加运力；第三阶段是至元二十八年（1291）至大德年间对坝河的不断疏浚、整治、维护。

（一）郭守敬引玉泉水济坝河漕运

中统三年八月，郭守敬在忽必烈幕府重臣张文谦推荐下，在元上都向

---

① （明）宋濂等：《元史》卷一百一十九《列传第六·霸突鲁》，中华书局，1983，第 2942 页。

忽必烈面陈"水利六事",第一件就是引玉泉水济坝河漕运的计划:"中都旧漕河,东至通州,引玉泉水以通舟,岁可省雇车钱六万缗。"① "中都旧漕河",即指金朝曾经开发过漕运的旧漕渠。证明此时金朝旧漕河河道还在,只是水源缺乏,淤堵不通不能通漕了。按照郭守敬的计划,引玉泉水济原金朝旧漕河开通漕运,每年可以省下大量的陆运漕粮车辆运输费用。忽必烈经过中统元年争夺皇位的战争,深知燕京中都漕运通畅对朝廷政局稳定的重要作用,立即予以批准实施。经过这次引玉泉水入旧漕河,元朝通州至燕京的漕运才开通。

(二) 郭守敬修筑阜通七坝增加运力

元至元十年到十三年(1273~1276),随着元大都皇宫大内建成,作为旧漕河(后来的坝河)源头的玉泉水,大部分分流供皇宫大内使用,漕运水源受到了严重影响,导致元至元十六年(1279)大开坝河之举。②

至元十六年,郭守敬再次修治坝河,以增加运力。他创造性地在旧漕河河中拦腰修了七座滚水坝,时称"阜通七坝",坝河由此得名。坝河的七道闸坝,不仅可使河道中保存足够行船的水量,同时每一道闸坝逐坝升高的水差,可以解决通州至大都城东西河道两端落差达十多米、逆水行舟难的难题。保证漕船采用逐坝隔坝剥运漕粮的方式,进入京仓。据元朝《都水监事记》和《元史·河渠志》记载,自通州至大都坝河七座滚水坝依次是:深沟坝、王村坝、郑村坝、西阳坝、郭村坝、常庆坝、千斯坝。《元史·王思诚传》则记载了开坝河的时间和坝河漕粮倒搬剥运的过程:"至元十六年,开坝河,设坝夫户八千三百七十有七,车户五千七十,出车三百九十辆,船户九百五十,出船一百九十艘……"③ 从阜通七坝每坝所设坝夫总数与出船总数上,可以看出当时坝河漕运的规模。

设置七坝后的坝河漕运,仍然以玉泉水为主要水源,但是运力大大增加。玉泉水向东引入大都,注于积水潭,再从潭北导出,向东从元大都光

---

① (明)宋濂等:《元史》卷一百六十四《列传第五十一·郭守敬》,中华书局,1983,第3845~3846页。

② 蔡蕃:《北京古运河与城市供水研究》,北京出版社,1987,第39页。

③ (明)宋濂等:《元史》卷一百八十三《列传第七十·王思诚》,中华书局,1983,第4211页。

熙门出城，汇入通州境内的温榆河，由温榆河下达北运河。元朝在开通通惠河之前，一直使用和维持坝河漕运航道。

（三）坝河的疏浚、治理、维护

元朝十分重视坝河治理，一直投入巨大的人力物力进行整治。如至元二十八年（1291）十二月辛卯，"浚运粮坝河，筑堤防"[①]。通惠河于至元三十年（1293）开通后，元朝对坝河的治理仍然没有放松。据清代《光绪顺天府志·经政志三·漕运》记载：元大德三年（1299）罗璧任都水监，先治理了通州北运河河道，又疏浚拓展阜通河（即坝河）河道。[②] 元大德六年（1302），洪水冲决坝河堤岸六十多处，当年就全部抢修完毕，然而京畿漕运司仍不放心，害怕大雨再次冲毁堤坝，要求对坝河河堤的低薄处全部加以整修。从大德六年五月四日开工到六月十二日竣工，共完成六座闸坝十九处加固工程，总用工三万二百四十。[③] 经过此次大规模整治坝河河道闸坝，此后四十多年未见坝河大修记载。"至正九年（1349）三月丁酉，坝河浅涩，以军士、民夫各一万浚之"[④]，是元代记载坝河治理最晚近的时间。

二　元代坝河七坝位置与功能

（一）阜通七坝的位置和功能

据《元史·河渠志》记载，阜通七坝的名称和排列顺序是：深沟坝、王村坝、郑村坝、西阳坝、郭村坝、常庆坝、千斯坝。是从通州由东向西依次排列到达大都光熙门的排序。专家对照文献记载和实地考察，确认今坝河的

---

① （明）宋濂等：《元史》卷十六《本纪第十六》，中华书局，1983，第354页。
② （清）周家楣、缪荃孙等编纂《光绪顺天府志》志五十六《经政志三·漕运》，北京古籍出版社，1987，第2050页。
③ "成宗大德六年三月，京畿漕运司言：'岁漕米百万，全借船坝夫力。自冰开发运至河冻时止，计二百四十日，日运粮四千六百余石，所辖船夫一千三百余人，坝夫七百三十，占役俱尽，昼夜不息。今岁水涨，冲决坝堤六十余处，虽已修毕，恐霖雨冲圮，走泄运水，以此点视河堤浅涩低薄去处，请加修理。'自五月四日入役，六月十二日毕。深沟坝九处，计一万五千一百五十三工。王村坝二处，计七百一十三工。郑村坝一处，计一千一百二十五工。西阳坝三处，计一千二百六十二工。郭村坝三处，计一千九百八十七工。千斯坝下一处，计一万工。总用工三万二百四十。"［（明）宋濂等：《元史》卷六十四《志第十六·河渠一》，中华书局，1983，第1590～1591页］
④ （清）毕沅编著《续资治通鉴》卷第二百九"元纪二十七·顺帝至正九年三月丁酉"，"标点续资治通鉴小组"校点，中华书局，1999，第5705页。

流经路线，大致保持了元代的基本路线（除 1975 年曾进行局部裁弯取直）。现按照漕船从通州自东向西到达光熙门的顺序介绍阜通七坝的位置和功能。

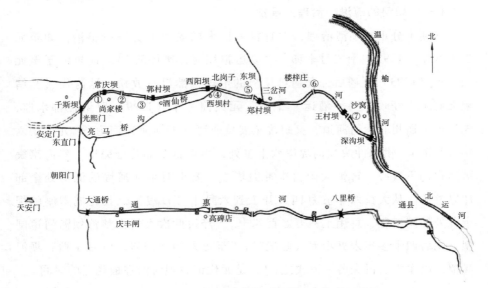

图 3 - 1　坝河七坝示意图（标示①②等为新建闸编号）

资料来源：赵福生、蔡蕃：《北京大运河概述》，载《北京文博文丛》2017 年第 1 辑，北京燕山出版社，2017，第 29 页。

1. 深沟坝

位于坝河入温榆河口处，是东起第一闸坝。深沟坝所在的深沟村，位于元代通州城北稍东。据《元史·河渠志》"白河条"记载："引榆河合流至深沟坝下，以通漕舟。今丈量，自深沟、榆河上湾，至吴家庄龙王庙前白河，西南至坝河八百步。……至深沟村西水渠，去乐岁、广储等仓甚近……"① 可知深沟村紧临坝河和温榆河交汇处，附近建有粮仓。

2. 王村坝

是坝河东起第二坝，位于深沟坝与郑村坝之间。据《光绪顺天府志》记载，通州以西十二里有"沙窝""王家庄""沟子"等村②。此处记载的

---

① （明）宋濂等：《元史》卷六十四《志第十六·河渠一》，中华书局，1983，第 1597 页。
② "通州，……其村：……西……，十二里沙窝，王家庄，沟子。"〔（清）周家楣、缪荃孙等编纂《光绪顺天府志》志二十七《地理志九·村镇一》，北京古籍出版社，1987，第 925 ~ 926 页〕

"王家庄",应该就是元代的"王村"。王村坝应在今沙窝闸西侧。

3. 郑村坝

是坝河东起第三闸坝。此坝名称,元朝时应该是随坝所在的郑村地名而设,明末清初改称东坝。《光绪顺天府志》记载:"通州,……其村:……,西北……,二十里郑村坝,亦曰坝上,通州人称北坝,都人则呼东坝"。[①]

4. 西阳坝

是东起第四坝。此坝最初应该也是由所在村名得名。西阳坝旧址应在今西坝村附近。今朝阳区东坝镇以西五里有西坝村,建有北岗闸。

5. 郭村坝

是东起第五坝。专家根据地形分析,认为郭村坝应在今酒仙桥闸稍东,在西阳坝之西,大约今驼房营附近。明人张爵所著《京师五城坊巷胡同集》记载,北城外有"火村坝",应当是郭村坝的音转。《(康熙)大兴县志》记载有坝河附近的地名"果村坝",可能指的是此坝。

6. 常庆坝

是东起第六坝,宋本《都水监事记》记载其名。水利专家考证,酒仙桥以西有尚家楼村,根据地势分析,此处应是常庆坝所在地。"常庆"应是村名。尚、常音近,今尚家楼村应是从"常庆村"演变而来。常庆坝应该也是因所在村名得名。

7. 千斯坝

千斯坝是坝河东起第七坝,西端第一座坝。千斯坝的名称,应与此坝附近所建的千斯仓有关。千斯仓是元朝于中统二年(1261)在大都建造的最早的两座漕仓之一。千斯坝的位置,据《析津志》记载:"光熙门与漕坝相接。当运漕岁储之时,其人夫纲运者,入粮于坝内龙王堂前唱筹。"[②] 明确指出千斯坝在光熙门附近。漕船沿坝河自东而西,抵千斯坝即抵达大都城下,可卸漕粮装车分送千斯仓等京仓。

专家通过考证比较古今阜通七坝位置后,绘制出《坝河七坝建置纵断

---

① (清)周家楣、缪荃孙等编纂《光绪顺天府志》志二十七《地理志九·村镇一》,北京古籍出版社,1987,第929页。

② (元)熊梦祥:《析津志辑佚》,北京古籍出版社,1983,第2页。

面臆想图》。据坝河地形分析，通州坝河入温榆河口处水平面21米，光熙门附近水平面约为39米，两处高差18米。阜通七坝平均各坝高差3米，即每座坝的高度约为一丈。在当时的技术条件下，无论修筑、维护都没有太大困难，坝夫倒粮过坝也较容易。通过建筑七坝逐级提高水位、形成不断上行的河水平面，切实可行地解决了坝河东西两端坡度大、逆水行舟的难题。

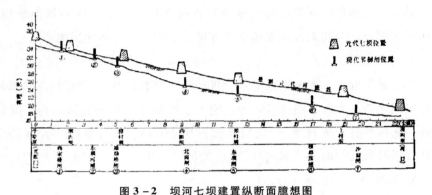

图3-2 坝河七坝建置纵断面臆想图

资料来源：蔡蕃：《元代的坝河——大都运河研究》，《水利学报》1984年第12期。

阜通七坝把河道分成梯级水面，分段通行运粮船，每闸安排船夫漕运，过坝时每坝有专门的坝夫逐坝倒搬漕粮。沿河还修有大车道，以防河水淤堵不通的时候车船并运。坝河内的运粮船分设在自通州以西七坝中的六坝，平均每坝有剥船30只，船户950户，船户合每5户出一船，出船190艘；坝户8377户，车户5070户，出车390辆，车户合每13户出一车。可见坝河漕运动用人力之多、规模之大。

（二）坝河上的坝与月河

郭守敬建阜通七坝，除了通过拦河蓄水、逐坝逐级提高水位，实现逆水行舟通漕外，还通过在每一坝建造相互配套的主坝、滚水坝与月河，既保证了整条河流在丰水期和枯水期都能行驶畅通，同时也确保了主坝的安全，充分体现了郭守敬总结运用中国古代水利工程技术成果来整治坝河的智慧。

郭守敬首先在河中建主坝，用以抬高水位积蓄水量。月河是主坝的配套工程，他根据主坝周边的地势条件，在主坝河道上游一里处，挖一条支流让主河道的水绕过主坝，在下游大约一里左右的适当地点，再流入主河道。由于这条支流的水，在绕过主坝时轨迹形似弯月，自古被称为"月河"。在月河的上水口处再筑"滚水坝"，又称"溢水坝"，古代多用木桩、石块砌成，以抵挡过坝水流的冲刷。坝的顶部做成适应水流的曲线形，下边有反弧段用以改变水流的方向。当主河道水多时，由主坝拦截；过多的水会从月河上水口处的滚水坝溢出，翻过滚水坝后，再从月河绕过主坝从月河下水口排出，继续流入主河道，从而保证主河道的水流畅通。选择每坝主坝坝址，是阜通七坝建设工程中的关键。从七坝的使用功能看，郭守敬对阜通七坝每一坝的位置选址，都非常科学合理，体现出他治理坝河的智慧和丰富经验。

（三）元代坝河漕运水利工程的作用与价值

坝河是唯一一条全程都在北京市朝阳区内的运河。从三国时期开始到元朝，由灌渠功能扩展为漕运功能。它对元代漕运的贡献是：坝河从海拔18米的通州，利用"阜通七坝"分层筑坝蓄水的水利设施，使漕船逆水而上；克服东西河道差，逐坝倒搬运粮，每年将180万石漕粮运到海拔39米（净高21米，相当于六七层楼高）的元大都光熙门，实现漕粮水运入京仓的目的。是开凿通惠河以前，通州至大都重要的漕运动脉。

三　元代坝河的漕运和仓场管理

（一）元代坝河漕运管理制度

元代坝河漕运管理制度，借鉴和发展了金朝的建置和制度。元中统初年，坝河就仿照金代的"河仓规制"，设置漕运管理机构。建千斯、通济、万斯等仓，由大都漕司、劝农司管理。元至元初年（1264）设立"都水监"，元至元二年（1265）郭守敬任都水少监，元至元五年（1268），设都水监二人，由郭守敬、高源二人同时任职，官职从三品。都水监除掌管全国河渠、堤防、闸坝等水利工程建设外，还直接管理元大都的坝河、金水河、积水潭等大都漕运和泊岸码头。

从元至元十六年（1279）大开坝河，到元至元二十九年（1292）开通通惠河，元朝都水监机构多次随设随撤。元至元二十九年，为开通通惠河又再次设置，委任郭守敬专门负责。复置的都水监，设大都河道提举司，有提举、同提举、副提举各一员，掌管坝河和通惠河的开凿、维修工程。此后，凡重要工程都由都水监直接决策管理。漕运之事，仍由京畿都漕运使司管理。大都河道提举司的职责是，负责大都所有漕运河道疏浚和闸坝堤岸的填土加固、闸桥日常修理维护等。下辖坝河道所和通惠河道所，坝河道所设在郑村坝，专门负责本河段河道的治理疏通。每河道所设提领三人，具体职责是：保障坝河河床、堤坝牢固，定期管理修治。提领以下则每坝设坝官，下辖坝户若干，负责本坝的日常维护事宜，这些人员大部分由军士担任。

元代各闸坝的一般维修和小规模改建工程由闸官、坝官自理。闸坝的维护前提，一是不得影响漕运，二是节省开支，控制经费。坝官除了分期、分段施工外，还要求坝户兼具石匠、木匠、铁匠、泥瓦匠、烧石灰窑工等技术。总之，一切工役事务均由坝户承担。这样既节省经费，又便于日后的管理和维修。

元朝后期，由于地方河渠官擅自命令坝户超常事务日繁，朝廷反复下令，各州县不得因他事动用闸工坝户，以保证河道漕运专人专职。

元承金制，规定全年分春秋两次漕运。"其制，春运以冰消行，暑雨毕。秋运以八月行，冰凝毕。"① 全年两次漕运共 240 天。由于坝河水量并不十分充沛，为节水行舟，河道比较窄，除坝上、坝下装卸场地的水面，因为剥船调头稍宽外，一般河道宽不足 30 米。所以坝河的坝与坝之间不通商船，只通行朝廷统一制造的剥船。剥船长约六丈，宽一丈二尺，平底。每船载米 90 石。

坝河上漕船行驶方向有严格规定。坝河两岸分南北上下道。重船向西行时称上道，船与纤夫一律贴北岸行走，装卸货物一律使用北岸的泊岸码头。返回船向东行时称下道，船与纤夫一律贴南岸行走，使用南岸泊岸码头。为了加固河床，坝河两岸遍种柳树、芦苇和水麻，由河官分段管理。河官将河两岸种的芦苇和水麻由坝夫各自负责，一是做到保护水土，二是

---

① （元）脱脱等：《金史》卷二十七《志第八》，中华书局，1975，第 682 页。

将部分收获作为坝夫的劳动报酬，三是由坝户加工编制后用于河坝日常维护。

坝河漕运必须经过七坝逐坝倒搬剥运，漕船每至一坝需要人力倒搬过坝。这些人由坝夫户、车户、船户组成。据《元史·王思诚传》记载：元世祖至元十六年（1279）开坝河七坝倒运漕粮时，每坝设坝夫近 1197 户，七坝共计 8377 户；用来倒运的剥船每坝设置 32 只，七坝共计 190 只。坝河东、西两端漕粮出仓、入仓时所用马车平均每地 195 辆，东西两端共计 390 辆。马车由车户提供，并且出车夫从役；390 辆车共有车户 5070 户，平均每 13 户负担一车。剥船也是如此，190 只船共有船户 950 户，平均每 5 户负担一船的维修和出夫从役。坝夫从事搬粮过坝的重体力劳动，大约平均每 11 户出一夫。到元成宗大德六年（1302），即坝河开通 23 年之后，坝河从通州到大都的漕粮运输量已达每年 100 余万石，平均每日运粮 4600 余石。但是在坝河服役的车户、船户，特别是搬粮过坝的坝夫，因劳役太重多有逃亡。据至正二年（1342）王思诚的记载，因坝夫不堪重役逐年逃亡，到元末已经有一半的夫役逃走。更何况这时坝河运粮之数，比元朝初年十增八九，船户、车户"昼夜奔驰犹不能给"，坝夫"一夫日运四百余石，肩背成疮，憔悴如鬼，甚可哀也"[1]。此乃元代坝河漕运管理的一大弊端。此外，漕粮自通州抵大都光熙门，漕粮过坝时中途经屡次倒运，扛粮的坝夫乘机盗米，或者以次充好调包。这些弊端，是导致元末坝河漕运废止的原因之一。

（二）元代坝河漕仓建置与管理

元代在大都城内、通州和河西务都建有漕仓。文献记载，元代最早的漕仓是建于中统元年的千斯仓，位于坝河漕运终点西端码头光熙门（今朝阳区光熙门）附近。到至元十六年（1279）开坝河，前后共建有 15 仓。通惠河开通后，大都城内一共有 22 仓，可储粮 329.25 万石，贮存能力接近全年漕粮总数。元大都京、通二仓的管理，主要有漕粮的收纳制度、发放制度、折耗制度和仓官交接制度。

---

① （明）宋濂等：《元史》卷一百八十三《列传第七十·王思诚》，中华书局，1983，第 4211 页。

第一，漕粮的收纳制度。元代漕船在各地起运时，漕司官员要将船上的漕米取样封存，随船抵达京师大都后，由京畿都漕运使司派官在码头开启封样，和船上的漕米对照，检查是否质量相同并且符合"干圆洁净"的质量标准。只有质量相同且合格才允许交接。如果仓米大量霉烂，与样米相去甚远，则仓官以下所有人员都要受到追究、处罚。

第二，漕粮的发放制度。元大都的各级官员及宿卫军等支领仓米时，先以衙门或部伍为单位到京畿都漕运使司据人数、等级开具"支帖"（即领粮的文书凭证）。上面写明到某仓某厂支取仓粮若干。届期各官仆人、下属即持支帖到相应漕仓领粮。漕仓出粮时，仓官要亲自到场，自漕司委派的提举及仓监支纳以下，及攒典、斗级等所有人员，都要互相监视，凡发现有侵欺官物，违法作弊的，一律出首告官。如果仓米在出纳过程中被侵盗，犯人逃跑，则命仓官等一体均赔。

第三，漕粮的折耗制度。允许仓官在贮存漕粮的过程中有一定的合理损耗。所以元朝政府根据仓粮在漕仓中的贮存年限规定了不同的折耗比例。仓粮折耗分南粮和北粮。南粮指海运粮，由于海运艰险，漕米难免被海水浸湿，所以入仓后容易霉变，官方允许的折耗数稍多。北粮则指自江淮、河南、山东等地的内河运粮，一般质量要比海运粮好些，所以规定的折耗数也少些。

第四，仓官交接制度。元代京、通二仓的仓官一年就任满受代。换届时，新、旧仓官监支纳有交接手续，其内容主要是核对账簿上的记录和仓中实际存粮数量是否相符。元廷特别制定法令，规定新、旧仓官交接时，在京师的京、通仓由京畿都漕运使司派官监视，对照现有官粮，交点明白，别无短少滥伪之数。如果前后新、旧仓官称量各仓厂中的存粮数量一致，新、旧仓官就可以完成交接手续。

四　元代坝河的漕运功能与价值

元初郭守敬先引玉泉水济坝河开运，后来建筑阜通七坝，加大坝河通漕运力，与通惠河同为大都至通州南北两条重要漕粮运道。在通惠河修建前20年间，以及通惠河开凿通航后的50年间，坝河对大都漕运做出了很大贡献。特别是在通惠河开通以前，坝河主要为元大都运输漕粮和木石盐茶等大宗物品，为元大都建设发挥了重要作用。

至元十六年（1279），郭守敬在元世祖忽必烈的支持下开坝河，建"阜通七坝"，大大开发了坝河的漕运功能和潜力。此后，"漕运船只，候者鳞次，行者鱼贯。漕船自深沟起而抵京千斯仓可朝发夕至"①。坝河的漕粮运输在漕粮运京的总数中占有相当比例。据《元史·罗璧传》记载，元成宗大德三年（1299），坝河漕粮便已岁增六十余万石。其时通惠河早已于元世祖至元三十年（1293）通航，这里记载的每增运送京仓 60 余万石漕粮，应该是通惠河和坝河两河漕粮运输增加量之和。至于坝河的年增运输量，据《元史·河渠志》记载："岁漕米百万，全借船、坝夫力。"② 可知元朝初年，坝河每年可由通州向大都城运送 100 万石左右的漕粮。元朝末年坝河的漕运量已达到 180 万石左右。③ 南北两大漕运动脉，保证了大都的漕粮供给，极大地促进了大都的经济繁荣。

坝河漕运还孕育了以阜通七坝为中心的坝河流域村落，留下丰富的坝河漕运文化。随着坝河的开通，坝河漕运衍生出一系列与之相关的坝户、船户、车户等行业群体，吸引两岸村民从业。如前文所述，坝河七坝，每个坝都配有负责押运漕船的军士，保护、管理、启闭月河闸的闸夫、坝夫，负责漕船的船主，负责陆运段的车主，还有码头上扛粮换船的扛夫，清理河床的浅夫，加固堤坝的堤夫，逆水行舟的拉纤纤夫，负责河道事故标示管理的标夫，防汛的汛夫，管治安的巡役和负责验收的经纪、仓御史等。每个坝有四五百户人家，加上当地原有的农户，形成人口众多的军士营地和村落。所以，坝河两岸人多如蚁。可以说，现今坝河流域几个较大的村落乡镇，其前身应该都是坝河漕运时沿袭下来的古老军士聚居村落。如东坝（昔日郑村坝）、驼房营（昔日潮村坝）、尚家村（昔日常兴坝）、西坝河地区（昔日千斯坝）、西坝村（昔日西阳坝）、楼梓庄（昔日王村坝）。只有深沟坝因受温榆河、坝河长期水患的影响，没有在闸坝码头周边留下大的村庄。

---

① 白鹤群：《坝河史话》，中国人民政治协商会议北京市朝阳区委员会学习与文史委员会，2010，第 75 页。
② （明）宋濂等：《元史》卷六十四《志第十六·河渠一》，中华书局，1983，第 1590 页。
③ 于德源：《北京漕运和仓场》，同心出版社，2004，第 133 页。

五　元末坝河的停漕湮废

元朝末年因为权臣擅权、朝政腐败，黄河水患与各地农民起义频仍，国家江河日下。漕政管理混乱，河道淤积严重，坝河漕运时断时续。元至正九年（1349）春，朝廷召军士、民夫各一万名疏浚坝河。因为坝河问题太多，同年漕运使贾鲁曾建言"便益二十余事"上书元顺帝。顺帝只采纳了八条。其中第五条，是陈诉坝河倒搬漕粮的坝夫，因劳役太重纷纷逃跑，无人搬运漕粮，负责漕运的船户，只能被迫听任漕粮困守河道。千里迢迢从南方海运到通州、等待入京仓的漕粮，因为坝夫逃跑、船夫被困，无人搬运而霉烂受损。

此后不久，红巾军农民起义在全国爆发。京杭大运河漕运被阻断，至正十二年（1352），漕船已无法抵达大都。元末衰败的国运，与坝河漕运日益衰落的颓势并行。造成元代坝河漕运衰落停废有以下几个方面原因。

第一，坝河的倒闸、隔坝搬运、换船等原始搬运方法，导致坝河漕运费人费力费钱，成本巨大，所需人力物力惊人。自通州走坝河到大都路程约 50 里，其耗费竟超过从直沽（天津）至河西务漕运 120 里的费用。这对朝廷和漕工个人都是巨大的负累。

第二，元末漕运管理混乱，坝夫劳役过重苦不堪言，纷纷逃亡。

元末"坝夫累岁逃亡，十损四五，而运粮之数，十增八九"①；船只使用六十余年，不能及时更新。致使人、船"昼夜奔驰，犹不能给"②。劳力最重的坝夫户逃亡最多，仅剩原来的五分之一，遭遇更惨。

第三，通惠河竣工后因运量大、成本低，成为通州至大都城的主要漕运河道，坝河漕运因成本日高而地位日降。

第四，元末水源不足，是坝河湮废的首要原因。

元中统年间，郭守敬曾引玉泉水入坝河以开通漕运。至元中期，建阜通七坝增加坝河运力。通惠河通航后，通惠河上源白浮瓮山河汇入积水潭，同时也是坝河上源。元末，通惠河上源失修，白浮瓮山河逐渐干涸，坝河

---

① （明）宋濂等：《元史》卷一百八十三《列传第七十·王思诚》，中华书局，1983，第 4211 页。
② （明）宋濂等：《元史》卷一百八十三《列传第七十·王思诚》，中华书局，1983，第 4211 页。

水源急剧减少，是造成坝河湮废停漕最直接的原因。

综上四个原因，加上元末朝政腐败、农民起义政局不稳，最终导致坝河淤堵废弃。

第三节　明清至民国坝河河道状态、功能变化与古今变迁

1368 年正月，朱元璋在南京称帝（建元洪武，国号大明），派徐达率军沿运河北上，于 1368 年秋攻入元大都，元朝灭亡。明初三十余年朱元璋建都南京，元大都降为北平藩府。坝河漕运停废已久，但其灌溉和排水功能仍然沿用不废。

洪武三十一年（1398），明太祖朱元璋驾崩，由皇太孙朱允炆直接继位改年号建文，即位之初即厉行"削藩"以确保中央集权。封藩北平的燕王朱棣年龄最长、实力最强，居诸强藩之首，朝廷"削藩"他首当其冲。于是燕王朱棣"靖难"发兵，以武力夺得皇位。后于南京即位改年号永乐，史称明成祖。永乐四年（1406），朱棣下诏营建北京宫殿。通惠河首先恢复京城漕运，为修造皇城帝都运送木石建材。坝河因淤堵全河停漕日久，但是部分河道尚可通船。据记载，明永乐十六年（1418）九月乙丑，明廷"设北京坝上、义河、北高岸……北草场七仓"[1]。宣德元年（1426）六月，"设顺天府坝上南北二仓，各置大使一员副使一员，专掌马房草料"[2]。据专家考证，此"坝上"，指"阜通七坝"中的郑村坝，即今东坝地区。明朝廷在东坝地区设仓库和料场，可知当时坝河郑村段依然通航。据《明英宗实录》记载，明景泰三年（1452）二月，"造驼房三十间于郑村坝"[3]，即今驼房

---

① （明）张辅等纂修《明实录·明太宗实录》卷二〇四 "永乐十六年九月乙丑"，"中研院" 历史语言研究所校，"中研院" 历史语言研究所，1962，第 2104 页。

② （明）张辅等纂修《明实录·明宣宗实录》卷十八 "宣德元年六月丁丑"，"中研院" 历史语言研究所校，"中研院" 历史语言研究所，1962，第 482 页。

③ （明）孙继宗等纂修《明实录·明英宗实录》卷二一三 "景泰三年二月丁卯"，"中研院" 历史语言研究所校，"中研院" 历史语言研究所，1962，第 4578 页。

营村一带。通过坝河区间水道转运码头，往返于京城和郑村坝之间。除东坝之外，个别河段仍有船运和仓库、驼房建设的零星记载。但此后到明末清朝以至民国，数百年来，因水源不足，漕运功能丧失，坝河全程漕运一直停废不通。历代朝廷也未再进行疏通维护。致使坝河淤泥厚积，水流不畅，河浅难行。暴雨则洪涝，无雨则干涸。作为北京东部的排水沟渠，坝河水害频发，对两岸百姓弊多利少。

第四节　新中国成立以来坝河河道水系治理与功能变迁

新中国成立以来，对坝河的治理大体可分为三个阶段。

一　第一阶段：新中国成立三十年间（1949～1978）坝河的治理过程

新中国成立三十年，坝河治理的重点是河道疏浚与清淤，增加排水和蓄水量，提高河道的泄洪和蓄水能力，使坝河水系更好地发挥农业灌溉和排水泄洪的功能。

（一）1949～1957年的坝河状况与五次整治

新中国成立初期，坝河河道弯曲窄浅，草木丛生，洪涝灾害频繁。1950年7月17日，暴雨使坝河沿岸45729亩农田受涝，粮食减产297.25万公斤。1963年8月9日，大雨使坝河决口18处，35000亩农田被淹，损失极大。加之坝河明清以来成为城市排污河，长期缺乏治理，垃圾淤积严重，雨季来临时，某些河段更是污秽不堪，臭气难闻，严重影响了周围居民的生产生活。首先提出整治目标：第一，对京东坝河实行节流；第二，对坝河实行分段清淤工程；第三，进行支流疏浚；第四，在坝河实施桥梁改建工程。从1950年到1957年，对坝河进行了五次大规模治理，包括疏通、拓宽、清淤、固堤等工程。治理范围自广渠门起至通县沙河高村止，共长20.089公里。支流治理自安外小关起，至光熙门，共长4.681公里。

（二）1975 年坝河河道实施裁弯取直改造工程

金、元时期为提高坝河漕运运力，除修建阜通七坝外，每座闸坝还配套月河、滚水坝。形成坝河坝多、月河多、河道多弯曲的特点。五六十年代坝河疏浚后，1975 年坝河局部实施裁弯取直改造工程，由原来的 23.5 公里，缩短到 21.5 公里。拆掉七座旧坝，填埋月河。

（三）70 年代坝河上兴建七座蓄水闸保存充足水量

为了保持坝河河道有充足的水量，20 世纪 70 年代，水利部门在坝河上先后兴建了七座蓄水闸，分别是光熙门坝河进水闸（1978）、尚家楼闸（1976）、酒仙桥闸（1976，后东移至驼房营闸）、北岗子闸（1976，后西移至南岗子闸）、东坝闸（1976）、楼梓庄闸（1976）、沙窝闸（1972）。

（四）坝河支流北小河的河道疏浚治理与改造

北小河是坝河的最大支流，横贯朝阳区北部，流经大屯、来广营、崔各庄、金盏、东坝等乡镇街道，在三岔河村汇入坝河，全长 16.6 公里（从新安立路桥算起），流域面积 66 平方公里。明清以来，作为农业灌溉和泄洪排污的通道，河道弯曲狭窄，河床淤积浅涩。北小河水源匮乏，旱季经常断流，导致沿岸农业用水短缺。雨季河道淤堵不通，洪涝灾害频繁，对沿岸村镇造成危害。新中国成立后，北小河先后经历了三次大规模的改造。

1950 年第一次配合坝河疏浚，大规模疏浚北小河。整个工程主要对北小河河道进行加宽、加深改造，使北小河实现了河道疏通、排水顺畅的功能。

第二次大规模改造是在 1952 年。这次治理将北小河河口最大排洪量设计为 40 米³/秒。总计动员近八千人，历时一个月，治理河道 18 公里，挖掘 25.4 万立方米土石方。并且专门修建了 11 座桥梁，便于北小河两岸交通往来。此次治理极大改善了北小河河道状况，使沿岸几万亩田地免于洪涝灾害威胁。

第三次治理于 1975 年年底展开。此次治理，是进一步提高北小河河道设计和泄洪标准，河道底宽达到 10 米，河道泄洪能力提高到 110 米³/秒。堤坝设计标准为 50 年一遇洪水标准，与此同时还建桥 22 座、其他配套建筑 16 座。治理后的北小河泄洪能力提高了两倍以上。还在北小河修建了 7 座闸坝，在泄洪的同时，也起到蓄水的功能，为沿岸工农业生产用水提供了极大的便利。此次治理之后，坝河流域再也没有发生过大规模的洪涝灾害。

二　第二阶段：新时期以来至国家"十二五"规划实施期间(1979～2015) 坝河和支流河道建设与功能扩展创新

(一) 新时期至21世纪初坝河主河道和支流治理与功能变迁

1. 坝河支流亮马河流域的治理、建设与功能变迁

亮马河是坝河的重要支流，流经左家庄、三里屯、麦子店、将台、酒仙桥、东风、东坝7个街乡后汇入坝河，全长9.87千米。亮马河在坝河以南，明代又称南坝河。明永乐年间，南坝河沿岸为朝廷放马场地，故又将南坝河易名为"晾马河"。后取其谐音，改名为亮马河。

清末至民国，亮马河几十年没有疏浚治理，造成河床淤积深厚，杂草丛生，河道狭窄，成为一条臭水沟。每年汛期因水量过大，排水不畅，河水横流，给河道沿岸村落乡镇带来灾害。

亮马河疏浚整治始于20世纪80年代。1981年初，北京市政府开始对坝河支流亮马河实施分期分段疏浚治理。规划目标是上游为观赏河道，下游为排水河道。第一期治理，主要疏浚中下游河段，适当裁弯取直河道。第二期治理上游下段，主要是河床清淤、边坡护砌及整饰两岸。第三期治理上游上端，主要是清除污染源、河道衬砌、河岸步行道铺设和两岸绿化等。随着政府对亮马河地区整治日趋完善，亮马河流域周边的亮马桥—燕莎商圈于1990年代逐步建成。北京燕莎友谊商城与三环周边的第三使馆区、著名的凯宾斯基、昆仑、长城等五星级酒店，共同组成了京东地区国际高消费商业圈。整治一新的亮马河流域作为亮马桥—燕莎商圈的河道绿地环境生态配套工程，升级转型为与城市商圈配套的绿色生态景观。2015年，朝阳区对亮马河铁路以下河段4.56千米实施综合治理，使得亮马河流域得到治理，沿河商圈更加亮丽繁华。亮马河由具传统的灌溉排水功能的河流转变为新的绿色生态人文景观河，给人以美的体验和享受。

2. 坝河支流北小河流域借力亚运会、奥运会成功整治一新

1988年底，为迎接北京亚运会，亚运村地区进行了大规模的建设，其

中北小河关庄闸改建被纳入亚运村建设工程。工程于 1989 年 2 月开工，清理北小河 1.5 公里河道，清淤 2.37 万立方米，使北小河流量提升。排洪标准为 20 年一遇，河堤防洪标准为 50 年一遇，共建有 7 座河闸，蓄水能力为 50.8 万立方米，为北京城区北部工农业生产生活提供用水保障。

进入 21 世纪，随着申办奥运会成功，北京城市进入跨越式发展，规模急速扩大。北小河由原来的城市供水河流变为城市用水排放河道。原来的洪涝灾害问题，转变为河道污染问题。北小河地区的河水质量连年下降，成为污染最严重的"劣五类"水质，严重影响两岸居民的生活质量。朝阳区水务局从 2002 年 9 月开始，对北小河望京段 3.8 公里的河道进行截污引流工程。2006 年 10 月，对北小河北苑路以东的 12.1 公里主河道进行截污、清淤、筑堤工程，兴建北小河休闲公园。经过十余年治理，河流生态得到恢复，水质清澈。北小河公园已经有野生绿头鸭"定居"。北小河水质生态环境治理初见成效。

（二）21 世纪以来坝河流域加大河道污染治理力度、加快流域功能扩展创新

进入 21 世纪，随着北京奥运会申办成功，坝河与奥运会相关的各段河道治理开始提速。2008 年，将府公园二期坝河桥开工修建。2010 年，坝河实现规划治理长度 20.56 千米。2016 年起，朝阳区集中对坝河、北小河、亮马河、清河、通惠河水系生态环境进行治理，采取控源截污、垃圾清理、清淤疏浚、生态修复等多项措施。经过系统全面的治理，坝河现已堤固岸齐，水清河洁，绿植成景。规整同宽的河道，两岸砌筑材质统一的河堤，堤外植草种树，铺筑人行步道。这条景观河道，在充分发挥防洪排水功能的同时，持续发挥调节地域微气候的生态保障功能和环境美化功能。

三　第三阶段：北京市朝阳区"十三五"到"十四五"规划实施以来坝河治污提速，建设改造日新月异

2014 年 6 月，中国大运河申遗成功，随着国家和北京市朝阳区"十三五"到"十四五"规划目标实施，坝河治理进入全面提速与整合创新新阶段。2016 年，随着《朝阳区水污染防治工作方案》和第二个"污水治理三

年行动方案"的实施,坝河水系污染治理打响了集中根治攻坚战。在《国家大运河保护传承利用规划大纲》指导下,朝阳区制定《朝阳区大运河文化保护传承利用规划》,使坝河流域的水系整治与功能创新,不仅在水污染治理上成效突出,更在历史文脉传承保护和绿色生态文化景观建设上取得令人瞩目的成绩。坝河河道整治建设,一跃提升到历史发展的最高点。

(一) 北京朝阳区"十三五"规划实施以来坝河流域污染治理突飞猛进

1. 规划先行、铁腕治污

2016 年,北京市启动第二个污水治理三年行动计划。朝阳区制定《朝阳区水污染防治工作方案》,打响了碧水攻坚战。强化铁腕治水,坚持标本兼治、系统治理、综合整治。通过截污治污、水系循环、生态修复等综合措施,推进黑臭水体治理。努力营造清新明亮、水城共融的生态环境,标志着坝河的水污染治理进入了一个精准、高效的新阶段。

2. 管线截污、管控排污源头

《朝阳区水污染防治工作方案》提出具体量化目标:在 2016 年底前,依法取缔不符合国家和首都产业政策的小型造纸、制革、印染、电镀、农药原药等严重污染水环境的生产项目。对予以保留的重点行业企业实施清洁化改造。

2016 年开始,朝阳区采用管线截污、中水回补河道的方法,治理坝河的黑臭水体。截断河道上的排污口,用管道将污水引入再生水厂进行处理,避免污水直接排入河道。仅 2016 年,朝阳区就完成了坝河及支流北小河、亮马河等河道 70 处入河排水口的截污治理,每天截流入河污水 11.4 万立方米。30 余公里河道的水质,从无法使用到可以满足工业用水的标准,缓解了污水排放对河水水质的污染。

3. 提高污水处理能力、加紧建设再生水厂

坝河污染严重,两岸污水直排是原因之一,另一重要原因是流域内的污水处理能力不足,污水处理的速度赶不上污水产生的速度。因此朝阳区重点建设高安屯再生水厂一期和二期工程。2016 年,高安屯一期再生水厂投入使用,加上 1990 年和 2003 年投入运行的北小河再生水厂和酒仙桥再生水厂,坝河流域共有三座再生水厂。但坝河流域面积大污水量大,这三座

再生水厂的总处理能力加起来，也不能完全消化污水。朝阳区于 2017 年 5 月开始高安屯再生水厂二期工程建设。该工程历时一年半，于 2018 年年底建成投入使用，每天 10 万吨污水处理能力大大缓解了坝河流域的水污染治理压力。高安屯再生水厂位于朝阳区金盏地区，地处坝河流域末端，是坝河流域最后的"守门员"，起着兜底把门的重要作用。水厂运行既无臭味，也没有噪声，水厂四周是郁郁葱葱的绿化生态景观。水厂采用先进处理工艺，再生水主要指标达到国家地表水环境 Ⅳ 类水体标准。目前，这些高品质再生水，三万多吨用于园林绿化，其余约十多万吨回流坝河河道，持续更新坝河水体，确保高品质再生水汇入温榆河，流向通州。

4. 创新河道治理治污管理制度

2016～2017 年，北京市陆续发布《北京市河湖生态环境管理"河长制"工作方案》和《北京市进一步全面推进河长制工作方案》，建立以党政领导为主体的市、区、乡镇（街道）、村 4 级河长体系，全市共设立各级河长 5900 余名。管理机构设置市、区、乡镇（街道）河长制办公室，河长办成员囊括了市水务局、环保局、发改委、公安局、城管等 20 个部门。"河长制"破除了原来行政条块分割的局面，建立起水环境属地化管理制度，实现河道、河岸责任统一，给河道污染源头治理带来了立竿见影的效果。

2017 年，朝阳区出台区、街乡两级河长制工作方案和会议、巡查、考核等 8 项配套制度，全区完善建立三级河长组织体系和以党政领导一把手负责制为核心的责任落实体系。其中坝河水系由朝阳区副区长杨建海担任区级河长，另有 24 名街乡级河长和 140 名社区村级河长。河长的主要工作是严查污水直排入河、严查垃圾乱堆乱倒、严查涉河违法建设，如发现相关情况，及时制止并逐级向上汇报。除此之外，每月定期开展河长环境日活动，组织居民志愿者清理河道两岸的垃圾，维护河道两岸整洁的环境。通过朝阳区政府的高强度集中治理，坝河水环境质量有了明显改善，昔日的黑臭水沟如今已清澈见底，河道沿线很少看到垃圾，多年未见的鱼群重新洄游，坝河水系水污染治理取得切实成效。

综上所述，本章梳理叙述的坝河河道功能和整治历史可以归纳为以下几个时期：

第一，金朝以前坝河水系开发的历史和以农田灌溉为主的功能。

第二，金朝延袭前代坝河水系的灌溉功能，以及进行漕运开发的尝试。

第三，元朝郭守敬大开坝河，开源济漕、建阜通七坝，开创元朝以漕运为中心的坝河闸坝设置和河道疏浚整治历史。直至元末坝河淤堵漕运停废为止。

第四，明清坝河水系回归灌溉功能，只有某段河道有船运。

第五，新中国成立以来，坝河农业灌渠与城市排水泄洪功能兼具的建设整治过程；进入 21 世纪，被改造建成城市生态水系和绿色滨水廊道、重建大运河文化带历史景观的历程。

第四章　坝河河道流域历史文脉

坝河河道流域的民俗文化、历史文脉底蕴深厚、源远流长。元朝以前，有传说中战国时期燕国的黄金台遗址，汉代安乐城遗址和三国屯田灌渠遗址。元代坝河开通漕运，随漕运形成坝河流域独特的东坝商贸文化和地名文化、民俗文化。明朝马政勃兴，坝河流域形成独特的明代马政文化和马神庙历史遗存。清代清王朝圈地盛行，坝河流域留下大量清朝园寝古墓遗存，形成清代坝河流域墓园文化。

第一节　元代坝河河道流域村落形成、漕运码头集镇商贸文化、民风民俗历史文脉

一　元代以前坝河流域地域变迁、古迹遗存、人文风貌溯源

坝河河道流域历史久远，据考古发掘证明，早在公元前十世纪就已经形成人类居住聚落。坝河流域村落形成历史，最早可追溯至汉代。相传坝河流域内的东坝，是汉代所置安乐城遗址。蜀后主刘禅降晋后，被封为"安乐公"寓居于此，时名安德乡。20世纪80年代，曾在东坝镇东南三岔河村北侧，发掘出土十余件汉代陶器皿；据考古人员勘查证实，在此地数百亩田地上存在汉墓群，其中大型墓葬占地约12万平方米。① 现东坝镇三岔河汉墓群已被列为朝阳区区级重点文物保护单位。大型汉墓群的存在，

---

① 北京市朝阳区文化委员会编《朝阳文物志》，文物出版社，2014，第25页。

证明了坝河流域在汉代曾经是世族聚居的古老乡镇。汉代以来古燕京蓟城地区的农业，与军事屯田密不可分。坝河流域一方面因水土肥沃，适于军队屯田；另一方面作为古潞河与古燕京蓟城的水路通道，坝河流域汉唐以来就是军事屯田重地。

三国时期，坝河被开拓为北京地区重要的农田灌渠。三国曹魏镇北将军刘靖于嘉平二年（250）在今北京西部石景山区的㶟水上修建拦河坝，开挖车箱渠，将河水向东引入高梁河，以此灌溉蓟城北边的农田。魏景元三年（262），又由樊晨加以扩建，引高梁河水分支东流至渔阳潞县。据专家考证，这条水道便是金代的灌渠和漕河，元代称之为坝河。历代修治后的灌渠滋润沿途四五百里土地，灌溉一万多顷的田地。

坝河流域元代以前的古迹遗存很多，据传，坝河流域内的将台洼村西高地，是战国时期燕昭王筑台置金，招揽天下贤士、举臣拜相，使燕国转弱为强之地，成为中国千百年来，君王求贤若渴、万千贤士一举闻达的经典。据记载，东晋十六国时期（317～420），前燕景昭帝慕容俊曾在坝河流域内的将台洼村西高地筑拜将台，授权统军。将台乡地名由此而来，并一直沿用至今。① 如今朝阳区的将府公园内，建成"将台春柳"景点，刻于点将台石壁上的"燕昭北筑点将台，四方豪杰乘风来。莫向通覆同吊古，从来求士胜求仙"诗句以纪其事，供后人观赏。坝河流域内，还有村名起源于一千二百多年前隋唐时期的太阳宫乡龙道村，② 传说唐太宗李世民东征高丽时，路过该村问名，被当地老叟机智答曰"龙到（道）村"，意即真龙天子驾到之地，遂成村名。

坝河流域这几处源自一千多年以前燕昭王的"金台"、汉代的"安德乡"、唐代的"龙道村"及唐明时期"点将台"的古迹遗存和地名文化，充分表明坝河流域战国、汉唐以来人文荟萃、历史文脉源远流长。

二 元代坝河漕运孕育沿岸流域闸坝村落码头和地名文化

元代坝河流域的兴盛，是由于坝河漕运的开通，其标志是坝河由三国

---

① 朝阳区地名志编辑委员会编《北京市朝阳区地名志》，北京出版社，1993，第415页。
② 朝阳区地名志编辑委员会编《北京市朝阳区地名志》，北京出版社，1993，第446页。

以来的农耕灌渠和金代旧漕河，重新开发为漕运河道。

元朝建都燕京统一南北，开启了北京作为华夏大一统王朝都城的历史。北方政治中心与南方经济中心的分离，通过京杭大运河的南粮北运获得解决。元朝著名的水利专家郭守敬，在坝河上建阜通七坝，使坝河成为元朝漕粮自通州运至元大都的重要漕运河道。

坝河采用逐坝卸粮、换船倒搬的漕运方式，每到一坝，船夫们便将粮卸下船，由脚夫肩扛车载运到下一坝的剥船上。坝河漕运需要大量人力，"至元十六年，开坝河，设坝夫户八千三百七十有七，车户五千七十，出车三百九十辆，船户九百五十，出船一百九十艘"。① 在阜通七坝贯穿的坝河流域沿岸码头村落，聚集了大量的船夫、闸夫、坝夫、船户、车户脚夫、运役，还有堤夫、纤夫、标夫、汛夫、巡役等与漕运相关的人群。他们大多是军士，也有当地的村民。军士必须在固定的闸坝服务，村民则散居于闸坝周围的村落。所以坝河通漕，为坝河流域，特别是各坝周边地区，带来了大量常住人口。坝河流域几个规模较大的村落乡镇，前身都是元代坝河漕运时形成的村落，或由军营逐步扩大为聚居的乡镇。如东坝（昔日郑村坝）、驼房营（昔日漷村坝）、尚家村（昔日常兴坝）、西坝河地区（昔日千斯坝）的西坝村（昔日西阳坝）、东坝东端的楼梓庄村（昔日王村坝）等。只有深沟坝因受温榆河、坝河两河交汇造成的长期水患影响，没有留下大规模的村庄。

除了与漕粮运输直接相关的漕工行业，坝河漕运还带动了餐饮业、住宿业、车船修理业、驼马喂养等行业发展。由此形成元代坝河流域特殊的漕运码头、漕工行业群体生活方式，及他们聚居村落的民风民俗。

坝河流域一带的小商贩也很多，商贸文化发达。特别是郑村坝所在的今东坝地区，位于坝河、亮马河、北小河三河交汇之处，也是从通州通往大都的必经之地。形成南来北往、流通交易的东坝集镇商贸文化，是坝河流域漕运和南北商贸文化的重要标志。明清时期，坝河漕运虽然早已停止，但东坝仍然是京东重要的、以粮食集散为主的商业中心，这与元代坝河漕

---

① （明）宋濂等：《元史》卷一百八十三《列传第七十·王思诚》，中华书局，1983，第4211页。

运带来的南北商贸繁荣和商业贸易传统有必然联系。这些内容，将在第四节重点阐述。

除了东坝集镇，坝河漕运文化在其他沿河各坝村落，因为停漕时间久远，留下的文化印记并不突出。元代后期，由于漕政腐败，加之坝河上游水源枯竭，元末坝河漕运逐渐湮废停止。到明清时期，彻底沦为京东的一条排水沟。曾经热火朝天的漕运场面一去不返，沿岸村落居民，早已由漕工转换别的谋生方式，或回归原来的村民农耕生活。坝河流域曾经远近闻名的阜通七坝也了无踪影。如今的坝河河道，除了几块记载地名和坝名的石碑，以及当代补建的橡胶坝、水闸和码头外，沿岸漕运历史文化遗存，几乎不复存在。曾经作为南粮北运漕运命脉名震一时的元朝坝河，如今只剩下为数不多的坝名和地名一直保留沿用至今。

（一）阜通七坝名称与所处村落地名变迁

1. 深沟坝、王村坝的名称起源和所在村落变迁

深沟坝和王村坝分别是"阜通七坝"东起的第一和第二座坝，两坝都位于今金盏乡楼梓庄村一带。深沟坝位于沙窝村东南——坝河与温榆河汇合处，王村坝位于楼梓庄村附近。如今两坝坝址都已无处可寻，附近村落也没有与闸坝相关的地名遗存。唯有位于楼梓庄村东南方向的高安屯，是明代顺天府所设坝河七仓之一，古名北高岸。"高安"与"高岸"同音。高安屯村名，一直沿用至今。

2. 郑村坝

郑村坝为东起第三座坝，位于今东坝地区。元代坝河建闸坝时，一般依闸坝所在村落命名。显然当日建坝之时，这里已有称为"郑村"的村落。后来坝名随地名变为东坝。据记载，东坝之名始自明万历二十一年（1593），一直沿用至今。[①]

3. 西阳坝

西阳坝为东起第四座坝，所在地是西坝村。据《北京市朝阳区地名志》记载，该地原为元代西阳坝旧址，后简化坝名为村名。

---

① 朝阳区地名志编辑委员会编《北京市朝阳区地名志》，北京出版社，1993，第432页。

4. 郭村坝

郭村坝为东起第五座坝。专家考证郭村坝可能是因附近"果村坝"同音得名。

5. 常庆坝

常庆坝是东起第六座坝,位于太阳宫地区西坝河村与东坝河村之间的尚家楼附近。专家认为常庆坝可能得名于尚家楼村村名。常庆坝如今已不见踪迹,但留下了西坝河村、东坝河村、尚家楼村等地名一直沿用至今。

6. 千斯坝、千斯仓与光熙门

千斯坝是阜通七坝中最西端的一座坝,遗址位于今太阳宫乡麦公庄村。《北京市朝阳区地名志》记载:"(麦公庄村)东邻东坝河村,西北隔坝河与夏家村相望,南与尚家楼毗邻,东北与砖厂接壤。该村附近有元代千斯坝遗址,当年漕运的粮食经此坝运抵光熙门入千斯仓。几经沧桑,古坝早已湮没。"① 据专家考证,光熙门原址,在今和平里北街东口土城处,和平里火车站南侧铁路桥桥洞一带。20世纪50年代,光熙门的遗址还可见,现已了无痕迹。作为地名,如今仍有光熙门地铁站、光熙门北里等地名。不像千斯坝和千斯仓,与当代生活已经没有了联系。除了以上地名,现在望京街道还有两条路名,阜通东大街和阜通西大街,得名于元明时期流经此地的"阜通河"(坝河)。

(二)郑村码头——展现元代坝河漕运文化的历史遗存与现代景观

郑村码头位于昔日郑村坝附近,是朝阳区政府于2006年重新修建的,意在再现已经消失的坝河漕运文化。码头包括两个部分:北岸的浮雕艺术墙和南岸的码头小广场。在南岸码头小广场立有郑村码头的牌坊,东侧墙上有现代坝河简图和郑村码头的简介。码头处还有一座人与骡子载货的形象雕塑。墙面有坝河源流纪事,以期复现往日坝河漕运之盛景。

---

① 朝阳区地名志编辑委员会编《北京市朝阳区地名志》,北京出版社,1993,第448页。

图 4 - 1　郑村码头
资料来源：北京市朝阳区文化旅游局文物管理所。

第二节　明代坝河流域形成的马政文化
和马神庙历史遗存

　　明王朝以农民起义军推翻元朝，以武力一统天下，深知有马则兵强、兵强则国安的道理。因此，自明太祖朱元璋起，就极其重视马政。所谓马政，是明王朝对官用马匹的牧养、训练、使用和采购管理制度。马政属于国家重务，是政府行政的重要内容。马政与牧马的草场密切相关。明代坝河流域虽已不再通漕，但水源充足，牧草丰盛，自然成为明王朝牧养马匹、实施马政的重要场所。特别是处于坝河、亮马河、北小河三河交汇处的东坝地区，凭借极佳的地理条件，成为皇家御马苑所在地和明代北京东郊马政文化的中心，专门牧养皇家宫廷乘舆及光禄寺仪仗所用的马匹。东坝的养马业由国家直接掌管和控制，其草场马房遍布顺天府境内，也因此产生了一系列与牧马相关的地名，一直沿用至今。明代因重视马政而信奉祭祀马神，政府还在东坝地区建了马神庙，每年春秋由官方主持祭祀。

一 明代以东坝为中心的马政文化源流

（一）郑村坝之战

明朝推翻元朝后，燕王朱棣作为藩王册封北平，镇守明朝北疆。郑村坝也因为朱棣而青史留名，而且与我国历史上伟大的航海家郑和有渊源关系。

建文元年（1399），明惠帝朱允炆实行削藩政策，派军讨伐燕王朱棣，北伐燕王的领军主将是李景隆。此时燕王朱棣正率军在辽西地区作战，北平城兵力空虚；但是李景隆进攻不力，始终没能攻下北平城，遂率军驻扎在郑村坝修整。守卫北平城的是朱棣的长子朱高炽，也就是后来的明仁宗，虽然他挡住了朝廷军队进攻，但北平城内情况十分危急。连日作战死伤惨重，朱高炽甚至征发城内女子参与守城。朱棣听闻北平被困，立刻率军回援，并宣告开始靖难之役。回援途中，双方在郑村坝发生激烈战斗，朱棣手下名叫马和的将领，率领骑兵突袭李景隆大营，朝廷军队乱作一团，朱棣引兵左右合围。驻守北平城的朱高炽，也打开城门与城外形成合击，李景隆见状丢弃大军，只身逃往德州，朝廷军队大败而归。郑村坝一战，使朝廷与燕王实力发生根本逆转。此后燕王朱棣牢牢掌握了靖难之役的主动权。而那位在郑村坝战役中表现卓越的将领马和，因郑村坝战功被永乐皇帝赐为"郑"姓，他就是历史上率领明朝舰队七下西洋的著名航海家郑和。

关于郑村坝之战还有一个传说，说朱棣与惠文帝在此激战失利，逃难途中遇到大沟。朱棣慌乱失措，对坐骑青骢马说："你一定要越过此沟，带我脱险！"青骢马仿佛听懂了他的话，接连越过三条大沟，帮助朱棣摆脱了追兵，青骢马也因力尽而亡。因青骢马救驾有功，朱棣专门命人在此修建了一座马神庙，供奉马神。

（二）以东坝为中心的明代马政体系

明朝自建立以来就重视马政，燕王朱棣通过"靖难之役"夺取皇位后，对马政更加重视。马政主要包括军马的牧养、征调、采办、使用等，厩牧是马政重要一环，指建马房、设草场、置料仓、养马牧马。明朝东坝御马苑的设立，直接形成了北京东郊以东坝为中心的养马体系。

明代东坝称郑村坝，或坝上，地势平坦，水草丰茂，是牧马的理想场所，也是明朝皇家御马苑所在地。《大明一统志》卷一《苑囿》记载："御马苑在京城外郑村坝等处，牧养御马，大小二十所，相距各三四里，皆缭以周垣，垣中有厩，垣外地甚平旷，自春至秋，百草繁茂，群马畜牧其间，生育蕃息。国家富强，实有赖焉。"① 御马监旁建有马神庙，庙中有铭文："兟兟国马，于甸之野，散焉如云，驲焉如雨"。形容御马监牧养的御马膘肥体壮，雄健有力。这些御马，主要供宫廷乘舆及光禄寺仪仗之用。②

御马苑的草场马房和马神庙，占地总面积达 31559 顷。③ 东坝设御马监及各马房，皆有仓场储蓄草料，以供饲秣之用。④ 当时东坝流域有郑村坝大马房、北高马房，郑村坝大马房上场、坝东马房上场、金盏马房上场等。

明代御马苑及其草场由御马监负责管理，御马监在明代一度成为宦官中最有权势的部门，马场的草料分发各地民户摊派，御马监负责征收。郑村坝的御马苑与草场规模，在明代中后期不断壮大。到天顺四年（1460），英宗"驾幸郑村坝阅仗马"⑤，可见郑村坝马场规模声势之大，受到皇家重视的程度。而御马苑周边的百姓，可以打草卖给御马场，或帮助御马苑打短工，遛马喂养成为东坝一带百姓维持生计的主要方式。

（三）马政文化的地名遗存与古今变迁

由于明代马政的实施及御马苑马房马场和草场的设立，在东坝乃至整个京东郊区，形成了一系列与马政相关的新村落和新地名，有许多一直沿用至今。

1. 马房类地名文化遗存与古今变迁

坝上北马房，即今东坝之北的北马房。该村历史悠久，为明代御马苑

---

① （明）李贤等：《大明一统志》卷一《京师·苑囿》，载张元济选目、李致忠主编《四部丛刊四编》第 75 册·史部，中国书店，2016，第 64 页。

② 李增高：《明代的马政及北京地区的养马业》，《古今农业》2002 年第 3 期。

③ 李增高：《明代的马政及北京地区的养马业》，《古今农业》2002 年第 3 期。

④ （明）李东阳等撰《大明会典》卷二十三，广陵书社，2007，第 411 页。

⑤ （明）孙继宗等纂修《明实录·明英宗实录》卷三二二"天顺四年闰十一月己未"，"中研院"历史语言研究所校，"中研院"历史语言研究所，1962，第 6680 页。

遗址之一，曾名北马坊。宣德元年（1426）六月，设顺天府坝上南北二仓，专掌马房草料。该村即为当时所设南北二仓马房之一，因该村居北，故名北马房。今北马房村东有"草场地"，南有"马厂"，西有"马神祠"，附近的大道有"跑马沟"之称。[①] 离北马房不远，还有一个名为行宫庙的村落，是明英宗检阅马房时，驾临的行宫所在地。据记载：明英宗天顺四年闰十一月，驾幸郑村坝阅仗马。[②] 明英宗朱祁镇在此的行宫，后改为庙，成村后名行宫庙。[③] 其他马房类地名，如北高马房即今北皋村，金盏马房即今金盏村，驹子马房即今东坝乡南部驹子房村，皆与东坝相去不远。[④] 这些地名都是明代御马苑建置，在东坝流域嵌刻的马房文化遗迹。

2. 亮马河与亮马桥得名历史

亮马河与亮马桥的得名，也与明代御马苑及牧马业建置发展有关。据《朝阳文史》记载，亮马河最初是东直门外一条大车道，因地势低洼，每至汛期雨水便汇聚于此，形成季节性河道。元末时期，因附近地下水源丰沛，泉水汇流，逐渐将这条大车道变成一条小河。明洪武初年，大将徐达攻陷元大都后，将大都北城墙南缩五里，重修北城墙；将开挖的北护城河与这条小河连通，向东注入坝河。因位于坝河以南，故明代称"南坝河"。明永乐年间，在郑村坝设皇家御马苑，南坝河沿岸为牧马草地，又将南坝河易名为"晾马河"，即现在的亮马河。关于南坝河易名为亮马河，民间也有传说。据说每当皇家要使用御马时，由宫里的太监提前到此禀告，随后御马苑的太监将所选用的马匹进行冲洗，梳理鬃毛，配好马鞍、脚镫、笼头等。因御马在河中清洗后要先晾晒干净，所以将御马苑附近的南坝河称为"晾马河"，后谐音为"亮马河"。另有一说法，是早年间来自京城东部和东北部的客商马车队，在进入京城之前，大都选择在东直门外的南坝河里洗刷马匹，冲掉一路征尘。洗完马后，便将马拴在河边的大树上，等把马身上的水渍晾干了，再进城。于是就将这条河称为"晾马河"，天长日久谐音称

① 朝阳区地名志编辑委员会编《北京市朝阳区地名志》，北京出版社，1993，第389页。
② （明）孙继宗等纂修《明实录·明英宗实录》卷三二二"天顺四年闰十一月己未"，"中研院"历史语言研究所校，"中研院"历史语言研究所，1962，第6680页。
③ 朝阳区地名志编辑委员会编《北京市朝阳区地名志》，北京出版社，1993，第389页。
④ 尹钧科：《北京郊区村落发展史》，北京大学出版社，2001，第209页。

"亮马河"。亮马河上有亮马桥，相传清廷皇室从京城到东陵祭祖，需经亮马河向东行，因此在亮马河上修建了一座汉白玉石桥，称"亮马河桥"，后简称"亮马桥"。该桥因年久失修，最后废弃消失，兴建的具体年代与建筑规模已无从考证。据传桥长约 5 丈，宽约 1 丈，为石砌三券拱桥。两侧装有护桥栏杆，远望呈弯月形。当年乾隆、嘉庆、道光、咸丰等帝王到东陵祭祖时均路过此桥，有时还在桥上停辇观赏郊外的风景，所以该桥也被称为"御观桥""过龙桥""龙驾桥"。清代皇室谒东陵经此歇息，摘鞍晾马，故曾名"晾马桥"，后谐音为"亮马桥"。[①] 在桥的北面有两个村落，分置东西，东侧村落较大，称"大亮马桥村"，西侧村落略小，称"小亮马桥村"。

3. 其他地名遗存与地名历史文化

明代在推行马政，大量养马的同时，也养牛、羊、驴、猪、骆驼等，由此也形成相关村落，其中驼房营，就是明代宗景泰三年（1452）二月，造驼房三十间于郑村坝后，逐渐形成的村名。[②] 由于行政区划的变更，今驼房营属于将台地区。

二　明朝马神崇拜与东坝马神庙遗存

明代大力推行马政，并因马政而尊崇司马之神，期望以神力荫护马匹的大量蓄养。中国先民，特别是北方边疆民族，对马的崇拜古已有之。但明代是历史上首次将马崇拜提升到国家马神崇拜高度的朝代。马神祭祀被纳入朝廷的正规祭祀体系，由朝廷专门派遣官员主持，祭祀地点为马神庙。明代各地普遍建有马神庙，凡有马政的地区，均由州县官员负责主持马神庙的祭祀活动。可见明代的马神崇拜，是作为国家政治和朝廷祭祀的政治仪式和文化符号出现的，是国家正祀，而不是民间信仰和民俗文化活动。[③]

明代最有名的马神庙是御马监的马神祠，庙内立有一大钟，钟上刻有"正德十年铸，御马监马神庙供奉"十三字。[④] 明朝在东坝也建有马神庙，

① 朝阳区地名志编辑委员会编《北京市朝阳区地名志》，北京出版社，1993，第 424 页。
② 尹钧科：《北京郊区村落发展史》，北京大学出版社，2001，第 209 页。
③ 邓庆平：《明清北京的马神崇拜及其功能、意义的转变》，《北京社会科学》2006 年第 2 期。
④ 邓庆平：《明清北京的马神崇拜及其功能、意义的转变》，《北京社会科学》2006 年第 2 期。

据当地人说，明初燕王朱棣发动"靖难之役"时，与惠文帝主将李景隆在此激战，朱棣的坐骑青骢马在此役中救驾有功，故在此敕建马神庙。《日下旧闻考》记载："太仆寺每年祭马神，在通州北四十里安德乡郑村坝，春祭在二月二十二日，秋祭在八月二十八日，前期题请遣少卿一员行礼。"[1] 主祀时，主持祭祀的官员会按例辞曰："皇帝遣某官某致祭"，"往必陛辞，返必廷复"。[2] 东坝所在的马神庙也是国家举行祀典之地，此庙清代光绪年间仍存，至今犹存遗址。"马神庙"遗址位于后街村北三里之外路旁土阜上。2017 年，专家在当地调查时发现，土阜上仍存有两座"龟首"石碑座，是东坝地区马政文化和马神崇拜的历史遗存。

第三节　明清以来坝河流域村落成村历史、节气节庆庙会与神灵崇拜历史文脉

一　明清时期太阳宫形成历史、民间神灵崇拜和农耕民俗文化

（一）太阳宫以牛崇拜为中心的开耕节庆传统农耕文化

明代坝河已不再通漕。由于连年战争和自然灾害，元末明初，坝河流域劳动力稀缺、土地荒芜。明太祖朱元璋对农业非常重视，深谙"为国之道，以足食为本"的道理。永乐皇帝朱棣取得皇位后，由于北京是他封藩和建都之地，对北京地区的农业更为重视。永乐初年朝廷实施一系列减租免税、奖励垦荒屯田的重农措施，还从蒙古、河北、山西等地向北京地区大规模移民，以增加北京地区的农户。[3] 在这样的历史背景下，因坝河漕运停止而失去谋生机会的坝河沿岸百姓，利用坝河优厚的自然条件，转而投入农耕。尤其是太阳宫地区，形成了以牛崇拜为中心的开耕节庆农耕文化。因地处京畿，太阳宫的开耕节庆仪典，也受到官府礼仪的影响。

---

① （清）于敏中等编纂《日下旧闻考》卷六十五，北京古籍出版社，2000，第 1076 页。
② 邓庆平：《明清北京的马神崇拜及其功能、意义的转变》，《北京社会科学》2006 年第 2 期。
③ 李增高：《明代北京地区的农业》，《古今农业》2001 年第 2 期。

1. 太阳宫的地名由来、传说及历史文脉

太阳宫地区位于朝阳区中西部，历史上辖域面积最大时曾东起亮马桥，西至德外大街，东北至三环两侧，包括今朝阳区的麦子店、左家庄、香河园、和平街、小关、安贞等街道的大部分辖区。太阳宫因其地早年有太阳宫庙而得名。也有传说，清朝乾隆皇帝初春踏青行至此处，正好一轮朝阳从东方升起，乾隆问随从此处的地名，随从很机灵，知道乾隆喜好起名题字，便回答说此地没有地名。乾隆望了望东边的太阳，看了看西边的村子，说这个村离太阳近，便叫它太阳宫。村民得知后，为了感谢皇帝赐名，便在村头建了一座庙，叫太阳宫庙，香火极盛。

2. 春场与官府迎春仪式

中国历史悠久的农耕文化中，牛是不可或缺的主力。人们精心待牛，甚至奉牛为神，由此形成以牛崇拜为中心的开耕节节庆和春场仪典。《明会典》记载："永乐五年，设东直门外牛房仓。"① 清朝初年，朝廷在东直门外设春场，仍在牛房仓所在地，即今香河园街道柳芳南里一带。春场是明清顺天府官员举办迎春牛犁开耕仪式的地方。每逢立春的前一天，顺天府尹都会带领所属官员在这里迎春，皂隶差役抬着春牛芒神之像，有彩旗前导，浩浩荡荡经东直门回府衙，置于府衙前的彩棚内。这一天养牛的人家，还要让牛休息一天，用精料喂食。如果家有体弱的孩子，还要让他穿上蓑衣，戴上竹笠，盛一碗饭到牛栏里吃掉，意在祈求孩子能像牛一样健壮有力。立春之日，顺天府尹入朝向皇帝呈"春牛图"，谓之进皇上春，进中宫春，进皇子春。礼毕回府，杖鞭春牛，谓之"打春"劝耕。明人《帝京景物略》中描写东直门外春场仪典的《迎春曲》云："淑气晴光万户开，芊绵草色先蓬莱。林皋百鸟声相和，宫阙五彩云相回。东风猎猎赤旗止，金甲神人逐队起。群公吉服迎勾芒，乡人傩衣驱祟鬼。豹虎竿头御河柳，游丝荡漾莺求友。春胜春蛾闹五侯，恩光暗入谁先有。"② 把农耕文化特有的春场开耕节庆仪典和热闹非凡的场景描述得淋漓尽致。

春天耕耘着希望，祈盼着好年景。人同此心，心同此理，古往今来，

---

① （明）李东阳等撰《大明会典》卷二十三，广陵书社，2007，第411页。
② （明）刘侗、于奕正：《帝京景物略》卷二，北京古籍出版社，1980，第72页。

图 4 - 2　北方打春场活动画面

资料来源：《左家庄历史文化脉络研究报告》，载《朝阳区文旅局"十三五"课题研究报告》，2017。

概莫能外。立春开耕节庆仪典，对面朝黄土背朝天的农民来说，可以寄托朴素的民生民愿。民国后，春场及开耕节仪典逐渐停废。明清设置的牛房，后来形成自然村，称牛房村。牛房的名称，一直沿用到新中国成立后。80年代，牛房村建成现代居民住宅区，以"牛房"的谐音取名"柳芳"，一直沿用至今。

3. 牛王庙与地名遗存、地名历史文化

牛房仓春场以北，清代建有牛王庙，两进殿，前殿供有牛王神像，旁边有一头小青牛。[①] 民国时期的庙宇调查记载：牛王庙，坐落于东郊四分署牛王庙十三号，合村公建。本庙面积一亩，前后佛殿瓦房六间，土房二间，管理及使用状况为本村公管。庙内法物有关帝、药王、财神泥佛三座，牛王、火神、灶王泥像三座，神童共十五位。在北京，为祭祀牛神而建的庙宇并不多见，太阳宫的牛王庙是有据可查且名声较为卓著的一座，牛王庙村正是因庙得名。

关于牛王庙的传说，民间众说纷纭。最令人信服的说法，是明清时期，与农历立春时节"打春牛"和"皇帝赐春耕"有关。牛耕植谷，谷为民命。

---

① 朝阳区地名志编辑委员会编《北京市朝阳区地名志》，北京出版社，1993，第98页。

由于当时的耕种、运输、载物等诸多事宜均离不开牛，再加上牛肉美味，牛乳补身，牛粪肥田。即使牛死后，牛革可以御寒，牛宝可以医病……使得民间百姓深感牛对人的厚德，对牛也深为敬重。当时的官府也有禁止随意杀牛之律，故在此建有牛王庙。

如今，牛王庙庙宇已不存，但牛王庙牛神祭祀仪典和立春时节"打春牛"的节气节庆民俗文化，及其所承载的农耕文明，以地名的形式保留了下来，传承沿用至今。牛王庙社区即今太阳宫地区下辖的 10 个社区之一。据久居此地的老人说，牛王庙的遗迹在新中国成立前就没有了。牛王庙村早年间是仅有十几户人家的自然村，每到农历十月，周边各行各业的乡民，都要到牛王庙进香，以求平安兴旺。80 年代初，在牛王庙遗址旁修立交桥，刚建成时称为牛王庙立交桥。邓小平曾亲自过问桥名，建设单位说按地名叫"牛王庙立交桥"。邓小平说，既然是三条路交会，就叫"三元桥"吧！三元桥从此成为北京远近皆知的地名，老地名牛王庙，知道的人反倒越来越少了。①

（二）太阳神崇拜和民间太阳神祭祀文化

1. 太阳神崇拜与太阳宫庙历史遗存

太阳对于农耕社会具有非凡的意义和地位，它散发出的光和热是农作物生长的基础，其本身的运行规则，也为农耕劳作提供了最基本的时间规律和行为模式。所谓"日出而作，日落而息""春耕夏种，秋收冬藏"，都是以太阳的运行为准则。中国作为农耕古国，很早就对"生生之谓易"的太阳产生了敬畏心理，进而崇拜太阳，尊之为神，称太阳神。中国传统神话中的太阳神一共有六位，分别是：羲和、炎帝神农氏、日主、东皇太一、东君、太阳星君。明清两代，北京地区祭祀的太阳神，主要是道教中的太阳帝君。太阳帝君乃阳刚之神，司日之运行，掌火焰之轻重，日由东升，再由西坠，光辉普照大地，施恩万民。位于北京朝阳门外的日坛，始建于明嘉靖九年（1530），是明清两代帝王祭祀太阳神的地方，每年都会在这里举办祭日大典，祈求风调雨顺，五谷丰登。

"太阳宫"本是道教里太阳神的居所，从名称就可看出太阳宫地区与太

① 《太阳宫文化历史发展研究》，载《朝阳区文旅局"十三五"课题研究报告》，2017。

阳神崇拜和道教祭祀，有着密不可分的联系。太阳宫地区曾有一座名为"太阳宫"的庙宇，与专供帝王祭祀太阳神的日坛不同，是民间普通百姓供奉和祭祀太阳神的地方。历史上北京城郊的太阳宫不止一处，城北与城南都有祭祀太阳神的宫观。如今，城南城北的太阳宫都早已荡然无存，但城北的这一座太阳宫作为地名，沿用至今。

据民国时期北平市民政局记载的太阳宫寺庙存档："太阳宫，坐落东郊四区太阳宫九号，建于清嘉庆十年（1805），属合村公建。本庙面积南北十弓（约16.5米），东西十八弓（约29.7米），房为殿三间，瓦房三间，土房五间，山门一座，砖影壁一座。管理使用情况为合村设立小学校一座，又租与张姓房六间开小铺。庙内法物有大小泥塑佛像四座，铁磬一个，铁钟一个，绿琉璃瓦香炉一个，蜡扦一对，铁花瓶一对，白石狮子一对，另庙内有榆树两棵，柳树两棵。"[1] 从以上记载可知，太阳宫庙不大，是一座民间小庙，供奉日月水火之神。

关于这座太阳宫庙，民间有不少传说。某年干旱，村民到太阳宫庙烧香求神降雨，可干旱依旧。村民认为是太阳神嫌庙建得太小，便凑钱重修了一座七七四十九丈的大庙。庙里塑了太阳、太阴两尊神像。老百姓再求神下雨，一时间雷电大作，顷刻间大雨哗哗而下，村民认为是神仙显灵了。后来太阳宫庙显灵的消息传开，城内外的达官显贵纷纷到此求神许愿，带来许多珍贵的财物，连乾隆爷也微服前来，带来了大量钱物。所以，太阳宫庙很富有。有一个附近村的财主，贪心狡猾，夜里溜进庙里偷走大量钱物，装了整整一马车，当他准备逃走时，拉车的两匹马突然嘶叫，站在庙门正中间，纹丝不动，怎么赶都不走。这时，庙里突然出现一道亮光，把财主吓得浑身颤抖，顾不得马车便连滚带爬地逃回家了。[2]

2. 民间太阳神祭祀文化

每年二月初一，太阳宫全村村民都会到太阳宫庙祭祀太阳神，祈求一年风调雨顺、农事顺利。据说早在周朝，周廷便已经形成春分祭祀太阳的习俗。唐朝是农历二月初一举行太阳祭祀，自唐贞元五年（789），唐德宗

① 北京市档案馆编《北京寺庙历史资料》，中国档案出版社，1997，第424页。
② 蒋效愚、李凤玲主编《京畿丛书·朝阳》，北京图书馆出版社，1998，第55～56页。

立二月初一为中和节，规定这一天祭祀太阳。而民间则饮中和酒，祀日神，并互赠刀尺等农具，以鼓励耕作。至明清时期，北京也有过中和节的习俗，《燕京岁时记》记载："二月初一日，市人以米面团成小饼，五枚一层，上贯以寸余小鸡，谓之太阳糕。都人祭日者买而供之，三五具不等。"① 太阳宫村民也不例外，到二月初一就要吃太阳糕。太阳糕是一种由江米面和糖做成，中间放枣泥馅儿的糕点，既是节庆的食品，也是供品，用以祀日之用。古代金乌代表太阳神，因此多在表面印上金乌圆光的图案，也有在饼上印金鸡图案的，所以太阳糕又名"小鸡糕"。

图 4 - 3　印有太阳图案的太阳糕
资料来源：北京朝阳区文化馆非遗中心供图。

图 4 - 4　印有金鸡图案的太阳糕
资料来源：北京朝阳区文化馆非遗中心供图。

之所以印金鸡图案，是因为金鸡与太阳的神话渊源。先秦古籍《山海经》记载：东海有神山，名度朔山，山上有大桃树蟠屈三千里。树上有一只金鸡，树下有神荼、郁垒二神，每当太阳升起的时候，金鸡大鸣，天下众鸡从而齐鸣。后世人也常用金鸡代表太阳。因为太阳糕同时也是供品，买主不说买，而是说"请"太阳糕，借"太阳高"的谐音，图个吉利，祈求吉祥兴旺。北京地区民间二月初一祭祀太阳神的场景，《帝京岁时纪胜》中也有记载："京师于是日以江米为糕，上印金乌圆光，用以祀日，绕街遍巷，叫而卖之，曰太阳鸡糕。其祭神云马，题曰太阳星君。焚帛时，将新正各门户张贴之五色挂钱，摘而焚之，曰太阳钱粮。"②

而据太阳宫村老人回忆，除了二月初一，正月初七和二月初二，也是

---

① （清）富察敦崇：《燕京岁时记》，北京古籍出版社，1981，第 56 页。
② （清）潘荣陛：《帝京岁时纪胜》，北京古籍出版社，1981，第 13 ~ 14 页。

太阳宫庙进香的日子，香火极旺。不祭祀供神的时候，太阳宫庙，是村里孩子们上课读书的地方。民国末期，太阳宫庙已兼具供神、办学、开商店三种功能。到 20 世纪 50 年代，太阳宫庙及庙内的法物均已荡然无存。政府用古庙建太阳宫乡公所，1961 年成立太阳宫人民公社。祭祀太阳的民俗和太阳糕，也淡出人们的视野。进入 21 世纪，随着传统文化的回归，太阳糕这一几乎被人淡忘的太阳神祭祀仪典节庆食品，又恢复了生机，在稻香村等老字号糕点铺，又能重新看到它的身影。

二 清末民国到新中国成立以来太阳宫的历史变迁与功能扩展

（一）清末民国到新中国成立初期太阳宫转型为京城老菜乡的功能变迁

清末民国以来，由于水清土肥离城近，太阳宫一带的农民，除沿袭明清以来的农耕生计外，多以种菜为生。除自己食用，常年为城里供菜，成为京城著名的老菜乡。

新中国成立后太阳宫地区曾种植过玉米、高粱和水稻。"文化大革命"后不再种粮食，改为种植蔬菜供应城内，成为京城菜乡。主要种植的蔬菜有黄瓜、辣椒、西红柿、大白菜。在东直门有专门的蔬菜收购点。20 世纪 70 年代，二里庄还有大菜窖，用于蔬菜储存。

著名作家叶广芩幼年时曾在太阳宫亲戚家小住，她的小说《太阳宫》再现了当年太阳宫的生活场景："有时候母亲会领我到太阳宫住两天，太阳宫是乡下……这里所有的农户都种菜，有人早上专门来收菜，用挑子挑进城里去卖，城里人都知道，太阳宫是北京城有名的老菜乡。太阳宫鼎鼎有名的菜是韭菜和青韭……青韭是冬天过年出现的鲜货，产自太阳宫的暖棚，细嫩的青韭比头发丝粗不了多少，黄绿黄绿的，包馄饨吃，那是冬天无可替代的一口。"① 从作家的描述中，可以想见太阳宫作为老北京蔬菜基地鲜活的生活场景。1983 年，太阳宫乡为城区提供蔬菜 1678.3 万公斤，粮食 32 万公斤，猪肉 16.7 万公斤，蛋 44.3 万公斤、鱼 4.6 万公斤，成为京城名副其实的"菜篮子"。太阳宫村就此实现由传统农耕向现代蔬菜基地贸易转型。

---

① 叶广芩：《太阳宫》，太白文艺出版社，2015，第 26 页。

（二）改革开放新时期以来太阳宫地区经济向第三产业转型

进入改革开放新时期以来，随着北京城市的发展与扩张，位于城乡接合部的太阳宫一带村民，逐步放弃了种植蔬菜的老营生，向商品贸易、房地产等第三产业转型。

到20世纪90年代，太阳宫地区纷纷建起简易砖瓦房。太阳宫村的农民院子，大片大片地出租给外地打工者和小商贩。90年代后期，早已不种菜的太阳宫村民，延续当地蔬菜商品流通交易传统，建起了农贸市场——太阳宫农贸市场。市场中汇集了四五百家商铺，蔬菜水果、水产肉类、糕点小吃、花鸟鱼虫、日用百货应有尽有，成为朝阳区最大的农副产品零售、批发市场之一。

进入21世纪，北京城市轻轨、地铁和高速公路相继完善，太阳宫的地理优势更加凸显。它地处北京东部亮马河新商圈，有绿地河湖，成为房地产开发商定位的"市内桃花源"。随着区域内房地产快速崛起，太阳宫地区的拆迁工程不断加速。2013年，太阳宫农贸市场停业拆迁，转型为北京东部第三产业新商圈。

如今，太阳宫及周边地区的古村落、庙宇遗存，连同绿油油的菜田已经消失。代之而起的是东湖别墅、燕莎商城、京信大厦、三元桥、化工大学等现代商业大厦和众多现代城市居民小区。但太阳宫人对"太阳宫"标示的太阳宫历史文脉和文化遗产，一直情有独钟，传承有序。21世纪前后，在撤厂兴商建市的热潮中，现代新建筑也有不少以"太阳宫"命名。新开通的地铁，以太阳宫为地铁站名；新建成的"太阳宫公园"，成为城北历史文化景观新亮点。

第四节　元明清坝河流域的商贸文化与墓葬遗存

一　以东坝为中心的坝河流域商贸文化源流

（一）东坝镇地理位置与商贸文化形成历史

东坝镇历史悠久，位于坝河、亮马河、北小河三河的交汇之处，是辽金元明清历代京郊通往燕都的必经之地。元朝坝河曾是朝廷掌控的漕运重地，深受漕运文化影响，并由此孕育出坝河流域漕运文化和郑村坝等沿河码头集镇商贸文化。明代坝河流域成为朝廷皇家御马苑所在地，是国家马政中心和马房重地。元明两朝，坝河流域基本沿漕运商贸文化和马政文化两条历史文脉发展。而郑村坝作为坝河流域这两条历史文脉发源交汇之地，兼具两种文脉的底蕴和优势。

进入清朝后，郑村坝作为明代皇家马场和马政中心的优势和功能消失。最终连郑村坝这个名字，也逐渐被"东坝"代替。如《潞城考古录》考证，到清代，人们习惯上已经将原来的郑村坝称为"东坝"。

东坝镇商业繁盛，特别是作为京东一带粮食集散地，其年代据当代学者考证，应该是清朝康乾初年。清康熙十六年（1677），曾为了部分漕粮转运至东直门、朝阳门附近，疏浚过一次东护城河，坝河支流亦有疏浚记载。此次粮食中转，开启了日后东坝在粮食集散中的重要地位和作用。据学者考证，东坝一直是京东一带的粮食集散地和农副产品交易市场。在东坝的商贸体系中，粮食生意一直是重头。[①] 清朝以前，北京城的粮食，主要依靠朝廷垄断的漕运系统供应，市场自发调节的民粮商业系统，分量很小。入主北京城后，清廷推行"迁汉令"，汉人被迫迁出内城。内城分驻八旗，拱卫皇宫，实行兵民分城居住。清政府还下令内城不许建会馆、戏院等文化娱乐设施，这些设施和汉人开设的商店一律迁到外城，外城是商人和汉人汉官的聚居地。文武百官、八旗子弟及其他公职人员，由政府垄断的漕粮供养；汉人、汉商和普通百姓，只能依赖米商贩子贩卖禄米为生。东坝处于京东京郊，从通州到京北的粮食，必须经过东坝中转。东坝作为粮食周转重镇，粮食集散贸易功能得以持续不断发展。[②] 粮食集散贸易在一定程度上推动了东坝镇和周边的商贸发展，使其成为方圆十几里周边村落的商贸集镇中心。吸引坝河流域一带村落乡民前来赶集，推动东坝集镇社会结构变迁；逐渐由近郊传统农耕村落群，转型发展为具有商业贸易功能的大集

---

①　孙爱军主编、北京民俗博物馆编《东坝民俗文化志》，民族出版社，2009，第18页。
②　《坝河流域（含东坝古镇）历史文化资源保护与利用研究》，载《朝阳区文旅局"十三五"课题研究报告》，2017。

镇。形成东坝独具特色的商贸文化，整个东坝镇，几乎家家亦农亦商，商业气息浓厚，经营各种买卖成为主要谋生手段。①

因由粮食贩运兴起的集镇街市，使其他行当也应运而生。鳞次栉比的商铺一时间在东坝大街上蔚为壮观。东坝的商铺，不仅种类五花八门，而且很能体现东坝的地域特色。作为京东京郊少有的大集镇，已经具备北京城内商铺分类细化的规模。例如粮行、"斗局子"专门买卖周边乃至邻省的粮食，大小牙行则专门负责联络短途、长途的牲口交易，"老店"则主要为过路的行商服务。东坝镇商贸鼎盛时期，共有108家商铺。从当地老人回忆绘制的东坝大街商铺分布图中可以看出，清末民国时期，在横贯东西的这条老街上，商铺比比皆是。从收粮食的中介机构"斗局子"和买卖粮食的粮行到兼批发零售的杂货铺，再到办红白喜事的杠房、专门给贩牲口的商人住宿的老店，种类齐全，应有尽有。其中，光"斗局子"就有历斗、老肖斗、双肖斗、黄斗、应张斗、康记斗局子、肖记斗局子、双王斗、双李斗、双张斗、钱斗、高周斗等十余家。粮行有泰顺粮店、广福长杂粮店、鸿盛和粮店、义泰昌粮店、永盛和粮店等；各种饭铺有时遇斋、德盛斋饭铺、颜记茶饭铺、大金环烧饼铺、韩记烧饼铺、薛记炸货店；肉铺有德泰肉铺、东兴顺羊肉铺、吴记肉铺、薛记羊肉铺、张记肉铺；油盐店有德盛隆油盐铺、毕记油坊、大丰油盐店；果子局有大同兴果品部、顺利果局；茶店有巨丰茶庄；布店有广兴布店、福兴布店、玉盛祥布店、致成祥、霍德顺布店；染坊有王记染坊；老店有海龙馆老店、李家老店、毕家老店、蛤蟆馆、西门义和馆；剃头铺有小不点剃头房、张三剃头、韩记剃头、西来顺剃头、张记剃头等；车铺有张车铺、宋记修车铺、振兴修车铺；煤铺有兴隆煤铺、大兴煤铺；兽医有德山堂兽医；香堂有三官庙香堂；药铺有太和堂药铺、和仁堂药铺、王记药店、寇记药店、永泉堂药店；寿材铺有刘记寿材铺、任记冥衣铺、景记寿材铺……②

东坝镇拥有固定交易地点的商铺，保证了镇内和周边村落日常商品交

---

① 《东坝三村历史民俗文化资源保护与利用研究报告》，载《朝阳区文旅局"十三五"课题研究报告》，2017。
② 孙爱军主编、北京民俗博物馆编《东坝民俗文化志》，民族出版社，2009，第32~33页。

易的时间、效率。兼顾旧时物流商贸的周期性特点，集市也成为东坝地区贸易的重要方式。东坝在成为京东重要商业集镇后，它的集市自然也成为粮食贸易之外的重要商业贸易补充。民国年间北京东北郊的集市分布，每月逢三、七、十是东坝集，初四、初八、初十一是孙河集，初二、初五、初九是天竺集。在时间上进行错落搭配。东坝镇，每月逢三、七、十日的赶集日，仍保持京东粮食集散地和农副产品交易市场"集之盛地"的规模和传统。东坝街市上，盛大的娘娘庙庙会和其他节气节庆庙会，作为农村交易市场的传统，也一直持续沿用。①

（二）东坝集镇街市商贸文化与庙宇庙会民风民俗

清中期以来，东坝镇的商业发展，在带来地方社会结构变迁的同时，商人力量已参与到当地公共事业中。嘉庆十八年（1813），"本坝众善人"捐资重修东坝显应禅寺，从碑阴刻写的题名中，可以看出捐资人大部分是村中的商号，既有饭铺、粉房、烟袋铺、布铺等日常店铺，也不乏晋昌号、恒昌号、万聚号等大商铺。甚至还有盐店②。随着商业繁荣发展，东坝基本脱离了农耕社会自给自足的小农经济模式，衍生出多种商业模式下的生产方式，人们的生活也随之发生变化。娘娘庙庙会、京剧票房、京东金铃祖狮盛会等，也成为东坝镇新兴的高雅文化和民俗文化。

1. 东坝的老字号与集市庙会商贸、节气节庆民俗文化

（1）斗局子

东坝地区的粮食贸易，是其最具代表性的商贸活动。其中"斗局子"是专门买卖粮食的中介机构。之所以称为斗局子，与粮食买卖使用的工具有关。旧时粮食交易所用的容器主要是合（各）、升、斗。十合为一升，十升为一斗，十斗为一石。东坝斗局子有18家，如历斗、老肖斗、双肖斗、黄斗、应张斗、康记斗局子、肖记斗局子、双王斗、双李斗、双张斗、钱斗、高周斗等。③粮商通过这些当地人开办的斗局子进行粮食贸易，主要征收当地和北京周围地区的粮食，然后再转卖到京城。

① 孙爱军主编、北京民俗博物馆编《东坝民俗文化志》，民族出版社，2009，第17页。
② 孙爱军主编、北京民俗博物馆编《东坝民俗文化志》，民族出版社，2009，第19页。
③ 孙爱军主编、北京民俗博物馆编《东坝民俗文化志》，民族出版社，2009，第32~33页。

（2）大小牙行

所谓"牙行"，相当于今天的中介、经纪人。其主要职责是为买卖双方说合交易，评定货物价格质量、商品斤两，防止买卖过程中的欺诈行为。东坝镇称为大、小牙行的，专指进行牲畜买卖的牙行。大牙行就是指买卖大型牲口的，如牛、马、驴等；小牙行指买卖猪、羊等小型牲口的。在东坝镇，牙行中姓郑的人家，属于有名的势要之家。郑家在东坝开的牙行据说有"龙票"，"龙票"即清政府颁发的牙贴，相当于营业执照。每逢集日，周边村民便前来赶集，买卖牲口。大小牙行交易的固定地点，位于东坝驴市街的空地上。①

（3）东坝老店

"老店"在东坝并不是指一般意义上的老字号店铺，而是专指为来往运货的商人提供住宿的旅店。新中国成立前，过往商人运货基本是大车、骡马或者骆驼，所以这些老店都备有大车棚、骆驼棚、骡马圈，客人进店后把牲口直接拴在槽上，店家早就备好草料喂养牲口。东坝的老店大多集中在东坝镇北边，有毕家牲口店、李家骡子店、蛤蟆馆猪店、海龙馆猪店、义和馆牲口店等。这些老店都有宽敞的庭院空间，保证有足够拴喂牲口的地方。

（4）财神会

明清时期，粮食行业多由山西商人经营，东坝地区的粮食交易市场也基本上被山西粮商所垄断。他们通过当地人开办的"斗局子"征收当地和北京周边地区的粮食，然后再转卖到京城。最初聚集在东坝的山西商户，出于自我保护和维护共同利益等原因，出钱修葺了一座关帝庙以保佑山西商人生意兴隆。后来关帝庙发展成了山西会馆，当地人便形象地称之为"财神会"，比喻是"财神"集会的地方。"财神会"除了联络乡谊、聚众议事之外，如果在东坝经商的山西人客死东坝，一时不能回归故土下葬，也会把尸体存放在会馆里。

（5）东坝商会

东坝镇最早的商会成立于清末民初，韩瑞宣是第一任会长。东坝镇的

---

① 孙爱军主编、北京民俗博物馆编《东坝民俗文化志》，民族出版社，2009，第39~43页。

商户，每年都会推选一位新会长。因为会长要经常协调商户间的矛盾，因此能够胜任会长的人必须是德高望重的商户。商会除了保护商家的利益和安全之外，也会提供一些其他的服务。例如，当时东坝唯一一台电话就属于商会，商品价格的涨落以及与外界信息的沟通也都依赖于此。所有加入商会的商户都可以无偿使用电话。商会也会组织参加公益活动，在需要救灾、修庙、修坝的时候，商会必然会组织各商户捐钱。

（6）东坝镇商铺民风民俗

东坝镇上店铺多，商家对"三节（五月节、八月节、春节）"特别重视。五月节、八月节时，店铺老板总要做点好吃的犒劳店铺的伙计们，一般掌柜的都会给伙计或者学徒一点钱，称为"草帽钱"。

春节的时候，则更加热闹。在农历二十的时候，铺子里会请四五个厨子，在掌柜家中搭炉灶杀猪，一天一宿地在那里做菜。从大年三十开始，一连几天，掌柜的和伙计们不再营业，一同欢度节日。① 北京其他地方春节开市时间是初六，东坝地区由于是逢三、七、十的集，因此东坝的开市时间是初七。初七当天凌晨三点，各商家就已经提前开始准备。当天扫地，讲究不能往外扫，只能往里扫；土也不能倒出去，因为那就是财土。把店铺门打开后，先放炮，柜上的先生拿着算盘拨得山响。算盘声音大，说明这里忙，生意红火，就是讨个吉利。这时候就连乞丐也会跟着忙活，到处向各个商家讨钱，而商家也都乐意给。这时候各个商家之间也会互相道喜，说些"开市大吉"之类的话。甚至还有人唱开市喜歌："鞭炮一响把张开，明灯蜡烛点起来。玄天大帝当中坐，文武财神两边排。增福仙，增寿仙，还有福禄寿三仙。刘海本是海外仙，刘海回回来进宝。刘海步步撒金钱，金钱撒到百宝地。富贵荣华万万年，富贵荣华万万年。"②

2. 东坝的花会传统

花会是北京民间传统民俗文化的一种重要形式。每逢节日、婚丧嫁娶，各种会档便聚在一起，进行巡游表演，谓之"走会"。北京地区的花会主要兴盛于明清时期，到清代，花会形成了"十三档"走会形式。东坝地区的

① 王文和：《京东重镇——东坝风情录》，东坝地区工委，2009，第100页。
② 孙爱军主编、北京民俗博物馆编《东坝民俗文化志》，民族出版社，2009，第35页。

花会历史比较悠久，花会的人员构成，带着鲜明的地域性特色，大多出自同一村乃至同一条街上。例如狮子会的成员多集中在北门村，人们习惯称该会为"北门的狮子"；中幡则以驴市街为中心。享誉京东东坝的"八大会"，除了狮子会以及中幡外，还有西门的秧歌、南道口的挎鼓、娘娘庙街的花坛、大街的开路、历斗的文场、白衣庵街的太平会。①

（1）东坝狮子会（金铃祖狮）

东坝北门村的"狮子会"，建于明朝正统年间，在京城内外颇有名气。狮子为一青一黄，青狮造型凶猛异常，头重70斤，舞将起来，彪悍有力，让人毛骨悚然。黄狮子造型雄伟，威风凛凛，头重80斤。这对狮子脖子上各戴8个碗口大的金光闪烁的大铜铃，舞动起来神气十足，铃声大作，震天动地，附近十里的人都能听到。民间传说狮子是文殊菩萨的坐骑。

清乾隆年间，大臣刘墉为葬在东坝北门村东侧的乾隆三女儿固伦和敬公主清明节扫墓时，发现了青、黄狮子在村口戏耍，被当时的表演所吸引。刘墉回宫后，把看到的狮子禀告乾隆帝。此后狮子会被召进皇宫里表演，乾隆皇帝看后龙颜大悦，将其封为"金铃祖师"，位列京城十三档太狮之首。因为此狮受过皇封，辈分大，京城所有的狮子会都要让它几分。只要它一出场，各堂狮子都要闭目领首，向其致敬，在舞狮过程中，它只要一转身面对众堂狮子，狮子们便立即匍匐在地，甘愿称臣。

"金铃祖狮"在坝河流域声名很大，在当地人心中几乎成为具有神力的"镇物"。据说，东坝地区各庙宇的神像塑造金身时，都得请这对狮子去。有人家遇到诸如开业这样的喜事，也都请狮子。虽说当年请花会表演是不收钱的，但这对狮子出面要讲究排场，得在当地够得上份、有头有脸的人家才请得起。金铃祖狮在当地最出彩、最为人津津乐道的表演，是它在东坝镇最热闹的娘娘庙庙会上的"狮子扫殿"。

北门村几代人把狮子传承下来，1979年，作为重要历史文物，由首都博物馆收藏。东坝乡文化站为了让祖祖辈辈传承下来的这堂狮子，永远活

---

① 孙爱军主编、北京民俗博物馆编《东坝民俗文化志》，民族出版社，2009，第139页。

在人们心中，又仿照原狮子造了一对，遇有节庆庆典，都应邀出会表演，展示它的风采。

（2）东坝开路圣会

"开路圣会"是幡鼓齐动十三档花会的头档会。东坝开路圣会建于清朝，由东坝十八张斗局子的斗头（外号郭小手）建立。大部分成员都是扛大个（扛粮食）出身，个个膀大腰圆、身体健壮。当时这档会除了年节和斗局子开市进行表演外，还和东坝其他会如狮子会、中幡、文场等外出走"香道会"和"局会"表演，在京城内外小有名气。

走会过程中，充当先锋的开路，多则五六人，少则二三人参加表演。其中一人装扮成类似神话中的妖魔鬼怪，花脸、散发、赤臂，上下一身黑色服饰，腰间则围上一虎皮裙，手执一钢叉。边走边舞，叉不落地。据称其主要功用就是打鬼，在前面一通乱舞，把路上那些看不见的鬼魂赶走。[①]东坝的开路圣会以动作娴熟、套路多、动作惊险著称，主要有：苏秦背剑、掸双翅子、怀中抱月、地拉拉儿、踢叉、扔叉、双人过叉、前后托月、十字批红、掏轱辘、连环翅子等。

北京解放前，东坝开路圣会有个叫田猴子的练家，能在东坝火神庙屋脊上和五张叠起的高桌上表演高难度动作，成为一段佳话。改革开放后，练叉把式刘广德在乡文化站的支持下，恢复了开路圣会。通过寻师访友，基本把北京原汁原味的开路圣会套路传承下来。

（3）东坝中幡

东坝的"中幡"，由驴市街大牙行的郑月山组建而成。中幡是一根长长的杆，上面有一面杏黄带红边的大旗，写着"晃动乾坤定太平"字样。有些中幡还有小塔、小旗、铜铃等装饰。[②]中幡上一般会挂用绸布做的幡伞，幡上绣着各种神像。幡的上端挂着用布圈成的圆桶子，行话叫"娄子"，竿上斜插两面带火焰的三角旗，旗上绣着这档会的名字，旗与娄子上都挂着许多小铃铛，下面是用细竹绑成的长方形架子，叫耙子，耙子下面挂一个长三米左右、宽一米左右带有飘带的幡。幡上面还绣有各种图案，如关公、

---

① 蒋效愚、李凤玲主编《京畿丛书·朝阳》，北京图书馆出版社，1998，第142页。
② 蒋效愚、李凤玲主编《京畿丛书·朝阳》，北京图书馆出版社，1998，第144页。

八仙人、十八罗汉等。而一筒幡重三四十斤，表演时加上有风的阻力，很不好掌握平衡，对表演者的要求很高。[①]

走会过程中，中幡也有一定的规矩。"凡遇到各村口的栅栏，中幡不能扛着出去，得把中幡高高地扔过去，那边的人得稳稳当当接住，甚至接的时候还不可以用手而必须用下巴。"[②] 中幡的表演套路很多，如怀中抱月、霸王举鼎、二郎担山、背花、腰串、张飞蹁马、老虎大撅尾、脑健、齿健等。[③]

（4）东坝挎鼓

所谓"挎鼓"，便是指"神胆"。挎鼓组建于清朝乾隆年间，南道口的挎鼓也被称为大鼓会。在走会时，是排在幡鼓齐动十三档的最后一档。大鼓分为文武两类，一般文会有十面十鼓，八个小锣，四个花钹。武会在此基础上则另外还有 24 对花钹。

挎鼓直径有 70 厘米、高 60 厘米，重三四十斤。表演时用一根多层红布做成的宽带拴在鼓上，把宽带挎在脖子上，左手扶鼓，右手拿槌击打鼓面，打出轻重缓急有节奏的套路。常用的鼓点有开门鼓、戳鼓、冷点、鬼叫门、三参等。按照走会的规矩，开始走会时要听到挎鼓打出的开门鼓，其他各档会才能按照顺序做好准备，打第二遍鼓时各会便开始表演，收会时也要听到挎鼓打出的收会信号才能结束。[④]

（5）东坝高跷

高跷在东坝指高跷秧歌。秧歌分为地秧歌和高跷秧歌。地秧歌就是地下走着表演的秧歌，高跷秧歌是表演者在腿上绑上用杉木做成的三尺多高的跷，表演者踩在上面表演，就叫高跷。就具体表演内容而言，地秧歌和高跷秧歌表演的人物完全相同。

高跷又分为文跷和武跷，文跷以刻画人物为主，武跷连唱带舞并做出各种高难度的动作。东坝西门的高跷则文武兼备，由 12 个角色组成。陀头：

① 王文和：《京东重镇——东坝风情录》，东坝地区工委，2009，第 145 页。

② 孙爱军主编、北京民俗博物馆编《东坝民俗文化志》，民族出版社，2009，第 145 页。

③ 王文和：《京东重镇——东坝风情录》，东坝地区工委，2009，第 145 页。

④ 王文和：《京东重镇——东坝风情录》，东坝地区工委，2009，第 144 页。

双手持一对短木棒，在前面引路，边打边走，后边的角色根据他的节拍快慢做出所扮演的角色的规范动作。此角色是整个秧歌会表演时的总指挥，起止、表演何种内容，以其木棒击打的节奏为令；樵夫：头戴软斗笠，身披黑绛衣，肩扛扁担，腰插板斧；渔翁：手拿一根鱼竿，头戴软斗笠，身穿金黄衣袍，银白长须；渔婆：身穿彩裤，脸敷脂粉，头戴花斗笠，身披璎珞，臂挎鱼篮；公子：身穿彩色长衫，下穿彩裤，头戴公子帽，手持折扇，眉间常画仙鹤或蝴蝶图形；老坐子：上身穿大襟红袄，下身穿彩裤，头戴冠箱，面色紫青，手拿羽扇；小二哥：身穿花衣、彩裤，头梳孩儿发，有时也梳成朝天小辫，是一个手持红缨鞭，臂挎荆筐的少年形象；打锣二人：身穿彩衣彩裤，头戴绒球冠，状若美妙少女，二人各手持小锣一面；打鼓二人：二人同样装束，身穿红衣、黑裤，头上戴扁插绒的高筒帽，身上挎花鼓，两手各持一根鼓槌，上下翻飞击打。

秧歌会的十二个角色一般由男子扮演，只有小二哥为少年扮演。高跷的表演套路比较多，主要有：过脑、蹲桩、正反叉、擦肋、蜻蜓点水、拜四方、四方叉、铁板桥、小背剑、大背剑、摔叉带反拉叉、怀中抱月、蝎子爬、大顶、蝎子挑勾。双人表演有：连环飞叉、拧身骆驼、对面蜻蜓点水。集体表演节目有：连环叉、拉大骆驼、集体四方叉等。[1]

3. 东坝娘娘庙和娘娘庙庙会历史

明代以来，由于道家碧霞元君信仰的兴起，北京东部地区逐渐形成了碧霞元君朝拜圈，清中叶以后趋于完善，并延续至民国时期。坝河流域的村落中，分布着众多的碧霞元君庙，当地称为"娘娘庙"，称碧霞元君为"老娘娘"或"娘娘"。

东坝的娘娘庙，是京东一带朝拜娘娘的中心地。东坝娘娘庙始建于明代正统年间。庙宇坐北朝南，为三进殿。前殿为四大天王殿，殿前有一对汉白玉石狮和一对夹杆石座，杆座上立有旗杆。中殿为正殿，建筑规模最大，殿内供奉天仙娘娘、子孙娘娘和眼光娘娘。后殿供奉斗母娘娘、金衣娘娘。另外还建有东西配殿。原庙宇对面有一座坐南朝北的木结构戏楼。[2]

---

① 王文和：《京东重镇——东坝风情录》，东坝地区工委，2009，第146～148页。
② 朝阳区地名志编辑委员会编《北京市朝阳区地名志》，北京出版社，1993，第735页。

另据 1928 年民国《北平特别市政府寺庙登记》记载："天仙宫，坐落东郊区一分署娘娘庙街四十二号，明万历年公建，清乾隆年、光绪年合村重修，民国十七年重修。本庙面积东西十二丈，南北三十二丈，房六十一间。管理及使用状况为合村公管。庙内法物有四神殿，马、赵、温、刘四帅站像。中院大殿天仙、送子、眼光娘娘三位，站童十四位，站像灵宫一位；东殿火神、药王、药圣、灶君、财神、站童六位；西殿龙王、岳王、青苗、城隍、土地、站童六位；后殿金花斗母、送生引、蒙水引、斑疹催生、圣母娘娘座像、站童六位，以上皆泥塑；铁香炉四个，铁香鼎两个，铁钟一口，三官经三部。另有石碑四座，石狮一对，松柳树十四棵，水井一眼，带座旗杆一对。"[①] 娘娘庙整个建筑布局严谨宏伟，是京郊历史悠久、规模较大的庙宇之一。

清末民国时期，每年农历五月初一至初七，东坝会举办盛大的娘娘庙庙会。庙会期间，场面十分壮观。从东坝主街到娘娘庙街，从南到北，两侧棚帐、摊位鳞次栉比，商贾云集，百货杂陈。地方风味小吃、时令和应季货物应有尽有。各种娱乐项目有：唱大戏、翻跟头的，打把式的，拉洋片、套圈的，卖噗噗登、牛喇叭的，卖风筝的，卖风车的，吹糖人的，让人看得眼花缭乱。

赶庙会的人山人海，主要来自城乡内外、四乡八镇。从三河、蓟县、顺义、通县等地远道而来赶庙会的人很多。有的赶着大车、骑着毛驴，先到的头天住东坝旅店歇脚。步行者更多，因此特别在东坝板桥村双关老爷庙前和驴市上坡（赶庙会东路和山路香客必经之路）设立了义务供水站，为香客接风。

娘娘庙庙会最壮观的一幕，是初一开山门举行的金铃祖狮"狮子掷门"和"狮子扫殿"仪式。初一开庙会的时候，北门的狮子从庙外起舞，一直要到娘娘庙的山门之前。先由"狮子掷门"的仪式来打开庙门。庙门打开之前，两只狮子分卧左右，屁股对屁股，头向前。哪路会要进庙，得先到狮子前叫门。叫门的必须是十三档会的前三档，也就是开路、五虎棍和高

---

① 北京市档案馆编《北京寺庙历史资料》，中国档案出版社，1997，第 186 页。

晓。会首到狮子前说："自古西岐第一牌，文殊普贤降下来。弟子带领小会来奏事，望求圣兽把门开。容我弟子把香降，回头跪倒地尘埃。"此时狮子尚不开门只是回答："金顶圣驾在居中，黑虎玄坛背后拥。清音童子谨守驾，四值功曹引大同。杠子门闩掷子锁，一对圣兽把门封。"这时，会首得接着说："再三再四你不开，文殊童儿降下来。手掌戒尺朝下打，照你兽头打下来。"最后再加上一句："请祖师板赏门子。"狮子若还不开门，会首就开始打狮子。这是旧时庙会开门的传统。

等狮子开了庙门之后，前来逛庙进香的人还是不能进去，得先请这狮子进去，进行"狮子扫殿"的仪式。这时锣鼓喧天，金铃祖狮在会首的带领下来到大殿前。会首上香三叩首，两只狮子舞闹着围着三位娘娘绕圈，在殿内翻舞。用力摇晃铜铃，再做上一套规定的动作，狮子扫殿就算完成了。这个仪式象征着驱邪扶正、吉祥如意，给赶庙会的商人、百姓带来好运。庙里香火旺盛，商人买卖兴隆、农民五谷丰登、招财进宝、六畜兴旺。仪式完毕后，香客蜂拥而至，这时庙里的道士吹起笙、管、笛、箫，诵经作法，磬音缭绕。小贩的吆喝声与戏台上的锣鼓声此起彼伏，把庙会热烈的气氛带入高潮，直至初七庙会结束。

新中国成立后，随着娘娘庙和庙会的消失，狮子扫殿的景象不再出现。现在该庙的多数建筑已被毁弃，仅存后殿三间、东西耳房各两间，房顶已更换新瓦。保留较为完整的文物为两个汉白玉狮子石座和两个夹杆石。西耳房于1986年翻建为东坝中心小学学校办公室，而石狮子被埋入小学的操场。娘娘庙遗址现已被公布为朝阳区区级文物保护单位。

4. 东坝京剧票房——"憩余同乐社"

随着东坝镇商业的繁荣发展，东坝基本脱离了农耕社会自给自足的小农经济模式，衍生出多种商业模式下的生产经营方式，人们的生活也随之发生变化。作为调剂生活不可或缺的娱乐活动，东坝的有钱人也紧跟当时京城娱乐潮流，引进了方兴未艾的业余京剧社团——票房。票房的来历，据说与出征打仗的八旗子弟兵有关。传说乾隆征战大小金川时，因行军外地思念家乡与亲人，加之征途百无聊赖，一些八旗子弟兵开始自编词曲、自娱自乐。当时专门登台演唱的人，需持有官方发放的许可证，俗称

"票"。所以，演唱就被称为"唱票"，而业余歌唱者之间就互称为"票友"。后来票友就成为业余演唱者的代称，演唱时票友们汇集一堂，汇聚演出的地点就叫作票房。

以往东坝周边的农村，乡民们多是听梆子戏；只有潜意识里将自己和普通农民区别开来的东坝人，才独树一帜地玩起了"票房"。这种意识是东坝作为地方性经济商贸中心，在农村生活领域内，对集镇街市中心的认同感所带来的。东坝人以集镇为傲，试图从根本上区别于一般乡村。这样，在东坝产生"憩余同乐社"票房也就不足为奇了。

东坝的票房——"憩余同乐社"，是由当地见多识广的有钱人建立的。先后在东坝主持票房的人，已经不再是传统意义上的土财主。他们是东坝当地商会会长，把持着一方商业的繁荣，可以说是一手遮天的人物。有的甚至在当时的北京市政府也身居要职，经常与京城各行各业人士频繁往来，在经济、政治上具有一定资本。已经财大气粗的东坝人，在文化娱乐上，也不甘落后于京城有钱人，于是玩起了票房。在他们的引领下，地方民众的娱乐志趣也大受影响，逐渐形成了专门的票友群体。票房起名为"憩余同乐社"，可以看出东坝人乐观积极的生活态度和和谐相处的精神诉求。在当地亦农亦商的生产方式下，东坝人虽然忙碌奔波，但在生活有了基本保障后，劳作之余也有了更多的闲暇和雅致。于是，有钱的、没钱的，买卖人、手艺人，都因为对京剧的热爱走到一起，在京东打响了票房的名号。

据老人们回忆，东坝的"憩余同乐社"前后经历了"三老四小"两个重要历史时期。"三老四小"，说的是民国时期票房发展的后台或主持者。这"三老"指的是当时的商会头目韩瑞轩、张师涛、刘润田；"四小"指的是韩瑞轩的孙子韩炳章（音）、张师涛的儿子张希俭、刘润田的儿子刘树桐（音），外加一个兴记布铺的赵申。这"三老四小"都曾是东坝商会的头目，曾经执掌着民国时期东坝的商业大权。

据健在的票友王士荣老人介绍，参加"憩余同乐社"的人五花八门，打哪儿来的都有，干什么的都有。一部分人是财大气粗的有钱人，像张师涛和本家叔张老九，他们是地主，长甸人，唱花脸的。也有一部分没钱没势的普通百姓，比如说唱花脸的刘德奎、张华武，王士荣的二哥王仲魁，都是穷小子。

"憩余同乐社"的票友学戏很多，一般都有二三十出。他们玩票的瘾头之大，不光体现在勤学苦练京剧技艺的自娱自乐中，还通过把头儿的社会关系，在重要节庆参加东坝以及周边地区的各种演出，这叫"走票"。据王士荣老人回忆，他12岁那年第一次登台演出，就是为了庆祝由东坝西门到豆各庄修建的一条新马路竣工。当时在东坝娘娘庙的大戏台唱了一出《法门寺》。"憩余同乐社"也唱堂会戏，比如办寿辰、娶媳妇之类的喜庆场合，得唱应景的戏，以吉祥戏为主。生日宴与婚宴唱的戏码不同，主要是开场戏不一样。婚宴的开场戏主要是《龙凤呈祥》《天官赐福》，寿宴的开场戏主要是《赵延求寿》等。

参加演出活动的演员都是业余的，大家都只为娱乐，不收受钱财。张师涛是大财主，他主持"憩余同乐社"时，走票都由他出钱。张师涛一出门都有轿车，他手下这帮唱戏的坐大车。如果天气冷，一人披着一个棉大氅。要是上东大山（丫髻山）烧香唱戏去，还需要自带伙食。通常是宰两只猪，带着炉灶和厨子，方便一路上的吃喝。真正是：茶水不忧，分厘不收。

票友也有需要自己花钱的时候。清末民初东坝票友的演出都是不着戏装的清唱，如果遇到着戏装唱戏的戏班同台演出，东坝票友也可以借人家的行头来"彩唱"一场。化妆、服装、锣鼓，一应人等都是需要花钱打点的，要过这彩唱的戏瘾，就得自掏腰包"耗财买脸"了。每年九月十七是财神爷生日，要供财神唱大戏，东坝周围有头有脸的商户差不多全过来听戏、烧香，地点就在西门街对面。"憩余同乐社"的票友就只去个空人，如果想在人家唱戏的时候加一出，就得给钱。配角、拉胡琴的都得给钱，道具全是人家的。

票友是只花不挣的业余唱戏人，但票友中不乏技艺高超者。在京剧行当里，如果票友转为专业从事京剧表演，并以此谋生，叫作"下海"。"下海"拜师傅，专业唱戏，其中不乏有人因此成了一代名家。东坝也出了个票友下海的许印堂（音）。他原本是粮行跑外的，喜欢唱戏，唱得也好，后来"下海"了。至今东坝还有他本支的后辈。

主持东坝票房的"三老"去世后，换成了"四小"。随着时局的变化和"憩余同乐社"接班人对京剧的淡漠，"四小"时代的"憩余同乐社"也在更替中走向衰落。不过东坝票友并未完全停止活动，有时候也组织几场。但这些已经不成气候，只是临时组织。"憩余同乐社"在北京沦陷时期就已经衰落，但是京剧这朵艺术奇葩，在东坝这片沃土上始终保持着顽强的生命力。

新中国成立初期，票房活动继续往下传承。1958 年东坝建立文化馆后，由文化馆负责人王文和正式接收京剧票房为文化馆业余活动组织，命名为"东坝业余京剧队"。活动场地的扩大，演出机会的增加，经费的保证，使京剧队焕发了活力。他们除了有固定的活动时间外，还经常深入农业第一线和各种庆典活动演出，经常外出演唱。在市、区历届京剧大赛上都有优异的表现，多次获奖。2002 年，在东坝众票友的建议下，恢复"憩余同乐社"老名称。朝阳区文化馆还特制了"憩余同乐社"木匾赠予票房，表彰他们对繁荣当地民众业余生活所做出的突出贡献。历经百年沧桑的"憩余同乐社"，又在东坝重放异彩。

图 4 – 5 "憩余同乐社"木匾

资料来源：北京市朝阳区文化馆供图。

二　清代坝河流域的古墓遗存与墓葬文化

（一）清代坝河流域成为清朝园寝墓的历史源流

清代的坝河流域，是清朝贵族官宦人家的园寝墓葬之地。1644 年，多尔衮迎顺治帝入关。清兵入关后便开始大肆圈占土地。据史料记载，从顺治元年十二月到顺治四年（1647）正月，就有三次大规模圈占土地活动。京畿周围的土地被清朝皇室、满洲贵族和各旗王公圈占殆尽。这些土地一部分就用来作为他们家族老人去世后的陵寝。位于京东近郊的坝河流域，一直被认为是位于龙脉之上的风水宝地，又有日出于东、金台夕照的风光，所以明清两朝的王公贵族、商贾富户，都在这里修建家族墓园，以便福荫后人。到清朝，墓地更是遍布从和平街到金盏的整个坝河流域沿岸。如太阳宫地区有清都统准塔巴图鲁墓、清散秩大臣塞勒墓、道光帝第六女寿恩固伦公主墓，东坝地区有费扬古墓、乾隆第三女固伦和敬公主墓，金盏地区有清代两江总督太子太保萨载墓、清理恪郡王弘暿墓等。

清末民国到新中国成立以来，坝河流域的这些清代王爷坟、公主坟大都被铲平不存。除了被猖獗的盗墓贼盗毁，其中不少是这些王爷、公主的不肖子孙所为。民国后，八旗子弟失去终身享用朝廷禄米的机会，都过上了自食其力的生活。他们除变卖祖上留下的古玩字画和房屋外，就是变卖自家的祖坟了。据老人们回忆，这些不肖子孙们，变卖祖坟还有一套程序。先是变卖坟墓的地上建筑——房屋，再是卖护坟的树木，卖完树木后再找人挖墓卖陪葬品。当钱花完之后，再卖土地，直到什么都卖光为止。

坝河流域的坟墓，民国到新中国成立初期大多已经被平覆，遗迹难寻。只留下了很多带"坟"字的地名，如崔家坟、夏家坟、公主坟、老虎坟、何家坟、高家坟、雍家坟等，这些地方大多原为同姓一族的墓园，成村后便以墓主或看坟人之名为村名沿用下来。

因坝河流域内坟茔墓葬和古刹庙宇较多，故具有记述功能的石碑自然也数量不少。如长店村西有公主坟，简称南宫，立有龟趺南宫碑。东坟地有两座石碑，面朝南，碑后为汉白玉供桌，桌四周刻有莲花托，石碑正面为汉文，背面为蒙文。王爷坟有王爷碑，清末立，石碑正反面分别为汉文和蒙文。楼梓庄有萨家墓，碑高两丈，宽三尺，厚一尺，刻有"太子太保联任两江总督"等字。另一处石碑高3.5米，宽1米，厚0.35米，上刻"皇清诰封资政大夫礼库塔之墓"等汉字和满文。这些清代王公贵族墓葬遗存，以及石碑文字和地名文化，标示着坝河流域曾经经历和积淀的清代墓葬文化。

（二）坝河流域的古墓石碑历史遗存与地名、传说文化遗产

坝河流域内大小古墓极多，但现存可考的很少。其中被列为朝阳区区级文物保护单位的仅有三岔河汉墓群、费扬古墓和常汝贵墓。其中三岔河汉墓群为汉代墓葬，历史较为久远。此处重点介绍费扬古墓、常汝贵墓和流域内其他较重要的古墓，以此概括坝河流域墓葬遗存和地名文化源流。

1. 费扬古墓和费扬古墓碑、费扬古谕祭碑

费扬古墓立于清康熙四十一年（1702）三月十五日，原位于东坝乡驹子房村西南，现位于东坝郊野公园内。

费扬古（1645～1701）系董鄂氏，满洲正白旗人。生于顺治二年（1645），顺治十五年（1658）袭三等伯，康熙年间曾先后参加平定吴三桂的战争，转战江西、湖南。升领侍卫内大臣、议政大臣。康熙二十九年（1690）受命参赞军务，从裕亲王福全讨伐噶尔丹的叛乱。康熙三十四年（1695）任抚远大将军，次年随康熙帝亲征噶尔丹时，出任西路军主将。噶尔丹逃窜，他率军追击，于昭莫多（今蒙古国乌兰巴托东南）大破敌军。康熙三十六年（1697）七月返京师，晋一等公。卒于康熙四十年（1701），谥号"襄壮"。

费扬古墓丘已于"文革"期间平毁，现存两碑规格尺寸相同，碑身高4米，宽1.2米，厚0.6米，碑身与赑屃分离。费扬古谕祭碑，碑阴为满文，碑阳为汉文。分别刻康熙四十年十月十五日、二十三日、二十九日、十一月七日谕祭文四道，碑文漫漶，缺字较多。费扬古墓碑，碑文满汉合璧，漫漶不清，碑阳上端残损。① 墓碑现已列为区级文物保护单位。

---

① 北京市朝阳区文化委员会编《朝阳文物志》，文物出版社，2014，第95页。

2. 常汝贵墓和常汝贵诰封碑、常明扬神道碑

墓址位于东风乡辛庄村东。墓主常汝贵为明初大将常遇春后裔，清代历任骁骑校、管佐领、工部侍郎、托沙剌哈番、拜他剌布勒哈番等职，官至正一品光禄大夫，封爵都骑尉。常明扬为常汝贵之子，曾任安徽布政使。相传原墓地较大，有石羊、石人及地下墓室。现常汝贵墓地早已无存，但其后裔至今还在本村居住。现存墓碑两统，碑东南 20 多米处原有常汝贵家庙一间，硬山筒瓦，毁于"文革"期间。新中国成立后墓地一直种菜，曾挖出整罐铜钱。

现存两碑保存完好，有铁栏杆围护，坐北朝南。东侧为常汝贵诰封碑，立于清康熙十四年（1675）十二月十四日；西侧为常明扬神道碑，立于清乾隆三十八年（1773）八月。两碑东西排列相距约 7 米。

图 4-6　常汝贵诰封碑和常明扬神道碑

资料来源：北京市朝阳区文化委员会编《朝阳文物志》，文物出版社，2014，第 74 页。

两碑规格尺寸相同，通高 5.9 米，宽 1.15 米，厚 0.45 米，龟趺螭首，碑身双面雕刻 12 条行龙。常汝贵诰封碑，碑首有楷书"圣旨"二字，碑阳面满、汉文碑文记载了常汝贵生平事迹、品德、任职等内容；常明扬神道碑，以嫡孙常国枢名义敬立，碑阳面为汉文碑文，由顺天府庠生王秉纶撰文书丹，

碑阴面无字。两碑字迹清晰，保存完好，已公布为区级文物保护单位。

3. 固伦和敬公主坟和石狮子

朝阳区东坝乡东坝街西门外、北京一轻高级技术学校（原北京 16 中旧址），原为固伦和敬公主坟，现仅存一对石狮子。石狮通高 1.9 米，长 1.4 米，宽 1.9 米，为固伦和敬公主及额驸色布腾巴勒珠尔墓地仅存的瑞兽。

固伦和敬公主（1731～1792），清乾隆皇帝第三女，系孝贤纯皇后富察氏所生，乾隆初封今位号。清乾隆十二年（1747）三月，嫁科尔沁博尔济吉特氏辅国公色布腾巴勒珠尔。逝后葬于东坝地区。① 据说，这座公主坟是大学士刘墉监修的。和敬公主家在京东仅有此处坟地，其后人也都陆续葬于此。日伪时期，地方恶霸聂洪儒盗挖公主坟，仅有驮龙碑保存完好，但碑在"文革"中亦遭到破坏。

图 4-7　固伦和敬公主坟石狮子

资料来源：北京市朝阳区文化委员会编《朝阳文物志》，文物出版社，2014，第 122 页。

4. 拜音柱墓和拜音柱诰封碑

立于清康熙四十一年（1702）五月二十四日，位于朝阳区西坝河光熙

---

① 北京市朝阳区文化委员会编《朝阳文物志》，文物出版社，2014，第 121 页。

门北里 14 号楼东。拜音柱，籍出嘉穆湖地方，伊尔根觉罗氏，镶黄旗满洲人，吏部尚书科尔坤之父。

拜音柱墓丘早已平毁，现周边建成居民小区。仅存拜音柱诰封碑。该碑坐北朝南，通高 3.5 米，宽 1.08 米，厚 0.4 米。螭首龟趺，额篆"诰封"，碑文满汉合璧，系康熙三十六年（1697）七月十九日朝廷颁赐之诰命，碑阴为立碑日期。拜音柱墓原规模、规制及沿革变迁等情形不明，该碑位置为原址。

图 4 - 8　拜音柱诰封碑

资料来源：北京市朝阳区文化委员会编《朝阳文物志》，文物出版社，2014，第 99 页。

5. 那公主坟

那公主坟位于坝河北岸大陈各庄村东，为乾隆第七女固伦和静公主与额驸拉旺多尔济亲王之墓。固伦和静公主（1756～1775），乾隆皇帝第七女，生母孝仪纯皇后魏佳氏。乾隆三十五年（1770）正月封今位号。七月下嫁拉旺多尔济。乾隆四十年正月初十日卒，年仅 20 岁。

那公主坟占地 2 公顷，有月河、神桥、碑楼、宫门、朝房、享殿、大宝顶等建筑，加上数百株松柏，蔚为壮观。当时建造和静公主园寝约估工料为 14310 两。

那公主坟在北京解放前被毁。1937 年，为了偿还西什库教堂神父包士杰的债务，那公主坟与安定门外六公主坟的松柏树被砍伐一空。1955 年平复为田地，当时 3 个宝顶被拆除，平掉 3 个墓穴，未见棺椁。

6. 寿恩固伦公主坟

龙道村内原有清代公主坟，墓主为道光第六女寿恩固伦公主，现墓丘无存。

公主生于道光十年（1830）十二月初七日，生母静妃博尔济吉特氏，即孝静成皇后。道光二十四年二月，封寿恩固伦公主，指配沙济富察氏、一等公、工部尚书博启图之子景寿。道光二十五年四月下嫁。咸丰九年（1859）四月十三日卒，享年 30 岁。

公主坟占地一顷有余。坐北朝南，前有月牙河，河北建有神桥两座。桥北有东西朝房。宫门与红墙相接。院内正中有享殿三间，殿旁有东西角门。享殿北侧有月台，月台上是大宝顶一座。地宫为石券。公主坟南植有松树，墙北栽有杨树，院内均为红黄柏树，院内平时见不到阳光。公主坟东墙外有龙须沟，再东有守护房东八间。西有大道沟，再西为守护房西八间。民国初年，一位公主的后人搬到龙道村居住，没钱花就砍伐树木卖钱。到 1931 年为止，公主坟的松柏树已被砍光。1945 年，又有穷窘的公主后人要"起灵"，实际是明扒坟暗盗墓，希望得到一些殉葬品换钱花。虽然这一行为被制止，但建筑物还是被他们拆除殆尽。1959 年，公主坟宝顶被平毁。此后，公主坟遗址仅剩下一片土丘。

7. 八大公坟及其地名遗存

和平街十三区东北部有清一等超武公鳌拜墓（俗称八大公坟）。因此该地原名八大公坟，曾称八大公村。1965 年统一编号定为今名，其东侧平房仍习称八大公村。

该地东北部原有清一等超武公鳌拜墓。鳌拜，清初权臣，瓜尔佳氏，满洲镶黄旗，清朝三代元勋，康熙帝早年辅政大臣之一。鳌拜年轻时随清太宗皇太极征讨各地，战功赫赫，为清王朝统一全国立下汗马功劳。后来，鳌拜操握权柄，结党营私，日益骄横，引起朝野惊恐，康熙震怒，最后设计将其擒获。但康熙感念其功勋，并没有将其处死，而是改判无期——终身圈禁。墓地之所以叫"八大公坟"，民间有两种说法。一种是鳌拜是皇封的第八位公爵，所以墓地称为"八大公坟"。还一种说法，是"八大公坟"由"巴图鲁大人坟"演变而来。巴图鲁在满语里，是"英雄""勇士"的意思。可见在后人的心目中，鳌拜仍然是一位骁勇善战的有功之臣，是影响清初政局的一位重要人物。

现墓丘早已平覆，但八大公坟的地名流传了下来，至今仍能在地图上看到"八大公坟住宅区""八大坟村"等字样。

8. 皇姑坟和其地名遗存

和平街街道曾有一个皇姑坟村，村内有皇姑坟，其村因坟得名。

皇姑坟的墓主为"固伦端献长公主"，是清太宗皇太极第七女，生母就是历史上大名鼎鼎的孝庄皇太后。[1] 公主生于天聪七年（1633），初称淑哲公主。崇德六年（1641）许于内大臣俄齐尔桑之子铿吉尔格。顺治二年（1645）正月下嫁。顺治五年去世，年仅16岁。顺治十三年，朝廷赐予公主"端献长公主"称号。

皇姑坟坐北朝南。南端是东西朝房。朝房北边是碑楼一座，内立驮龙碑一方。宫门三开间，大门上有数排门钉。宫门与大墙相接。大墙是城砖砌就，高在4米以上。院内正中是享殿五开间。享殿内有特制汉白玉石龛一处，内有青花瓷骨灰罐一个，罐口覆银盖。享殿后并未起坟，故没有招致盗墓贼的袭扰。皇姑坟的松柏树，第一次毁于日伪时期，第二次毁于1947年。1949年，皇姑坟仅存4亩地，碑楼、宫门、享殿、墙垣还在，但已破败不堪。成为小学校址后，屡经拆改，皇姑坟渐失原貌。"文革"期间，享殿内石龛被拆毁，青花瓷骨灰罐内发现金龙等物，皇姑的袍服被撕毁。此后服饰坟茔已荒废无存，据说驮龙碑埋在小学的东墙附近。皇姑坟的地名一直沿用至今。

① 《太阳宫文化历史发展研究》，载《朝阳区文旅局"十三五"课题研究报告》，2017。

9. 夏家坟及其地名遗存与传说

夏家坟原址，位于今太阳宫新纪家园小区。夏家坟的墓主姓夏，有钱有势，为使后辈人丁兴旺、光耀门庭，在风水极佳的东郊买了一块地，不惜重金将祖坟迁到此处，修建了两座远近闻名的坟墓，人称"宝碇"。随之居住在此地的 20 余户村民，将此地称为夏家坟。

相传两座坟墓建成后，村里出现了许多怪现象，几个男青年无缘无故死亡，引起村民的极度恐慌。村民请来风水先生测算、破解，风水先生建议建一座庙来平息事端。村民随后修建了一座关帝庙，虔诚地烧香拜祭保平安。自打关帝庙建成后，村民们又继续居住了几十年，平安无事。夏家坟地名一直沿用到 2000 年，现改为夏家园。①

10. 苏昌古墓

苏昌古墓位于驼房营京包铁路东侧，占地面积 10 亩，松柏环绕，坐北朝南，原有石碑两座，一座于 1958 年开园田时被卖掉，另一座于"文革"时倒置在驼三队园田中，后不知去向。墓主苏昌，曾任陕甘总督。棺木为金丝楠木，锃明瓦亮，两层椁，一层棺，中间间隙用木炭、白灰等物填充。该墓于北京解放前被盗，原有残碑一块，后来不知所踪。

（三）看坟人的生活和民俗文化

大量官宦坟墓的聚集，滋生了庞大的看坟人群体，直接影响了坝河流域百姓的生活与民俗文化。这些看坟人，一部分是旗人中地位较低的兵丁和闲散之辈，比如前文提及的皇姑坟建成后，便是由隶属于满洲正黄旗的赵家一大户看守。另一部分是因清兵圈占土地而流离失所、失去生活保障的当地贫苦百姓，他们只能以向旗人租种土地或者替旗人看守坟地为生。"三间房，二十五亩地"，是坟主给看坟人的待遇。在看坟人看来已经很不错了，虽然房和地都不是自己的，起码能吃上饭、有地方住。

看坟人的主要工作，是负责墓园的日常管理。他们平日打扫墓园，清除杂草。等到墓园主人要来祭奠扫墓时，通常是整个家族的人骑马驱车而来，这些看坟人家便要帮忙张罗祭扫需要的物品，备上食物、端茶倒水等。

---

① 朝阳区非物质文化遗产保护工作小组《北京非物质文化遗产》，2007。

除此以外，看坟人还要负责看守墓园周围的树木，防止盗墓贼盗墓。作为回报，墓地周边的土地，由看坟人无偿耕种，他们通常种些玉米、高粱、小麦、瓜果等自己食用。

还有一些看坟人，在农闲的时候做些小买卖。有一种买卖形式，叫作"打梆鼓"，俗称"收破烂"。他们一般拿个小圆鼓一敲，听见的人就知道是收破烂的人来了。或者敲梆鼓的时候喊"买破烂儿"，或者敲门推门就进人家里问，有什么破铜烂铁就买走。还有的看坟人做猪毛刷子的小生意。过去，做猪毛刷子需要收购猪毛，通常是在春节时候，因为家家户户几乎都要杀一头猪过年，猪毛也相当值钱。尤其是黑猪的猪鬃都有两三寸长，俗称"黑黄金"，有特别高的利润，百姓也希望能从中获利贴补些家用。旧时，东坝一带的猪毛买卖成风。因为安定门内有工厂专门做猪毛刷子，这些看坟人组成猪毛客，走街串巷，收购猪毛，专供给工厂。总而言之，虽然没有任何社会资源，但看坟人作为脱离农耕土地的游民，充分利用自然与特定的人文环境谋生，其生活方式也游走于传统农耕文化、商贸文化、没落贵族文化之间，成为新旧生活方式的过渡人群，是东坝墓园文化习俗的群体和载体。

第五节　清至民国时期坝河流域左家庄关厢文化的形成与古今变迁

关者城门也，厢者侧也，所谓关厢，是指北京都城四九城门外大街一带的居民聚集地，多由城门外居民和店铺组成。早年间老北京城的城门外都有关厢。由于关厢是进出城的必经之处，所以店铺多，工商业繁荣。慢慢演变成街市，并不断延伸，形成较完整的市井生态。经过几百年的发展演变，关厢逐渐成为京城城门与相邻近郊的居住圈，并形成特定的文化形态。

20世纪五六十年代，随着北京老城门逐渐被拆除，城里城外连成一片，关厢的概念开始被人们淡化，多称某某门外大街，如东直门关厢成了东直门外大街，朝阳门关厢成了朝阳门外大街。

一 左家庄东直门关厢形成历史文脉

东直门是北京内城东面两座城门之一，位于朝阳门之北。元大都时称此门为"崇仁门"。明洪武年间改为东直门。建元大都城门时，崇仁门外约一里附近，就已形成了关厢，称为崇仁门关厢，其街称为崇仁门外大街。明代改崇仁门为东直门，东直门外地区也随之改称东直门关厢，其街改称东直门外大街。清代沿用明代称谓，《宸垣识略》有"东直门外大街"的记载。[①]不过那时的东直门外大街，并不是今天东西走向的东直门外大街。从前的东直门外大街，出东直门后向东北方斜向延伸。即沿着今天的东直门外小街走向，与后来修建的东直门外斜街基本平行，恰好通往并延伸至现在的左家庄地区，是连接京城与坝河流域的唯一交通要道。

左家庄位于北京东直门外东北方向，原本是个自然村落。最早可追溯至明清两朝，当时没有任何行政部门管理。这个地区内的社会遗存与社会活动，绝大多数已不可考。人与村庄一直都处于自然零散状态，到民国初都不存在辖区概念。尽管清末民国北京曾设置区域，如内城26区、外城20区等，但并没有形成实际的区划社会功能。20世纪30年代，左家庄被划归北平市东郊区，始设治安所，后又被分别划入北平市郊一区、北平市郊八区等。当时左家庄大约有二十几户人家，其位置约在今东直门外斜街南口，恰好就是东直门外关厢所在位置。

东直门关厢作为连接京城与坝河流域唯一的交通要道，它的形成与京城和坝河流域之间人口、商品的贸易流通紧密相关。明清时期，东直门外大街就是每年立春之时，顺天府尹带领官员前往东直门外春场，举行迎春仪式的必经之路。那时皇宫里修建宫殿需要大量木材，江南的木材通过大运河运抵北京后，也有一部分是从东直门进城。运木材的兵卒夫役，一般都在东直门外大街休息、喝水、吃饭。

到了清代，坝河流域成了城内贵族官宦人家的墓葬之地，东坝成了区

---

① 王永斌：《北京的关厢乡镇和老字号》，东方出版社，2003，第126页。

域性的以粮食贸易为主的商贸中心；无论是送葬队伍、做粮食生意的商人，还是生活在坝河流域的乡民和看坟人，他们频繁地往来于京城和东郊之间，必经之路也是这条东直门外大街。因此在这条街上，分布有很多米面杂粮店和冥衣棺材铺。再到后来，太阳宫成了京城老菜乡，为城内供应蔬菜，也是通过这条交通要道，当时在东直门还设有专门的蔬菜收购点。

当年东直门外的东郊，与京城东直门内相比虽然萧条，但东直门外关厢这条街却非常繁华。街上约有一百五十多家买卖铺子，无论是吃的、穿的、各种用的，都可以在这条街上找到，形成了较完整的市井生态。

二 东直门关厢的商贸文化与民风民俗

根据《北京市商会》（1919）的会员名录，当时东直门关厢大街的米面店有义珍店、元顺永、元德永、双和永；油盐店有玉福厚、玉顺公；干果杂货铺有天德合；布铺有功昌号、广聚元；茶叶店有永丰号、馥泰号；香蜡铺有东合馨楼、庆兴厂；灰铺有三盛号、公和号；席箔铺有万顺号；大车店有永盛、全盛；酒馆有天兴、三仙等。另据北平市社会局的档案记载，仅1948年在这条街新开业登记备案的商号就有七家：德顺兴厚记油盐店附米面，设于东直门外大街187号；利丰理发馆，设于东直门外大街162号；元成栈煤油杂货，设于东直门外大街22号；文兴永煤栈，设于东直门外大街40号；聚亿成记麻绳山货（土杂产品），设于东直门外大街6号；振庆成粮店，设于东直门外大街146号；巨川泰米面油盐，设于东直门外大街145号。

这条街最热闹的地方有两处：一处是桥头，指从东直门外护城河上的石桥东端，到东直门外大街的衔接处。另一处是上关，指从桥头到察慈胡同这一段，为走皇槓还特别铺设了一段石板路。当时东直门外大街两侧，排列着各式各样的店铺，这些店铺或是前店后厂，或是店铺经营与居家住宅合二为一，因此各店铺都有后院。具体表现在，大街南侧店铺的后门多开在南后街的北侧，大街北侧店铺的后门则开在北后街的南侧。

值得一提的，是东直门关厢街上的茶馆。茶馆不单是休闲的地方，还是人市、菜市和其他买卖交易的场所。"人市"类似今日的劳务市场，那时茶馆内外常聚集一拨又一拨的泥瓦匠、木匠及小工，等待雇主的聘用。也有杠房（出租殡葬用具和提供人力、鼓乐等的铺子）和红白案（厨子）的"承头人"在茶桌上与雇主砍价说合，直至雇用双方都满意，即算成交。"菜市"是交易蔬菜的市场，那时菜农把新鲜蔬菜运到这里，由经纪人按市场行情定出菜价，待菜农和趸菜的商贩都认为价格合适，买卖就成交了。接着，趸菜的商贩便用独轮车或排子车把菜拉走，也有用扁担和筐挑的，沿街叫卖。傍晚菜卖完了，回茶馆交菜钱，经纪人从中扣除一定的交易费，第二天再把钱付给菜农。①

三　东直门关厢商铺老字号的形成历史和古今变迁

尽管东直门关厢已成为历史，街上的商铺老字号已不复存在；但它们热情待客、货真价实、童叟无欺的经营作风，至今让老北京人记忆犹新。以下以位于东直门关厢的三家老字号义珍粮面店、玉福厚油盐店和永盛大车店为例略做说明。

（一）义珍粮面店

义珍粮面店是个老店，据当地老住户说，义珍粮面店的开业时间，在清同治年间（1862～1874），民国时期的掌柜叫武麟春。义珍粮面店虽是个小粮面店，但是它后边有石碾子、石磨，养着牲口，自己磨面加工粮食，所以当地居民都叫义珍粮面店"小米碓坊"。义珍粮面店卖的粮食很齐全，小米、大米、高粱、黄豆、绿豆、芸豆、小豆、玉米面、小米面、伏地面等都经营。当年，在东直门关厢附近一带，提起小米碓坊人人皆知。它的出名，一是粮食齐全；二是准斤准两，不掺假掺水，质量好；三是售价公道，不提高货价。

当年，有些奸商做生意缺斤短两，或在粮食里掺假掺水，欺骗顾客。民国时期，一些使用新法机器磨面的面粉公司都是 40 斤一布袋子，并用缝纫机将袋口封好。如果拆开取出一两斤面再缝上，是容易看出的。奸商就发明了不拆袋子从里往外取面的方法，他们将一袋面平放在案子上，用粗

---

① 杨玉昆：《历史上的三条东直门外大街》，《北京档案》2016 年第 7 期。

鬃刷子刷面袋，刷上几刷子就能从面袋里刷出一两斤白面来。顾客买面时，一看面袋封口处没有拆了又缝上的痕迹，就将面买走了。顾客不用秤称一称，就吃了暗亏。如果上秤称了，一袋面缺 2 斤，顾客找回来，店家会说原袋没动，不是我们店的毛病。再换一袋还是不够 40 斤。

过去的白面有两种，一种是旧石磨磨的伏地面，面糙黑，价钱低，一种是机器钢磨磨的洋白面，面细白，价钱贵。奸商将多一半的伏地面放在口袋下边，少一半洋白面放在口袋上边，以欺骗顾客。顾客一旦买了就吃哑巴亏了，即使找回来，店家也不认账了。

以上两种欺骗顾客的做法，义珍粮面店是坚决反对的，所以算下来粮面售价一般都低于市价。义珍粮面店的坚持取得了这一带居民的信任，因此生意兴隆。1937 年"七七事变"后，北平沦陷，日本侵略者疯狂地掠夺平、津各种物资，北平的粮、油奇缺。1940 年，华北各地大旱，粮食歉收，北平发生粮荒。义珍粮面店断了货源，只好停业不干了，义珍粮面店的店史就此终结。

（二）玉福厚油盐店

玉福厚油盐店开业于民国初年，掌柜的是陈占魁。在民国年间，玉福厚油盐店和义珍粮面店一样是东直门关厢一带有名的店铺。这一带的居民天天都到他家来买东西，有的人家还一天来好几趟，上午买盐、下午买醋，所以"玉福厚"三个字深深印在这一带人的心里。

玉福厚油盐店的货物除去咸菜外都是别人家的，香油买油坊的，盐购自盐店，酱和醋也是外趸。青菜更是外购，由附近菜农送来。为什么咸菜他们自己腌制呢？因为咸菜销量大，买别家货价钱贵，所以，玉福厚油盐店每年入秋，就请人来店腌制咸菜。玉福厚油盐店掌柜陈占魁根据东直门关厢一带居民的情况，腌制的都是低价咸菜，有腌雪里蕻、腌萝卜干、腌苤蓝、腌芥菜疙瘩、腌黄瓜和八宝菜等。这些咸菜卖的既便宜，又咸淡适中，很对一般人的口味，所以很畅销。玉福厚油盐店平日门市销售没有大宗货，一般都是零星小买卖。所以玉福厚油盐店每天的营业额能有六七百吊铜钱，也就是 10 余块银圆，就算是好买卖了。

"七七事变"后北平沦陷，玉福厚油盐店的经营虽困难重重，但是并没有倒闭。北京解放后，1956年参加公私合营，其店史才算就此告一段落。

（三）永盛大车店

大车店是存放驴马大车的客店。清末民初，北京城内的官僚、富户以及各个店铺都是使用驴马大车作为交通工具。北京城的各个关厢，是远客来京城重要的歇脚处，大车店就是赶车把式休息寄宿、喂养牲口最好的旅店。北京城内道窄人多，赶着大车进城很不方便，故大车店多开设在关厢。

东直门关厢的永盛大车店开业于清道光二十年（1840）左右，掌柜的姓李名永盛，字号也叫"永盛"。这个大车店地方宽阔，院子可放几十辆大车。既有客人住的客房又有喂养牲口的牲口棚。店小二招待周到，所以客人多生意很是兴隆。

永盛大车店既有招待客人的店小二，又有替客人喂牲口的店小二。每次客人一到，将大车赶进店内，牲口卸了套，负责喂牲口的店小二就将牲口牵走，刷洗喂饮。负责招待客人的店小二则将客人请进客房，帮助客人用布掸子掸去身上的灰尘，打盆洗脸水请客人洗脸，预备漱口水让客人漱口。客人吃饭，大车店里有厨房，炸酱面、炒饼、烙饼及炒菜、烧酒都有。由于住店的大多是顺义、怀柔、平谷、密云和古北口外的农民，生活都很贫苦，吃店里饭的较少，一般他们都随身带着干粮，店里可以给热一热。有些虽然也是乡村农民，但是他们车上装的是粮食、干果或其他货物，到北京贩卖。这些客人就大方得多，都吃店里的饭，临走时赏给店小二的小费也多。

永盛大车店有账房记账先生一人，负责日常账目收入与支出及店中财产管理。店小二有十几人，厨房厨工二人。这些职工除账房先生每月有两元工钱外，其余人员都没有固定工钱。他们的收入就靠客人给的小费和店中牲口粪便卖出后的分账。永盛大车店管伙计伙食，账房先生的伙食好，每天三顿饭除早点窝头、小米粥和咸菜外，中午饭和晚饭都是白面馒头和炒菜。其他人只有初一和十五能吃到白面馒头和炖猪肉，平日三顿饭都是窝头白菜汤或萝卜汤。由于伙计的月钱来自客人赏的小费和卖牲口粪换来的钱，所以，大车店的职工，无论店小二还是厨工、账房先生都热情招待客人，希望多来客人，生意兴隆。因为上下一心，所以永盛大车店回头客多，买卖一直很好。

"七七事变"后，日本军队和伪治安军经常下乡扫荡，使得顺义、怀柔、密云等一带农村村民不得安宁。因此永盛大车店客人日渐减少，买卖月月亏损，最后于 1943 年宣告歇业。①

第六节　新中国成立后坝河流域新兴的工业文明和工人文化

新中国成立之初，百废待兴。"一五"计划，是将位于北京城东北边缘的大片空地，也就是坝河流域的酒仙桥地区，规划为工业发展区，在此筹建电子工业基地。当时的酒仙桥地区是农村旷野，周边多为窑厂和清朝官宦坟地。"一五"计划实施后，一时间德式包豪斯建筑群拔地而起，国内外的技术人才和工人大量涌入，酒仙桥地区迅速从荒野洼地，变成中国最大的电子产业工业基地，为中国社会主义现代化建设做出了巨大贡献。

一　酒仙桥的历史、古今变迁和新兴工业文明

（一）酒仙桥的地名由来与传说

酒仙桥位于朝阳区东北部，是坝河流域的老地名。最早源于当地"九仙庙"之名。该庙始建于清光绪二十年（1894），是赵家坟墓地守护人荣恩祥等人捐资修建的祭祀寄骨的安神庙，同时供奉关帝。

酒仙桥，明清时期属于大兴县，新中国成立前为农村旷野。周边多为窑厂和清朝官宦的坟地。现在还有"南窑地""北窑地"等地名，带"坟"字的地名更多，如崔家坟、康家坟、夏家坟、小白家坟、醉公坟、高家坟、王爷坟、雍家坟等。酒仙桥原址就叫赵家坟。② 守墓者多是旗民，他们居住在东西北三向建有房屋的三合院里，世代繁衍，形成住户不多的村落。当

---

① 王永斌：《北京的关厢乡镇和老字号》，东方出版社，2003，第 129～134 页。
② 耿长宝：《另眼看京城之酒仙桥——寻访酒仙桥的前世今生》，《北京纪事》2009 年第 11 期。

时由于交通不便，看坟的旗人、村民和烧窑工进城时，为西坝河所阻挡，必须向北绕道东坝河官桥过河。冬季西坝河河水枯竭，冰封时，人们便从赵家坟南边的坟地荒野间抄近道前往东直门进城，久而久之，便形成通向东直门外关厢最近的一条小路。

光绪十年初冬，最早搬入赵家坟的旗户荣恩祥，利用修坟时剩下的石料，在村南坝河的最窄处修建了一座两柱三孔石板桥，桥面用 6 块石条搭成，仅供行人及独轮车通过。桥建成后一直没有名字，人们都称其为"石板桥"或"板桥"，这就是酒仙桥的前身。

当地人认为坟墓集中的地方阴气重，鬼魂不安。为了镇住阴气，光绪二十年，荣恩祥向各旗户募捐，在桥的北面修了一座庙，供奉关帝。庙正殿 5 间，东西配殿各 3 间，南配殿 4 间。其中南配殿为停枢寄骨之用，也称"寄骨安神庙"。

庙正殿内东西两侧有蓬莱八仙壁画，故也有人将小庙称为"仙翁庙"。庙中主持为朝阳门外南营房三里的巴禹顺，他红面长髯，仙风道骨，颇有关公之相，且通文理，熟医术，曾在庙内西厢房办私塾教授贫困子弟。每当上庙进奉的香客和行人提起小庙，人们都将阐扬善事、指点迷津的巴禹顺住持，与庙中所绘的八仙联系在一起，称他为八仙之外的第九仙。"九仙庙"因此得名。庙前的石板桥自然也跟着叫"九仙桥"。赵家坟村的一部分也就成了九仙桥村。九仙庙内有一口水井，水质清洌甘甜，九仙桥连接的小路方便过往行人，所以小庙香火很盛。直到 1935 年，老住持巴禹顺仙逝，此庙多年无人主持就荒废了。[①] 直至 20 世纪 50 年代，九仙庙虽废，由于庙内那口井井水甘洌，为周边百姓喜用；人们索性把九仙庙的"九"改换为"酒"，于是"酒仙庙"出现，"九仙桥"也跟着变成了"酒仙桥"。

关于"酒仙桥"的来历，民间还另有传说。相传酒仙桥落成的那天，有一位花白胡子的老汉，推着一辆装满酒篓的独轮车从桥上经过，不小心将两篓酒掉进了河中，结果整条河都散发出浓浓的酒香，大家猜测这老汉肯定是酒仙，于是就将这座桥命名为酒仙桥。如今新建成的新酒仙桥南侧，

---

① 北京市政协文史资料委员会编《北京文史资料》第 68 辑，北京出版社，2004，第 277 页。

还筑有酒仙的雕塑。

图 4 - 9　新酒仙桥南的酒仙雕塑

资料来源：《将台乡历史文脉课题研究报告》，载《朝阳区文旅局"十三五"课题研究报告》，2017。

20 世纪 60 年代，酒仙桥村周围植树造林，大面积绿化，同时将坝河水截弯取直。改道后的坝河水不再流经酒仙桥，向南移了 100 余米，为了方便过往行人，政府先后在原酒仙桥西 300 米新河道上，建成木桥和水泥桥。酒仙桥西移后，由于坝河河道截弯取直，桥的方向也发生变化。原石板桥为东西向，而西移的酒仙桥为南北向。原酒仙桥在坝河改道时被拆除，其长条白玉巨石就地埋于路下。

酒仙庙在五六十年代改为供销社商店，后为娜丽莎公司仓。2003 年在市文化部门监督下拆除，内供关帝塑身，在拆除当年被一港商收藏。后因建上东 8 号公寓楼，酒仙庙原址被填埋不存。

（二）酒仙桥电子工业基地的建立与辉煌

新中国成立后，偏远荒凉的酒仙桥地区，迎来快速发展的历史机遇。北京将这一地区定位为"一五"计划工业发展区。在经历长达半个世纪的战乱后，与世界各国相比，中国的无线电子产业非常落后。于是国家直接拨款 900 万卢布，折合新人民币 1.5 亿元，在此筹建电子工业基地，属于国家级战略工程。1951 年，国务院总理周恩来批准在酒仙桥地区，建立北京华北无线电器材联合厂（代号718）和北京电子管厂（代号774）。因为两个厂均属国有大型军工企业，都以编号为厂名。1952年12月，中苏签订由苏联援建北京电子管厂（774厂）的协议，并于1954年4月在酒仙桥辖域中部开工建设，于1956年10月建成投产。774厂是"一五"计划时期全国159项重点建设工程之一。1953年6月，中德两国签订了由民主德国援建华北无线电器材联合厂的协议，并于1954年9月在酒仙桥辖域北部开工建设，于1957年10月建成投产。华北无线电器材联合厂，代号718，属军工部门。718联合厂下有718、798、706、707、797、751等多个工厂和11个研究所。1953年，国家决定在北京建立北京有线电厂。同年8月，中苏签订了由苏联援建该厂的协议，1955年5月，在酒仙桥地区开工建设，1957年9月正式投产。这是"一五"期间，国家以当时全国电子工业总投资的50%进行集中建设的第一个国家电子工业基地。

图4-10 718联合厂开工典礼

资料来源：《坝河流域（含东坝古镇）历史文化资源保护与利用研究》，载《朝阳区文旅局"十三五"课题研究报告》，2017。

1957年，地铁筹备处提交了一份关于北京地铁一期工程线路埋设方案报告，并编制了一个北京地铁远景规划图。规划由一条环线和六条直线组成，全长172公里，车站114个。酒仙桥是当时规划图上的重要站点。地铁将酒仙桥和地铁1号线、2号线相连接，只是因为当时经济能力不足，无法实施。1966 年，北京开通了两条唯一的市郊无轨电车，一条是东酒线：东直门—酒仙桥商场（今 401 路）；另一条是北酒线：北京站—酒仙桥商场（今 402 路）。两条无轨电车都通往酒仙桥，可见当时国家对于该区域的重视。

718 厂的生产，在 20 世纪 50 年代后期，经历了第一个发展高潮。国庆10 周年时，首都十大工程的电声配套系统，都由 718 厂制造，长安街上所有的音柱都是 718 厂的产品。我国第一代地对地导弹"东风一号"所用的控制导弹准确度的加速度积分仪也是 718 厂提供。此后"东风二号"加速度积分仪也来自 718 厂。中国第一颗原子弹的许多关键元件和第一颗人造卫星的许多重要零部件均产于此。"文革"期间，《智取威虎山》拍成电影，杨子荣打虎上山的一段唱腔："穿林海，跨雪原，气冲霄汉……"就是在录音棚里通过718 厂提供的一个大混响器，才有了那般空旷的声音效果。到 1964 年，718 厂生产的"友谊"牌元件产量，已占全国总产量的四分之一、军品的一半。718联合厂成了北京的一张名片，是外宾乃至外国元首的参观地。718 厂还成了电子元件行业的"黄埔军校"，为陕西、山西、贵州等其他省市建立电子元件三线厂输送人才，并像东德援助中国一样，去援助其他社会主义国家。

718 厂除了设备和技术先进外，工厂所有装备，都体现着对工人生产者健康的高度关怀。在纸介电容器车间，数十个工人同时进行焊接工作，但车间里的空气却异常清新，完全闻不到焊接时发出的刺鼻臭气。原来工作台上装有一台抽风器，随时把不洁气体抽走了。718 厂运转设计考虑全面，很多做法甚至可以看作今天先进的"循环经济"的雏形。718 厂自己发电生产干馏煤气过程中产生的焦炭，恰好是一街之隔的 774 厂需要的原料，成为最早的工厂之间的循环经济模式。酒仙桥电子工业基地被人们亲切地称为"新中国电子工业的摇篮"。80 年代以前，无论是投资类还是消费类的电子产品，无不与这里有关。①

二 酒仙桥工业基地新兴工人阶级的生活方式和工人文化

电子工业是国防事业，涉及国家战略和机密，保密程度极高。这是

---

① 耿长宝：《另眼看京城之酒仙桥——寻访酒仙桥的前世今生》，《北京纪事》2009 年第 11 期。

"进厂必须查三代"的神秘工厂，还有一系列严格的规章制度保障安全生产。50 年代的人们，都以在电子城工作、生活为荣。能够在酒仙桥工作，是当时在北京乃至全国最牛的事情。酒仙桥地区汇集了全国最顶尖的电子行业知识分子及首批公费留学回国人员，大批外国专家也在此生活工作了近 10 年。

在工厂办社会理念的指导下，电子厂的工人们过上集体大院的生活。工人们的居住生活福利区，简称"大院"。门口有解放军站岗，管理严格。工人们住的房子是筒子楼，一个楼道住好几户，几家共用一个厨房和厕所。虽然条件艰苦，但邻里之间关系非常和睦。每个工人大院还配有职工医院。大院还有专门的车队，配备了载人的轿车和载物的货车。还有配套的托儿所、小学、中学。为了丰富工人生活，工厂大院设立了篮球队、排球队、摩托车队等文体活动团体，组建了京剧、评剧表演团队。工厂的足球队在厂里专门的球场里踢球；梅兰芳、侯宝林、新凤霞等国宝级艺术大师来到工厂专有的大剧院演出；国外的技术工人来这里学习培训。

第七节 新时期以来坝河流域新兴的文化创意产业园区和旅游文化

从 20 世纪 70 年代开始，随着半导体对电子管的取代，电子管产业相继萧条。以电子管产品为主打的酒仙桥电子工业基地，在经历了历史的辉煌后，不可避免地走向了衰落。到了 20 世纪 90 年代，由于效益大幅下滑，部分厂房开始停工停产。

进入改革开放新时期，718 联合厂这片有着鲜明时代印记和包豪斯建筑美学特征的场域，在面临行业危机时，也面临新的机遇，孕育出了举世闻名的北京 798 艺术区。

一 酒仙桥工业遗址的形成历史与功能、价值、特点

酒仙桥的 718 建筑群，是我国乃至世界上规模最大的包豪斯建筑群。虽

然是特殊时代政治化的产物，但在 21 世纪的今天，718 包豪斯建筑群在中外建筑史上仍然具有重要的艺术价值。1919 年，格罗皮乌斯在德国成立了包豪斯学校。在抽象艺术的影响下，一种新的建筑风格诞生。其主要特点是：注重满足实用要求；发挥新材料和新结构的技术性能和美学性能；造型简洁，架构灵活多样。以此为基础，形成新的现代主义建筑风格。后来被称为包豪斯学派。

718 联合厂的建筑设计，是由德国德绍设计院完成的，而德绍正是当年包豪斯学校的所在地。设计院的设计师们，也大多有过在包豪斯学校学习的经历。因此，718 联合厂的厂房设计呈现出明显的包豪斯风格建筑特征。具体而言，有如下两个特征：

（一）充分考虑地震与战争因素，建筑坚实牢固

718 联合厂建筑的抗震强度设计在 8 级以上。当时中苏的标准都只有 6 至 7 级，但德国专家查阅历史文献后认为北京地区在历史上曾经出现过 8 级左右的地震，因此将 718 联合厂的防震级别设定在 8 级以上。

（二）帆状厂房设计，外观美、排水佳、采光好

718 联合厂核心区域内，主要的七座厂房，都是帆状结构设计。梁柱形式为弧形的 Y 状结构，屋顶是钢筋混凝土横向锯齿形天窗，窗户平面向外倾斜约 15 度。这一结构的厂房在设计上更加稳定合理，有利于消除侧剪力，同时也有利于排水。建筑的外立面是清水红砖墙面，加混凝土勒脚，同时有混凝土檐口、特制的砖砌梁和立窗台，并修建有条状的横向天窗。整个外立面设计在美观的同时具有鲜明的时代特点。

厂房顶部的设计是半拱形的弧形状，最薄的地方仅为 6 厘米。不同于一般的半拱形设计，厂房南向的顶部是混凝土浇筑的弧形实顶，朝北的顶部是斜面玻璃窗，由此形成了高大敞亮的顶部空间。玻璃窗的设计使得室内的采光条件非常优越，而全部朝北的设计极大地保证了室内光线的均匀，改善了厂房内部的采光条件，不会出现有阳光的地方特别敞亮，没阳光的地方特别阴暗的状况。

二　798 艺术区的建立与北京国际文创产业先锋示范

1995 年，中央美院雕塑系隋建国教授，接到纪念抗战群雕《卢沟桥抗

图 4 - 11　798 帆状厂房外观

资料来源：北京酒仙桥 798 艺术区管委会供图。

日群雕》的任务。当时，中央美院搬迁到酒仙桥地区，没有制作抗日群雕的大型工作空间。几经寻找，隋教授在原 718 联合厂三分厂即 798 里，找到了一个 3000 平方米的闲置仓库，在这里完成了抗日群雕的制作。此举开创了将 798 工业厂房遗址作为工作室进行艺术创作的先河。群雕制作完毕后，美院的师生们继续在此工作。

2000 年 12 月，根据国家的发展规划，机械工业部将原 706 厂、707 厂、718 厂、797 厂、798 厂和 700 厂等 6 家单位整合重组改制为北京七星华电科技集团有限责任公司。根据国家和北京市的产业发展布局，原 718、798、797 等分厂的生产线外迁进入新址。原有的厂房大规模闲置。

现代书店的经理罗伯特得知 798 片区有大量的闲置厂房院落，前来租房。罗伯特同时也是一名前卫的艺术家。通过他的介绍，不少艺术家得知 798 这样一个独具特色的工业大院的存在。空间大、租金便宜的 798 艺术区，吸引越来越多的艺术家入驻建立工作室。到 2002 年，798 艺术区雏形形成，艺术家工作室猛增到 30 个，艺术和商业机构接近 40 个。

曾经灯火辉煌的生产车间，以艺术区的形式在新时期获得了新生。原 798 食堂的冰棍房，成为音乐人李宗盛的工作室；原 706 厂内一个车间的办公室及休息室成为洪晃的工作室；原 706 厂的组装车间装配厅，成为耐克 706 新品发布空间。原 798 厂的瓷料成型、加工车间，成为徐勇的时态空间画廊。原 798 厂的除尘楼，成为天下盐餐厅。在生产车间内，有着鲜明时代印记的标语口号被刻意保留，厂房遗留的设施和仪器则被细心保留为展品。

虽然已经形成了较大规模的文化创意产业集聚区，798 仍然只是民间自下而上、自发形成的艺术区，并没有得到国家和政府相关部门的认可。这一区域的所有权仍然属于七星集团，艺术区内的诸多工作室与七星集团是租赁关系。2004 年，根据集团发展产业规划，七星集团决定将艺术区拆除，建立电子科技中心。在 798 艺术区已成规模并具备着相当影响力的当时，七星集团计划拆迁的消息迅速引起了社会的关注。在艺术家和群众反对呼声极高的当时，人大代表李象群代表园区 200 多位艺术家递交了《关于 718 联合厂地区保护与开发的议案》，从建筑、历史、文化、经济、奥运五个方面分析了 798 存在的价值，不久拆迁计划被暂停。此后，入驻 798 的艺术家黄锐、徐勇等人，发起大山子艺术节，继续吸引外界对艺术区的关注。从 2004 年开始，798 艺术区内举办的"大山子艺术节"持续了三年，在取得巨大经济效益的同时，也极大地扩大了 798 园区的社会影响力。

艺术家在 798 的聚集以及艺术节的举办，本质上是艺术家对原 718 联合厂工业遗址生产空间的重塑，是艺术家通过文化创意活动，参与工业遗址转型的创新之举。2004 年北京市出台了《北京市文化产业发展规划（2004~2008）》；2005 年，北京市政府根据北京市建筑设计院提出的保护建议，将798、718、797、706 等几个分厂的锯齿厂房，列为"优秀近现代建筑"进行保留。2006 年《北京市"十一五"规划纲要》，将文化创意产业列为重点发展产业。798 正式被政府定位为"文化艺术创意产业园区"。2007 年，时任北京市委书记刘淇专门对 798 的发展规划进行指导，提议"将 798 发展成国内最高水平、国际上具有相当影响力的文化创意产业集聚区"。2018 年1 月，798 艺术区入选"中国工业遗产保护名录"。同年，751 北京时尚设计广场被市政府认定为市级集聚区，798 艺术区的范围不断扩大。政府部门先后成立北京文化发展基金会、北京市朝阳区人民政府酒仙桥街道办事处、北京 798 艺术区建设管理办公室，对 798 的改造与发展进行规划管理。

798 艺术街区早已经蜚声海外。2003 年，北京 798 艺术区被美国《时代周刊》评为全球最有文化标志性的 22 个城市艺术中心之一。798 建筑改造方案，是威尼斯十二个中国优秀建筑展之一，是 2004 年北京双十年优秀建筑展重要展品。国家旅游局和美国 CNN 的调查统计数据显示，外国游客到访北京的景点中，798 名列前三。北京 798 艺术区经常举办重要的国际艺术展览、艺术活动和时尚活动，吸引了众多世界政界要人、影视明星、社会名流到 798 参观。2004 年以来，瑞典首相、瑞士首相、德国总理施罗德、奥地利总理、欧盟主席巴罗佐、比利时王妃、安南夫人、法国总统希拉克夫人、挪威总理夫人、比利时王储、法国总统萨科齐、国际奥委会主席罗格等都先后参观访问过 798 艺术区。酒仙桥这个曾经的老工业基地，正在以新的文化艺术创意集聚区姿态，在国际文创舞台上大放异彩。

第八节　当代坝河流域水岸景观建设

——坝河流域文化在当代的传承、创新和重塑

一　进入 21 世纪以来，坝河流域绿色生态文化景观建设日新月异

2014 年，中国大运河被成功列入《世界文化遗产名录》。2017 年党的十九大做出"坚定文化自信，推动社会主义文化繁荣兴盛"的重大战略部署，为将大运河打造成为中华民族伟大复兴的标志性文化品牌提供了宝贵的历史机遇。在北京朝阳区"十三五"规划实施过程中，大力推动坝河流域滨水绿色空间的景观建设，打造色彩丰富、体现朝阳区历史文化与漕运记忆的城市滨水景观项目。

（一）坝河休闲公园

2017 年，占地近 20 万平方米的坝河休闲公园建成，与东坝郊野公园、坝河、亮马河、北小河形成"两园三河"的生态布局。

公园位于朝阳区东坝组团，小坝河南岸，周边基本为住宅用地。住宅西侧有千亩湖湿地公园、五环林等绿色资源，设计时统一纳入坝河休闲公园景观范畴，形成完整的城市绿色开放空间。公园突出林、水、文脉和植物四大特色。以绿量大的树林为基调，减少铺装；借景坝河，形成林水交融的景观效果；同时采用"帆"的形式，展示坝河的漕运文化历史；主要有"冬梅花、夏玫瑰"两大植物景观，既有别于其他公园，同时也有品种

展示和科普宣传的作用。

公园主要分为三个区域：主体区域是沿五环及河道一侧的带状公园，以绿色为基础，主要景观节点包括漕运文化、朗月梅香、悠林怡情、天染芳菲、绿野花境，同时有健身步道穿过林荫和广场，在其节点处有标识和寄语；中间"L"形带状绿地为漫步游园，以大乔木结合简单步道，提升环境生态效益；最东侧的是亲子花园，为周边居民提供休闲活动的场所。

坝河休闲公园于2018年建成并向市民免费开放，是坝河地区继东坝郊野公园后的又一处大型综合休闲绿色公园。

（二）北小河滨"玉兰花畔"东湖段滨水城市森林公园

2018年北小河滨"玉兰花畔"东湖段滨水城市森林公园项目竣工，增加了黄杨、玉兰、雪松等十几种围合性强、景观有特色的树木和群落植物，同时，以"玉兰花畔"为主题，春暖花开时，河滨一片玉兰花海，美不胜收。公园使北小河南北两岸绿化面积达到5.3公顷，已是北小河地区名副其实的"小绿肺"。

（三）坝河常庆花园

2020年4月，坝河常庆花园正式开园。公园位于太阳宫地区，以"坝河文化"为主要特色，以"天光徘徊之影"为立意，通过入口形象区、老人休闲区、林下运动区、林荫剧场区、林下艺术区、林荫漫步区、坝河文化区、形象展示区八大核心功能区域和树之影、云之影、水之影、花之影、叶之影五大节点，让游人充分体验"大自然中的光影"。为游人在休闲活动中了解坝河文化提供良好的场地氛围。

（四）亮马河国际风情水岸

2020年8月，历经一年多建设的80万平方米景观廊道——亮马河国际风情水岸完工亮相。水岸全长5.57公里，坚持"生态办法解决生态问题"的治水理念，采取宜弯则弯、宽窄结合的原则，避免直线化。有助于改善生物群落的多样性。

亮马河国际风情水岸，划分为生活休闲、国际交往、商业活力、自然生态四个不同的主题。水岸碧波流淌、油柏葱郁，到了夜晚，两岸不同颜色的灯带一齐点亮，灯光水色交融，美轮美奂。岸上还有互动喷泉、微型儿童乐园、景观水帘等，俨然成为朝阳区一道靓丽的风景线。目前，亮马河旅游性通航也已提上日程，朝阳区政府正加快河上桥梁的改建，未来亮马河三环至四环河段可通行游船，市民能够乘船夜赏亮马河。

（五） 坝河滨水空间

2020 年 8 月，坝河滨水空间一期顺利开工，该工程位于第四使馆区，建成后将成为色彩多样、文脉丰富、风景优美的滨水空间，成为大运河文化带的重要景观之一。

坝河滨水空间全线建设工作体量大，计划整体设计分三期实施。

第一期坝河滨水空间，建设"将台—东坝"段，起点为酒仙桥路，终点至机场第二高速，长度 8.2 公里，计划 2022 年完工。第二、三期坝河滨水空间，将建设其余 13.5 公里，计划 2025 年底前全面建成。目前正在实施的坝河使馆区段工程属一期工程。在完成景观绿化、铺设透水砖、河道清淤、安装补水管线和灯具等建设内容后，还将开辟亲水平台，满足市民亲水赏景的需求。一期项目建成后将大幅提升第四使馆区周边环境品质，并为坝河后期治理工作提供新的经验与示范作用。

二 国家大运河保护利用规划顶层设计，坝河流域建设新景观万众瞩目

（一） 国家大运河保护利用规划顶层设计

2019 年 2 月国务院出台《国家大运河文化保护传承利用规划纲要》，打造建设大运河文化带，被提高到党中央、国务院重大战略决策部署的高度。其顶层规划设计目标是："坚持以文化为引领，打造大运河璀璨文化带、绿色生态带、缤纷旅游带"。大运河文化建设布局是："河为线，城为珠，线串珠，珠带面"，构建一条主轴、五大核心区、六大文化高地。凸显文化引领，多点联动，形成发展合力的空间格局。

（二） 坝河流域大运河文化带规划实施、建设发展三个重点集聚区

2019 年 12 月，北京市发布《北京市大运河文化保护传承利用实施规划》，从 2025 年、2035 年和 2050 年分三个阶段，对大运河文化保护传承利用的中长期目标进行了安排，涉及文物、生态、旅游、景观等多个方面。

坝河流域大运河文化带作为朝阳区重点规划的大运河文化带三条古河道之一，其重要性得到了前所未有的凸显。通过梳理、挖掘、整合历史文脉和古今文化资源，朝阳区对坝河流域文化空间布局做出新的部署和具体规划。

从以上坝河流域文化空间布局规划图可知，未来五年，坝河流域大力建设和发展的三个重点集聚区是：亮马河朝阳公园区、酒仙桥文创区和东坝第四使馆区。其目标发展、规划实施步骤如下。

1. 亮马河朝阳公园集聚区

（1）建设坝河（亮马河）景观廊道，提升坝河亮马河沿岸景观水平。

（2）建设国际风情水岸：依托朝阳公园、三里屯等时尚文化要素密集的节点，开展形式多样的运河文化品牌活动，展示中外文化融合的国际风范。

（3）推动坝河沿岸古镇文化传承：发掘保护"阜通七坝"、东坝古镇等古镇文化传承和文化遗产传承。发展民间花会等非遗资源，展现古代水利工程设计艺术，传承运河历史文化风韵。

2. 酒仙桥文创集聚区

（1）打造具有工业遗存特色的运河文化创意园区：在酒仙桥、大山子地区，打造具有工业遗存特色的运河文化创意园区。

（2）发展国际化、品牌化的时尚设计、艺术展览等产业，展现现代工业文明和艺术活力。

3. 东坝第四使馆集聚区

（1）东坝第四使馆区建设将与东坝道路规划、完善周边公园绿化相结合。

（2）以大运河坝河流域历史遗存为载体，通过集聚"一带一路"沿线国家使馆及其多元文化，打造古今中外集聚一体的大运河国际风范。

4. 打造坝河流域生态绿色亲水休闲空间

（1）完善坝河生态绿色慢行系统：完善坝河沿岸绿道慢行系统，布局小微主题公园和活动广场。

（2）优化景观照明设计，打造方便市民游憩、展现民俗风情的水岸休闲空间。

（3）依托坝河与温榆河交汇处较好的水面条件，提升亲水休闲功能。

2025年，坝河流域亮马河朝阳公园区、酒仙桥文创区和东坝第四使馆区三大集聚区建成，将会大大推动坝河流域滨水绿色空间的景观建设，实现国家大运河文化带传承利用发展规划提出的目标：传承发展、整合创新坝河流域底蕴深厚、源远流长的历史文脉。以文化为引领，将大运河坝河流域，打造成璀璨文化带、绿色生态带、缤纷旅游带。

综上所述，本章挖掘梳理了元明清民国到新中国成立以来，坝河流域历史文脉以及各个历史时期的主要文化类型源流。归纳如下：

第一，战国、秦汉时期坝河流域形成安乐故城和汉墓群遗址文化，黄金台传说。

第二，三国、辽金以来形成屯田戍边、点将扎营遗存和古驿道文化。

第三，元代因漕运兴起形成以东坝为中心的漕运码头街市商贸文化和开漕节民俗文化。

第四，明代坝河流域伴随朝廷马政中心的兴衰过程，形成马坊草场遗址、民间马神传说和马神崇拜文化；以东坝为中心的商贸街市文化继续传承发展。

第五，清代至民国，坝河流域因朝廷扶助农耕形成朝廷春场仪典和开耕节庆民俗文化；以东坝为中心的京郊粮食商贸集散中心兴盛，由此形成东坝街市花会民俗文化；清末民国因东坝商贸兴盛形成的商会组织和商会文化；坝河流域东直门关厢街市商贸文化的兴衰；清代坝河墓葬文化兴衰源流。

第六，新中国成立以来，坝河流域因土地改革形成的人民公社文化；因酒仙桥电子工业园建设和兴盛发展形成的工业文明和工人文化；新时期以来，酒仙桥电子工业园变身798国际艺术集聚区，形成当代艺术创作生态和798旅游文化；改革开放以来，形成亮马河新商圈和蓝色港湾滨水绿廊文化圈；坝河流域第四使馆区"一带一路"文化公园建设，以及大运河文化带坝河流域漕运历史景观建设。

第三编
北京萧太后河朝阳段河道
和河道流域历史文脉

萧太后河曾经是永定河古河道之一，在辽代经人工疏通整治后，成为上承蓟水，中连辽南京护城河，下接今北运河（时称潞水）的重要漕运通道，承担了辽代南京（今北京）地区与外界的物资运输功能。相传其开凿于辽代萧太后主政时期，故名"萧太后河"。萧太后河是北运河水系现存最早的一条漕运河道，是以人工方式改造天然河道，沟通北京城与北运河漕运的开端。比元代开通漕运的坝河、元明清开通漕运的通惠河早300年左右。对辽金燕京蓟城地区漕运史，具有开创意义。

今天的萧太后河上游被城市切断，上承龙潭湖和东护城河的雨洪分流和城市污水，成为北京城东南地区的排水河道。且今萧太后河西大望路和弘燕路交叉口以上河段，被盖板覆盖，成了一条暗沟。从弘燕小区以东，始见地表径流。萧太后河今全长20.6公里，流经朝阳区南磨房地区、十八里店地区、垡头街道、豆各庄地区和黑庄户地区后进入通州区，在通州区境内汇入凉水河。萧太后河朝阳段全长12.4公里。

与大运河文化北京段的其他河道相比，萧太后河的史料记载极少。辽代有关其开凿年代、开通漕运时间、河道漕运管理制度等，均不见于正史。只有明清以后的文献中有零星记载，所以河道源流难以考证。尽管如此，作为我国唯一一条以辽朝皇太后之名命名的运河，萧太后河在北京地区漕运史上，除了漕运和排水泄洪功能外，具有以下重要历史价值和作用。

首先，"萧太后河"和"萧太后运粮河"的河名，在民间流传至今，是北京地区漕运文化和漕运开通历史记忆的承载和体现。萧太后河，从辽朝到今天，近千年一直沿用不废，彰显其作为辽南京城漕运河道历史文脉的源远流长和古今传承。自辽太宗会同元年（938）升幽州为南京，历史上的古燕京，就结束了它的"幽州时代"，开始步入由地方行政中心和北方军事重镇，向国家陪都转变的历史进程。在北京建城史上，具有标志性的意义。萧太后河是北京运河体系形成和漕运史的开端，是由元明清上溯到辽朝的重要河道载体。萧太后河是辽人运用汉族水利技术，在燕京开通漕运的河道，是契丹文化与汉文化相互借鉴、相互融合的历史明证。其次，萧太后河，自辽至今，一直连接着今天的朝阳与通州，作为连通都城与北运河水系的漕运河道，具有重要的历史与现实价值。随着当下朝阳区"一廊两带三区"规划建设实施全面展开，萧太后河在连接首都功能核心区与北京城市副中心的"现代都市景观与产业融合发展廊道"中，占有重要地位。断续多年的历史文脉在今天得以续写。最后，萧太后河河道两岸流域的古村落地名古今变迁和延续、古迹遗存和民风民俗历史文脉，是大运河文化带历史文脉在萧太后河流域的承载和积淀。

第五章　萧太后河朝阳段河道历史文脉

本章通过梳理大运河文化带萧太后河朝阳段河道历史文脉，了解把握萧太后河朝阳段河道源流古今变迁和漕运功能兴衰。

第一节　辽代萧太后河的开凿背景和使用功能

萧太后河曾是永定河古河道之一，经人工疏通整治后，成为上承蓟水、中连辽南京护城河，下接今北运河（时称潞水）的重要漕运通道，承担了辽南京地区的水路物资运输功能。相传萧太后河开凿于辽代萧太后主政时期，故名"萧太后河"。关于萧太后河的来历，民间也多有传说。一说是当年萧太后率大军征战北宋，路过辽南京城郊，手下众将士口渴难耐，萧太后勒马扬鞭一指，前面竟然出现了一条清可见底的河水，此河便被人们称为萧太后河。又有一说，萧太后曾率军长期驻扎在辽南京城外，一度缺水令军队战斗力骤减，历尽艰辛后，人们终于找到一条清冽却无名的河水。萧太后闻后大悦，下旨以她的名号命名。但传说终究难以令人信服，要真正了解萧太后河，还是要从历史事实与有限的史料记载中寻找答案。

一　辽代萧太后河开凿的历史背景和功能

辽朝（907~1125），是中国历史上由契丹族建立的朝代，共传九帝，享国218年。907年，辽太祖耶律阿保机成为契丹可汗，916年始建年号，国号"契丹"，定都于上京临潢府（今内蒙古赤峰市巴林左旗）。辽朝继承游牧先祖春夏秋冬四时迁徙的传统，实行五京捺钵制。辽五京，即辽上京临潢府、中京大定府、东京辽阳府、南京析津府（今北京）、西京大同府。因辽帝四时巡行四时捺钵，国都并不固定。辽太宗会同元年（938），辽得后晋所献燕云十六州后，将今北京所在的幽州，提升为陪都南京，又称燕京，中心在今广安门一带。燕京（今北京）从此结束了它的"幽州时代"，开始步入由地方行政中心和北方军事重镇向国家陪都转变的历史。这在北京建城史上具有重要意义。幽州成为陪都南京后，城市规模扩大，人口迅速增加，对于粮食等生活物资的需求也与日俱增，亟须从外地调运粮食入京。

960 年，后周殿前都点检赵匡胤发动陈桥驿兵变，建立北宋。进入辽宋对峙时期，战争连年不断。北宋采取先南后北的方针，建国初，集中力量消灭南方割据势力，对辽采取守势。而此时的辽朝，即将进入由萧太后主政的鼎盛时期。此处提及的"萧太后"，指辽朝第五代皇帝辽景宗耶律贤（969～982 年在位）的皇后，名萧绰，小名燕燕。由于辽景宗体弱多病，其在位期间，国事由萧绰执掌。乾亨四年（982），辽景宗去世，萧绰之子，年仅 12 岁的辽圣宗耶律隆绪继位，尊萧绰为皇太后。萧太后自此开始了为期 27 年的临朝摄政生涯。其间，萧太后励精图治，注重农桑兴修水利，减少赋税整顿吏治，训练军队，使辽国逐渐富裕强盛。

当北宋消灭了南方割据政权回军北向后，辽宋关系迅速恶化。北宋多次出兵北伐，意欲收复燕云十六州。燕云十六州，又称幽云十六州或幽蓟十六州，指中国北方以幽州（今北京）和云州（今山西大同）为中心的十六个州，即今北京、天津北部（海河以北），以及河北北部、山西北部地区。燕云一带是北方政权与中原王朝的接壤之地，是重要的南北军事缓冲地带。936 年，后晋开国皇帝石敬瑭，将燕云十六州割让给契丹。曾经作为中原王朝防止北方游牧势力南下的重重关隘，反成了辽朝抵御中原北伐的重要战略地带。辽朝在此重兵把守，使得燕云地区成为辽朝的政治和军事核心地带。尤其是作为陪都的辽南京，是抵抗北宋北伐的咽喉之地，也是辽朝南下窥伺中原的前沿阵地，是辽朝政治和军事把控的焦点。

北宋立国之初，即有意收复燕云十六州。北宋先后于 979 年、986 年两度北伐，宋军直抵南京城下，但最终皆为辽军击败。随后几年，在萧太后决策下，辽军开始大举反击。统和二十二年（1004）十二月，辽宋签订澶渊之盟，以白沟河为界，划界对峙，结束了辽宋之间长达二十多年的战争。此后一百多年间，两国礼尚往来，通使殷勤，还在边境设置榷场，开放贸易。澶渊之盟为辽宋双方赢得和平发展时间，人民得以免受战乱之苦。

相传萧太后河正是在辽宋对峙时期，萧太后为防止北宋兵临南京、加强南京城建设过程中开发的。民间一直称此河为"萧太后运粮河"，表明它是萧太后从辽东向燕京地区运输兵马粮草的运粮河。南京作为战时辽朝的政治和军事中心，大量军队驻扎于此，或由此南下攻宋，其所需的大量粮草军需，皆由萧太后河漕运保证供给。

澶渊之盟后，辽朝国势日益强盛，继续巩固对包括燕京地区在内的燕云十六州的统治，陪都南京成为辽代最发达的政治经济中心，是辽朝与北宋进行经济文化往来的必经之地。此时辽南京的物资运输，大多通过萧太后河完成。但萧太后河的具体开凿时间、开挖过程，漕运通航和管理情况，几乎不见于正史记载。目前所见关于萧太后河的少量史料，均转载自明清以来的文献。后人只能通过这些线索，去尝试考证萧太后河开通的时间。

二 史料记载的萧太后河及其上下游河道源流

史书对萧太后河的记载十分有限，目前所见，均是明清以来的文献。这些记载，仅提及萧太后河的大致方位和流经路线，有关具体开凿时间、开挖过程、漕运兴衰、管理制度等，均难以实证。当代水利专家曾对萧太后河的历史文献进行深入挖掘梳理，根据五种直接或间接提及萧太后河的相关古籍，总结归纳了五种萧太后河河道位置及走向。

第一种，萧太后河位于蓟城城北说，为萧太后河的上源走向提供历史佐证。据明代刘侗、于奕正《帝京景物略》称："（白云观）西南五六里，为萧太后运粮河，泯然患灭，无问者。"① 这是关于萧太后河最早的记载，它不仅印证了萧太后运粮河的存在，更指出了河道所在的地理位置。但其所指萧太后河河道位置所在的蓟城城北，与今朝阳区境内的萧太后河无法

---

① （明）刘侗、于奕正：《帝京景物略》卷三，北京古籍出版社，1980，第138页。

对应，而是与古蓟水（古永定河的一条支脉）以及后来的金中都北护城河、金口河、闸河等位置几乎一致。

第二种，萧太后河作为燕京途经宝坻到辽东入海的漕运河道说。这是首次有关萧太后河从燕京途经宝坻到辽东入海的漕运河道记载，是金朝人记载清朝人发现转载的。

第三种，萧太后运粮河在广渠门外、八里庄之西二里说。据清人震钧《天咫偶闻》记载："八里庄之西二里，有河名十里河，又名萧太后运粮河。"① 虽然他书中关于萧太后城（辽南京）与萧太后河位置关系的考证、推断很武断，但提出的萧太后河河道流经的八里庄、十里河，都在广渠门外之南，与萧太后运粮河流经今朝阳区南部，由左安门外向东流，至通州张家湾汇入凉水河再入北运河河道的实际流域吻合。

第四种，窝头河（箭杆河、牛家务河）是萧太后运粮河故道说。所谓窝头河，即萧太后运粮河，上通牛栏山水、窝头庄水。

第五种，不仅确认窝头河是萧太后运粮河故道，而且明确指出它是自西向东连接潮白河、箭杆河等河道流域，并且跨香河、宝坻而入海的古运河。

以上五种关于"萧太后运粮河"河道溯源的说法和史料记载，② 是目前学术界研究萧太后河所依据的基本史料。可以由此判断，萧太后河的河道源流和方位，与民间传说有密切的关系，这些传说还被后来的方志加以记载和转载。方志中所记载的萧太后河，大多是流经通州、平谷及河北境内的中下游部分，而且此段萧太后河与辽代南京城漕运密切相关。表明萧太后河作为辽代从潞河（今通州）至辽南京城的漕运河段，基本是通畅的。唯一的缺失，是无法找到萧太后河从通州至辽南京城的直接河段和河道文献记载。

三　当代学者对于萧太后河源流的考证推论

尽管有关萧太后河的历史文献非常匮乏，但以上述史料为基础，结合

---

① （清）震钧：《天咫偶闻》卷九，北京古籍出版社，1982，第205页。
② 吴文涛：《萧太后河历史探源及相关文献辨析》，载《北京史学论丛》（2016），中国社会科学出版社，2017，第248～251页。

史实与考古发现，运用历史地理学的科学分析方法，学术界已经得出萧太后河上下游河道源流的可信定论。

辽朝初建立，建五京捺钵之制。辽太宗会同元年（938），今北京所在的幽州被提升为陪都，改名南京，成为辽朝最重要的政治经济文化中心之一。城市规模的扩大，粮食等消费的增加，使从辽东调运粮食入京成为客观需要。1005 年辽宋签订"澶渊之盟"后，两国以白沟（拒马河）、海河一线为界。此后，辽国将河北平原的众多湖泊相互连通，东起天津附近海岸，经今河北青县、霸州、雄县、高阳、保定一线，在国界以南构筑了一条天然的军事防线。辽南京所需的物资显然不能仰仗隔岸对峙的北宋从南方运输而来，而只能从辽东等地调集，走海路运输。具体地说就是在今天津宁河区的蓟运河入海口靠岸，换载河船后再循今蓟运河、北运河等，进入辽南京城。

关于漕船离海登陆后转入内河运输，最后到达南京城的具体路线，有两种说法。其一，漕船沿今蓟运河西入沟河，至今河北三河或北京平谷一带卸载，再陆运至辽南京。其二，就是利用人工运河直接驶入辽南京城。[1]从三河或平谷陆运粮食进南京城所需人力、物力、时间巨大，不如漕运便宜便捷。辽朝利用天然河道开凿运河的动力和可能性均具备，萧太后河很可能就是在此时开挖使用的。早在辽代之前，燕京地区就有利用永定河的分支河道进行漕运的先例。隋唐时期的永定河（时称桑干河）主流，是经行今北京境内的北派河流——清泉河，大约沿今凉水河一线，在天津武清区河西务以南、旧雍奴县以北汇入潞河（今北运河）。这条河在蓟城的南侧流过，水清流深，水量比较稳定。《新唐书》记载：时任燕州司马的王安德拓宽灌渠，用来通船转运漕粮，从桑干水抵达卢思台，船行八百里，后来渠道淤堵没有办法通漕。[2]

1990 年 11 月，在北京朝阳区小红门构件厂出沙场内（南距凉水河大约 200 米），出土了一条独木船，通长 9.7 米，船头宽 0.8 米，船尾宽 1.1 米，

---

① 吴文涛：《萧太后河历史探源及相关文献辨析》，载《北京史学论丛》（2016），中国社会科学出版社，2017，第 252 页。

② （宋）欧阳修、宋祁：《新唐书》卷九十八《列传第二十三》，中华书局，1975，第 3903 页。

船体最宽处 1.16 米。船舱上口宽约 0.7 ~ 1.0 米，船舱深 0.48 ~ 0.60 米。船底距今地表约 3 米，船舱内及底部发现完整的唐代瓷碗、陶钵等。此外，在深 2 多米的沙层内，出土了金、元时期的残砖碎瓦以及瓷质碗、罐碎片；在深 1 米左右的沙层中，有少量明代青花瓷碗残片。这艘独木船，不仅是桑干河下游能够行船通航的实物证据，而且证实，唐末及五代时期的桑干河分支曾流经此地，但河道在今凉水河北约 200 米处，说明这一段永定河河道的分叉、摆动、迁移在历史上相当频繁。

而隋代的永济渠，也是沿曹操修的平虏渠接入潞河，漕船再由潞河向西北驶入清泉河，而后直抵蓟城之南。① 其后，五代时后唐的幽州节度使赵德钧，曾仿效曹魏刘靖父子筑堰拦截桑干河水，开浚东南河连接拒马河和桑干河，以便向幽州转运粮草。赵德钧所开长一百六十五里的东南河，也是利用桑干河的多条故道顺势屈曲连缀而成。

以上史实表明，在辽金以前，永定河的多支分叉以及丰富的水量，使疏浚运河、舟行漕运成为一件相对便利的事情，以此类推，辽朝开通萧太后河应该是顺理成章的。

有关萧太后河的另外一个说法，是萧太后河河道命名可能始于元末。历史地理学家侯仁之先生认为，萧太后河是元朝末年重开金口河失败后留下的河道。萧太后河之名，是民间对辽金元遗留的金口河下游河道以讹传讹的称呼。水利专家认为，元代重修金口河，其下游过十里河（在今左安门外）至通州以南的大高丽庄入白河，这一说法恰恰可以证明，在元代之前这里曾有一条可以行船的河道。在古代，凭空开凿一条几十公里长的河道很难，利用天然河道或已有河道加以拓宽、疏通、连通、转承是更可行的选择。而当时北京地区水源丰富，水网密布，永定河遗留下来的古河道从南到北呈枝杈状分布，十分便于疏浚连通。事实也确实如此，无论是金代开凿闸河还是元代重修金口河、新修通惠河，都是以利用旧河道为主。元代两次开金口河，在上游河段都是利用前代的古高粱河河道。修通惠河时，其上游也是利用了金代开凿的长河河道和高粱河河道。那么，元代在

---

① 吴文涛：《北京水利史》，人民出版社，2013，第 59 页。

下游利用辽代曾经通航的萧太后河旧河道，也是顺理成章的事情。民间将其称为萧太后河的所谓讹称，其实并非空穴来风。

图 5-1　永定河故道分布示意图

资料来源：尹钧科、吴文涛：《历史上的永定河与北京》，北京燕山出版社，2008，第80页。

常征、于德源在其所著《中国运河史》中，依据辽金时期的海运情况，对漕粮登陆蓟州河之后的走向做出推测，认为其中一条航线就是萧太后河。是当时辽圣宗朝实际执政的萧太后所开，所谓开凿，实际是疏通旧河道开通漕运。辽国人正是利用了古永定河的一条支脉——蓟水疏浚而成就萧太后河的。郦道元的《水经注》也记载：灅水（即今永定河）"又东与洗马沟水合，水上承蓟水，西注大湖。湖有二源，水俱出县西北平地，导源流结西湖"。[①] 清晰表明蓟水及其下游洗马沟水是蓟城时代的重要水源。文中所提到的大湖的遗迹就是今莲花湖，洗马沟水的故道遗留就是今天的莲花河。而上承的蓟水就是从今石景山附近向东流向今玉渊潭、钓鱼台，再流入西湖（今莲花湖）的河流。蓟水、西湖与洗马沟等河湖构成的莲花池水系，基本满足了规模不大、功能简单的古代蓟城以及汉唐幽州对水源的需求。

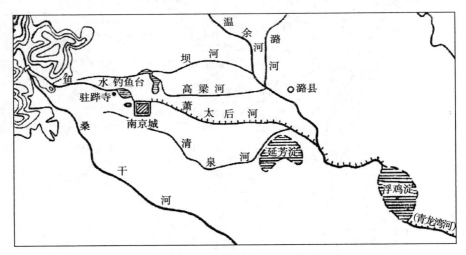

图 5 - 2　萧太后河示意图

资料来源：常征、于德源：《中国运河史》，北京燕山出版社，1989，第 300 页。

辽代把幽州提升为陪都南京后，城市规模和格局也依旧延续原有基础，直到金代，它都是燕京城市水系的主脉。蓟水支流南出与洗马沟水接，而形成辽燕都城西、南两护城壕，其干道则作为北、东两护城壕，沿今绒线胡同一线斜趋东湖（故址在今天坛、龙潭湖一带），下注潦水形成的湖泊，

---

① （北魏）郦道元：《水经注》卷十三，商务印书馆，1958，第 24 页。

而与潞河相通。本来，辽代往来于辽南京河到辽东的漕船，自今香河县东南赴辽南京蓟城，利用原来车箱渠的下游高梁河及坝河，到达白莲潭。漕粮抵潭后，尚需转车陆运，才能到达南边的辽南京城。不如处于东南方的萧太后河，直抵城下方便。今天萧太后河所流经的河道走向，尽管与辽代萧太后河故道不全相同，但它所流经故道遗留下来的地名，仍然依稀可辨。东城区至今仍有"东漕河胡同""北漕河胡同""南漕河胡同""河泊厂西巷""河泊厂东巷"，还有"金鱼池街""龙潭湖"。这些以水和漕河为名且弯曲似河的街巷，正是萧太后河故道的上游，至少有一部分与萧太后河有关。①

　　专家的上述分析，具体推进了有关萧太后河起源于辽朝，是对永定河故道再利用的推论。同时也进一步印证辽、金、元、明、清时期，萧太后河在既有河道基础上被改造、疏浚，以及河道变迁的先后继承关系。由此可以理解明代人在《帝京景物略》中，把白云观西南四十里的河道指为萧太后河是有道理的。说明在明代以前，人们还清楚地知道萧太后河上源的承接关系，而不是把今陶然亭—龙潭湖一线的水脉当成萧太后河的上源。

　　另外，今人据工程勘探发现，萧太后河河床均宽 31 米，底均宽 8 米，两岸及河底都由坚固的黄黏土筑成，而民间又一直流传着萧太后河"铜帮铁底运粮河"的说法。这也从一个侧面反映了，它是一条有人工痕迹的运河。

　　综上所述，我们认为可以得出以下推论，即萧太后河是辽代利用当时残留的古永定河河道，经人工疏通整理后而形成的上承蓟水、中连辽南京护城河，下接今北运河的重要漕运河道，它承担了辽南京与辽东地区的漕运功能。

　　正是有了萧太后河的存在，辽南京的漕粮供应才会变得顺畅而有保障。漕运物资从辽东沿海抵达蓟运河口后，可以从蓟运河西入沟河或北运河，再顺萧太后河直抵南京城。虽然现在我们无法确知其漕运的规模、数量，但从河运与陆运两者的效率差异判断，萧太后河无疑是更为省力的重要的

---

① 常征、于德源：《中国运河史》，北京燕山出版社，1989，第 302 页。

运粮路径。南宋人徐梦莘在其《三朝北盟会编》中提到辽南京城："陆海百货，萃于其中……锦绣组绮，精绝天下。膏腴蔬蓏、果实稻粱之类，靡不毕出。而桑、柘、麻、麦、羊、豕、雉、兔，不问可知。"① 可知萧太后河为辽南京城带来的繁荣景象。正是有这样充足的物质供应和保障，辽南京才能成为支撑辽朝半壁江山的重要陪都。作为以人工方式改造的天然河道，沟通辽南京城与北运河，萧太后河具有划时代的意义。辽代以后，伴随着金中都、元大都与明清两朝北京的繁荣发展，北京地区的运河开发也步入了更加辉煌的历史阶段。

四　萧太后河的湮灭与历史空白

萧太后河这条以辽皇太后之名命名、流淌了上千年的古河道，作为辽代的水上交通大动脉，明清笔记曾对其有"河面船只穿行，河岸行人如织，如同江南水乡"的描述。但它的辉煌也是极其短暂的，导致在明代以前，正史对它未着一字。直到明代，在文献中首次被提及时，萧太后河也是以"泯然患灭，无问者"② 的面貌出现。直到新中国成立后，萧太后河才作为灌溉和排水河道，重新进入人们的视野。

第二节　新中国成立以来萧太后河朝阳段的疏浚
治理、生态维护与功能变化创新

新中国成立至今，古老的萧太后河，经历了由湮灭无闻到重绽辉煌的发展历程。

新中国成立后三十年间，萧太后河作为北京农业灌溉水源得到重视，这三十年的河道治理，主要围绕萧太后河沿岸的农田灌溉和蓄、排水功能而展开。改革开放新时期以来，对萧太后河的治理可分为两个时期，治污与生态景观建设齐头并进。

---

① （宋）徐梦莘：《三朝北盟会编》卷二十，上海古籍出版社，1987，第142页。
② （明）刘侗、于奕正：《帝京景物略》卷三，北京古籍出版社，1980，第138页。

一　新中国成立三十年间（1949～1978）对萧太后河的治理

新中国成立后，利用萧太后河流域原有的水源，加上通惠河灌渠的丰沛水源，开始试种南方水稻。1966 年，在试种成功的基础上，萧太后河流域开始大面积种植早稻，并迅速推广中稻和晚稻种植。水稻生产逐渐替代了以往此地的玉米、高粱、谷子、荞麦等杂粮生产，成为当地的主要粮食作物，农业生产连年丰收。① 但到六十年代末期，萧太后河变成了宽不足 20 米，深不过 1.5 米，芦苇丛生的排水沟。既不能满足两岸农业用水需要，也不能适应汛期排水的需要，严重影响了沿河各村的发展，于是沿岸各乡开始对萧太后河进行大规模集中治理。

图 5-3　1968 年的萧太后河

资料来源：《北京市朝阳区豆各庄乡志》编纂委员会编《北京市朝阳区豆各庄乡志》，中国时代经济出版社，2016，第 31 页。

由于年代久远、资料残缺，如今只能从豆各庄地区（乡）有限的治河历史记载中，重新感受当年治理萧太后河轰轰烈烈的场景。豆各庄位于萧太后河中段，萧太后河自西向东流经乡域内的孙家坡、水牛房、马家湾三

---

① 《北京市朝阳区豆各庄乡志》编纂委员会编《北京市朝阳区豆各庄乡志》，中国时代经济出版社，2016，第 5 页。

村，在豆各庄与黑庄户的交界处与通惠河灌渠交汇，所以萧太后河豆各庄乡段，是整个萧太后河治理的关键河段，不仅对于萧太后河治理的整体工程尤为重要，而且可以举一反三，从中看到当时治理河道的成绩。

1957 年，通县修建通惠河灌渠，将萧太后河拦腰截断。萧太后河上游河段在马家湾村北注入通惠河灌渠。灌渠以西河段长 11.85 公里，流域面积 21.83 平方公里。由于通惠河灌渠斩断了萧太后河水东行的泄洪通道，豆各庄及上游各乡时常遭遇农田被淹、房屋进水的洪灾风险。加上沿河用水单位，在河道任意筑坝或修建不合标准的截水建筑，造成河道严重淤阻，每年都有数千亩农田受涝减产。为使萧太后河具备更佳的蓄排水功能和灌溉功能，60 年代，豆各庄乡多次整治通惠河灌渠西侧排水沟，保证乡域东部各生产队排水和萧太后河水下泄。60 年代末到 70 年代初，又对境内的萧太后河进行了两次大规模治理，分别是 1969 年至 1973 年的清淤拓宽工程和 1974 年的"东水西调"工程。

（一）1969~1973 年萧太后河的清淤拓宽工程

从 1969 年起，豆各庄生产大队利用每年冬天的农闲时间，从各生产队抽调壮劳力 1000 多名，大规模治理境内的萧太后河，连续 5 年对河道进行清淤、拓宽和加固工作，总动土石方量达 10 余万立方米，并在沿河两岸植树造林，绿化环境。经过 5 年的治理，乡域内 4.5 公里的萧太后河由原河宽 20 米拓宽为 60~70 米，原河深 1.5 米加深至近 3 米。蓄水量由原来的不足 9 万立方米增至 20 余万立方米，使萧太后河重新具备了储水灌溉、排涝泄洪、养殖淡水鱼等功能。在 1973 年还成立了豆各庄渔场，利用整治后的萧太后河 160 亩水面发展水产养殖业。

（二）1974 年萧太后河的"东水西调"工程

1974 年 11 月，为了将通惠河灌渠的水引入萧太后河，同时解决孟家坟、黄厂两村的农业用水难题，作为萧太后河治理工程的重要组成部分，豆各庄大队开挖东水西调水渠。这是一条自东向西的逆向引水水渠，水渠东自孟家坟村，南通通惠河排干西岸，西至黄厂村西边界，再从黄厂村东向南至萧太后河。丁字形引水渠上宽 10~12 米，底宽 2 米，深 2.5~3 米，全长 4000 米。整个工程分为主工程和副工程。主工程是组织全大队 11 个生

图 5 - 4　1969 年豆各庄大队社员治理萧太后河

资料来源：《北京市朝阳区豆各庄乡志》编纂委员会编《北京市朝阳区豆各庄乡志》，
中国时代经济出版社，2016，第 31 页。

产队、所属企业 1000 余人利用冬闲开挖土方。副工程是解决东水西调的水源，在通惠河灌渠豆各庄闸上游建涵管，将水引入通惠河排干渠，再利用自然坡降将水导入东水西调水渠，以解决东水西调水源问题。工程于 1975 年春完工，成功地将通惠河灌渠水引入萧太后河，基本解决了孟家坟、黄厂、孙家坡、水牛房、马家湾 5 个村的农业用水难题。

二　新时期以来至大运河申遗成功（1979 ~ 2014）萧太后河的河道与污染治理

新时期以来至 21 世纪大运河申遗成功，朝阳区对萧太后河的治理分为两个时期。改革开放后至 2000 年，萧太后河的主要功能开始由之前的农业灌溉逐渐转变为城市排水，因此该时期的治理兼顾引水灌溉与河道排水工程的建设。进入 21 世纪，城市高速发展，萧太后河的灌溉功能已然弱化，其河道成为北京城东南的一条重要的排水通道。且随着城市化进程的不断加快，河道的污染情况日益严重，曾一度成为臭气熏天的"牛奶河"，因此这一时期的整治主要围绕河道污染的治理而展开。

（一）1979～1999 年萧太后河的排水引水工程

进入 20 世纪 80 年代，随着改革开放背景下城市的快速发展，城市排水问题日渐突出。除了灌溉功能，萧太后河还担负着南磨房、堡头、十八里店、豆各庄和黑庄户五个地区的排水重任。为保证河道排水顺畅，解决防汛、蓄水的新矛盾，必须建设新的排水系统。

这一时期的治理也以豆各庄地区为主。1981 年 11 月，豆各庄管理区（豆各庄乡前身）组织所属 12 个大队 800 余人，开始建设萧太后河排水工程。工程从上游豆各庄乡界开始，往南沿十八里店乡界，再往东沿通县次渠乡界开挖，直到通惠河排干渠。经过整个冬春的开挖，建成了一条全长 3000 米、深 2～2.5 米的排水通道。将汛期排水提前分流，保证了萧太后河的排水安全。

1982 年冬，为彻底解决萧太后河的双路供水问题，豆各庄管理区决定再建引水工程。从各大队、企业抽调 40 多人，组成专业队，实行专业施工。工程的主体是在通惠河排干渠上建一座长 50 米的渡水槽，再加上配套的闸、涵设施。此项工程面临的最大困难是资金不足，工程管理领导利用残次的大工字钢，从乡办企业调来电焊工，在工地现场用工字钢、角钢、钢板分三段焊成了一座独特的钢铁渡槽，不仅圆满完成了工程，还节省了一半预算。

接下来，施工队又建成了两座水闸，在通惠河灌渠上架设渡水涵管一座。经过一个冬春的时间，完成了引水工程的扩建，使通惠河灌渠至萧太后河的进水量增加两倍，进一步完善了萧太后河的灌水、排涝、防汛和养鱼体系。

（二）北京"十二五"规划实施期间萧太后河的河道污染与治理

进入 21 世纪，萧太后河的灌溉功能逐渐弱化，成为北京城东南的一条排水通道。随着城市化进程不断加快，萧太后河两岸低端产业快速聚集，形成人口密集型企业，人口数量大幅增长，造成河道的严重污染。进入 21 世纪后，"十二五（2011～2015）"规划实施期间，萧太后河的攻坚战是整治河道污染。

1. 污水直排、基础设施缺失，萧太后河碧波失色

据张家湾一带的老人们回忆，20 世纪 50 年代之前，萧太后河里的水就

像传说中那样清澈甘洌，两岸村民都从河中直接取水饮用，水里螺蛳成群、小鱼穿梭，孩子们在水中游泳嬉戏，一幅江南水乡的图景。从六七十年代开始，萧太后河就逐渐遭遇工业污染。进入21世纪，随着城市化进程不断加快，两岸低端产业聚集，人口数量大幅增长，萧太后河逐渐成为北京东郊有名的"牛奶河"。萧太后河在朝阳区境内12.4公里的河道沿线，聚集了大约30万居住人口和数不清的大小排污口。仅小武基村段100米的河道两岸，就有20余个排污口。排污管有水泥管、有水泥槽沟、有金属管。从排污口里流出的，多是浑浊的液体，还掺杂着固体垃圾。曾经碧波荡漾的萧太后河，成了臭水沟，一到夏天就蚊蝇滋生、臭气熏天，成为地方一害。

图 5 – 5 萧太后河 100 米有 20 个排污口

资料来源：王秋霞：《寻访失落的萧太后河》，《环境与生活》2010 年第 10 期。

2. "清水朝阳"目标下朝阳区对萧太后河进行首次分段治理

面对严峻的水环境污染状况，2000～2012 年，在"清水朝阳"的目标下，朝阳区首次对萧太后河进行分段治理。

"清水朝阳"是 2003 年朝阳区提出的理念，以治污为重点和突破口，综合整治流经朝阳区区域内的 8 条主要河流，包括清河、温榆河、坝河、萧太后河等河流；实施奥运公园、朝阳公园、黄港水上公园、金盏老河湾及坝河等5个千亩湖建设；建设清河、坝河出口两个湿地系统工程。在水利工程建设中全面推广污水"零排放"工程，实施主要河道截污，使地表水污水处理率达到90%以上，地表水水体达到不浑浊、无臭味、无漂浮物。计划用三年时间，通过实施区域各水系的综合治理，扩大水面和沿岸绿化，形成水清岸绿、景色各异、水系畅通、适宜居住、城水相依的绿色长廊和生态公园。

2005年，朝阳区首先对萧太后河四环路内段展开污染治理。萧太后河起点位于朝阳区弘燕路和西大望路交会处东南，向东穿堡头西区建设用地入通惠河排干渠，该段总长约9公里。此次治理段在东四环与弘燕路之间，总长903.5米。该治污工程于2005年3月开工，同时配合山水文园二期建设，于同年10月竣工。

2007年~2008年，朝阳区对萧太后河小武基桥至通惠河排干渠段的水环境进行治理，此后定期为萧太后河补充中水，并在河道沿岸栽种护坡草坪，从而保证河道不再受污染。

2010年，朝阳区政府批准立项，对萧太后河通惠河排干渠至通马路段进行综合治理。主要建设内容包括：治理河道3.5公里，新建分洪倒虹吸、进水闸、橡胶坝各1座，新改建桥梁6座，铺设污水管线3.24公里；改建沿岸雨水口18座；新改建巡河路及河道沿岸景观绿化等。工程于2011年5月开工，年底完工，实现了"截污治污、分洪排水、生态自然、文化景观、雨洪利用"等五大功能。

3. "十二五"规划实施期间，朝阳区对萧太后河进行新一轮加速治理

2013年，北京市印发《北京市加快污水处理和再生水利用设施建设三年行动方案（2013~2015年）》，指出加强污水处理和再生水利用是首都生态文明建设的重要举措，关系广大市民的切身利益。并提出到"十二五"末，全市污水处理率达到90%以上的工作目标。其中，中心城区污水处理率达到98%，四环路以内地区污水处理率达到100%，新城达到90%。在这一背景下，萧太后河的水污染治理全面提速。

长期以来，萧太后河的水质都是劣五类，河道深度治理势在必行。2013

年 8 月至 11 月，北京市启动 2013 年 "河湖水环境百日整治行动"，萧太后河是重点整治河道之一。经调查，萧太后河通惠河排干渠以西段沿线有污水口 54 处，每天入河污水 5 万吨，治理任务极重。主要采取以下方法对萧太后河进行治理：第一，在萧太后河沿线的四环路暗涵、青龙河入口处和翠城小区排水口这 3 个污水量最大的重点部位安装了磁分离污水处理设备。设备对河水及入河污水进行简易处理后回放到河道中，总处理能力 5.3 万吨/日，水污染物主要指标去除率达到 60% 以上。第二，通过窑洼湖将水源 6 厂的退水引入萧太后河，每日补水约 9600 立方米，一定程度上改善了水质。第三，加大对私接偷排污水、向河湖倾倒垃圾渣土、违法电鱼炸鱼毒鱼和设置拦河渔具等违法行为的查处力度，关闭了萧太后河边的一批非法排污小作坊、小饭馆、小理发店、小农贸市场、小洗车点。第四，由于通惠河排干渠（萧太后河以下段）淤积严重，导致上游萧太后河入河口水位高、流速慢，水质极易恶化。于是对萧太后河下游通惠河排干渠进行清淤，使水位明显下降，水流速增加。第五，针对萧太后河水环境现状，区环保局强化流域内重点企业监管，全面调查河道沿线小区污水排放和处理情况。河道管理单位、环卫部门、属地街乡也加大了日常管理维护力度。

2013 年底，垡头污水处理厂投入运行。垡头污水处理厂于 2011 年 3 月正式开工，是专门为治理萧太后河而建的。其污水日处理规模为 2 万吨，主要将萧太后河的污水处理成再生水，再补充到下游的通惠河干渠。

2016 年朝阳区又选址黑庄户，在萧太后河流域建成并投入运行定福庄再生水厂，日处理规模达 30 万立方米，可以 "消化" 萧太后河的全部污水。服务流域面积约 72 平方公里，包括三间房乡、管庄乡全部以及常营乡、平房乡、高碑店乡、黑庄户乡、豆各庄乡大部分区域。

定福庄再生水厂的设计理念，是建设花园式的厂区，生产设施全封闭、半地下设置，实现无臭味、低噪声绿色生产。定福庄再生水厂采用先进的臭氧处理工艺，出水水质指标达到国家地表水环境Ⅳ类水体标准。除了污水再生利用外，污泥经过无害化处理后，可应用于林地抚育、土壤改良、苗圃种植、沙荒地治理、矿山修复等领域。水厂运行中，可利用污泥消化产生的沼气和沼气利用设施，为厂内生产提供热能和电能，该水厂是一座集污水处理、再生水生产供应、资源循环利用、优美景观环境于一体的现代化生态水厂。

三 北京"十三五""十四五"规划实施时期萧太后河的全方位治理与功能创新

（一）萧太后河系综合治理及滨水绿色文化休闲廊道项目

2014 年，大运河申遗成功，成为中国第 46 个世界遗产项目，国家对大运河保护开发的重视上升到了前所未有的历史高度。中国大运河申遗成功后，随着大运河文化带北京段建设的推进，对萧太后河的治理与功能创新提出了新的要求，不仅致力于水环境质量的改善和河道景观的提升，还把萧太后河作为推动北京大运河文化带保护建设的重要一环，挖掘其历史文化内涵，保护沿岸文化遗存，提升其旅游与文化价值。

2016 年，中国步入"十三五"规划实施时期。2016 年 7 月，北京市人民政府印发《北京市"十三五"时期水务发展规划》，要求到 2020 年，城乡水环境明显改善，全市污水处理率达到 95%，中心城区和北京城市副中心建成区基本实现污水全处理。2020 年北京城市副中心段河道水质主要指标基本达到地表水 Ⅳ 类标准，努力恢复历史漕运河道景观，构建由河道、水体、滨水绿化廊道、滨水空间共同组成的蓝网系统。通过改善流域生态环境，恢复历史水系，提高滨水空间品质，展现北京城市历史与现代魅力。

（二）北京"十三五""十四五"规划实施时期，萧太后河的全方位治理与功能创新

萧太后河作为连接北京中心城区和城市副中心的重要河道，也是北运河水系中最古老的漕运河道。经过朝阳区的持续治理，水环境质量已得到较大改善，但河流污染依然存在。此外还存在水源单一、水量不足，河道生态系统不完整、河道历史文化内涵缺乏等一系列问题。2016 年，朝阳区成立萧太后河治理工作领导小组，启动萧太后河综合治理及滨水绿色文化休闲廊道项目，打响萧太后河全面治理攻坚战。北京"十三五（2016～2020）""十四五（2021～2025）"规划实施时期，萧太后河（朝阳段）将进行全方位治理与功能创新。

　　萧太后河综合治理及滨水绿色文化休闲廊道项目，按照"综合性、协调性、自然性和经济性"原则，规划"一廊四区 22 景点"，总面积 5211 亩，比颐和园多 846 亩，形成水面 921 亩，新增绿地 4290 亩；从五环以下实现 3.4 公里河面行船通航，恢复历史风貌。项目建成后，不仅能为城市副中心输送一河清水，还将实现"水清、岸绿、景美、蕴深"的总体目标，为首都新增一处别具特色的园林风景区。要把萧太后河作为推动北京大运河文化带保护建设的重要一环，挖掘其历史文化内涵，保护沿岸文化遗存，提升其旅游与文化价值。

　　以上梳理了新中国成立到新时期 70 多年来，萧太后河从淤堵不堪的小河沟，到如今成为连接北京首都核心区与通州城市副中心绿色生态廊道的古今变迁过程。

　　综上所述，本章梳理叙述的萧太后河河道功能和整治历史文脉，可以归纳为以下几个时期：

　　第一，辽圣宗时期，沿袭前代古永定河旧河道，疏浚开通由辽南京城通往潞城运河的萧太后运粮河，开启辽朝辽南京漕运历史。

　　第二，元初沿袭萧太后河道功能。明清到民国时期萧太后河因淤堵不通，成为京城东南的排水河沟。

　　第三，新中国成立之初 30 年，萧太后河从淤堵不堪的小河沟，经过长期整治，疏通拓宽，成为两岸农田灌渠和城市排水泄洪河道。

　　第四，改革开放新时期以来，经过不断截污治理、创新改造，作为北京城市生态水系之一，成为连接北京首都核心区与通州城市副中心绿色生态廊道，兼具城市排水泄洪、绿色生态休闲和展现萧太后河漕运文化的新历史人文景观。

第六章　萧太后河朝阳段流域古今变迁、古迹遗存、民风民俗历史文脉

作为辽代以来北京地区的漕运河道之一，萧太后河是辽南京漕粮供应体系的重要一环。它以河名的形式，承载了多民族文化融合的历程和历史文脉。其河道源流，经由辽代的辉煌一时，到明清民国时期的淤堵湮没无闻，再到新中国成立后通过不断疏浚治理再现辉煌的变迁历程，体现了新中国赋予萧太后河传奇般的重生奇迹。萧太后河两岸河道流域，虽因历代河道变迁，无法像朝阳区其他河道流域一样，根据方志和历史文献、实地调研，挖掘梳理源流清晰的历史文脉。但是借助萧太后河两岸流域的地名文化、古迹遗存、庙宇庙会民风民俗，我们依然可以大致梳理出流域内文化源流和历史变迁。

第一节　萧太后河与辽代契丹文化源流

"萧太后河"和"萧太后运粮河"的河名，在民间流传至今，是北京地区民众历史记忆的传承体现，彰显了北京作为辽代南京城历史文脉的记忆和延续。

辽朝是我国北方民族契丹族建立的国家，与五代及北宋并峙而立长达两百余年之久。但因战争频仍、时代变迁，辽朝在北京地区留下的遗迹极少。朝阳区现仅存金盏地区的辽代经幢和横跨朝阳五乡的萧太后河。因此，

梳理萧太后河河道和河道流域地名源流、名胜古迹、文化遗存，是我们了解、整合辽代萧太后河历史文脉和漕运历史变迁的重要路径。

一　契丹源流与辽朝的建立

（一）契丹源流

契丹族是我国古代北方的游牧民族，发源于我国东北地区，早期分契丹八部，过着逐水草而居的畜牧生活。"契丹"之名，最早见于北齐天保五年（554）成书的《魏书》，其卷一百设立了《契丹传》与《库莫奚传》。库莫奚也是我国北方的少数民族，本与契丹同属一支，后与契丹分流而繁衍，最终被契丹吞并。

契丹族起源于东北大兴安岭地区。相传北方大草原流淌着两条河，一条从大兴安岭南端奔腾而下，契丹人称其为西拉木伦河，亦称"潢水"，文献写作"潢河"；另一条河自医巫闾山西端而来，名为老哈河，亦称"土河"。契丹民族就兴起于西拉木伦河和老哈河流域。《辽史》记载了契丹民族起源传说：相传有神人骑着白马，自马盂山（今名"七老图山"，在内蒙古赤峰市西、河北承德市东）出发，沿着土河向东走。有天上的神女赶着青牛驾驶的车子，由平地松林（大兴安岭南段，今内蒙古赤峰市西北部与河北围场县境内）沿着潢河顺流而下。土河与潢河流到木叶山（在今内蒙古奈曼旗东北，老哈河与西拉木伦河汇合处）合流，骑白马的"神人"与驾青牛车的"神女"在此相遇，成为配偶，生了八个儿子，八个儿子各领一部，这就契丹早期的八部。外出行军作战以及春秋两季祭祀祖先时，契丹人使用的供品是白马与青牛，以示他们不忘本源。[①]

（二）辽朝建国

北齐天保四年（553），齐文宣帝高洋率领大军北上讨伐契丹，契丹损失惨重。再遭突厥侵扰，契丹部落原有的八部支离破碎。此后契丹在隋唐两朝，在依附臣服与对立相争之间循环。其间，契丹征服了奚、室韦等部族，多次侵入幽州、蓟州等地，成为隋唐在东北边境的主要对手。唐哀帝

---

① （元）脱脱等：《辽史》卷三十七《志第七·地理志一》，中华书局，2016，第504页。

天祐四年（907）唐亡之时，耶律阿保机被推为契丹新首领。他追慕中原王朝皇帝的终身制，到改选之年拒绝让出汗位。在可敦（即皇后）述律平的帮助下，诱七部首领到盐池赴宴，遂将七部首领杀死（史称"盐池之变"），从而清除了反对势力，统一契丹八部。辽神册元年（916），阿保机正式废除部落联盟制度，建立"大契丹国"，年号"神册"。阿保机即辽太祖，他所建立的辽朝与五代及北宋并峙而立长达两百余年。

二 辽代陪都南京的设立与民族文化融合

（一）辽南京的设立与城市布局

辽朝继承游牧先祖春夏秋冬四时迁徙的传统，实行五京捺钵制。辽五京，即辽上京临潢府、中京大定府、东京辽阳府、西京大同府和南京析津府（今北京）。在辽得后晋所献燕云十六州后的太宗会同元年（938），将今北京所在的幽州提升为陪都，号称"南京"。燕京地区从此进入了由地方行政中心和北方军事重镇，向国家首都转变的"辽南京"时期。

辽朝地方行政建置承袭于唐朝，采用道—府—州（军）—县四级制。南京升为陪都后，设南京道，下设幽都府。开泰元年（1012）改称析津府。辽南京城是契丹在唐代幽州城基础上建成的都城，位于今北京广安门地区。此后，经金朝沿袭扩建成为金中都。《辽史·地理志》记载辽南京"城方三十六里，崇三丈，衡广一丈五尺"①。城内共有 26 坊。皇城位于大城西南，大城中有两条干道贯通全城。一条是连接安东门和清晋门的东西向干道，名檀州街，一条是连接拱辰门和开阳门的南北向干道。坊内的少量寺观一直留存至今，今位于西城区的法源寺即当时的悯忠寺，现位于西城区广安门外的天宁寺塔，即辽朝天王寺内之塔。

（二）辽南京的"因俗而治"与辽汉民族文化融合

幽州地区从秦汉时期开始就由中原王朝统治，是农耕经济发达的汉人聚居区，是历代中原王朝抵御北方游牧政权的屏障。当其被割让给契丹，成为契丹在长城以南的政治经济文化中心时，特别是辽宋"澶渊之盟"、萧

---

① （元）脱脱等：《辽史》卷四十《志第十·地理志四》，中华书局，2016，第 562 页。

太后河开通后，便利的水路交通与和平发展环境，使南京城成为契丹与南面的宋王朝交往的主要门户和中转站。契丹王朝后期的法律、官制、赋税、城市、科举等制度，大多是从南京吸收汉法之后，再推广到草原边地，从而推进了契丹的社会变革。体现了辽南京城，作为边疆民族与中原汉族相持相生的中间地带、民族文化抵抗和融合地区的功能。

1. 辽南京"因俗而治"的地方管理制度

辽统治者承认不同地域之间在政治、经济、文化、社会等方面的差异，实行"因俗而治"，是古代意义上的"一国两制"。燕云十六州以农耕为主的生产方式，汉民族生活习俗和大一统的民族心理认同，与契丹民族迥然不同。辽太宗占领燕云地区后，确立"以国制治契丹，以汉制待汉人"的政策，分别设置"北面官"与"南面官"。"北面治宫帐、部族、属国之政，南面治汉人州县、租赋、军马之事。因俗而治，得其宜矣。"① 南面官大抵沿袭唐代与后晋旧制，往往因事因人设官并时有增减。辽圣宗与承天后时代，在韩德让等汉官的辅佐下，契丹的政治制度越来越倾向汉制，辽南京发挥了显著的示范作用。

2. 辽南京的经济

辽南京是辽朝五京中最繁荣的经济中心和重要的财赋供应之地。与其他四京相比，南京物资丰裕，人丁兴旺，街市繁荣，宫殿壮丽。辽代帝王每年四处"捺钵"行踪不定，但到了辽代中后期，南京城成了辽朝皇帝来得最多、逗留时间最长的陪都。

辽南京作为古燕京地区，是人口密集、百艺兴隆之地。辽宋"澶渊之盟"后长期保持的和平环境，为人口增长和经济恢复发展提供了保障。在辽代最繁盛的圣宗时期，朝廷采取多种措施鼓励恢复生产。以南京为中心的城乡手工业，丝织业、陶瓷业、印刷业都达到了相当的水平。

1005 年，辽首先在南京以南的涿州、新城和云朔地区设置榷场，开放与北宋的贸易。同年，北宋也在雄州、霸州等地设置榷场。从此，"终仁宗、英宗之世，契丹固守盟好，互市不绝。"② 而南京作为辽宋国边界的大

---

① （元）脱脱等：《辽史》卷四十五《志第十五·百官志一》，中华书局，2016，第 773 页。

② （元）脱脱等：《宋史》卷一百八十六《志第一百三十九·食货下八》，中华书局，1977，第 4563 页。

都市，辽、宋双方年年互派使者，直接进行贸易，南京成为使者交易的主要场所。辽宋商贸的稳定局面，维系了一百多年，南京一直收益颇丰。宋使到辽，除携带朝廷礼品外，还把南方的丝织品、茶叶等带到南京。返宋时，又从这里购买皮毛、药品、东珠等辽国特产带回。南京还是宋朝向辽朝交送贡品的地点。"澶渊之盟"约定，宋每年向辽提供银十万两、绢二十万匹。这些岁银、锦帛每年都要经辽南京运送至辽上京。南方商人也将南京作为贸易枢纽，南京市场上使用的货币几乎全是宋币。

除了与宋朝频繁的贸易往来，辽南京还通过榆关、松亭关、古北口、石门关等驿道，与高丽、西夏乃至西域地区建立了商业联系。《三朝北盟会编》称，辽南京"户口安堵，人物繁庶。大康广陌，皆有条理。州宅用契丹旧内，壮丽复绝。城北有三市，陆海百货，萃于其中。僧居佛宇，冠于北方。锦绣组绮，精绝天下。膏腴蔬蓏、果实稻粱之类，靡不毕出。而桑、柘、麻、麦、羊、豕、雉、兔，不问可知"①。可见当时辽南京的繁荣富庶。

3. 辽南京的文化

契丹领有燕云地区之后，政治上"因俗而治"，保留南北方多种文化。多元文化更有助于不同民族的相互交流与融合。南京是辽代汉地的儒学中心，圣宗、兴宗等注重从汉文典籍中学习治国之道。《贞观政要》等被翻译为契丹文，翰林学士应召为帝王讲述五经大义，彰显了朝廷对儒学的重视。契丹效法汉唐的教育体制，对科举取士采取因革并举的方针，在文学、史学、音乐、舞蹈、杂剧、绘画、医学等领域，都出现了颇具成就的代表性人物。

佛教的兴盛是辽南京地区文化发展的集中体现，从辽圣宗到天祚帝时期，不仅重修了遭受战争破坏的房山云居寺，而且继续刊刻经板、补缺续新，在佛经的校勘、整理、保护、传播方面取得了重大成就。辽代雕印汉文大藏经（亦称《契丹藏》）时，燕京僧人参与校勘，玉河县士绅捐资助办，印出的经卷收藏于阳台山清水院（今北京大觉寺）。在"僧居佛寺，冠

---

① （宋）徐梦莘：《三朝北盟会编》卷二十，上海古籍出版社，1987，第142页。

于北方"的辽南京，城外木结构的天津蓟州区独乐寺观音阁，城内天王寺（今北京天宁寺）的八角十三层砖塔，是中国建塔史上辽金风格的典型代表。流传至今的燕京工匠雕刻印刷的多部佛经，体现了辽代印经院和坊间大批书写、绘画、雕刻、印刷、装裱与造纸、制墨、锻造、织作等各个行业工匠的高超技术水平，燕京也成为当时北方印经业和印刷业中心。辽代僧人的文化贡献还体现在语言文字学方面，除了享有盛名的行均的《龙龛手镜》（宋刊本避讳作《龙龛手鉴》）外，燕京崇仁寺僧人希麟的《续一切经音义》也是汉语史研究的重要典籍。

朝阳区金盏地区曾出土了辽代的经幢，上刻辽天庆元年记文。该经幢不仅是北京地区辽金经幢中单体最高的，还是同时代所有辽金经幢中镌刻陀罗尼数目最多的。其上的无垢净光大陀罗尼的梵文本，是目前国内唯一所见的古本。其汉梵对译经文，为辽金北京地区音韵学的研究，提供了极其珍贵的资料。

辽南京地区的文化发展，很大程度上得益于南北往还的使节、商人以及民间其他渠道对宋人书籍与作品的传播。元祐四年（1089）苏辙出使契丹，获悉契丹人喜欢诵读北传的"三苏"作品，尤其关注大文豪苏轼的境况[1]。绍圣元年（1094）张舜民再度出使时，看到幽州驿馆的题壁诗中有苏轼《老人行》，听说契丹境内已在自行刊印的苏轼诗集[2]。

三　萧太后与辽南京和萧太后河的交集

《辽史》记载，辽景宗耶律贤的睿智皇后萧氏，名叫萧绰，小名燕燕，是北府宰相萧思温的女儿，幼年就很聪明。[3] 萧思温曾经观看每个女儿扫地，唯有萧绰扫得干干净净，他高兴地说："此女必能成家！"[4] 辽景

① （宋）苏辙：《栾城集》第十六卷《奉使契丹二十八首·神水馆寄子瞻兄四绝》，曾枣庄、马德富校点，上海古籍出版社，1987，第398页。
② （宋）王辟之撰《渑水燕谈录》卷第七《歌咏》，吕友仁点校，中华书局，1981，第89页。
③ （元）脱脱等：《辽史》卷七十一《列传第一·后妃·景宗睿智皇后萧氏》，中华书局，2016，第1322~1323页。
④ （元）脱脱等：《辽史》卷七十一《列传第一·后妃·景宗睿智皇后萧氏》，中华书局，2016，第1322页。

宗即位后，萧绰被选为贵妃，不久就册封为皇后，生下了辽圣宗耶律隆绪。辽景宗去世后，萧绰被尊为皇太后，管理国家政务。与耶律斜轸、韩德让共同决定国家的大政方针，把南边与宋朝交界地区的事务委托给担任于越之职的名将耶律休哥。统和元年，辽廷尊萧太后为"承天皇太后"。二十四年，又上尊号"睿德神略应运启化承天皇太后"。统和二十七年，萧太后去世，谥号"圣神宣献皇后"。重熙二十一年，改为"睿智皇后"。

萧太后深谙治国之道，近贤纳言，群臣因此都愿意为她尽忠竭力；她熟悉军政事务，在与北宋的澶渊之役中，亲自率领三军冲锋陷阵，处事公平，赏罚分明，将士争先用命。圣宗在历史上被称为辽代中兴的皇帝，他在很多方面都得到了萧太后的教育和扶持。① 统和二十二年（北宋景德元年，1004），契丹举国讨伐北宋，萧太后与圣宗带兵出征，每战亲自被甲督战。辽宋签订澶渊（今河南濮阳西）之盟，每年得到北宋进贡，都是出自萧太后的谋略。② 关于萧太后与辽南京城的交集，历史记载，她在征讨北宋的途中，确实到过今河北、河南等地③；更曾经在辽南京城内接受百官的朝贺。④ 在萧太后兵临南京城时，传说她还在城内开发疏浚了惠及整个辽朝的萧太后河。民间至今流传的"萧太后运粮河""铜帮铁底运粮河"等传说，成为后世以萧太后为主题的戏曲、评书、小说等艺术作品，从一个侧面反映了萧太后这位契丹族杰出的女政治家与南京城的渊源，以及以她名字命名的萧太后河，对辽南京地区漕运史产生的影响。

① （元）脱脱等：《辽史》卷七十一《列传第一·后妃·景宗睿智皇后萧氏》，中华书局，2016，第 1323 页。
② （清）李有棠：《辽史纪事本末》卷二十《承天太后摄政》，载《续修四库全书》编纂委员会编《续修四库全书》第 388 册·史部·纪事本末类，上海古籍出版社，2002，第 183 页。
③ （清）李有棠：《辽史纪事本末》卷二十《承天太后摄政》，载《续修四库全书》编纂委员会编《续修四库全书》第 388 册·史部·纪事本末类，上海古籍出版社，2002，第 180 ~ 183 页。
④ （清）李有棠：《辽史纪事本末》卷二十 承天太后摄政，载《续修四库全书》编纂委员会编《续修四库全书》第 388 册·史部·纪事本末类，上海古籍出版社，2002，第 180 页。

第二节　萧太后河朝阳段流域主要村落形成历史、
地名源流与民风民俗

今天的萧太后河朝阳段河道流域，自西向东，依次流经十八里店、南磨房、垡头街道、豆各庄和黑庄户五个街乡地区。自辽代萧太后河漕运开通后，沿河流域便逐渐形成村落，出现码头、驿站等设施。相传今十八里店的西燕窝，是辽金时期萧太后河上游西段的船坞，豆各庄的马家湾，则是供来往船只靠岸歇脚的码头。到明清时期，这一地区成了王公贵族的墓园，形成许多由看坟户聚居的村落。如南磨房的祁家村、六座屯，豆各庄的南何家村、孟家屯村等。到 20 世纪 90 年代，萧太后河流域的村民仍以务农为主。可知萧太后河流域的村落多由农耕户和看坟户构成。

21 世纪以来，萧太后河流域发生了翻天覆地的变化。在新农村建设、城乡一体化进程中，萧太后河流域的各个街乡村落发生了巨大的古今变迁。河道流域两岸的古村落地名、民间传说、民俗文化、古迹遗存等，是萧太后河流域留下的文化遗产和历史文脉。

萧太后河流域的辽代漕运文化，与其河道文献一样，虽然少见于史籍，但是沿岸街乡村落留下大量的地名，通过追溯地名源流，可以挖掘再现其沉淀在地名中的文化和文化类型。地名是一个地域的地理特征、文化属性与地方历史的重要载体，是大运河文化带历史文脉中非物质文化遗产的组成部分。萧太后河流域的地名来源大致可分为四类：一是因坟成村，以墓主人、看坟人的姓氏为村名；二是以村庙之名为村名；三是以地理位置或环境特征为村名；四是以当地历史人物或历史活动为村名。随着城乡一体化进程不断发展，萧太后河流域的大部分传统村落已转型为城市社区，这些地名源流与地名文化遗存，可为我们认识梳理萧太后河流域的历史文脉提供重要的线索。本节以街乡为单位，梳理萧太后河流域街乡村落的地名文化和民俗文化。

一 萧太后河流域十八里店地区的地名源流与古迹遗存历史文脉

十八里店是萧太后河朝阳段流经的最西端的街乡。明清时期是连接京城的东南郊区，乡域内有左安门官道，工商服务业较为发达。该地区因为地处京东南郊区，风景极佳。乡域内的弘善寺规模宏大、环境雅致，且有异树奇花，是当时文人墨客喜爱的郊游之地，留存有许多诗词佳作。十里河老爷庙则是方圆百里的宗教信仰场所与庙会集市商业中心，香火不断，庙市频开。这两个民间文化娱乐和商品交易中心，聚拢了大量的人气和商贸交易，直接促进了左安门关厢的形成。由于战争频仍和古今变迁，这些庙宇庙会、繁华街市早已消逝在历史长河中。如今我们只能通过对地名承载的文化、古迹遗存标示的古今变迁、民俗文化的梳理叙述，去感受当时的情景。

（一）十八里店地区的地名文化和古今变迁

1. 描述地理位置和环境特征的地名

十八里店成村于明清时期，光绪三十四年（1908）始见村名。因距北京城前门约十八里，故名。① 十八里店因位于城郊，毗邻萧太后河，风景极佳。清代诗人爱新觉罗文昭曾有诗作《十月初三日晓往羊房路经十八里店车中作》，记录了当时十八里店的乡村风光："漠漠晨霜冷袭人，出城而往渐无尘。麦痕染绿平于草，柳色拖黄望若春。避淖别寻墙下路，停车小憩店边身，清流一曲前秋雨，落叶风飘尚作鳞。"②

十八里店地区有三个村名与萧太后河直接相关。

十里河。据记载，该村距左安门十里，且位于辽、金时漕运古河道萧太后河南岸，故名十里河。"十里河"中的"河"就是萧太后河。明清时期，左安门官道经过该村，在此设下马铺。左安门官道位于萧太后河南侧，与河道走向一致。其位置相当于今天的京津塘高速公路，是古代北京通往

---

① 朝阳区地名志编辑委员会编《北京市朝阳区地名志》，北京出版社，1993，第560页。
② （清）文昭：《紫幢轩诗》松风支集卷二《十月初三日晓往羊房路经十八里店车中作》，中国国家图书馆电子古籍本，清康熙雍正间（1662～1735），第11页。

东南方向唯一的陆路干道。① 2008 年在十里河发现了明德清公主夫妇合葬墓，公主的墓志铭称：嘉靖二十八年（1549）"葬顺天府大兴县魏村社十里河"②。其成村年代无疑在此之前。明张爵《京师五城坊巷胡同集》亦载村名"十里河"。说明明代已经有此地名，并且成村。

西燕窝。据传该地为辽、金时漕运河道萧太后河上游西段船坞，漕船到此，用铁链加锁停泊，时名西链窝。成村后以此命名。明末清初谐音为今名。语源应为"西链窝"的音转，与"东燕窝"对称。

西直河。因萧太后河中游最直的一段河道流经该村北部，故名。村西的西直河小学内，有始建于清康熙三年（1664）的古刹——双龙寺，其成村年代应不晚于明代。

此外，十八里店地区与地理环境相关的地名还有小八里庄、满井、夹道沟、六道口二堡子、南半壁店等。

2. 记录历史人物事迹的地名和地名文化

吕家营。该村元代为屯兵之营地。金贞祐三年（1215）成吉思汗命木华黎率部攻占金中都（今北京）后，为抵御金兵反攻，曾在此驻兵。成村后吕姓居多，故名。

张家坊子、花墙子、海户屯。十八里店乡域西南部原为元明清三代皇家苑囿——南苑的一部分，这三处地名的来历均与南苑有关。张家坊子位于南苑的东海子角附近，原村南 600 米处，曾建有上马牌坊和下马牌坊。成村之前为顾氏坟地，守墓人姓张。成村后，结合姓氏与邻近牌坊而得名张家坊子村。花墙子位于南苑东海子角的羊坊角门附近，因原建有花墙，故成村后得名花墙子。海户屯曾为海户的居住地，据清吴长元所辑《宸垣识略》载："南苑在都城南二十里永定门外，元为飞放泊。明永乐时，增广其地，周垣百二十里。我朝因之，设海户一千六百人，各给地二十四亩，春搜冬狩，以时讲武。"③ 所谓海户，即专门从事饲养皇帝宫苑中的禽兽，维修周垣、御路和侍奉皇室人员狩猎的人。该村为海户聚居地，故名。

---

①　陈瑞芳：《十里河》，世界知识出版社，2007，第 66 页。
②　北京市朝阳区文化委员会编《朝阳文物志》，文物出版社，2014，第 33 页。
③　（清）吴长元辑《宸垣识略》卷十一《苑囿》，北京古籍出版社，1983，第 215 页。

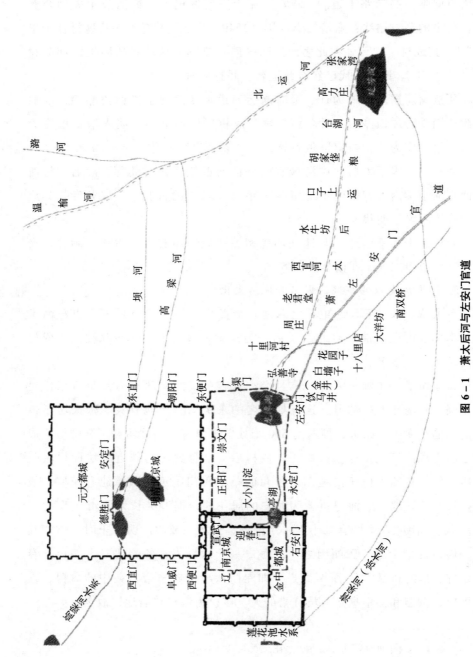

图 6 - 1 萧太后河与左安门官道

资料来源：陈瑞芳：《十里河》，世界知识出版社，2007，第31页。

饮马井。据传，明末清初，左安门外有一条官道经过该地，道旁设有水井、石槽，专供来往行旅车马歇息。成村后，以井命村名。据记载：饮马井所在村子叫魏村社，位于今饮马井、弘善寺一带。明永乐年间（1403～1424），永乐皇帝出行时，曾经在此休息饮马。喝过这口井里的水，发现十分甘甜，于是命人用砖砌好了这口井。①

孔家井。成村时孔家打井一口供全村使用，故以井名命村名。语源大体可信，年代不详。

张家店。成村初，有张姓在此开了一家客店，故名。此外还有周家庄、陈家村、姚家屯等村落，均以村里多数村民姓氏命村名。

3. 以村庙为名的地名

弘善寺。所在村落叫魏村社，与饮马井村同村。因明正德年间太监韦霈在此建弘善寺，寺内环境优美，有名树奇花，成为当时文人墨客和京城百姓宴游聚会之地，声名渐大，村落遂以寺为名，原来的村名反而不为人所知了。

老君堂。村中原有明代的道观太上老君庙，成村后因庙得名。据此，村落形成应不晚于明代。

小武基、大武基。小武基，以村南的武基寺命村名。另据传该地为农村集市，农历每月逢五为集，俗称小五集，且与东南邻村大武基相对应，故名。成村年代不详。

4. 以坟墓为名的地名

十八里店地区以坟为名的村落很多，其中较为有名的是四公村。四公村曾名四公坟，葬有清代名士、肃武亲王豪格七世孙盛昱，由于盛昱的四位祖父均葬在该村外，故称该村为四公坟村，1981年更为今名。盛昱（1850～1899）是清朝皇族后裔，满洲镶白旗人，一生以发扬光大满族文化为己任，其所著《雪屐寻碑录》和《八旗文经》是研究满族文化及北京清代历史的重要文献。此外还有白墙子、花园子、万家村、秦家村等，均以坟为名。

---

① 陈瑞芳：《十里河》，世界知识出版社，2007，第64页。

（二）十八里店古迹遗存——弘善寺和十里河老爷庙的古今变迁、名胜景观、庙会民俗

1. 明清城郊 "旅游胜地" ——弘善寺

弘善寺，也称宏善寺、韦公寺、太监寺，因其风景优美，又称韦园，是明清时期北京城郊坟寺的代表，也是萧太后河流域名气最大的历史文化、古迹遗存之一。明清以来关于北京风物的所有重要古籍，包括《帝京景物略》《日下旧闻考》《长安客话》《天府广记》《燕都游览志》等，对其均有记载；在乾隆帝敕编的《日下旧闻考》中，有关弘善寺的诗文就有十几条之多。由于弘善寺环境优美，既有奇花异树又有流水潺潺，还引得大量文人墨客来此聚会游玩，留下不少脍炙人口的诗句。

弘善寺建于明代正德年间（1506～1521），由明武宗的常侍名叫韦霦的太监所建。位于左安门外二里，① 因寺庙规模巨大，韦霦耗尽资财仍无法完工；当时的皇帝明武宗朱厚照就让一个叫水衡的人资助他修寺，寺庙建成后，皇帝还亲自赐匾额 "弘善寺"，可见武宗对这位太监宠爱有加。后来为避清高祖弘历之讳而改名为 "宏善寺"。

韦霦作为一个太监为什么要倾尽家财修建寺庙？太监修的寺庙与一般寺庙又有什么不同？太监也即宦官，是封建皇帝的贴身近侍，全心全意为主子尽忠，自然成了皇帝身边最受重用的人。明代宦官擅权，上层宦官几乎影响、主宰了国家政治军事和社会生活的方方面面。但太监当权时无论如何风光，他们一辈子都只能以皇宫为家，无儿无女，甚至死无葬身之地。加上净身做宦官为常人所不屑，死后不能入葬家族坟地，因此太监最后的去处就是寺庙。所以太监们在宫里时，就会将钱财施舍给寺庙，以图出宫后能有安身之处。

因为明代皇帝尚佛崇道，身边的太监也跟着崇信佛道，常常慷慨解囊、资助修寺建塔，有的甚至会舍家为寺。资产丰厚者，往往借着给皇帝祝寿之名，出资建寺，目的是在寺庙营建坟墓。这样的寺庙一般称为坟寺，弘善寺就属于坟寺。

---

① （清）于敏中等编纂《日下旧闻考》卷九十，北京古籍出版社，2000，第1524页。

　　坟寺的主人在世时，可以把寺庙当作近郊别业。待去世之后，寺僧会为其洒扫祭祀。建寺往往名义上是为皇帝祝延皇祚，实际是太监们为自己安排身后事。皇帝明知其意，不但不制止，还赐银为心腹太监建寺。寺庙建成后，还可奏请皇上恩赐寺额，或请当朝宰辅、显贵名臣撰写建寺碑文。坟寺的主持还常常被授以僧录。这样的坟寺还拥有很多土地寺产，用以修缮殿宇、供养寺僧、永奉香火。不仅寺产得到保护，皇帝还会为其颁赐免税诏令。明代宦官腐败专权、建寺成风，弘善寺就是在这样的背景下兴建的。弘善寺因其规模宏大，寺内遍布异花奇树，园林优美，加上交通便捷，成为城内王公贵族、文人墨客的宴游之所。

　　据《帝京景物略》记载，被称为京师七绝的七种奇树，弘善寺就占了三种：海棠、苹婆和柰子。清人编于康熙二十三年的《大兴县志》，也将弘善寺的"名刹海棠"列为大兴县八景之一，与通惠河千帆竞渡齐名。

　　成书于明末的《帝京景物略》，在弘善寺建成一百余年之后，详细地记录了弘善寺的规模和优美风景。描述寺东高大的禅房，堂前有一里多长的深溪；堂后有假山，环境幽静清雅。弘善寺的奇树是两株种在大殿后的西府海棠，树高丈六，左右各一。每逢春天，花开灿如锦绣，令人目不暇接。而且"香气满亭"。[①] 寺后五里地，就是另外一棵奇树柰子树。弘善寺的柰子树大得出奇，"婆娑数亩"，像一把擎天的大伞，春天开花时一片雪白，在树下乘兴赏花，是当时文人墨客的一大乐事。弘善寺后有观音阁，也称静修堂（或静乐轩），西墙有康熙初年禹之鼎画的双鹤图，东墙壁上是陈奕禧的徐渭画鹤赋，被称为当时的"二妙"。可知静修堂是供前来游玩的士人雅集唱和、吟诗作画、以文以画会友的场所。

　　在弘善寺落成后的数百年间，京城的达官贵人、文人墨客、京师百姓，呼朋唤友，争相前来观赏京城三绝。逛完弘善寺、老爷庙，看过不远处横荫十亩的"左安架松"（今劲松一带）景观后，花明叶荫，绿白相间，诗兴大发，互相唱和，流连忘返。天色晚了，索性到弘善寺住宿。[②]

　　因为弘善寺名气大，风景美，几乎是京城人必游的名胜。附近的村民

---

① 陈瑞芳：《十里河》，世界知识出版社，2007，第 111 页。
② 陈瑞芳：《十里河》，世界知识出版社，2007，第 112 页。

纷纷前来卖茶水、酒菜，或是出租桌凳给那些自带饭食来游玩的人，年年以此为业。"奈旁人家，担负几案酒肴具，以待游者，赁卖旬日，卒岁为业。"① 极大促进了周围的商贸服务发展。

明清以来许多著名的文人学士如王世贞、马之骏、陶望龄、李攀龙等等都曾到过弘善寺，并留下了大量脍炙人口的诗文。如明代著名的文学家，嘉庆年间进士王世贞有诗云："韦园三月绿荫繁，庶帽胡床山寺门。螭首云扶双菡萏，龙鳞日绣孤松根。"② 优美的环境加上皇帝权贵、文人墨客的加持，使弘善寺作为北京城的胜景，青史留名。

明末，崇祯二年（1629）十一二月间，清军跨越长城，直逼京师。攻广渠门时，那株百年奈子树难逃一劫，被砍了当柴火烧了。海棠、苹婆因明军驻守弘善寺而得已幸存。到乾隆年间《日下旧闻考》成书之时，历经一百余年的弘善寺，殿亭坍塌，"海棠、苹婆俱无存"，唯有"假山深溪"还在③。"文革"期间，弘善寺仅存的遗迹也被毁掉了。因寺塔塔尖部分石质太硬，砸不动了才得以保留。村子附近许多人都见过这个塔尖，有近十米高，可以想见当年弘善寺的宏伟规模。随着城市房地产开发建设突飞猛进，这个塔尖也早已不知所踪。唯有弘善寺的名字沿用至今，弘善寺原址是今弘善家园小区。

2. "天下第一"关帝庙——十里河老爷庙的古今变迁与庙会民俗

在十八里店十里河村，今东方汇美商厦所在地，曾经有一座关帝庙，俗称老爷庙。当地人称十里河的老爷庙是"天下第一"。清代到民国诸多记载北京岁时风物的典籍中，也都提到过十里河的老爷庙。清人《燕京岁时记》记载，"十里河关帝庙，在广渠门外。每年五月，自十一日起开庙三日。梨园献戏，岁以为常"④。"近郊有广渠门外十里河关帝庙，每年五月十三日唱戏一天。十里河为当年辽时运河故道，雍、乾中此地为风景极佳之地，时有文人宴集。先茔就在庙东，坐在坟地可以看戏。每年五月十三日

---

① （明）刘侗、于奕正：《帝京景物略》卷三，北京古籍出版社，1980，第 126 页。
② （明）刘侗、于奕正：《帝京景物略》卷三，北京古籍出版社，1980，第 127 页。
③ （清）于敏中等编纂《日下旧闻考》卷九十，北京古籍出版社，2000，第 1525 页。
④ （清）富察敦崇：《燕京岁时记》，北京古籍出版社，1981，第 68 页。

唱谢神戏一天，戏前有香会，十八里店的秧歌也来参加，前十几年还有自行车会来此表演。京中人士因其地近，出城往观的很多。前清时广渠、左安二门是日特为留门。"①

北京关帝庙众多，为什么十里河的关帝庙敢称"天下第一"，引得城内外方圆几百里的人到此朝拜聚会，广渠、左安二门都要特意为前来逛庙会的人延时关门。

首先，十里河关帝庙位置独特，交通便捷，自然环境优美。它距繁华的左安门关厢只有二里，南有萧太后河，依傍左安门官道，处于水陆交通枢纽位置。在京津铁路开通火车之前，这条官道是去往天津、河北、山东方向的唯一便捷之路。加上附近还有清静优美、林木青葱、流水潺潺的弘善寺及其他大小景点，自然吸引了大量的游人香客。

其次，十里河关帝庙在乡村寺庙中属于规模宏大、建筑雄伟的庙宇。两进大殿，前殿五间大房一字排开，大殿正中供奉着武关公，身相装扮一如《三国演义》中所描述，面如重枣、长髯、披绿袍、着戎服、怒目而视、威风凛凛。两侧是护卫，侍从，还有百十斤重的青龙偃月刀和刻着字的汉白玉香炉。据十里河的老人们说，十里河老爷庙大殿的房柁是金丝楠木的，一个人都搂不过来，阴天下雨时，会发出阵阵幽香。人们传说，十里河老爷庙的塑像永不落尘，总是干干净净的。

十里河关帝庙敢称"天下第一"，除了区位优势佳和建筑规模大之外，还有一个独特之处，便是它的前后殿同时供奉着文、武两位关公。前殿供奉的是戎装的武关公，后殿则是文关公。十里河关帝庙的后殿很奇特，从外面看，无论从东南西北任何一个方向看起来均像三间房，实际是三三见九，九间房见方的一间大殿，供奉的是文关公。

十里河关帝庙有石碑，山门外还有一对青石狮子。前院、后院各有两棵一个人都抱不过来的大椿树，殿前的两排大柳树，三四个人都抱不过来。前院东侧还有一口井，一井两眼，出水一甜一苦，堪称一绝。在老爷庙山门外，还有一座倒座的戏台，南边是戏楼，雕梁画栋的，演出时可作后台，北面是

---

① 陈瑞芳：《十里河》，世界知识出版社，2007，第114～115页。

个有顶的戏台,上书"南天门"三个大字,下面砖砌的戏台有一米多高。①

图 6 - 2　十里河关帝庙戏台,此图为 1964 年"四清"工作队的一位教师所绘

资料来源:陈瑞芳:《十里河》,世界知识出版社,2007,第 118 页。

清中期之后,弘善寺已经败落,只能吸引前来凭吊宴游的文人学士。而十里河关帝庙却正是兴旺,在京城名盛一时。平常每逢初一十五、逢年过节,都非常热闹。而到了每年五月十三、六月二十四开庙期间,更是热闹非凡。连广渠门、左安门都要特意为前来逛庙会的人延时关门。

民间约定俗成,五月十三日是关帝单刀赴会的日子,六月二十四日则是关帝诞辰。每年将近五月十三、六月二十四的前半个多月,十里河老爷庙就热闹起来了。不仅北京城里城外的人来,连远在百里之外的天津、河北易县各地都有人来赶庙会、做生意。前前后后差不多 20 多天,人来人往热闹非常。有卖农具的,也有卖日用百货、农副产品的。小吃摊点更是一个接一个。庙会上的商品便宜又实惠,深受老百姓的欢迎。十里河关帝庙庙会是左安门地区乃至整个北京东南郊区的商业中心,自古至今,十八里店地区一直延续商业繁荣、庙会民俗文化兴盛的传统。

庙会的另一个重头戏,是进香祭祀、献刀马、戏班演出等活动。每年

---

①　陈瑞芳:《十里河》,世界知识出版社,2007,第 117 页。

开庙会时，远道而来的戏班子，都会在关帝庙前的大戏台上演戏。戏前还有香会，香会分文武两种，文会也称善公，属于慈善行为，由大户人家或大买卖商户、慈善机构出钱出人，搭棚、舍粥、施茶。武会则是各个庙会少不了的中幡、舞狮子、拳、棍、高跷、秧歌等。据文献记载，十八里店村的秧歌是每会必到，民国时期还有当时最为时尚的自行车会前来表演。对普通百姓而言，在娱神的同时也是娱人，逛庙会进香、看戏、购物，加上观赏民俗文化，让人不亦乐乎。

十里河关帝庙不仅仅是宗教信仰的承载地，更是当时十里河及周边地区百姓集市贸易、祈福娱乐的中心。平日老百姓祈福禳灾、保家佑身，求财源、谋出路、拜把子结盟，甚至谈生意，都要到关帝庙来。关帝庙的庙会更是香客烧香拜佛、游客游逛玩乐、商贾设市的综合活动空间。十里河关帝庙，还深刻影响了一方百姓的价值观和道德观。他们大多数人极重"仁义"，待人接物忠厚、老实，做生意讲诚信、守信义。遇到困难，讲究穷帮穷。无论哪家遇到了天灾人祸，都是大家伸手相助渡过难关。还因此形成了"帮穷会"，又叫"上会"。这种"帮穷会"虽然钱不多，却让当地百姓在贫困时抱团渡过了各种大灾小难。这种仁义互助的精神也一直在这一带流传了下来。

北京解放前夕，关帝庙被国民党军队一把火给烧了，大火烧了整整三天三夜。废墟后来也被拆了。据老辈人说，当年村里拆老爷庙废墟时，很是费了一些气力，因为老爷庙的青砖都是磨砖对缝，糯米和泥，虽经几百年风雨，仍坚硬无比。

3. 左安门关厢老字号的形成历史和古今变迁

弘善寺和十里河关帝庙，是北京城东南郊的文化娱乐和商品交易中心，聚拢了左安门方圆百里大量的人气和商业。加上左安门官道经过此地，是古代北京去往天津、山东等地唯一的陆路交通干道；直接促成了左安门关厢街市的形成与繁荣。加上这一带的商家重仁义、讲诚信，形成了许多受百姓信任的工商老字号。

（1）二友轩茶馆

清末民国初，左安门关厢有大小茶馆四五个，以二友轩最宽敞最有名。

二友轩茶馆是由李姓和何姓二人合伙经营,所以取名"二友轩"。茶馆有两间门脸儿,门前挂着长方木牌茶壶招幌。店铺里靠墙是砖砌的炉灶,烧着三四把铁皮水壶。屋里整齐地摆放着七八张茶桌,茶桌旁放着二人凳。白墙上贴着两张黄纸条,一张写着"禁止赤背",一张写着"莫谈国事"。店铺干净又齐整。店铺里两个掌柜和两三个伙计一起招待茶客,为茶客沏茶续水。或者出店房为茶客买烟叶和其他小吃。招待茶客极其殷勤热情。

平日二友轩茶馆喝茶的茶客就很多,每逢附近寺庙开庙时,店中更是整日座无虚席。有提笼架鸟、边喝边听鸟哨的,还有特意提着鸟笼来"压鸟的"。二友轩茶馆的茶客除了这些养鸟"压鸟"的之外,其余就是行路之人,歇脚喝茶解解渴。生意十分兴隆。[①]

(2)振兴二荤铺

振兴二荤铺是老字号,有说开在道光年间,也有说开在咸丰年间,总之开业较早。掌柜姓李,大家都叫他"小辫李"。他是山东人,很会做生意,卖的茶水与饭菜,不仅味道香、量足,价钱还便宜,有不少的回头客。店中约有一两个徒弟、两三个伙计。振兴二荤铺经营茶水、烧酒、清油大饼、炒饼烩饼、馒头、炸丸子、炒肉片、摊黄菜、炒伙菜、甩果汤等。还为客人加工自带的食品。交给伙计就可以给做一碗热乎乎的烩饼或炒饼。加工费很少,就可吃一顿满意的午饭或晚饭。[②]

清末,随着左安门关厢附近的弘善寺、十里河关帝庙及其他寺庙相继衰败,香火和香客渐少。民国后更是香火断绝,再没有人出左安门去逛庙了。自京津铁路通车后,出行的客人大多乘坐快捷的火车,走左安门陆路的远行客已很少。左安门关厢各家老字号及其他商铺都随之萧条倒闭。北京解放前夕,左安门关厢成了北京城最冷落的关厢之一。

二 南磨房地区的地名源流、文物古迹、庙会民俗古今变迁

南磨房地区(乡)明清时属大兴县,民国时属郊二区,1949年属第十三区,1958年属朝阳区幸福公社,1961年设南磨房公社,1983年改乡,

① 王永斌:《北京的关厢乡镇和老字号》,东方出版社,2003,第284~285页。
② 王永斌:《北京的关厢乡镇和老字号》,东方出版社,2003,第287~288页。

1993 年成立地区办事处。南磨房地区是萧太后河流域最早跨入亿元乡行列和最早没有农业用地、最早组建社区、最早实现农民搬迁上楼的乡镇之一。该地区为保留当地传统文化所做出的努力在整个萧太后河流域具有代表性。此外，该地区还流传着较为丰富的历史与风物传说。

（一）南磨房地区的地名源流和地名文化

1. 记录历史人物事迹的地名

南磨房，相传成村时，有河北省枣强县杨氏三兄弟在此落户，开磨面作坊，故名磨坊村。后因其位于区域南部，遂更为今名。①

窑洼村。清代年间，窑洼村无人居住，只有四座烧砖的土窑。第一座窑坐落于窑洼村东北侧，建成年代无人知晓。只听说专门烧 48 斤重的大城砖。后来又相继建了天丰窑、六合窑和瑞春窑。瑞春窑是最后一个停火的。砖窑停火后，人们逐渐在窑侧建房居住，形成村落。由于烧窑烧砖需要大量挖土，天长日久，形成很大的窑坑，积水成洼，窑洼村因此得名。现在的水源六厂，就是在当时取土挖坑形成的窑坑基础上建成的。

南楼梓庄。成村于明永乐年间，因村中建有一座小石楼，楼前有随南方移民栽种的梓树，故村以“楼”“梓”二字命名。1982 年地名普查时，为避免与区域东北部的楼梓庄重名，遂改为今名。村内有始建于明代的关王庙殿宇一座，大殿两侧山墙有清代三国人物壁画。2006 年，南磨房乡政府移址重建关王庙，再建庙宇时，保留了关王庙原有的格局样式和壁画。

2. 以坟为名的地名

厚俸村。据传原名为“后坟村”。新中国成立初，村办小学起校名，嫌“后坟”两字不雅观，更名为“厚俸”。今天的厚俸村只剩下地名，仅有一座厚俸桥飞架南北。村东原有金蝉庵，今不存。

祁家村。原为清代祁姓人家的墓园，在今北京工业大学院内。祁家只建有三座坟，后惠姓的九门提督，在祁家坟地北侧建惠家祖墓。逐渐在两家墓地附近形成村庄，称祁家坟村，一直沿用至今。

---

① 朝阳区地名志编辑委员会编《北京市朝阳区地名志》，北京出版社，1993，第533页。

六座屯。原为六座坟，1979 年易为今名。

东石门。村西原为一片墓地，四周围有墓墙，东侧建有石门，村位于石门以东，故名。

3. 以村庙为名的地名

南三间房。因村内有座三间殿的老爷庙，故名三间房。1982 年地名普查时，为避免与北部三间房乡重名，遂改为今名。

潘道庙。村内建有一座清代庙宇，随住持姓取名潘道庙，村随庙名。50年代初该庙改办小学，后扩建为今大郊亭小学。

南五圣庙。明代成村，曾名四道口。后因陶姓居多又名陶家口。清代村内建有五圣庙，村随庙名。1982 年，为与北邻双井附近的五圣庙相区别，更为今名。村西的五圣庙原有大殿三间，东西配殿各三间。50 年代神像被毁，70 年代庙宇被供销社所用。

龙王庙。因村址位于萧太后河东北，且村内原建有一座龙王庙祭祀河神，故村随庙名。庙虽早已圮，但庙名沿用至今。

4. 源自地理位置和环境特征的地名

南磨房地区的地名，有将近一半源自村域地理位置或环境特征。其中历史最久远的是大郊亭村。郊亭地名始见于辽太平六年（1026）。该地北宋时仍为一片浅湖，故曾名郊亭淀，后因淀泊排干渐成耕地，遂演变为今名。

南八里庄因距广渠门约八里，故名八里庄。为避免与北邻的高碑店乡八里庄重名，1982 年更为今名。村内原有汉墓一座，墓主范阳（今河北徐水固城镇）人，原名蒯彻，后为避汉武帝之讳，更名蒯通，为秦汉之际的策士。明《帝京景物略》有文专门介绍此墓。"蒯文通坟，在广渠门外北八里庄南坡上，古埠高四尺，而蒯时出没其坟，高冠广衫，道人装，一童子携纱灯随之。"传说万历初年，有人专门守候在墓侧等待墓鬼显形，一直没有等到。蒯通文章写得好，据说有八十一篇，但文章没有传世，倒反以墓传世。[①]

萧太后河南磨房流域还有深沟村、百子湾、水南庄、月河村等村名，

---

① （明）刘侗、于奕正：《帝京景物略》卷二，北京古籍出版社，1980，第 85 ~ 86 页。

均反映了萧太后河流域多水低洼的环境特征。

（二）南磨房地区的民间传说与民风乡俗

萧太后河流域南磨房地区，有悠久的历史故事传说，一直流传至今。反映了村民对民间传统和地方历史的记忆，具有较强的地方特色，体现出萧太后河流域独特的民风民俗。

1. 娶媳妇跳火盆

源自当地《桃花女破周公》的故事。

据传，周公和桃花女都是算命的，算得特别准。某天，一老太太来找周公给外出的儿子算卦，周公一算说老太太的儿子死了。老太太一听大哭，桃花女的母亲见状询问，老太太就把周公算卦的结果告诉了她。桃花女的母亲让桃花女掐指一算，说她儿子没死，但有一劫，于是告诉了老太太破解的方法：当晚子时，拿儿子的旧衣服敲门槛叫他的小名。老太太照办了，儿子果然躲过一劫。儿子经此一劫，赶紧回家。老太太带着儿子一起去找周公算账。周公就想加害桃花女。桃花女知道周公一直因为算命的事情心里不痛快，早有防备。在桃花女的婚礼上，周公先设计让他骑的马见花衣就又踢又咬。结果她在路两边放满了草料堆，周公骑的马一见草料就安静了下来。周公又使出第二招，往桃花女轿子里射箭，没想到桃花女早有防备，穿着护心宝镜，周公连射三箭都没伤到桃花女。周公不甘心，又出第三招，准备在桃花女下轿时，让马踢桃花女。聪明的桃花女早就做了准备，在新房和轿子中间放上一个火盆，桃花女一下轿就从火盆上跳了过去，周公骑的马怕火，所以桃花女平安嫁了过去。由此传下来娶媳妇跳火盆的习俗。

2. 神奇的龙墩石

在南磨房乡流传着关于龙墩石的传说。

楼梓庄位于广渠门外偏东南八里，是个大村，也是历史悠久的古老村庄。

村西有座关王庙，它是楼梓庄历史悠久的证明，也曾是村里的文化和娱乐中心。庙西有一条由西到东的月牙河，人称西坑河。据说，此坑原来是条官道，可通广渠门。由于车轧水冲，加上各家多年在此取土，就成了大坑。此坑由东到西有半里多长，最深处达两丈。每逢雨季，河水暴涨由西向东流，沿着关王庙西墙往南拐弯向东南流去，据说可以通到通县张家湾。盛夏雨季各家拿出粪箕、筛子和土筐之类的工具，在流水中截鱼、嬉戏，热闹非常。老少村民乐在其中。一天的收获，是半盆子虾米小鱼子。这些成为乡民童年难以忘怀的记忆。

村北有一条东西向大路，路北有块名叫龙墪地的墓区，方圆几十亩，南北长东西窄。靠北有个很大的古墓，被一个月牙型的土山子围着，人称北大山子。据说此墓埋的是明朝徐姓大将，战功卓著，最后战死身首分离。皇帝特传圣旨为他做了一个金脑袋。因怕有人盗墓，出丧时，京城九门出来九支送葬队伍，在京郊九处同时下葬。要求每个参加葬礼的人，都带来一孝帽子土，撒在他的坟北面，就堆成了这座山。传说墓里有万年灯，童男童女等殉葬品。墓里暗藏暗弩以防盗墓。传说最神的是坟前的龙墪地。有九个刻龙的白石龙墪，镇着此墓地的风水。本村的一个年轻人秋后到地里去刨树根，二齿挠子头掉了，他在龙墪石上磕了一下，把龙的眼睛磕瞎了，霎时间其他八条龙飞奔上天，只剩下了现在这只残龙。青年人回家，发现他母亲两只眼都瞎了。据老人讲，该石为鼓形，上小下大，出地面有十五厘米左右，有龙雕栩栩如生。让人惊讶不已的是，龙的石眼睛真的掉了一块！

山、墓、龙墪石的传说，表明这里葬的不是一般人。几百年来，村民们代代口耳相传深信不疑。1957 年，挖东南郊灌渠，渠道正经过此墓，需要平山挖坟，一个数百年之谜随之解开。开墓挖棺时，只见棺材早已被凿开脸盆大的洞。尸骨果然无头！但没有金脑袋也没有万年灯，更没有暗弩。石碑刻有朱某某之墓。传说中的龙墪石，在窑洼湖公园建成以前，平整土地时被推土机推到路旁。龙墪石只有一尺多高，现在还在窑洼湖公园里。

3. 狐狸炼丹的传说

楼梓庄村南不出一里有一座土山，其规模与北大山子相仿，人称南大山子。山上有一座孤零零的小庙，据说是供狐仙爷的，更神奇的传说是，狐仙爷常夜里在此炼丹。古代人烟稀少，夜晚四处漆黑伸手不见五指。站在村南的老陈家门前往南看，小红火球突突乱窜，高低明灭，令人毛骨悚然。元代诗人萨都剌曾经写道："日落无人松径冷，鬼火高低明灭"①。按科学解释，是人死后遗体骨骼中的磷燃烧所致。被村民描述成狐仙炼丹的传说，给南大山子增添了神秘的色彩。

（三）南磨房地区对传统节庆庙会、民俗文化的传承、保护和整合发展

南磨房地区作为萧太后河流域最先步入城市化进程的近郊街乡，最早面临传统乡土文化与现代城市文明的冲突。乡政府对当地村民公共文化空间和乡土文化情结的保护，对整个萧太后河流域的民俗文化传承保护具有示范效应。

1. 重建南磨房关王庙——对公共文化空间的重塑

古代乡村社会，寺庙不仅仅是宗教信仰的承载地，更是村民进行文化经济娱乐活动的中心。村落庙宇规制，往往定义了村落的基本格局。既是村民重要的公共文化空间，也是人们乡土情怀的寄托之所。明清时期，萧太后河流域几乎村村有庙。但南磨房楼梓庄关王庙是城市化进程中，萧太后河流域唯一得到精美复建的村庙，体现了政府和民众对村落历史记忆的珍视和对公共文化空间的重视。

（1）原关王庙是村内重要的公共文化空间

南磨房关王庙位于南磨房乡南楼梓庄村的西北角，始建于明万历年间，清康熙年间重修过一次。

在村民们的记忆中，关王庙在村里扮演着极其重要的角色。每年农历六月二十四和春节期间关王庙都会举行庆祝活动，那是村里最热闹的时候。村里有公共事务需要商议时，保长和甲长也都在关王庙里商议。周围村民都说关王庙有灵性，遇到灾难困难时都到那里去烧香祈祷。不尊重不信任它的人，很快就会遭到报应。据说一个小孩，爬到关公的赤兔马上玩，怎么也下不来。连家人也抱不下来，就像黏在上面一样。家人急忙烧香祭拜。小孩这才下得马来。又传说关公是一条白龙转世，尾巴绕在庙西边的屋脊上，蛇头在庙西三十米处李家小井吸水。可见村民因关王崇拜产生的庙宇神化。每逢大旱之年，人们都到关王庙举行求雨仪式。四十年代村民记载

---

① （元）萨都剌：《念奴娇·登石头城次东坡韵》，载李时人编著《中华山水名胜旅游文学大观》诗词卷 上，三秦出版社，1998，第 223～224 页。

的求雨仪式如下：

> 人们的虔诚感动了神灵，不到黄昏就下起了大雨。这是场透雨。
> 就连死了的玉米都冒出新芽。秋后谢龙神和关王。村民荣金福亲笔写
> 了副对联，白布高挑上竹竿；上联是"风调雨顺谢龙神"，下联是"五
> 谷丰登庆福谋"。从此关王庙的名声越来越大。

关王庙还与百姓的日常生活息息相关。关王庙有更房，更夫常年住在
庙里，负责全村的报时。每天晚上十二点打一回、两点、四点各打一回，
更夫通常围着整条街打更。除了打更报时以外，更夫还兼职屠夫。每年春
节将至，他就开始杀猪的营生。屠夫住在庙里杀生，村民对此很是宽容。
关公是武将还杀生呢，不妨碍他成关帝受崇拜。体现了村民宽松实用的民
间崇拜心理。

关王庙附近有鼓楼，鼓楼旁有座望匪楼。与鼓楼相对有钟楼，里面有
口大钟。站岗的村民在此维护村子的安全。据说望匪楼是座三层楼的建筑，
没有封顶，最顶上是村里的制高点。

关王庙里还曾办过学堂。关王庙正殿与后殿之间的三间西厢房，曾经
是民国时期的警察办公处。西厢房住警察，东厢房则是教学的课堂。警察、
老师吃饭歇息，互不相扰。当时的整个楼梓庄就这一间学堂，虽然只有一
位老师，讲的是洋学堂的知识。既教算数，又教语文。学费则是每学期五
斤小米。

早期的关王庙外还有门楼，坐北朝南，前面正对大街。鉴于关王庙的
中心位置，这里还成了全村的信息通告中心。关王庙门楼左侧有小门，门
外左右各悬挂一面告示牌，平时有事需要通知百姓就在告示牌上写通知。
门楼旁边有一盏路灯，只有过春节时才会点亮。关王庙因此成为南磨房地
区村落最重要的历史记忆，南磨房人对其赋予了特别深厚的感情。

（2）重建的关王庙在社区中重塑了公共文化空间

21世纪初，随着城市化的推进，南楼梓庄村面临着拆迁，计划在原村
落的位置建成世纪东方嘉园小区。人可以搬迁上楼，关王庙怎么办？在南

楼梓庄老人们的提议和当地政府、文物部门的支持下，原关王庙迁址重建，向原址的南边方向移动了 150 米。于 2006 年迁至南面窑洼湖公园南侧，庙内珍贵壁画用科学方法揭取、清洗后，复原到庙里墙壁上。在寸土寸金的毗邻东四环一隅的黄金地带，关王庙被保留下来。从 2007 年开始，南磨房地区工委、办事处决定，每年春节前夕、传统祭灶节（又称"小年"），举办南磨房民俗文化节——关王庙小年庙会。庙会共划分成 9 大区域 24 个小区。包括中心舞台区、文化区〔祈福区（民俗艺术物品展卖区、观看表演区、请福区、文化宣传区、上香祈福区）、图书区、社区公益展销区、京津饮食文化区、天津民俗文化区〕、互动区（传统游艺区、灯谜区、服务区、儿童休闲区、嘉年华大型游艺区）、小吃区、年货区（日用土产区、百货销售区、跳蚤市场区）、展览区、春联区、表演区、烟花区等。

庙会期间，地区工委办事处还出资为低困群众免费发放购物券，使他们能够在家门口免费逛庙会。庙会自 2007 年至 2012 年，连续办了六届。庙会一开，年气儿就出来了，大家过年的感觉就有了。周遭全是过年的喜庆氛围。如今关王庙庙会已经停办，人们的民间信仰意识或许也在淡化。但附着在关王庙上的村落历史记忆和地方情感依旧十分浓郁。关王庙及其旁边的小广场仍然是附近居民日常休闲活动的核心文化空间之一，同时也是萧太后河流域重要的民俗文化遗存和民俗景观。

2. 南磨房乡情博物馆——对乡村乡情乡愁和民俗文化的传承保留

随着时代和经济的发展，城市化趋势无法抗拒。为配合北京市的绿化隔离带建设，南磨房乡各村村民搬迁，大批农民搬迁上楼成为城市居民；大片农田、农舍被座座高楼替代。2007 年规划完成后，乡党委、乡政府便着手筹建"南磨房乡情博物馆"，计划在展示地区古今变迁旧貌新颜的同时，为村民们保留一份乡土情结，让城市留下宝贵的乡村记忆。博物馆于 2010 年 7 月建成对外开放，是朝阳区 20 多个乡情博物馆中最早规划建成的。

南磨房乡情博物馆整体建筑面积 12000 余平方米，包括"城市化历程展示馆""传统农业文化馆""传统民居生活馆"三个部分，通过沙盘、实景、实物、模型展示等专业化手段，集中呈现南磨房"农业化、专业化、城市化、现代化"以来的发展变化。

南磨房乡情博物馆的中心大厅，设有 2 个大型沙盘和 12 面展板，沙盘通过声、光、电的科技手段，按照不同时期南磨房地区的历史原貌进行建造，10 多块展板以照片的形式反映出南磨房的历史变迁。微缩沙盘浓缩复原的老楼梓庄村的 108 个院子，让人穿越回原来的场景氛围。

传统农业文化馆坐落在一套四合院里，青砖红瓦，挑角飞檐。馆内有 1000 多件乡村"文物"，展品主要分为农业生产用具、农村生活用品两大类。按原来的生活模式和生产过程有序配套摆放。农村生活用品如拐子小磨、箩床、老式煤油灯、饸饹床子等，散发着浓厚的萧太后河流域特有的乡村气息。馆内还微缩复原了农业生产的景观，如收割、挖河、小熔炼的场景。馆内展品大多是从农民家里征集的，每件展品下面都有捐赠者的姓名。捐赠者也经常到博物馆，讲述自己展品的故事。

传统民居生活馆由三座四合院构成，分别是农业化时期的小队院、改革开放的大队院和现代化的四合院，不同的建筑风格，在展示不同历史时期生产、生活方式的同时，也向人们诉说着南磨房的古今变迁。博物馆不仅承载着萧太后河流域村民们过往的历史文化、乡土记忆和"乡愁"，更成为南磨房的一张名片、一个品牌。

三　垡头街道的地名源流、古今变迁与人文风貌

今天的朝阳区萧太后河流域垡头街道办事处成立于 1960 年，该地区发展较晚，但特色鲜明，历史上曾是北京五大工业基地之一——国有化工企业聚集地。

（一）垡头街道的地名源流

据记载，垡头"明已成村，曾名德庄。明万历二十一年（1593）始见垡头村名。因该地土壤质地黏重，耕作时易出土垡，故称垡头。1949 年前原为前垡头、后垡头两个自然村，50 年代初在此兴建北京焦化厂、北京玻璃厂等大型企业，大量征用土地，两村合并，遂称今名"①。可见垡头村有

---

① 朝阳区地名志编辑委员会编《北京市朝阳区地名志》，北京出版社，1993，第547页。

悠久的历史，原来是农耕户聚居的村落。新中国成立后成为北京最早的工业区之一。经历了从农耕到现代工业区的古今巨变。

（二）垡头化工工业基地的兴衰与创新重构

新中国成立前，垡头地区一片荒野，仅有少量村落。20 世纪五六十年代，随着北京炼焦化学厂、北京染料厂、北京玻璃二厂等一批大型国有企业在区域内建成投产，垡头地区成为国民经济"一五"计划实施期间，中央部委和北京市投资兴建的北京五大工业基地之一——国有化工工业聚集地，带动了整个垡头地区的基础设施与相关产业发展。在垡头众多老工业企业中规模最大、最受关注的三家国有企业是北京炼焦化学厂、北京玻璃二厂和北京染料厂。

1. 北京炼焦化学厂

北京炼焦化学厂（简称"北焦"），是垡头工业基地最大最具代表性的企业，原厂址位于朝阳区化工路 1 号，位处京津第二通道的北京起点。是以供应北京市燃料煤气为主，生产焦炭与多种化工原料产品的大型综合企业，是国内统配商品焦和北京市人工煤气生产的重要基地。

1958 年，为解决北京市燃料供应结构单一、环境污染严重、能源浪费巨大，进而制约城市发展的难题，经中央批准，在北京东南郊建设北京炼焦化学厂，生产人工煤气。为北京城提供清洁燃料。通过煤的气化，降低污染，达到能源综合利用目的。自 1959 年建成第一座焦炉并投入生产以来，北京焦化厂一直是首都的能源产业基地，"三大一海"（大会堂、大使馆、大饭店、中南海）等重要单位成为第一批煤气用户。国家领导人对焦化厂的运营状况十分重视，所以历届国家领导人都曾到焦化厂进行视察，成为北京焦化厂珍贵的历史记忆。

北京焦化厂为市属国有大型一类化工企业、国内最大的商品焦炭供应和出口基地。闻名遐迩的"北京焦"和多种优质化工产品长期畅销国内外市场，年销售额在全国 500 强企业中位居前列。

2. 北京玻璃二厂

北京玻璃二厂，原址位于北京朝阳区化工路 5 号，系北京市第一轻工业总公司、北京玻璃总厂下属全民所有制企业。1958 年，为保障酿酒、饮食、食品行业生产配套要求,北京市委决定建设北京机制瓶厂。1960年,在朝阳区垡头建成。1961年,定名为北京玻璃二厂。1964年,划归北京玻璃总厂。该厂以生产玻璃瓶为主,生产的啤酒、葡萄酒、白酒、汽水等包装瓶均为市优产品,产品销往全国各地并出口东南亚地区。

3. 北京染料厂

北京染料厂,原厂址位于北京朝阳区化工路4号,系全民所有制国有企业、全国染料行业重点企业,是隶属于北京化工集团公司的国有大型二类化工企业。

该厂前身是1956年4月经公私合营改造、由北京市所有染料作坊合并成的北京市兴华染料厂,1964年由市区迁入垡头,并正式更名为北京染料厂。企业主要产品有染料、有机颜料和工业硫酸等,该厂生产的靛蓝、翠蓝染料获国家质量银质奖,深蓝染料为部优产品,工业硫酸为市优产品。20世纪90年代,企业形成以有机颜料、还原染料、分散染料、硫酸等四大系列产品为支柱的产品体系,成为全国染料行业重点企业、华北地区最大的综合性精细化工企业。

进入21世纪,随着首都产业结构调整和北京申奥成功;以北京焦化厂为代表的垡头化工工业基地,其所处地理位置和生产状况,已不符合首都城市建设尤其是环境保护的要求。2001年11月,北焦划转至北京市燃气集团公司。2002年,为落实《北京奥运行动规划》、治理大气污染和改善首都大气环境质量总体部署,企业实施停产转型。2006年,北焦全面停产。垡头工业基地内的北京玻璃二厂、北京染料厂等其他化工企业也都完成了历史使命,结束了辉煌的工业生涯,纷纷停产注销或搬迁转制,垡头街道由过去的工业产业区逐步转变为以国有企业退休职工、农村上楼转居人员、城区拆迁居民为主的居住小区。

垡头老工业基地,因其独特的工业厂房特色,以及所承载的北京工业文化历史记忆,成为北京重要的工业遗存之一,迎来新的发展机遇。2009年,垡头核心区控制性详细规划启动国际项目方案招标。2010年,垡头核心区控制性详细规划明确了以地铁7号线和化工路为支撑的"一轴、两带、三片、五心"的空间结构。2011年,垡头被列为朝阳区"十二五"期间重点打造的十大发展基地之一。2013 年，朝阳区垡头科技商务区管委会表示，垡头将建设科技 CBD 中心区，重点培育和发展商务服务与科技成果转化相融合的科技金融、科技中介、技术交易等科技商务服务产业集群。而在最新的《朝阳分区规划（国土空间规划）（2017 ~ 2035）》中则明确指出要"以中关村朝阳园垡头中心区为引擎，推动传统工业区转型升级，成为新兴产业的创新培育基地"。具体做法是"利用老旧厂房等空间资源，承接品牌文化展演、商业展示活动的举办，利用区域国际化资源与高端商务服务资源，促进国际商务与科技创新融合发展，建立以科技金融服务、科技成果转化、技术贸易、商务管理服务为主的创新支撑服务体系"。

同时建设"焦化厂文创区"，按照"该保则保、以保定用、以用促保"的原则，在有效保护的前提下，不断挖掘老旧厂房文化内涵和再生价值，积极探索、疏解提升、创新利用模式，兴办公共文化设施，发展文化产业，建设新型城市文化空间，打造城市文化新地标。以北京焦化厂为代表的垡头老工业区，其未来将更加辉煌。

四　豆各庄地区的地名源流与人文风貌

豆各庄地区位于萧太后河朝阳段流域的中间地段，豆各庄村历史悠久，元代就已经成村。

在萧太后河豆各庄流域广为流传的水牛房、金马驹等传说，反映了当地百姓对于河道洪灾的深刻记忆和对河道治理的热切向往。豆各庄地区流传的民间故事和传说，同样具有很强的地方民俗民风特色，是了解该地区历史文脉的窗口。

（一）豆各庄地区的地名源流

1. 记录历史人物事迹的地名

豆各庄。据记载，"曾名都阁庄，因清末内阁大臣张义为该村人，故名。后谐音为今名。"[1] 1990 年 5 月，在豆各庄村发现元代耿完者秃墓，其墓志铭称："葬大都通路县（引者按：似应为'通州潞县'）青安乡窦家庄

---

[1]　朝阳区地名志编辑委员会编《北京市朝阳区地名志》，北京出版社，1993，第500 页。

祖茔。"① 可知，早在元代，此地已称为"窦家庄"，只不过用了同音异写的"豆"。"豆哥庄"就是"豆家庄"之意。而不是因为清末本村出了内阁大臣才得此名。村落形成的年代不晚于元代。乡办事处设于村内。村内有张义祠堂（亦称张翼祠堂），建于清光绪年间，保存较为完整，为区级文物保护单位。现同时建置为豆各庄乡情博物馆。

于家围。相传明代该村有于华龙、于华虎兄弟二人，武艺高强，劫富济贫，官府曾派兵包围村子，捉拿于家兄弟，自此人称该村为"于家围"。②

据老人们回忆，明清时期，豆各庄村北部，有一条东起通州张家湾码头，穿过于家围村、西入北京城内的通道（今村中心沟）。豆各庄乡域中部，还有一条东起通州张家湾码头，经过豆各庄村南，西至北京广渠门的运盐专用陆路——盐道。③ 这两条古商道，为明清时期南方盐商和货商经通县张家湾进入京城的重要通道。因贩盐与运货的骡马队络绎不绝，豆各庄村和于家围村逐渐成为来往商贾们的集散地。村中形成街市，有酒馆、茶馆、客栈等，亦有沿街菜贩、小吃等。于家围村还出现了专门用畜力驮人送货的行当——脚行。最多时有马、骡、驴等百头以上，活动范围西至京城内，东至水路要冲张家湾。④ 据老人们讲，"因为道儿太熟了，有的牲口不用人赶，自己就能回到客（货）栈"。⑤ 清代爱新觉罗·宝廷《偶斋诗草》外集卷二有诗作《自张家湾赴于家围道中大雨投店题壁》："急电绕车奔，荒原四望昏。云雷争大野，风雨乱孤村。阴雾连城暗，狂流夹道翻。挥鞭趋旅舍，瞑眩不知门。"⑥ 这首诗印证了这条途经于家围村的通商古道的存在。如今这条通商古道已成于家围村中的一条排水沟，经过豆各庄村

---

① 北京市朝阳区文化委员会编《朝阳文物志》，文物出版社，2014，第 28 页。

② 《北京市朝阳区豆各庄乡志》编纂委员会编《北京市朝阳区豆各庄乡志》，中国时代经济出版社，2016，第 557 页。

③ 《北京市朝阳区豆各庄乡志》编纂委员会编《北京市朝阳区豆各庄乡志》，中国时代经济出版社，2016，第 556 页。

④ 《北京市朝阳区豆各庄乡志》编纂委员会编《北京市朝阳区豆各庄乡志》，中国时代经济出版社，2016，第 447 页。

⑤ 《北京市朝阳区豆各庄乡志》编纂委员会编《北京市朝阳区豆各庄乡志》，中国时代经济出版社，2016，第 447 页。

⑥ （清）宝廷：《偶斋诗草》外集卷二，聂世美校点，上海古籍出版社，2005，第 459 页。

的老盐道则踪迹难寻，在古籍文献中也未见更多关于这两条商道的记载。

在豆各庄地区还有两处地名与萧太后河直接相关，一是马家湾，二是水牛房。

马家湾。《北京市朝阳区地名志》记载："萧太后河在此形成一河湾，可供来往船只靠岸歇脚，遂成码头。'马''码'谐音，遂演变为今名。"①从地名语义分析，该村是以居民姓氏与地理特点相结合为名。

水牛房。相传村北萧太后河南岸曾卧有一镇水兽——铜牛，故名。关于这只铜牛还有一个美丽的传说（详见后文介绍）。

除此以外，豆各庄地区还有多处与历史人物事迹相关的地名。

西马各庄村和东马各庄村。西马各庄与东马各庄原为一个村，称马各庄村。相传，明代燕王朱棣扫北，在此地圈养军马。朱棣称帝后，负责军马粮草的胡氏官员留恋此地，带领兵丁回此地休养，起名马庄。后因村落发展为东、西两个聚落，遂村名演变为东、西马各庄。西马各庄村内有一座始建于清代的娘娘庙，被列为区级文物保护单位。尚存大殿，面阔三间，进深三间，殿前有古柏一棵。

孙家坡。相传明初燕王朱棣出兵漠北时即有此村，以萧太后河北岸高岗上住有一孙姓人家而得名"坡上孙"，后演变为今名。取姓氏与地形相结合命名，其说可信，传说的成村年代不可查证。

黄厂村。该村周围原为盐碱、低洼的荒地。故古称"荒厂"。后来村民从盐碱中提炼芒硝加工火药，形成生产作坊。又因火药为黄色，故作坊名为黄厂，村名亦沿用。一说该村系皇家试放烟花鞭炮之地。对此已无文字可考。

2. 以坟为名的地名

南何家村。南何家村原名何家坟，曾为何、穆、丁三姓人家的坟地。1979 年，朝阳区地名整顿时更名为何家屯村。1994 年，为区别朝阳区其他何家屯村，被定名为"南何家村"。

孟家屯村。清代原为孟氏坟地，曾名孟家坟。1979 年，朝阳区地名整

---

① 朝阳区地名志编辑委员会编《北京市朝阳区地名志》，北京出版社，1993，第 501～502 页。

顿时更为今名。

3. 描述地理位置和环境特征的地名

石槽村。相传村东原有一口水井，井旁有一个很大的牲畜饮水用的石头槽子，故名。

（二）豆各庄地区的历史故事与民间传说

1. 水牛房的由来

据《北京市朝阳区豆各庄乡志》记载："北京东南郊三十多里的地方，有条萧太后河。河的南岸，有一座百八户的村子——水牛房。"[①] 据当地老人讲述：

很久以前，萧太后河风平浪静，水清如镜，鱼儿成群漫游，大大小小的运粮船往返如梭。两岸绿树成荫，稻谷飘香。……有一年雨季，河水暴涨，狂风卷着浪涛冲开了大堤，淹没了附近的十八个村庄，吞掉了快要收获的庄稼，到处飘浮着各种牲畜的尸体，还有门窗、木箱等杂物。两岸一片凄凉。……从那时起，每到雨季这条河就发大水，一连闹腾了十多年。后来才知道，原来是从北海游来了一条鳝鱼精在作怪。……这年又到了雨季，鳝鱼精又发起了大水，河水奔腾呼啸着，一次又一次向大堤猛烈冲击，大堤眼看就要决口了。就在这危急的时刻，只听"哞"的一声响亮的牛吼，不知从哪儿来的一头青水牛冲上了大堤。这牛身高八尺，体长丈二。角似弯月，眼若铜铃，煞是雄壮。大青牛奔上大堤，低下头张开大口"呼"地喝了一口河水。……河水"哗"地一下立即退下去一尺多，两三口下去，河水眼睁睁着一尺一尺地退了下去。正在兴风作浪的鳝鱼精见了，不禁勃然大怒，一晃身子掀起了丈把高的大浪。它随着浪涛，扑到了岸边，一甩尾巴，在大青牛头上绕了整整八圈，然后下死劲儿向河里拉去。大青牛也不示弱，将四蹄站稳，拼命把鳝鱼精往岸上拖。……这一场恶斗，直斗得浪涛滚滚、天水相连，一直斗了四十多天，不分胜负。就在第四十九

---

① 《北京市朝阳区豆各庄乡志》编纂委员会编《北京市朝阳区豆各庄乡志》，中国时代经济出版社，2016，第533页。

天天刚亮的时候，大青牛抖起神威，一用力把鳝鱼精拉上岸，并拖着它在刚收完的高粱地里猛跑起来。地里的高粱茬子像一把把锋利的尖刀，把鳝鱼精拉的遍体是伤鲜血淋淋，把几百亩高粱地都染红了。最后，鳝鱼精终于两眼一翻死去了。大青牛呢，也因为筋疲力尽，慢慢地卧倒在河边，再也不能动了。但它那对铜铃般的大眼，依然瞪得圆圆的，一眨不眨地望着缓缓东去的河水。打这往后，这里再也没闹过水灾。

当地的人们为了纪念大青牛，便在河南岸盖了一座小庙，把大青牛深深地埋在了院子里，还精心铸造一头和大青牛一模一样的铜牛，每年雨季都要祭祀。后来，这里又陆续搬来了不少人家，渐渐形成了一个自然村，这就是水牛房。①

2. 金马驹的传说

据《北京市朝阳区豆各庄乡志》记载：

很久以前，萧太后河南岸边住着一对老夫妇。二人除开荒种几亩地外，偶尔也到河边捕些鱼虾，过着日出而作，日暮而息的平静生活。突然，一天深夜，由远而近传来一阵急促、杂乱的马蹄声，顷刻之间到达屋前，稍停，马蹄声又响起，渐渐消失在深深的夜幕中。就在老夫妇心神未定之际，隐隐约约听到门外好像有断断续续的呻吟声。老头儿披衣而起，点上油灯，打开屋门查看。微弱的灯光下，见地上躺着一匹看不清毛色的小马驹，后腿淌着血。此时它费力地抬起头，看着老头儿，发出两声低低的哀鸣。老头儿见状，急呼老伴来帮忙。二人把受伤的小马驹抬入屋内。老头儿打开箱子拿出家传的创伤药，先清理小马驹腿上的伤口，然后撒上药面包裹好。经过一阵子忙碌，见小马驹平静下来，老两口儿才上炕歇息。

老夫妇膝下无子，把小马驹当成自己的孩子。在老夫妇俩精心照

---

① 《北京市朝阳区豆各庄乡志》编纂委员会编《北京市朝阳区豆各庄乡志》，中国时代经济出版社，2016，第534页。

料下，小马驹的腿伤很快痊愈了。……日过如梭，小马驹渐渐强壮起来，浑身上下长着金黄色的鬃毛，长腿大蹄，骨子里透着一股神勇之气。后来，老夫妇又在萧太后河边上搭起个茶棚，做起河上来往船工、商贾们卖茶水的生意。小马驹也常帮老夫妇驮东西，拉点货。来来往往的人，见到小马驹都赞不绝口，老夫妇听着甚是受用。

天有不测风云。一年夏季，连日暴雨，萧太后河水位暴涨，眼看河水就要冲垮大堤。老夫妇和众人躲在茶棚里，焦急万分。忽然老头儿一眼看见拴在不远的小马驹，马上跑了过去，边解缰绳边说："马儿啊！马儿！眼看大水就要冲垮大堤，淹没这儿了，你快快逃命去吧！"话未说完早已老泪纵横。话音刚落，一道炫目闪电从天穹直刺在萧太后河的大堤上。随后一声巨响，一个炸雷落到地上，只见离茶棚西北方不远处，大堤崩塌一道丈余长的大口子。河水像狂飙猛兽般的朝茶棚呼啸而来，老夫妇和众人就要被大水吞没之际，猛听到"门儿——"的一声高亢的马嘶声，只见刚解开缰绳的小马驹，前腿抬起，后腿踏地，腾空而起，仰天长啸，周身放射出一层耀眼的金光跃入翻滚的恶浪之中，水势顿然后挫，瞬间，身披金光的小马驹跃出水浪落在地上，马蹄踏处，地深陷如沟。就见小马驹绕过茶棚向东飞奔，突然前蹄一软，小马驹顺势打个滚儿——腾身而起（小马驹打滚儿的地方，就成了后来村中的大河），在地上划了个胳膊弯儿，向东北方向飞奔而去。眨眼间，一团金光消失在天际。顿时，风平浪静，决堤的洪水顺着小马驹踏出的深沟，驯服地流去。

金马驹飞腾而去，老夫妇和众人脱险，齐称神奇。向金马驹消失的方向遥拜后，异口同声地称老夫妇为马老爹、马老娘，感谢二老养的金马驹救了大伙儿。自此，老夫妇自称马姓。每月十五，焚香祈祷，寄托思念小马驹之情。据说每到月圆之夜，萧太后河岸边就有"嘚——嘚"的马蹄声和马叫声。后来这条河湾旁聚居起了一个叫马家湾的村庄。

金马驹的故事流传下来，传播很广。听说曾引来不少的南蛮到此寻宝。有的寻找萧太后河里载有无数金银财宝的铜帮铁底沉船，也有憋马家湾河湾里金马驹的。但都空手而归。只有金马驹的传说还在流传。[①]

3. 豆各庄的豆腐

据《北京市朝阳区豆各庄乡志》记载，北京城东南近郊有一个村庄，在清代时叫"都阁庄"，因其出产的豆腐小有名气，又一度被人称为"豆腐庄"，但村人皆因此名不雅而改名"豆各庄"。[②] 豆各庄豆腐的历史从何时开始，至今已无法考证。传说某年大辽萧太后品尝后"凤颜"大悦，连称"妙哉！美食也！"据传，村里有位巧手媳妇曾用豆腐做了十道菜的"豆腐宴"。豆各庄人做豆腐极为考究，选用东北等地的优质大豆，豆粒须圆润饱满，要用数百米深的地下泉水，通过选料、浸泡、磨浆、熬制、过滤、点卤、挤压、切割等多道工序，做出的豆腐"鲜嫩似乳，晶莹如玉，清香满堂，令人垂涎"。因此在当地豆腐总是供不应求。到了 20 世纪五六十年代，豆各庄的豆腐已长期供应京城四五十家的饭店，甚至在"文革"期间也未曾间断。后因利润甚微，豆腐坊逐渐淡出了当地产业。2004 年，为恢复这一当地特色食品，豆各庄人投资数十万元新建了一座豆腐坊。

4. 张翼放粮

张翼，字燕谋（彦谟），豆各庄村人。[③] 清光绪年间历任开平矿务局督办、总办路矿大臣、工部右侍郎、礼部右侍郎，御赐一品顶戴花翎。豆各庄的张氏宗祠（俗称张翼祠堂）是张翼为祭祀张氏祖先而建。[④] 张翼为官时为当地百姓做了许多善事，据传，其回乡祭祖探亲时，会在村外数里下轿下马，向穷苦人施舍钱粮。京城、河北等地遭遇灾害时，张翼也

---

① 《北京市朝阳区豆各庄乡志》编纂委员会编《北京市朝阳区豆各庄乡志》，中国时代经济出版社，2016，第 535 ~ 536 页。

② 《北京市朝阳区豆各庄乡志》编纂委员会编《北京市朝阳区豆各庄乡志》，中国时代经济出版社，2016，第 536 ~ 537 页。

③ 《北京市朝阳区豆各庄乡志》编纂委员会编《北京市朝阳区豆各庄乡志》，中国时代经济出版社，2016，第 539 页。

④ 《北京市朝阳区豆各庄乡志》编纂委员会编《北京市朝阳区豆各庄乡志》，中国时代经济出版社，2016，第 391 页。

多次救助。① 在豆各庄地区，至今流传着"张翼放粮"的故事。光绪二十一年（1895），通州永乐店一带遭遇水灾，张翼放粮赈灾，发放粮食时写好借据，却一直没有收账。

（三）豆各庄"脸谱双"——萧太后河流域的文化遗产

"脸谱双"本名双启翔，生于 1931 年，满族人，是北京民间泥塑彩绘艺术的集大成者。② 20 世纪 50 年代，娶豆各庄村胡淑秀为妻，养育双彦、双钧两个儿女。儿子双彦现已成为传承人。

泥塑是我国古老的艺术之一，其历史可以上溯到距今 4000 至 1 万年前的新石器时期。这门古老的艺术，留传下来的有著名的陕西的凤翔泥塑、江苏无锡的惠山泥人、天津的泥人张等，都是其中的精品。北京泥塑的代表是双启翔双老爷子。

双启翔 13 岁起，师从被称为"泥人圣手"的李荣山学习彩塑，1961年，进北京彩塑厂，其设计制作的脸谱七次获局级优秀产品奖。③ 1983 年退休后，回到豆各庄村建起一座小院，潜心创作，硕果累累。他的作品多次在全国展览中获奖，大量作品被中国美术馆、国外美术馆和博物馆收藏。双启翔的泥塑，不仅继承老北京民间玩具的优良传统，保持浓厚的京腔京味儿，还大胆创新，站在时代的前沿。

兔儿爷，在老北京家喻户晓，是绝对的北京特色。正是兔儿爷，让双启翔名冠北京城。"兔儿爷"是明清以来北京地区特有的、用以中秋祭月的民俗彩塑，是老北京中秋节的标配。中秋前半个月，很多地方就售卖兔儿爷。摊上架着数层台阶式木架，摆满大大小小的兔儿爷，人称"兔儿爷山"。老舍先生在他的《四世同堂》里这样描写："脸蛋上没有胭脂，而只在小三瓣嘴上画了一条细线，红的，上了油；两个细长白耳朵上淡淡的描着点浅红；这样，小兔儿的脸上就带出一种英俊的样子，倒好像是兔儿中

---

① 《北京市朝阳区豆各庄乡志》编纂委员会编《北京市朝阳区豆各庄乡志》，中国时代经济出版社，2016，第 540 页。
② 《北京市朝阳区豆各庄乡志》编纂委员会编《北京市朝阳区豆各庄乡志》，中国时代经济出版社，2016，第 387 页。
③ 《北京市朝阳区豆各庄乡志》编纂委员会编《北京市朝阳区豆各庄乡志》，中国时代经济出版社，2016，第 388 页。

的黄天霸似的。它的上身穿着朱红的袍，从腰以下是翠绿的叶与粉红的花，每一个叶折与花瓣都精心地染上鲜明而匀调的彩色，使绿叶红花都闪闪欲动。"[1]

传说北京流行瘟疫时，玉兔下凡给人们治病，因为一身白，谁都不让进。她只好去庙里借神像的盔甲，打扮成男子挨家挨户治病。为了赶时间，她换乘了狮子、老虎、马、鹿等。最后当人们看到她返回月宫时，才恍然大悟。为感谢玉兔，人们用泥塑造了玉兔的形象。每到农历八月十五那一天，家家都要供奉她，感谢她给人间带来的吉祥和幸福。

对从小喜欢泥塑的双启翔来说，兔儿爷是童年生活中不可磨灭的记忆。每到八月中秋，双老最重要的事，就是去看兔儿爷，一个摊接一个摊逛。直视的两眼，紧闭的三瓣嘴，涂着淡淡胭脂的脸蛋，执药杵，披甲胄。有披红袍的，骑虎的、骑鹿的、骑麒麟的、带莲花座的、带云纹的，背插靠旗的，头顶伞盖的……个个都牢记在他的脑子里。

20世纪五六十年代，随着祭月风俗的消失，"兔儿爷"也逐渐不见了踪影。到80年代，当人们又想起兔儿爷的时，老的泥塑艺人都已经故去，小的大多没见过，能制作的师傅已经很少了。双启翔根据小时候扎根在心里的记忆，将琳琅满目的兔儿爷一个个复原了出来，拯救了这一即将消失的老北京文化符号，同时也带动了北京地区的泥玩具市场。如今市场上制作兔儿爷的艺人不止一家，式样也越来越多。最完整、最鲜明地保持老北京风格的还是双家的兔儿爷。

兔儿爷制作起来很不容易，仅仅是胶泥，就得养两年，叫作去去泥性。通常情况下，泥塑艺人会将养好了的胶泥置于注入水的大缸中浸泡；泥土沉淀，泥浆会分成三层，最上层的是清水，中层的是黄泥，最下层的是沙子，只有中间的黄泥才是泥塑的原料。原料有了，还要揉泥、做"子儿"制模型、出泥坯、打底色、上色、开脸、涂漆等，漫长而又复杂。每年中秋前三个月，双启翔就要带着儿子、孙子、徒弟们开始忙碌。经双家做出来的兔儿爷，金枪红袍，雄踞在黑虎、白象、麒麟等身上，张伞盖插旗，

---

[1]　老舍：《四世同堂》，东方出版中心，2017，第113页。

图 6-3　工作中的双启翔大师与他的兔儿爷作品

资料来源：北京朝阳区文化馆非遗中心供图。

顶盔掼甲，威风凛凛，却又慈眉善目。

　　双启翔的另一项重要艺术成就是京剧脸谱。双启翔制作的脸谱继承了北京民间玩具的传统，京味浓厚，被誉为制作京剧大脸谱的"中国第一人"，也因此被业内人士称为"脸谱双"。他制作的脸谱被首都博物馆收藏40余件，美国、英国博物馆收藏300余件，法国、比利时、澳大利亚的收藏家收藏40余件。

　　京剧是中国戏曲中最大的剧种，集合各剧精华，谱式繁多，蔚为壮观。各行当演员经过化妆，由固定的脸谱表现出角色的品貌、身份、性格。由脸谱可窥其心胸，具有"寓褒贬""别善恶"的艺术功能。双启翔从小酷爱京剧，做脸谱是双启翔表达对京剧热爱的方式。

　　双启翔做的脸谱，首先是大。这源于他对材料的创新。过去做脸谱都用泥，胶泥本身的伸缩性很大，非常容易开裂。过去的京剧脸谱，最大也就3寸，不易表现人物的性格。为了找到更适合制作脸谱的材料，双启翔苦心研制多年，终于用泥、纸浆、大白和胶调制出满意的效果。他说："纯纸浆有褶子，代表筋，胶代表骨，填料代表肉，三样结合起来，就可以合成一个光滑平整的面具。"因此双启翔做出的脸谱既轻又结实，还能做出很大的尺寸，极具开创性。

　　除了在材料上另辟蹊径，双启翔的画工也是一绝。做脸谱，最要紧的功夫就是彩绘。京剧脸谱向来注重画工，讲究规整，构图严谨，线条流畅，位置准确，色彩明丽，素有"三型七彩"之称。在造型色彩上，京剧脸谱一般都有一定的程式，比如张飞就是黑色十字脸。看似几个简单色块的拼接，其实折射的是作者对色彩、人物性格以及历史知识的把握和解读能力。比如，双启翔淡化了窦尔敦的大绿，简化了张飞的眉心，减少了包公的黑气……使舞台上比较夸张的戏剧艺术形象变得赏心悦目，具有了更强的装饰性。双启翔尤其擅长"点睛"。眼睛是心灵的窗户。他说："不管是做泥人还是画脸谱，最重要的就是眼睛，最难表现的也是眼睛。'点睛'就是要把两只眼睛画得对在一个焦距上。这样眼神才能不散，才能有神！"他将泥人制作中的点睛方法与脸谱绘画巧妙结合，在眼神的聚焦上煞费苦心，使脸谱一下子生动起来。

双启翔制作的脸谱还有一道重要工序，就是上髯口。髯口是戏剧人物的胡须。双启翔做髯口的材料，除了传统的丝、麻、毛线外，还有草根、竹根和粗麻等。不同的人物要用不同的材料做髯口。用毛线做的髯口齐整、好看，但时间长了容易打绺，而且毛线质地太软，不适合刚烈、粗犷的人物。为了给这类人物找到合适的髯口，双启翔琢磨了很久，终于有一天在垃圾堆里发现了破旧沙发里的棕，短曲而粗硬，正是他需要的。于是，他制作的张飞、钟馗的脸谱，有了符合性格特点的"虬髯"。

双起翔的作品不仅继承了老北京民间玩具的优良传统，保持着浓厚的老北京风味，而且在继承传统的基础上，大胆改革，闯出了一条符合现代人审美兴趣的新路子。2003 年，双启翔被北京工艺美术行业协会评为"工艺美术一级大师"，成为工艺美术协会、民间工艺研究会、民间玩具研究会会员。2006 年被评为"中国工艺美术大师"。同时他也是联合国教科文及工艺美术玩具协会评定的民间工艺大师。2012 年，双启翔彩塑作品被列入国家非物质文化遗产。

五　黑庄户地区的地名源流与人文风貌

黑庄户是萧太后河朝阳段流域最东端的街乡，萧太后河流经该地区后，便进入通州区。黑庄户地区因地势低洼，适于养殖。该地养殖宫廷金鱼已有 200 多年的历史，是北京宫廷金鱼重要的发祥地之一，被称为"金鱼之

图6-4 双启翔大师的脸谱作品

资料来源：北京朝阳区文化馆非遗中心供图。

乡"。该地的金鱼体态优美、色彩艳丽，在国内外市场都享有很高的声誉。黑庄户郎各庄的快板，是萧太后河流域民间口头表演艺术的代表，这些民风民俗都反映出萧太后河流域独特的地域风格和文脉源流。

（一）黑庄户地区的地名源流

据记载，黑庄户成村于清代，清代高天凤修、金梅纂《（乾隆）通州志》卷一记载，黑庄户离城十六里。黑庄户原名黑庄窝。村中原关帝庙内大钟上铸有"黑庄窝"三字，可以作为曾经的村名之证。[①] 其村名源自何因，今已无考。50年代地图上名为"黑窝户"，60年代更名"红庄"，1969年定今名黑庄户，沿用至今。黑庄户乡设在黑庄户村。

1. 黑庄户乡记录历史人物事迹的地名

大鲁店、小鲁店。据传，辽代在黑庄户村一带的萧太后河上设有码头，船工、纤夫、来往客商行旅颇多。有鲁姓兄弟在河的南、北两岸各开一家

---

① 朝阳区地名志编辑委员会编《北京市朝阳区地名志》，北京出版社，1993，第507页。

小店。兄店在南岸称大鲁店，弟店在北岸称小鲁店。随后以姓氏与店铺之名为村名。但是否出自辽代无考。民国金士坚修、徐白纂《（民国）通县志要》记载，大鲁店曾有一真武庙。真武庙一说在北小营，今有北小营公立初级小学校。一说在大鲁店，今为大鲁店公立初级小学校。

定辛庄。相传明初燕王朱棣出征漠北，经此小憩，为安定军心，赐村名"定心庄"，后谐音为今名。

万子营。据记载："万子营曾名蛮子营，据传成村初，多为全国各地移民，因'蛮子'有贬义，建国后，取谐音改为今万子营。"[①] 新中国成立后，万子营村以自然村的形式成立村委会，当时自然村被分为东西两个生产队，万子营村改为万子营东村和西村。清末，村内建有义和团组织。村西清真寺为区级文物保护单位。该寺建于清代，尚存正殿、北配房及耳房，有古井一眼。该村原有清肃恪亲王墓，墓主为敬敏第三子，道光四年（1824）封三等辅国将军，九年（1829）封不入八分辅国公，咸丰二年（1852）袭肃亲王，同治八年（1869）薨，谥曰恪。今墓丘无存。

郎各庄。以姓氏得村名，成村初，郎姓居多，且为南方移民，南方"家"的读音同"各"，故名。据清代高天凤修、金梅纂《（乾隆）通州志》卷一记载，朗各庄离城十五里。

郎辛庄。该村原为郎各庄的一部分，后因人口繁衍聚落扩大，单独成村，初称郎新庄，后谐音为今名。

2. 以坟为名的地名

苏家屯。该村东原为苏氏坟地，村西原为张氏坟地，成村后为两个自然村，东村名苏家坟，西村名张家坟，后两村合并统称苏家坟。1977 年地名整顿时，易为今名。

3. 描述地理位置和环境特征的地名

双树村。据传有一金姓大户人家的院前井旁有两棵槐树，枝繁叶茂，相距一米，犹如孪生兄弟，村因此得名。

（二）黑庄户地区历史悠久的观赏鱼养殖产业

萧太后河流域黑庄户乡南部大鲁店地区地势低洼，水质呈弱碱性，不

---

① 朝阳区地名志编辑委员会编《北京市朝阳区地名志》，北京出版社，1993，第 506 页。

适宜大面积种植农作物，却为养殖水生动植物提供了得天独厚的地理条件。该地盛产各类名贵的宫廷金鱼。利用盆池饲养金鱼供奉朝廷的历史，可以追溯到清朝，距今已有 200 多年的历史。是北京宫廷金鱼重要的发祥地之一，被称为"金鱼之乡"。黑庄户的金鱼体态优美、色彩艳丽，在国内外市场上都享有很高的声誉。

1500～1600 年前，金鱼在中国诞生，一直繁衍至今。中国的民俗文化认为金鱼是吉祥和招财的象征。古人用水盘蓄水并加入宝石养金鱼，称之为"金玉满堂"，所以许多达官贵人必养金鱼，以期"金玉满堂"。

黑庄户地区自清朝以来就有养殖池鱼的传统。大部分养殖户养食用鱼类，养观赏金鱼的较少。改革开放以来，随着人民生活水平提高，对观赏鱼的需求猛增。黑庄户地区利用自身优势，沿袭宫廷金鱼养殖传统，大力发展观赏鱼养殖产业。自 20 世纪 80 年代到 90 年代中期，大鲁店地区几乎家家养金鱼。还突破大面积土坑塘养殖鱼病防治的难关，形成了一套适合本地的成熟技术，荣获朝阳区科技进步一等奖。

为了加快观赏鱼产业的发展，2000 年 3 月，占地 5000 平方米的现代化观赏鱼交易大厅建成开业，北京市副市长和朝阳区区长为开业揭幕。2002 年 4 月，北京黑庄户观赏鱼养殖发展中心正式成立，注册"金贝源"商标。同年 7 月，获批进出口资格和海关自理报关权。中心大力推广"公司加农户"模式，由中心牵头，向养殖户提供和国际市场适销对路、品质优良的观赏鱼种苗，提供池塘设计、饲料配方、水质管理、病虫害防治等相关技术培训、指导和示范，加大宣传、创建品牌，收购农民养成的观赏鱼，先暂养，再包装、出口创汇。养殖户在金鱼协会统一管理下，进行观赏鱼养殖，提供货源。公司＋农户模式外联市场，追求经济效益，内联农户，解决农户在生产经营活动中遇到的热点、难点问题，提供各方面服务，增加农民收入，降低风险成本，较好地解决了各家各户生产与千变万化的大市场之间的对接，有效提高了观赏鱼生产经营中的组织化程度。到 2009 年，黑庄户观赏鱼养殖发展中心，成为拥有 8 栋日光温室、30000 余平方米的高标准露天养鱼池，11000 平方米的现代化观赏鱼繁育场、1600 平方米的观赏鱼出口包装车间的集观赏鱼养殖、育种、交易、技术推广为一体的产业化

企业，产品远销法国、意大利、德国、俄罗斯、美国、新加坡、日本等 20
几个国家和地区。

　　着眼今后发展，黑庄户乡党委、乡政府会继续支持这项富民产业，进
一步完善观赏鱼产业发展规划，挖掘观赏鱼养殖的商业价值和文化价值。
形成整合多功能于一体的综合产业集群，打造国际品牌，提升区域形象。

（三）郎各庄"快板刘"——萧太后河流域的民间口头表演艺术大师

　　民间口头表演艺术，是民俗文化的有机组成部分。民间口头表演艺术
的创作素材来源于老百姓的日常生活，并以老百姓喜闻乐见的形式传播。
民间口头表演艺术来源于生活，又回馈生活。在萧太后河流域，郎各庄快
板是源远流长、较为成熟的民间口头表演艺术，其主要代表人物刘世华
（1947 年生），形成了自己独特的创作和表演风格，被亲切地称为"快板
刘"。他的作品以生动活泼的形式反映了乡村的古今变迁，也展现了新时代
农民的精神面貌。

　　朝阳区黑庄户乡郎各庄村快板，从清末至今，经过几代人的传承，有
100 多年的历史。村里第一代快板老艺人叫董永善（1886～1962），他一辈
子唱快板，村里人都称他为董老姑爷。据村里的老人回忆，董老姑爷常唱
的一段快板叫"烟鬼叹"，描述乡民抽大烟上瘾后倾家荡产的痛苦过程。

　　郎各庄全村老少都喜欢董老姑爷的快板，当时只有十岁的刘世华，天
天晚饭后老早就来到村子小学校的大槐树下等着听快板。至今他仍清楚地
记得，董老姑爷上身穿青布对襟短袖小褂，唱快板时脸部表情十分丰富。
刘世华通过学习模仿，能打出几个简单的点儿。董老姑爷说打出点来容易，
把快板唱好了才叫真才学。随后小男孩跪地磕头拜师，成为董永善生平收
下的唯一一个弟子。董永善老人于 1962 年去世，他的快板在村里响了几十
年，给当地乡民带来不少欢笑。

　　刘世华从小对快板艺术耳濡目染，勤学苦练，虚心好学。练快板直打
得双手酸痛，嗓子嘶哑，无论春夏秋冬，也手不离板。1964 年，朝阳区在
郎各庄召开积肥现场会，会上刘世华唱了一段自编的快板"积肥颂"，把生
产队长要介绍的经验全总结了。同年冬天，刘世华听说北京农村文化工作
队到通县台湖演出，骑了几十里自行车来到演出后台，找到负责人，请求

学快板。后来以《奇袭白虎团》唱响大江南北的中国著名快板书表演艺术家梁厚民先生，认真指导他，让刘世华感动不已。得到大师真传，刘世华更加刻苦钻研快板艺术了。1966年春节，朝阳区文化馆艺术会演，刘世华演唱了一段"郎各庄变了样"，获得创作表演奖。此后刘世华和弟弟刘世军又参加北京电视台的演出，获得纪念奖。不管是在田间地头还是各种文艺演出，都能听到刘世华的快板声，人们喜欢听他的快板，送给他"快板刘"的绰号。

"快板刘"的作品内容十分丰富，具有三个特色：第一，是具有鲜明的时代特点，体现了时代新风尚。刘世华从20世纪60年代开始创作，把当年人们的劳动热情和热气腾腾的劳动场面表现得惟妙惟肖。刘世华的作品非常注重表现乡村生活中出现的新事物和时代新风尚。比如1969年创作的《喜事新办》中，记录了当时结婚的几大件"三转一提落"。在为奥运创作的《北京欢迎您》中，则处处透着中国人的自豪感。《刘老汉上楼》则讲述了刘老汉从不愿搬迁到高高兴兴上楼的心理变化："城乡走向一体化，刘老汉上楼把梦圆。"

第二，是生动反映了独特的地方文化特色。刘世华的作品能够深入人心，是他对地方文化特色有很好的把握，作品充满了本乡本土的气息。在《神医老太》中，他记录了民间正骨神医双桥老太的事迹；《金鱼跳龙门》讲述了黑庄户乡大鲁店村民发展金鱼养殖的历程，对于养殖方法和养殖品种都有细致的表现。

第三，是配合党的中心工作，宣传群众、教育群众。几十年来，谁家有了烦事，谁家有了不愉快的事，刘世华一到场，快板一响，不高兴的事迎刃而解。他针对普法教育、计划生育、交通安全、文明有礼、好人好事等素材创作了一百多段快板，推动了郎各庄的精神文明建设，带动了郎各庄丰富多彩的文化生活。

2000年，刘世华成立"快板刘文化大院"，为村民表演节目，远近闻名。2006年，他将自家四合院改造得古色古香。挂牌后，文化大院里常有免费演出，来大院参加活动、看演出、参观的人越来越多。刘世华家的快板刘文化大院，是他的舞台，也是村民活动的"娱乐天堂"。刘世华的快板还多次在全国比赛和演出中获奖，他的事迹也多次被中央和地方媒体报道。他在不同时期的作品生动记录了萧太后河流域的乡村变迁，传承发展了萧太后河流域的民俗文化。

第三节　萧太后河河道流域历史文脉的文化类型特征

萧太后河流域的历史文脉、文化古迹和历史遗存大致可分为四种类型。

一是墓园宗祠文化遗存。明清时期，萧太后河流域是京城达官显贵的墓葬之地，如明代德清公主夫妇、清代四川总督鄂庆、清代工部侍郎三和等都安葬于萧太后河河畔，墓园庄严肃穆、气势恢宏。到20世纪80年代，这些墓地均已荡然无存，仅剩寥寥几座墓碑和豆各庄的张翼祠堂。

二是宗教寺庙文化遗存。明清以来，萧太后河流域几乎村村都有庙，最盛行的是关帝庙，其他也有药王庙、娘娘庙、土地庙等。这些庙宇既是乡民祈福禳灾的场所，也是村民议事之地。新中国成立后，关帝庙等信仰场所，陆续被改造为学校。20世纪80年代，由于城市建设极速发展，绝大部分寺庙被平复，只有南楼梓庄关王庙、西直河双龙寺和万子营清真寺保留至今。

三是红色抗战文化遗存。主要有豆各庄的四九一电台旧址和黑庄户的双桥革命烈士墓。

四是现代工业遗存，即垡头的北京炼焦化学厂。

一　萧太后河流域的墓园宗祠文化遗存

（一）墓与墓碑承载的墓园文化

1. 明德清公主夫妇合葬墓①

位于北京市朝阳区十八里店乡十里河村，2008年6月对该墓葬进行了

---

① 北京市朝阳区文化委员会编《朝阳文物志》，文物出版社，2014，第33～34页。

清理，发掘面积 750 平方米。该墓为南北向，长约 22.5 米，墓室宽约 8 米，深 2.3 米，整体近"甲"字形。下部以青砖砌成，上部用三合土封填。墓葬曾被盗，墓主人骨架及随葬品无存。仅在填土内发现了半扇汉白玉墓门及驸马、公主的二盒墓志。墓门高 2.2 米、宽 1 米、厚 0.1 米，饰以朱砂，铺首衔环。下部有石墩一座。公主墓志，正方形，边长 0.92 米、厚 0.18 米。志盖题"明德清大长公主墓志"。据墓志正文记载，墓主人为明宪宗的第三女德清公主，生于成化十四年（1478），弘治九年（1496）下嫁驸马，薨于嘉靖二十八年（1549），葬顺天府大兴县魏村社十里河。

驸马墓志，正方形，边长 0.7 米、厚 0.12 米。志盖题"明故驸马都尉柏冈林公之墓"。据墓志正文记载，驸马林岳，字镇卿，别号柏冈，浙江宁海人，曾任礼部尚书，卒于正德十三年（1518），享年三十八岁。"为人温雅，不欲以富贵骄人"。

德清公主及驸马合葬墓的发现，特别是墓志的出土，可以印证、补证《明史》《明实录》《宛署杂记》等文献的记载。对明代皇室的葬所、规制、葬仪具有重要的研究价值。

2. 元耿完者秃墓①

该墓位于北京市朝阳区豆各庄乡豆各庄村。1990 年 5 月，发现于北京第二监狱施工现场。该墓为石函墓，石函近似方形，由一整块岩石凿成，石函上覆盖一块石板，板厚 7 厘米。石函内散放墓主人骨灰及一组陶质明器，明器共 13 件。据墓志记载，墓主耿完者秃，应为蒙古人，唐兀氏应为其妻或妾。官至大元亚中大夫宣政院判官，唐兀氏天历二年（1329）四月十九日卒，时五十八岁。从墓志可知，墓主下葬的窦家庄，就是今豆各庄，窦家庄是豆各庄已知最早的称谓。

3. 觉罗公墓表②

位于北京市朝阳区东四环路大郊亭桥东南侧化工二厂西墙汽车修配厂内。该碑通高 5.55 米，宽 1.1 米，厚 0.45 米，螭首龟趺，碑阳为清康熙二十三年（1684）九月二十四日撰写的碑文，满汉合璧，碑阴为康熙四十二

---

① 北京市朝阳区文化委员会编《朝阳文物志》，文物出版社，2014，第 28 ~ 29 页。
② 北京市朝阳区文化委员会编《朝阳文物志》，文物出版社，2014，第 99 ~ 100 页。

年（1703）内侄阿金为姑父觉罗公撰写的墓表。觉罗公墓多次被盗，早已平毁，石刻酥碱严重，碑文漫漶不清。

觉罗公之曾祖阿尔塔玺家木起，天命初率诸豪众归附，妻以宗女。其子阿山，累功爵国公，官都统；其子阿达海，在十六大臣之列，是觉罗公的祖父。觉罗公之父查他，以宁远、锦州、松山功授拜他喇布勒哈番，又以平李自成及破腾纪斯图谢图汗，累功进三等阿达哈哈番，世袭罔替历任王府长史。六子皆官显要，觉罗公是其第五子，母亲富察氏。觉罗公，伊尔根觉罗氏，生于天聪九年乙亥（1635）十二月初三日亥时，卒于康熙四十二年癸未（1703）三月十六日申时，享年六十九岁。卜葬于广渠门外之郊亭。子益赛，娶副都统张公女，孙二尚幼，女七人俱适名族。觉罗公夫人，是墓表的撰写者阿金的姑母。

4. **严泰谕祭碑**①

立于清康熙三十四年（1695）十二月十八日，原位于北京市朝阳区南磨房乡潘道庙村，现位于南磨房乡东四环南路窑洼湖桥南东侧辅路绿化隔离带内。

该碑严重风化，碑文漫漶，碑身所雕行龙亦多残损，碑阴无字，碑阳满汉合璧。通高 4.7 米，宽 1.09 米，厚 0.41 米，额篆"谕祭"。碑下龟趺均被埋于土中。

严泰，汉军镶白旗人，康熙三十一年（1692）二月由刑科经事中迁甘肃布政使，十月擢甘肃巡抚。三十四年二月因病卸任，"性行纯良，才能称职，服官年久，著有勤劳，方冀遐龄"，四月三十日卒。严泰谕祭碑和碑文现收录在《朝阳文物志》里。

5. **三和墓碑**②

立于清乾隆三十八年（1773），原位于北京市朝阳区南磨房乡南磨房村，现位于劲松街道农光东里 11 号锅炉房院内。

该碑通高 5.3 米，宽 1.3 米，厚 0.45 米。碑呈倒座，北向，龟趺头部和碑身稍有损坏，整体保存较完好。额篆"御赐"，碑文满汉合璧，首题

---

① 北京市朝阳区文化委员会编《朝阳文物志》，文物出版社，2014，第 94 页。
② 北京市朝阳区文化委员会编《朝阳文物志》，文物出版社，2014，第 111～113 页。

"原任内大臣工部侍郎三和碑文"。碑文称其"端谨持躬，宪诚宣力"。

图 6-5　三和墓碑

资料来源：北京市朝阳区文化委员会编《朝阳文物志》，文物出版社，2014，第112页。

据《清史稿》记载："三和，纳喇氏，满洲镶白旗人。初授护军校，累迁一等侍卫。乾隆六年（1741），授总管内务府大臣，迁户部侍郎，调工部，复调还户部。十四年（1749），擢工部尚书。寻降授侍郎，调户部，复调还工部。三十二年（1767），授内大臣。三十八年（1773），卒，赐祭葬，谥诚毅。"① 碑文记作谥号"恪勤"。三和墓碑和碑文，现收录在《朝阳文物志》里。

（二）张翼祠堂

张翼祠堂，又称张氏宗祠、张义祠堂，位于豆各庄乡豆各庄村西。始建于清光绪年间。1986 年被定为朝阳区重点文物保护单位。

张翼祠堂，是张翼为祭祀张氏祖先而建。张翼，字燕谋，亦字彦谟，豆各庄村人。幼年家境贫寒，壮年跟随太常寺卿方华卿先生学习，由武起

---

① （清）赵尔巽等撰《清史稿》卷二百九十一《列传七十八·三和》，中华书局，1977，第10285 页。

图 6 - 6　张翼祠堂

资料来源：《北京市朝阳区豆各庄乡志》编纂委员会编《北京市朝阳区豆各庄乡志》，中国时代经济出版社，2016，第 30 页。

家。清光绪年间历任工部右侍郎、开平矿务局督办、总办路矿大臣，曾主持慈禧太后陵墓修建，祠堂正是建于此时。

祠堂原占地面积约 10000 平方米，建筑面积 700 平方米。由广丰木材厂和八大柜包建，雇用小工 400 余人，瓦工 200 余人，木工 120 余人，油漆彩绘匠 20 余人，石匠 10 余人，花匠 20 余人。三年竣工，耗白银 10 万两。区乡两级于 1990、1998、2004、2012 年四次出资修缮宗祠，总投资 300 余万元。现占地面积 1693.34 平方米。[①]

祠堂坐北朝南，为二进院落，前为三开间金柱大门，带雀替两间倒座房，大式硬山筒瓦箍头脊，苏式彩画，磨砖对缝，江米灌浆（用江米 1500 余公斤），门前左右有上马石，五级台阶，大门两侧有随墙门。前院正房五间，东、西配房各三间，均为丝缝硬山筒瓦前后出廊，戗檐面砖雕刻历史典故和吉祥图案。后院规划格局同前院。院墙为圆角淌白冰檐过垅脊墙面。宗祠前，原有雕刻葡萄、松鼠、百子图等精美图案的大影壁一座，据说其造价相当于整个院落的成本，可知影壁的精美程度。"文革"中影壁

---

① 《北京市朝阳区豆各庄乡志》编纂委员会编《北京市朝阳区豆各庄乡志》，中国时代经济出版社，2016，第 392 页。

被毁。

张翼祠堂以砖雕精致而著称，在影壁、大门、墀头、博缝头、屋脊、廊心墙、吞脊、柱顶石外墙透空、院墙等部位，雕有花鸟、瑞兽、灵草、人物、山水以及佛道吉祥图案等，雕刻的手法多样，技艺高超，类型丰富。共分五类。

第一，含有吉祥语的砖雕图案。张翼祠堂中的砖雕，有许多体现吉祥幸福、如意顺遂、和谐美好、财物丰饶、加官进禄的图案。如雕有一对含如意图的花瓶，内插牡丹，意取"平安富贵"；放在大门两侧，还有"出入平安"之意。刻有猴、鹿、官印图案，猴与"侯"谐音，图案附会"封侯挂印"吉语。鹿同"禄"谐音，有封官加禄的意思。图案上方有绶鸟，猴、蜂加上蓉花，含义是"辈辈封侯，荣华不断"。

第二，含有花草的砖雕图案。花草是砖雕中常见的图案，既是主体又是装饰。张翼祠堂用得最多的是植物图案"梅、兰、竹、菊"，也被称为"四君子"。意喻家庭幸福平安清雅不俗。有佛手和石榴叶、桃叶、万字组成的图案，含义是多子、多福、多寿，富贵永远。有由花草与动物组成的图案，如喜鹊踏梅梢组成的"喜上眉梢"，鹭鸶与莲花组成的"路路清廉"，比翼鸟与兰花组成的"比翼齐飞"，石榴与蝙蝠组成的"多子多福"，凤凰与牡丹组成的"富贵吉祥"等等。

第三，含有祥禽瑞兽的砖雕图案。张翼祠堂的砖雕图案中还有凤凰、麒麟、狮子的图案，这些祥禽瑞兽也都含有祈求喜庆、吉祥平安、镇宅驱邪的意义。

第四，含有器物的砖雕图案。砖雕图案中有以器物组成的图案，雕刻精美，寓意吉祥。如回形纹，是民间称为"富贵不断头"的纹样，取吉利富贵不断之意。图案由蔓草花衬、花瓶与鼎组成，形容"钟鸣鼎食之家"，表示家族兴旺发达、基业大盛。图案由蔓草衬花加上刻有八卦图的花瓶、寿石盆景、兰花组成，有"连中三元"之意。

第五，含有神话传说、历史故事的砖雕图案。神话传说与典故组成的砖雕图案，以"暗八仙"为主。八仙是民间传说中的八位道教仙人：钟离权、张果老、韩湘子、铁拐李、曹国舅、吕洞宾、蓝采和、何仙姑。他们各有神通，各执一物。钟离权执一小扇，张果老常执渔鼓，韩湘子常执一箫，铁拐李手拄铁杖，身背葫芦，为人治病，起死回生，曹国舅常执玉板，吕洞宾常背一剑，蓝采和常携花篮，何仙姑手执荷花。八仙衍生了许多民间故事，最常见的就是"八仙过海""八仙祝寿"等。还有历史传说故事图案，如"东篱采菊"图、"踏雪寻梅"图、"松下对弈"图、"子猷爱竹"图。

二　萧太后河流域的宗教寺庙、名胜古迹历史文脉

（一）南楼梓庄关王庙

南磨房南楼梓庄关王庙，始建于明万历年间，清康熙年间第一次重修。21世纪初，南楼梓庄拆迁建成世纪东方嘉园小区，原村内关王庙于2006年落架迁至南面窑洼湖公园进行保护。殿内壁画复原在重建后的关王庙墙壁上。重建后的关王庙属北京市朝阳区普查登记文物，庙门外有朝阳区文化委立于2013年1月的登记牌。关王庙北侧有"朝阳区民俗文化活动基地"牌，挂牌时间为2012年6月。

1. 重建前的关王庙

根据《北京寺庙历史资料》，1928年登记时记载："关王庙坐落南郊三区楼梓庄一号，建于明末，清康熙年重修，属合村公建。本庙面积南面东西七丈五尺，北面东西六丈五尺，南北长四十九丈五尺，房殿十二间，钟鼓房各二间。管理及使用状况为合村管理使用。庙内法物有泥像十尊，铜质佛像两位，香质佛像一位，铜质狮像吼三座，铁磬一口，铁挂钟一口，铁香炉一个，另有水井一眼。"[①]

1936年再次登记时，多了几棵树。[②]庙内大殿供奉的三尊菩萨像右侧，还供奉着南大山子村的关老爷。一座关王庙里供文武两位关老爷，并不常见。村民们回忆，因为南大山子村很穷，没钱盖庙，就把关老爷泥像请到楼梓庄关王庙里。每年六月二十四，也就是民间所说的关公诞辰日，南大山子的村民会敲锣打鼓吹号来到楼梓庄关王庙进香。新中国成立后，随着破除迷信，关王庙逐渐丧失供奉神灵的功能。1955年楼梓庄成立初级社期

---

① 北京市档案馆编《北京寺庙历史资料》，中国档案出版社，1997，第349页。

② 北京市档案馆编《北京寺庙历史资料》，中国档案出版社，1997，第668页。

间，用关王庙后殿开会。关王庙正殿被征用成商店，卖起日常百货。正殿的东侧（原来的钟楼）是粮店。关王庙由神庙到供销社商店的功能转变过程中，殿内绘制于康熙年间的壁画遭到毁坏，被用白灰涂抹掩盖，泥塑雕像不知去向。进入21世纪，楼梓庄面临拆迁时，人们惊奇地发现，经过岁月的侵蚀，那些盖住关王庙正殿壁画的白灰慢慢脱落，几百年前的壁画再次重现。关王庙的壁画意外地被保存下来。

2. 重建后的关王庙

2006年，南磨房关王庙迁址重建，南移150米，现位于南磨房地区世纪东方嘉园小区南门、窑洼湖公园西南角。重建的关王庙毗邻东四环四方桥东北侧，与北京欢乐谷南北相对，中间隔着京哈高速公路。站在关王庙庙门前，可以看到北京欢乐谷院内的游乐设施。关王庙门前为青红砖铺地的健身广场，内设健身器材。庙门口有两棵古树，庙门广场西侧设有简易休息亭，关王庙右侧有欧式长廊。重建后的关王庙，只有原址的十分之一。庙内的木梁、石头台阶等建筑材料，都是从老庙迁来的。最难能可贵的是，老庙的壁画经科学方法揭取和清洗后，也被移了过来。

如今的关王庙殿内有三尊铜像，关羽坐像于正中，关平、周仓位于左右。大殿两侧便是迁移过来并经过修复后的壁画。壁画为康熙年间绘制，主要围绕《三国演义》中与关羽有关的"桃园结义""温酒斩华雄""千里走单骑"等故事展开，生动地再现了关公一生的功绩。壁画线条流畅，画面景物井然有序，尽管经历了几百年的侵蚀和人为破坏，仍然清晰生动。

（二）西直河双龙寺

位于北京市朝阳区十八里店乡西直河村西（西直河小学内），始建于清康熙三年（1664）。现仅存西配殿，面阔三间，进深两间，硬山式建筑，南北山墙残存壁画，是佛、道、关公合一供奉的民间庙宇，满足民众不同的信仰需求。寺门前曾有一影壁，上面刻有两条龙，书写"亘古不变"四个字，寺门上方刻有"双龙寺"三个字。寺内有石碑（石碑内容不详）、古松，据说以前香火很旺。

新中国成立以后，双龙寺由西直河小学使用至今。学校于20世纪七八十年代对大部分殿宇进行改建。主殿、东配殿、山门均失，现仅存西配殿。

西配殿面阔三间，硬山式建筑，除保留古建主体外，大脊、侧脊均被改造，室内现代化装修。2013 年，朝阳区文化委员会对该寺进行了修缮。

（三）万子营清真寺

万子营清真寺位于北京市朝阳区黑庄户乡万子营村，始建于清乾隆年间。1986 年作为北京市朝阳区文物保护单位。该寺坐西朝东，山门硬山筒瓦；礼拜大殿面阔三间，进深四间，一卷两殿式，后起六角攒尖亭，硬山挑大脊筒瓦屋面；北配房面阔三间，进深一间，东西耳房各两间，小式合瓦屋面。院中东南角有古井一眼。

清真古寺饱经历史沧桑，大殿及配套设施"文革"期间受到破坏，近年来先后进行了大规模修建和重建。修整后的清真古寺设施齐全，环境幽雅、清新、自然、古朴、典雅，是当地穆斯林做祷告、礼拜和举行宗教仪式的主要场所。

清真古寺建筑古朴大气，正门由绿色琉璃瓦中门，南北两侧金黄琉璃瓦侧门组成，门额上书"清真古寺"。走进院里，举目便是供男信众礼拜用的男大殿，殿前设立礼拜时刻表，北侧分别有办公室，小侧房和北讲堂。南侧设有水房，是供信教群众清洁和沐浴的场所，礼拜前必须进行小净、大净，里面设施齐备，整洁干净。接下来是供女信众礼拜用的女大殿。男大殿的后面分别有停尸房和伙房。抬头便能看到宣礼塔，是礼拜寺内的重要建筑，为一座高耸的小楼，供登高召唤教徒前来做礼拜之用。

万子营清真寺现由郭延彬和刘勇两位阿訇主持教务，由清真寺民族管理委员会统筹管理。每周五是万子营清真寺的聚礼日，接待穆斯林 60 人左右，每年举办大开斋节、小开斋节（古尔邦）和圣纪节，接待穆斯林达 500 ~ 600人。大开斋节、小开斋节和圣纪节是伊斯兰教的重大节日。

三　萧太后河流域的红色抗战文化遗存

（一）四九一电台旧址

位于豆各庄乡东北角，始建于 1918 年，1923 年竣工。是中国最早的长距离无线电通信台。

1918 年 2 月 21 日，段祺瑞政府海军部与日本三井物产株式会社（又称

图 6-7 四九一电台

资料来源：《北京市朝阳区豆各庄乡志》编纂委员会编《北京市朝阳区豆各庄乡志》，
中国时代经济出版社，2016，第 30 页。

三井洋行）签订协议，确定建造双桥电台（四九一电台前称），日本三井物
产株式会社为承揽人，以承揽人名义向日本银行借款 536267 英镑（合时华
币 800 余万元），作为建设无线电台之用。1920 年 4 月动工，1923 年 7 月竣
工。当时，电台建有 198 米高钢造铁塔 6 座，德式建筑风格二层小楼 6 座及
其他住所、俱乐部、公子房和马路等。总占地 200 英亩。电台建成后，日本
以种种借口拒绝验交，霸占电台。抗战时期，日本侵略当局将其更名为
"北平广播电台第一播送台"。日方规定，华人技术人员不得单独进机房，
值班时只许巡机、抄表。发生故障时，华人必须退出机房，不许看机器线
路图，勤杂工不许住在电台院里，干活稍有不慎或日方不如意时，就遭辱
骂或毒打，日方为提防华人的不满，雇用白俄人，增派日本宪兵特务严密
监视华人和周围百姓，稍有可疑就抓到警卫室严刑拷打。

　　抗战时期，日本出于加强侵华舆论的需要，于 1938 年 8 月 28 日召开内
阁会议，决定投资安装 100 千瓦中波机和 10 千瓦电波机，将双桥电台扩建

为大电力广播电台（中波）。每天分两次共 15.5 小时用华语广播，并收转东京日语节目，对华进行文化思想侵略。

1945 年 8 月中旬，日本无条件投降后，国民政府派要员接收双桥电台。此后，国民党政府发动内战，无暇顾及广播事业，直至 1948 年，双桥中短波发射基地一直处于房屋破败、技术人员逃离、发射设备废弃的状态。

1948 年 12 月 15 日深夜，中国人民解放军进驻双桥电台。1949 年 3 月 8 日，双桥电台经过修复，开始了人民广播事业的崭新历程。9 月 27 日，北平新华广播电台改称北京新华广播电台，双桥电台为中心发射台。1950 年前后称为"中央广播事业局四九三台"，1955 年 6 月 6 日改称"中央广播事业局九四二台"，1965 年 1 月 1 日改称"中央广播事业局四九一台"。现为国家广播电影电视总局四九一台。

新中国成立前后，四九一电台在国共谈判、人民解放军横渡长江、解放南京、新政协会议召开、新中国成立和社会主义建设等重大事件中，发挥了重要的宣传作用。1949 年 10 月 1 日开国大典，正是通过四九一电台把毛泽东主席"中华人民共和国中央人民政府成立了"的庄严宣言传遍全球。此后，国家对四九一电台进行十几次改扩建。电台发射区近 20 平方公里，担负着国家无线局 1/4 强的播出任务。播出节目有中央人民广播电台、国际广播电台的 6 套节目和实验任务，覆盖东北、西北、华北、闽南和东欧地区，先后播出 25 个语种，堪称中国第一大无线电台。

2001 年，四九一电台被定为北京市重点文物保护单位。2013 年 3 月，四九一电台北欧式建筑群被国务院批准为第七批全国重点文物保护单位。2018 年 1 月入选"中国工业遗产保护名录"。电台现存北欧乡村别墅式建筑五座、发射机房一座、马厩一座以及二层起脊砖结构楼房一座。另有发射机房，现称播送楼，坐东朝西，建筑面积 2767 平方米，砖混结构，坡屋顶。西立面为机房山面，山面为三层楼，上置塔楼。

（二）双桥革命烈士墓

双桥革命烈士墓原址位于北京市朝阳区黑庄户乡双树村。[①] 2011 年 3

---

① 北京市朝阳区文化委员会编《朝阳文物志》，文物出版社，2014，第 124 页。

月，经北京市民政局和朝阳区人民政府批准，迁移到北京市朝阳区黑庄户乡大鲁店长青园骨灰林基地。1948 年冬，中国人民解放军某部在围困北平城时，与国民党军队在双桥地区发生激烈战斗，29 名战士牺牲。1954 年 12 月，通县人民政府在烈士牺牲地双桥农场立碑。1989 年新修建革命烈士墓，并修建烈士陵园。杨成武将军题写"北京市双桥革命烈士陵园"牌匾。1999 年增建影壁式陵园简介，上书"一九四八年冬，我人民解放军解放北京之际，曾有二十九名勇士壮烈牺牲于京郊某地，当经原属部队成敛安葬于此。为悼念人民烈士永垂不朽，特立碑铭以示纪念"。

图 6 - 8　双桥革命烈士墓

资料来源：北京市朝阳区文化委员会编《朝阳文物志》，文物出版社，2014，第 124 页。

四　萧太后河流域的现代工业文化遗存——北京炼焦化学厂

北京炼焦化学厂位于北京市朝阳区堡头街道化工路东口，焦化厂 1 号、2 号焦炉及 1 号煤塔于 2007 年被列入第一批北京优秀近现代建筑保护名录。

该厂兴建于 1958 年，占地 115 公顷，建筑面积 29 万平方米，由储运、炼焦、煤气净化、焦油加工、燃气输配、动力及修造等 8 个分厂 30 多个生产和维修车间组成。

1958 年建厂后，改扩建工程不断。至 1995 年，全厂占地面积约 150 公顷。2001 年划入燃气集团，2006 年，为了顺应首都城市建设尤其是环境保护的要求而停产，主体装置迁至河北唐山，入股唐山佳华煤化工有限公司。

焦化厂 150 万平方米的厂区，除两座 20 世纪 70 年代的办公楼被爆破外，其余工业设施均保存完好，其中包括厂区周围的烟囱、传送带以及蒸馏塔、苯气罐等各类巨型化工设备等，极具老工业厂房特色。此处将要建设的工业文化遗址公园和焦化厂文创区引人注目。在新的城市规划中，垡头将作为信息产业与高科技产业园区的组成部分，彻底完成从工业时代向后工业时代的转型升级。

第四节　21 世纪以来大运河文化带萧太后河流域的现代景观重建

一　北京"十三五"到"十四五"规划实施期间，萧太后河流域水系综合治理成功

2014 年，大运河申遗成功，成为中国第 46 个世界遗产项目，国家对大运河保护开发的重视上升到了前所未有的历史高度，其中改善水环境质量、提升河道景观是最基本的要求。2016 年，中国步入"十三五"规划实施时期。2016 年 7 月，北京市人民政府印发《北京市"十三五"时期水务发展规划》，要求到 2020 年，城乡水环境明显改善，全市污水处理率达到 95%，中心城区和北京城市副中心建成区基本实现污水全处理。2020 年北京城市副中心段河道水质主要指标基本达到地表水 IV 类标准，努力恢复历史漕运河道景观，构建由河道、水体、滨水绿化廊道、滨水空间共同组成的蓝网系统。通过改善流域生态环境、恢复历史水系、提高滨水空间品质，展现北京城市历史与现代魅力的亮丽风景线。

萧太后河作为连接北京中心城区和城市副中心的重要河道，也是北运河水系中最古老的漕运河道。经过朝阳区的持续治理，水环境质量已得到

较大改善，但河流污染依然存在，存在水源单一、水量不足、河道生态系统不完整、河道历史文化内涵缺乏等一系列问题。2016 年，朝阳区成立萧太后河治理工作领导小组，启动萧太后河水系综合治理及滨水绿色文化休闲廊道项目，打响萧太后河全面治理攻坚战。

萧太后河水系综合治理及滨水绿色文化休闲项目，按照"综合性、协调性、自然性和经济性"原则，规划"一廊四区 22 景点"，总面积 5211 亩，比颐和园多 846 亩，形成水面 921 亩，新增绿地 4290 亩；从五环以下实现 3.4 公里河面行船通航，恢复历史风貌。项目建成后，不仅能为城市副中心输送一河清水，还将实现"水清、岸绿、景美、蕴深"的总体目标，为首都新增一处别具特色的园林风景区。

在规划目标实施上，朝阳区从污染治理、腾退疏解、河道治理和景观绿化四个方面入手，对萧太后河流域展开全方位的深入治理与建设。

1. 污染治理

本着"治河先治污"的原则，按照北京市政府治污三年行动计划要求，朝阳区确立了标本兼治、分类治理、疏堵结合及联动共治的治理思路，系统治理萧太后河水系。实现萧太后河的全面还清，为下一步萧太后河景观河道的建设打下了良好的基础。

2. 腾退疏解

萧太后河两岸流域，新中国成立后一直以居住用地和农业用地为主。居住用地，主要分布在西大望路与武基路之间及马家湾北岸。两岸曾经密布"简易房"商铺，无奇不有。污水、垃圾直接往河里倒。为推动萧太后河系综合治理及滨水绿色文化休闲廊道项目的落地，按照两岸功能疏解、人口调控和产业升级目标，朝阳区在萧太后河沿线开展了一系列低端产业疏解腾退工作，拆除各类出租大院 143 处，累计拆除面积 100 多万平方米，疏解流动人口 4.7 万余人，为河道的综合治理与景观提升腾出了空间。其中，占地 71 万平方米的马家湾湿地公园，就是在这次疏解腾退后才得以建成的。

3. 河道治理

在基本完成萧太后河污染治理与腾退疏解的同时，朝阳区紧锣密鼓地展开萧太后河河道清淤、拓宽和加固工程。萧太后河河道治理按照"宜宽则宽、宜弯则弯"的原则，力求恢复河道的天然形态。利用海绵城市的设计理念，把水岸变作"海绵"，促进雨水的就地利用。拓宽的同时，还在河流两侧各建设了 50 米绿带，打造四季常绿、三季有花的多彩水岸。

4. 景观绿化

萧太后河的治理不仅实现了水清、岸绿，还增添了景美蕴深的人文景观。在植物种植方面，萧太后河河道两岸以植物造景为特色，沿岸结合常绿树加入特色风景林，选择低成本维护的宿根花卉布置花岛、花带，创建恢宏大气的古都风貌，打造四季有景、三季有花的多彩水岸，构建水景交融场景。

5. 进一步完善落实"河长制"管理体系，巩固和保持治理成果

"十三五"规划实施以来，萧太后河流域的治理可谓是日新月异，速度令人难以想象。从前期筹划、设计到治理、施工完成仅用了两年左右的时间，就使整个"牛奶河"大变样，实现了"水清、岸绿、景美、蕴深"的治理目标，使千年古运河重换新颜。2017 年 7 月底，萧太后河流域首次迎来了一批特殊的客人——白鹭，白鹭是国家二级保护动物，对水质和周边环境要求非常高，因此又被称为大气和水质状况的监测鸟，白鹭的回归证明萧太后河流域的治理卓有成效。随后，朝阳区还进一步完善落实了"河长制"管理体系，巩固和保持了治理成果。2019 年，朝阳区又启动了萧太后河二期治理工程，全线按照国家 5A 级旅游景区标准全面提升配套设施。

二　21 世纪大运河文化带萧太后河流域新历史人文景观规划建设

大运河是祖先留给我们的宝贵遗产，打造大运河文化带，是党中央、国务院做出的重大决策部署。2019 年 2 月国务院出台《国家大运河文化保护传承利用规划纲要》，从强化文化遗产保护传承、创新保护传承利用机制等方面做出指示，并以专门章节强调，要深入挖掘和丰富大运河文化内涵，充分展现大运河遗存承载的文化，活化大运河流淌伴生的文化，弘扬大运河历史凝练的文化，突出大运河的历史脉络和当代价值。

2019 年 12 月，北京市出台了《北京市大运河文化保护传承利用实施规

划》。2020 年 6 月，朝阳区推进全国文化中心建设领导小组出台《朝阳区大运河文化保护传承利用规划》，指出大运河是贯通中华南北的文化长廊，是联系不同区域的重要经济动脉和生态廊道，传承着中华民族的悠久文明和历史。其中朝阳段是京杭大运河的"入京门户"，是古代漕运的最后一段，是漕运文化、商业文化、宗教文化、传统民俗文化、工业文化等多元文化的荟萃地。提出要统筹考虑大运河朝阳段的目标定位和功能承载，依托通惠河、坝河（亮马河）、萧太后河、温榆河的不同资源禀赋和优势特色，构建"四廊多节点"的空间体系，推动大运河文化创新发展。

萧太后河作为大运河朝阳段四条主河道之一，同时也是朝阳区和北运河水系现存最古老的运河河道，留下了丰富的历史遗存，承载了丰富的历史文脉、文化记忆。《朝阳区大运河文化保护传承利用规划》对萧太后河的规划建设目标是——建设萧太后河人文画廊。依托萧太后河水清、景秀、人文底蕴丰富的特色，进一步提升生态、人文景观建设水平，依托滨河绿道、文化街区、生态公园的合理布局，打造朝阳南部人文画廊。

1. 马家湾湿地公园

2017 年建成的马家湾湿地公园和萧太后展览馆，是萧太后河河道流域治理成功、成果卓著的体现。公园位于朝阳区大鲁店豆各庄南部，是伴随萧太后河综合治理和滨水绿色文化休闲廊道建设而开辟的沿河公园。马家湾湿地公园西起五环外京津高速化工桥，东至通惠干渠，南至京津高速。历史上的马家湾曾是萧太后河漕运的重要水岸码头，在湿地公园建成前，是环境污染严重的低级产业聚集区。为了根治污染，恢复萧太后河历史风貌，提升区域环境，朝阳区委、区政府决定，利用萧太后河治理契机，拆迁腾退非住宅 18 万平方米，拓展河面，增加河道蓄洪能力；按照景观公园建设标准，建成马家湾滨河文化水岸区和蓄洪湿地区。经过近几年的综合整治和景观提升，如今的萧太后河马家湾湿地公园，共有景观面积 71 万平方米，其中萧太后河水面面积 26 万平方米，陆地绿化面积 45 万平方米。

马家湾湿地公园空气清新，环境怡人。沿萧太后河自西向东设置了运河怀古、古都溢彩、马家湾之忆、田园鱼跃四个景区；樱柳映堤、曲桥清州、卧牛问溪、云塔浩森、磨坊话昔等 22 个景观节点分布其间。这些景点以萧太后历史故事传说为轴线，结合整体设计，采用简洁的直线布局，景观与绿地相互穿插。

"点将台"是以萧太后纪念塔为核心的历史文化景点。萧太后纪念塔高高矗立于北岸河边，河面开阔，从河岸的各个角度都能看到它那秀丽挺拔的身影，是马家湾湿地公园的标志性建筑。纪念塔为古币龛形顶，立面是刻有契丹文字的钱币造型；柱身刻有楷书"萧太后河"四个大字；基座是方型大理石基座，四边刻有祥云图案，四边角上雕有龙头鱼身塑像；基座的四面分别刻有《萧太后记》《萧太后河记》《契丹文化》《大辽史》等史载文字，详细记录了萧太后河的历史与传说。

"古河新渡"是马家湾湿地公园新建的滨水码头，位于河道南岸的水湾处，平面呈圆弧形，三层台阶结构。上层为石铺通道，建有斜顶间断式长廊，内设靠背长椅供游人休息。下层为宽敞的弧形木栈道，中心是向水面突出的平台，左右对称地各有两条伸向水面的停船泊道。该景点拉近了人与水的距离，将今人之趣融入古河之境，让古今之意趣在此融合，碰撞出新的情怀与感悟。

滨水码头的东侧为一广场，广场中间的石墩上耸立着两个三角拼接的雕塑。雕塑中空，正面看像两只反向而游的美丽彩色热带鱼，又似一只满帆劲张的船只，在疾风劲吹下行驰。

"磨坊话昔"景点，讲述的是萧太后河沿岸南磨房乡的历史源流。相传南磨房成村时有河北省枣强县杨氏三兄弟在此落户，开磨面作坊，故名磨坊村。后因其位于区域南部，遂更名为南磨房。"磨坊话昔"保留了一副碾子，同时修建了游人休憩场所。

"卧牛问溪"则还原了水牛房的来历和传说，曾经寄托于水牛的治河理想，如今已经梦想成真。重塑的铜牛横卧在萧太后河边，缓缓地向游人讲述着古今变迁和历史的记忆。卧牛四周遍栽芦苇、紫芒等植物，在秋冬时节充满了"蒹葭苍苍，白露为霜"的诗情画意。

2. 萧太后河展览馆

萧太后河展览馆位于马家湾湿地公园内，是一座三层仿古式建筑，总建筑面积 2675.54 平方米，其中展陈面积 1378 平方米。馆内三层主题各不相同，一层是萧太后河专题展，二层是萧太后专题展，三层是辽南京城专题展。整个展览馆以萧太后河为导引，以一条河、一个人、一个时代、一个民族、一座城，串联起萧太后河大运河文化带独一无二的历史文脉和历史记忆。

图 6 – 9　萧太后河展览馆外观

资料来源：北京朝阳区萧太后展览馆。

在萧太后河展览馆中，除了观看展览，还可聆听朝阳区推出的原创歌曲——《萧太后河》，在展览馆中循环播放。这首歌的歌词充满了古意，词曲作者和歌唱家通过它讲述一条运河的千年变迁，歌颂当今的伟大时代。致敬千年前的伟大女性萧太后，同时致敬今天勤劳智慧的朝阳人。

萧太后河展览馆的建成，意味着萧太后河流域历史文脉挖掘梳理、传承发展取得了巨大进展，同时也为水清、岸绿、景美、蕴深的萧太后河流域，增添了一道靓丽的文化风景线，增加了一个承载展示萧太后河流域历史文脉的平台，是创新整合、活化大运河文化带历史文脉的典范。未来，朝阳区将以萧太后河展览馆为核心，打造历史文化景观带，创新讲好大运河文化带的"朝阳故事"。萧太后河这条流淌了千年的古老河道，将在新时代绽放出她独有的魅力。

综上所述，本章挖掘梳理了辽至元明清民国到新中国成立以来，萧太后河流域历史文脉以及各个时期的主要文化类型。

第一，辽到元明清与萧太后河相关的、沿用至今的地名源流和古今变迁历史文脉。萧太后河流域村名地名源流与地名文化。地名是一个地域的地理特征、文化属性与地方历史的重要载体，是大运河文化带历史文脉中非物质文化遗产的组成部分。通过追溯地名源流，可以挖掘再现沉淀在地名中的萧太后河漕运文化遗存，勾连重构已经消失的地名故事和抗灾治水文化。

第二，以明代弘善寺为代表的京郊旅游胜地和胜景——弘善寺皇家庙会和士大夫赏游文化。以十里河老爷庙、南楼梓庄关王庙、西直河双龙寺为代表的萧太后河流域民间宗教信仰和庙会民俗文化。

第三，以十里河码头集镇和官道集市为代表的萧太后河漕运商贸文化传统和左安门关厢文化盛衰。

第四，明清萧太后河流域的墓园宗祠遗存和墓园宗祠文化，以及由民间传说塑造的看坟群体文化形象。

第五，红色抗战文化遗存。

第六，50年代建成的垡头化工工业集聚区与随之形成的工业文明和工业文化。作为现代工业遗存，在21世纪创新整合的后现代科技孵化和科技金融创意产业集聚区文化。

第七，21世纪以来，萧太后河流域持续治理创新建设的绿色生态廊道，和萧太后河流域大运河文化带人文画廊与现代景观建设，是重构并且活化萧太后河流域历史文脉的典范。

第四编
北京温榆河朝阳段河道和
河道流域历史文脉

北京地处华北大平原的西北端，三面环山，仅东南一隅面向平原，西北高东南低。北京地区的水系属海河流域，区域内有永定河、潮白河、北运河、拒马河和泃河五大河流。五大河流均出山川而入大海，出山川时坡陡流急；入平原后则平缓易淤。沿途不断纳入支流形成由东到西五大水系：泃河—蓟运河水系、潮河—白河—潮白河水系、温榆河—北运河水系、永定河水系、白沟—拒马河—大清河水系。温榆河位于北京市东北部，是京杭大运河北段——北运河水系的上源和上游。也是五大水系中，唯一发源于北京境内的河流。温榆河从北向南依次流经昌平、顺义、朝阳、通州四区，在通州北关闸注入北运河。通州北关闸以上河道称温榆河，以下称北运河。温榆河全长47.5公里，流域面积2478平方公里。沿岸地势西北高东南低，依次呈现高地、坡地、滩地、洼地四种地貌。

温榆河朝阳区段北起孙河乡沙子营村，南至金盏乡沙窝村南。经孙河乡、金盏乡北部和东部，流经京顺路、首都机场路，于沙窝村东南出朝阳区区境，进入通州区。温榆河在朝阳区境内长22公里，占温榆河干流总长46%。河道上宽108米，底宽78米，流域面积81.5平方公里，平均水深5米，年平均径流量1571万立方米。

北运河上游的温榆河源头，在昌平军都山麓关沟地区，军都山是燕山山脉的南麓余脉，关沟处于燕山和太行山两大山脉之间。汇聚西山及燕山南麓的诸多小水流，形成东沙河、北沙河、南沙河。三河支流汇合于沙河镇以后称温榆河。汉魏时期，温榆河两岸流域就开渠灌田，利用自然河道进行漕运。元明清三朝，温榆河作为南北大运河北运河水系上游河道，先后疏浚开发双塔河、坝河、通惠河、巩华城沙河—潞水和会清河漕粮运输。元明清六百多年，温榆河一直是京城北部漕运通道。清同治末光绪初，温榆河就已经停漕。民国时期，因温榆河河道长期淤塞，每遇暴雨洪水泛滥，两岸时常洪涝成灾。

新中国成立以来，温榆河河道除大规模建设发展灌溉、防洪功能之外，排污净化成为亟须解决的问题。经过不断整治，温榆河成为北京北部水系的重要组成部分。在中心城区西蓄、东排、南北分洪格局中，具有承上启下的作用。进入21世纪以来，温榆河河道流域在北京市"十二五（2011～

2015）""十三五（2016～2020）""十四五（2021～2025）"规划发展建设实施过程中，在原有的蓄水分洪、排污净化功能外，已经建成北京市东部集休闲游憩、运动骑行、教育观赏体验于一体的温榆河公园绿色生态廊道。

目前已经规划建成的温榆河公园，位于北京市域中部，中心城区东北边缘，处于温榆河、清河两河交汇，昌平、顺义、朝阳三区交界处。是《北京新版城市总体规划》批准实施后，利用城市东北部防洪通道，重点打造的大尺度生态绿色空间。规划区总用地面积约167平方公里，首期总占地面积约为30平方公里。其中昌平约4.8平方公里，顺义约7.5平方公里，朝阳约17.7平方公里。

温榆河公园绿色生态走廊于20世纪90年代开始规划研究，2017年进入概念性规划。根据2020年公布的《北京市温榆河公园控制性详细规划》，温榆河公园依托清河河道和温榆河河道两侧约1.5公里宽的绿地作为载体，以"生态为底"，构建"一心、两带、十片、多点"的整体空间格局。实现清河、温榆河水资源的优化配置和合理利用。建成后的温榆河公园集生态、运动、文化和休闲四大功能于一体，成为可游、可赏、可玩、可学的新兴智慧型绿色生态公园。

从河道走向和流域历史文脉看，温榆河纵贯昌平、顺义、朝阳、通州四区。它向北延伸连接长城文化带，向西与清河交汇连接西山文化带；东北则与辽金古驿道和元大都—上都两都巡幸御道、清朝北京—承德皇家御道并行。东南连接北运河，与大运河文化带一脉相承。今天的温榆河向东南汇入北运河，与新兴的北京城市副中心交会；成为连接长城文化带、大运河文化带和北京城市副中心的京东绿色生态走廊。温榆河公园朝阳示范区一期已于2020年9月1日建成开放，成为充分展示北京温榆河—北运河水系历史文脉和绿色生态环境的"金名片"。

第七章　温榆河—北运河水系漕运开发与兴衰历史文脉

第一节　温榆河河名变迁与温榆河—北运河水系源流

一　温榆河河名变迁

温榆河自古至今，先后被称为灅余水、温余水、湿余水、温榆水、榆水、榆河、温榆河。不同的称谓，代表了不同时代温榆河河道源流变化、不同时代文献记载，以及民间最终约定俗成的称谓。

温榆河古称灅余水，表明它曾经是古灅水的支流。① 古代北京地区，西有永定河（古称灅水，后称桑干河、卢沟河、浑河，清康熙朝始定现名）水系，东有白河（古称沽水）、潮河（古称鲍丘水）——潮白河水系。古称灅余水的温榆河，作为古永定河清河的一段，自主流改道南迁后，由于有关沟水、易荆水等昌平一带泉水支流的汇聚补充，仍保持了一定水体和故河河道，故称灅余水。② 当灅水（古永定河）主流继续南移改道，最终与琉璃河和拒马河（白沟）下游河道汇合后，灅水和灅余水的关系愈加疏远，以至

---

① 吴文涛：《北京水利史》，人民出版社，2013，第 21～22 页。
② 吴文涛：《北京水利史》，人民出版社，2013，第 22 页。

失去了其名称所标示的二水之间古老久远的关联。① 古称灅余水的温榆河，在汉代被写成"温余水"②，三国时期，温余水又被写为"湿余水"。③ 北魏时期郦道元的《水经注》沿用"湿余水"之名，对其源流进行考察。④ 明代顾炎武通过实地踏勘，认为郦道元《水经注》所谓"湿余水"，就是出自关沟的榆河："《水经注》，湿水又东温泉水注之，疑即此也。其水则出自居庸关，为湿余河，至旧县之西而伏。《水经注》云，其水南流出关谓之下口，潜伏十许里，是也。又南复出，亦谓之榆河，今涸。"⑤ "温榆河即昌平之榆河，下流为沙河，入顺义西南界，下至通州入潞河。顺义谓之西河，……《辽史》作温榆河，本《水经》之'湿余河'，以字相似而讹也。"⑥ 从以上记载温榆河河名变迁的文献看，温余水、湿余水虽名称不同，但描述的都是源出军都山居庸关东、东流过军都县城南、古称"灅余水"、后被误写为"湿余水"、辽金元称为"温榆河"的同一条河道。自明清到民国，约定俗成皆称其温榆河，沿用至今。温榆河是北运河的源头和上游。北运河，秦称"沽水"，汉称"潞水"，唐称"潞河"，辽称"白河"，金称"潞水""潞河"，元朝亦称"白河"。明清或称"漕河""运粮河"。清雍正四年（1726）始有北运河之名，沿用至今。

二　温榆河—北运河水系源流与河道脉络

（一）温榆河的正源、重源、别源

1. 温榆河的正源

根据郦道元《水经注》考证，温榆河的源头，分为正源、重源与别源。

---

① 吴文涛：《北京水利史》，人民出版社，2013，第 22 页。

② "上谷郡，军都温余水，东至路，南入沽。"（汉）班固：《汉书》卷二十八下《地理志第八下》，中华书局，1962，第 1623 页。

③ "湿余水出上谷居庸关东，又东流过军都县南，又东流过蓟县北，又北屈东南至狐奴县西，入于沽河。"（汉）桑钦：《水经》，中华书局，1991，第 51 页。

④ "湿余水……其水导源关山，南流历故关下……，其水南流出关，谓之下口，水流潜伏十许里也。……湿余水故渎，东径军都县故城南，又东重源潜发，积而为潭，谓之湿余潭。"（北魏）郦道元：《水经注》卷十四《湿余水》，商务印书馆，1958，第 25 ~ 26 页。

⑤ （明）顾炎武：《昌平山水记》卷上，北京出版社，2018，第 176 ~ 177 页。

⑥ （明）顾炎武：《昌平山水记》卷下，北京出版社，2018，第 182 页。

温榆河正源的源头，出自今北京市军都山关沟诸泉。发源于关沟诸泉之水汇为一流，南流至军都关即居庸关后入下口，称关沟水，是为正源。

2. 温榆河的重源

北京西面太行山脉诸山，古代通称西山。关沟水缘西山东麓南流，至居庸关"南流出关，谓之下口"。"潜伏十许里"又从地中涌出，"重源潜发，积而为潭，名湿余潭"，是谓重源。泉水温热，寒冬不冰。温余水或由此得名。

3. 温榆河的别源

据郦道元《水经注》考证和描述，温榆河的别源，为数甚多。汇聚西山及燕山南麓的诸多泉流，汇为北沙河、南沙河和东沙河源头。这是温榆河水源上最突出的特点，所以古人称温榆河为"百泉水"。南沙河源头有南、北二支。分别源于海淀区西北部山区上方寺、龙泉寺一带。东沙河，源于今延庆区西二道河山区，由上游三条支沟——德胜口沟、锥石口沟、老君堂沟汇聚而成。

（二）温榆河上游三大支流：北沙河、东沙河与南沙河

来自关沟正源、重源和西山、北山别源诸泉之水，是汇聚为温榆河的沙河三大支流，即北沙河、东沙河与南沙河。三大支流于沙河镇汇合后称温榆河。北沙河上源由西山的狻猊峪沟、高崖口沟、柏峪口沟、白羊城沟、兴隆口沟五条大沟合成，流到双塔村村西汇合后称北沙河，也称双塔河。东沙河上源为德胜口沟、锥石口沟、上下口沟、老君堂沟等，在十三陵水库北汇合始称东沙河，从十三陵水库以下南流在沙河镇北汇入北沙河。南沙河源头分南、北二支；北支源自海淀区西北部山区的上方寺、龙泉寺一带，在昌平镇西南附近，合西山诸泉东流为南沙河。北沙河、东沙河、南沙河在沙河镇一并汇入沙河，沙河以下称温榆河。新中国成立后，在北沙河建著名的十三陵水库，南沙河建上庄闸。北、东、南沙河三支汇合处建成沙河水库。

（三）温榆河中游支流河道

由北沙河、东沙河、南沙河组成的沙河，是温榆河中游起点。自昌平沙河水库，沿昌平流经顺义、朝阳两区，直至朝阳区金盏乡沙窝村南，为温榆河中游。

温榆河在东南流向北运河过程中，沿途不断纳入流域内众多河流。如在昌平区东南四十里小汤山镇蔺沟村南,有蔺沟河注入温榆河,而后温榆河由东北折向东南。清朝康熙年间,清廷在蔺沟村建有蔺沟行宫,是清帝从畅春园到热河驻跸避暑的必经之路,现存行宫遗址。温榆河在昌平区北七家镇鲁疃闸出昌平境,进入顺义区后沙峪镇和天竺镇。在后沙峪有龙道河汇入温榆河。温榆河从顺义进入朝阳区,在孙河乡沙子营附近,有清河自西汇入。沙子营村,位于清河与温榆河交汇处,原为滩涂,多沙地。温榆河由沙子营向东南流到后苇沟村,经后苇沟村东南流至金盏乡小店村和金盏村。至皮村后掉头向南,经沙窝村南直下通州区。坝河在沙窝村与温榆河汇合。温榆河与坝河交汇处的河道,明清两朝不断疏浚通漕,堤岸坚固,河床硬实,被沿河百姓称为"铜帮铁底运粮河"。

(四) 温榆河下游——北运河与支流河道

朝阳区金盏乡沙窝村以下至通州北关闸,是温榆河下游,即温榆河通州段。位于通州区西北部,为北运河上游河道。温榆河通州段从通州宋庄镇徐辛庄管头村入通州区境,沿朝阳区与通州区边界,南经宋庄镇徐辛庄、城关镇,至北关闸入北运河。温榆河通州区段全长 14.5 公里,流域面积 25.23 平方公里。在通州区境内有小中河、中坝河、通惠河汇入。

第二节 元明清温榆河—北运河水系河道闸坝
建置与漕运开发历史文脉

温榆河是北京最早开发漕运的河道。因温榆河上源出居庸关关沟,诸流汇聚昌平沙河后名温榆河,东南入潞水,地理位置十分重要。温榆河具有自然河道通漕的条件,略加疏通即可通航。不像燕都周边开挖人工运河,投入巨大。史载今北京地区最早的漕运,是东汉初年上谷郡太守王霸开辟的"温水行漕"。[①] 在温榆河—潞河上、中、下游开发漕运,始自元朝。

从 1214～1215 年蒙古攻金并占领中都城,到忽必烈建立元朝,统治者

---

① (宋)范晔:《后汉书》卷二十《铫期王霸祭遵列传第十·王霸》,中华书局,1965,第737 页。

都非常重视居庸关南、北口一带的关隘枢纽作用，一直派遣重兵驻守。元代实行大都—上都两都巡幸制度，皇帝每年二、三月启程到上都避暑，八、九月返回大都。沿途捺钵驻扎，百官和宿卫军浩浩荡荡随驾，这是元朝最重要的头等大事。两都巡幸往返，皇帝和百官各有专用的东西辇路，居庸关和昌平都是往返大都、上都的咽喉。沿途驻扎宿卫军，需要运送大量军粮。早在元中统元年（1260），元廷就率先在温榆河上游双塔河（也称北沙河），开通从通州潞水运河通往温榆河上游的漕运。明代温榆河上游有皇家陵寝和长城边关，更需要运输大量军粮，故开发巩华城沙河—温榆河—潞河漕运。清朝温榆河漕运则由元明时期的温榆河上游漕运，改由西到会清河，为西山三山五园建设和驻军漕运俸粮。清末漕运停止之前，温榆河中下游至北运河的漕运已经衰落。进入民国时期，温榆河河道因为长年淤堵、洪水频发，水患殃及两岸村落。直至新中国成立后才进行大规模整治。

一　东汉至元朝以前温榆河河道漕运功能开发简述

（一）东汉初年王霸开辟的"温水行漕"

东汉初期，今北京地区属幽州刺史部上谷、渔阳、广阳诸郡管辖，是北方长城一线抵御匈奴、乌桓的边防重地。维护从中原到此地的运输通畅，对粮饷供应和保障兵力至关重要。东汉光武帝刘秀于建武九年（33）委任亲信大将王霸为上谷郡太守，王霸与匈奴、乌桓交战百十回，擅长边防军务。上任第四年，他先是修筑边关飞狐道以固边防，接着提议"从温水漕"，即利用河道开通漕运，为上谷郡（原治所在河北省怀来县）运送军粮。粮草物资沿温水漕运，可以大大减轻陆路运输的辛劳和费用。唐人李贤认为，王霸行漕的"温水"就是"温余水"，也即今天的温榆河。清人纪晓岚认为"温水"应该是"灅水"，即古永定河。当代学者蔡蕃认为，利用温榆河漕运，从燕都平原把粮饷送到燕山之北的上谷郡，只有沿温榆河至昌平出南口居庸关后，再转陆运才能实现。当代学者于德源认为，东汉王霸漕运军粮的"温水"，永定河和温榆河都有可能。[①] 尽管对于"温水"是

---

① 于德源：《北京漕运和仓场》，同心出版社，2004，第18页。

否即温榆河，古今皆有争议；但都认同东汉初王霸"温水行漕"，是北京地区最早利用自然河道进行的漕运。这表明东汉初北京地区的天然河道已具备漕运条件，某些河道漕运已有一定规模，而且比陆路运输省力省钱。① 它为东汉末年曹操开凿平虏渠和泉州渠，实施人工运河漕运，提供了宝贵经验。

（二）北齐王朝利用温榆河流域进行水稻种植和漕运开发

北朝北齐时期，占据北方的北齐王朝以邺城（今河北临漳县境内）为都，其统治的黄河以南今山东、河南地区，是农业发达的富庶之地。其治下的今北京温榆河流域一带，是北朝北部边境，相对比较贫瘠；需要从中原长途跋涉运送粮食到此。北齐王朝曾经在苇沟村附近修建土长城，以御外敌。② 皇建中（560～561年），北齐王朝下令在苇沟长城内开垦营田，"岁收稻粟数十万石，北境得以周赡……自是稍止转输之劳"③。河清三年（564）斛律羡任幽州刺史，除了在北方驻军巩固边防外，又引高梁河水入温榆河，兴修水利，灌溉良田，囤积粮草，减少来自中原的粮食。又将陆运改为漕运，节省很多费用。④ 据当代水利专家考证，当年引高梁河入温榆河，主要借助清河支流万泉河。1991年在海淀区双榆树当代商城大厦施工现场，发现一古渠遗址，为认识北齐"导高梁河水北合易京"借助的万泉河渠道路线，提供重要依据。⑤

（三）金朝在温榆河下游疏浚漕渠、开通通州至中都漕运的尝试

金贞元元年（1153），海陵王完颜亮将金朝都城从上京（今黑龙江省哈尔滨市阿城区）南迁至燕京（今北京），称"中都"，开启了北京作为都城的历史。数量庞大的金朝皇室贵族、文武百官及附属百姓快速涌入，中都人口很快超过百万，成为中国北方最大的城市，为了解决京城的粮食及物资供应，金朝利用潞水将河北、山东的粮食水运到潞县。海陵王据此升潞县为通州，取"漕运通济"之义。金代迁都燕京后很长时间，漕运终点一

---

① 吴文涛：《北京水利史》，人民出版社，2013，第33页。
② （明）顾炎武：《昌平山水记》卷下，北京出版社，2018，第183页。
③ （唐）魏徵等：《隋书》卷二十四《志第十九·食货》，中华书局，1973，第677页。
④ （唐）李百药：《北齐书》卷十七《斛律羡列传》，中华书局，1983，第227页。
⑤ 吴文涛：《北京水利史》，人民出版社，2013，第81页。

直是通州。由通州到中都的运输，主要是由陆运完成。因为中都地势高、通州地势低，"自通州而上，地峻而水不留，其势易浅，舟胶不行，故常从事陆挽，人颇艰之"①。金朝曾经多次尝试利用温榆河下游从通州到金中都的漕渠（元代的坝河）通漕运粮，都因漕渠河床坡度太大，难以存留满足行船深度的水量而作罢。

二　元朝温榆河—潞水水系上、中、下游漕运开发与振兴

（一）元初疏浚温榆河上游双塔河漕运粮饷至居庸关和宣化

蒙古军 1215 年占领金中都（今北京），1264 年忽必烈定燕京为中都，1267 年改为大都。燕京从蒙古行省、元中都到作为元大都，地位越来越重要。早在中统元年（1260），蒙古就全面接收原金朝在山东、河南、河北的粮食供奉，借助潞水北运河漕运汇聚通州，再由陆路向中都、上都运送粮食。

双塔河是忽必烈在大都地区最早开发的漕运河道。温榆河上游的昌平是燕京北部交通要冲，居庸关更是历代兵家必争之地。早在 1214～1215 年蒙古攻打金中都时，居庸关作为金中都的北大门，既是金朝倚峙的天险，也是蒙古军屡出奇兵攻打的关隘。所以从大蒙古国时期的成吉思汗、拖雷监国，到在汉地建立元朝的忽必烈，都非常重视居庸关一带关隘的攻防驻守。蒙古占领金中都后，1215 年，曾经两度辅佐父兄征伐金朝的拖雷监国在居庸关屯军驻守，建千户所。三十年后，拖雷的儿子忽必烈，于 1260 年在开平建都（今内蒙古锡林郭勒正蓝旗，忽必烈的封地金莲川，后立为上都），登大汗帝位，建元中统。当年年底，忽必烈在与其弟阿里不哥的争位战争中取得决定性胜利。此后忽必烈分蒙古军为二部，一部出居庸关口，驻守宣德路德兴府（今河北省张家口市）；一部出古北口，驻守兴州（今河北省承德市）。专门派遣大将到燕京城筹措驻军粮饷。② 因为从通州陆路运

---

① （元）脱脱等：《金史》卷二十七《志第八·河渠·漕渠》，中华书局，1975，第 682～683 页。

② 中统二年（1261）冬十月壬子，"诏霍木海、乞带等自得胜口至中都，预备粮饷刍粟。"（明）宋濂等：《元史》卷四《世祖本纪》，中华书局，1983，第 76 页。

输粮食到北部山区十分艰难，又特派得力干将都元帅阿海，开通通州到温榆河上游双塔河的漕运，以解决居庸关、古北口外驻军粮饷供应问题。《元史》记载：至元元年（1264）二月壬子，"发北京都元帅阿海所领军疏双塔漕渠"①。双塔河，北接关沟水，东接温榆河。漕船自通州入温榆河，朝东北向西，逆水行舟。经沙河镇北的丰善村，朝西入双塔河。过双塔村后，北入关沟可至南口或居庸关下。漕粮由此上岸转陆运，送达驻守居庸关和宣化古北口的军队。这比从通州直接陆运省钱省力。

双塔村在今北沙河南侧，丰善村在今沙河镇北，村名从元明清沿用至今。双塔村东南，北沙河两岸有东闸村、西闸村，应该是元代双塔河漕运闸坝遗迹。当时因通漕修建东、西节水闸而得名，元代以后，双塔河漕运停止，闸名被闸口附近的村落沿用被保留下来。②

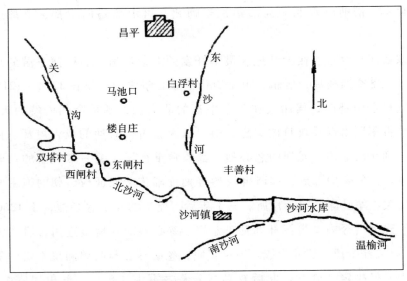

图 7 - 1　双塔河位置示意图

资料来源：蔡蕃著：《北京古运河与城市供水研究》，北京出版社，1987，第51页。

双塔河漕运开通后，元廷设专职巡河闸官管理。至元三年（1266）四月，为了防止洪水泛滥成灾，巡河闸官报告：双塔河夏季洪水泛溢，如果

---

① （明）宋濂等：《元史》卷五《世祖本纪》，中华书局，1983，第96页。

② 蔡蕃著：《北京古运河与城市供水研究》，北京出版社，1987，第50页。

不早做修筑准备，恐怕闸坝溃决的时候就措手不及了。负责管理的都水监也认为"创开双塔河，未及坚久，今已及水涨之时，倘或决坏，走泄水势，误运船不便"①。报告立即得到朝廷批准，责令有关部门供应物料修治。

双塔河漕运使用到什么时间停止，史书未见记载。据水利专家考证，很可能只通漕到至元三十年（1293），②使用将近三十年。因都水监郭守敬于至元二十九年（1292）开凿通惠河上源白浮泉时，将西山和燕山沿山麓泉水，包括双塔河的源头"孟村一亩泉"，全部截流入白浮瓮山河，为开通通惠河济漕开源，致使处于温榆河上源的双塔河水量受到严重影响。据《元史》记载：至元三十年九月，"知榆河上源筑闭，其水尽趋通惠河，……泉脉微，不能胜舟"③。估计双塔河漕运因此停止。

（二）元朝温榆河中游—坝河漕运兴衰历史

元朝在通惠河开通之前，曾经借鉴金朝的经验，导引高梁河水由西至东，从积水潭经大都北侧今德胜门一带，至通州深沟村入温榆河通潞水，疏浚金朝旧漕渠入温榆河下游，将漕粮自通州潞水经温榆河—坝河运入光熙门京仓。

坝河得名于元代，它在金代被称为"漕渠"或"漕河"。这条历史久远、作为古灅水（今永定河）高梁河支流的人工引河，为三国时期曹魏镇北将军刘靖所开凿。从古灅水沿车箱渠，自蓟城西北向东到达渔阳郡潞县（今北京通州一带）的水道，成为北京地区重要的灌渠和漕渠。历代曾多次修治利用，如北齐天统元年（565）幽州刺史斛律羡就曾经导高梁水北合易京水（今温榆河），东汇于通州潞水（今北运河），用来灌溉温榆河流域的农田。用来开通漕运，节省很多费用，朝廷和百姓都得便利。元朝中统三年（1262）八月，为解决通州到中都最后四十里的陆运困难，郭守敬在元上都向忽必烈"陈水利六事"，第一件就是引玉泉水济坝河漕运的计划："中都旧漕河东至通州，引玉泉水以通舟，岁可省雇车钱六万缗。"④郭守敬

---

① （明）宋濂等：《元史》卷六十四《河渠志》，中华书局，1983，第1592页。
② 蔡蕃：《北京古运河与城市供水研究》，北京出版社，1987，第50页。
③ （明）宋濂等：《元史》卷六十四《河渠志》，中华书局，1983，第1592~1593页。
④ （明）宋濂等：《元史》卷一百六十四《郭守敬列传》，中华书局，1983，第3845~3846页。

分两个阶段整治坝河漕运。第一阶段，于中统三年引玉泉水入旧漕河以增加水量和运力。玉泉水向东引入积水潭，再从潭北侧导出，自西向东接通州境内的温榆河，由温榆河再汇流潞河，大大提高了金朝旧漕河的运力。元初十多年，在通惠河开通前，主要靠坝河漕运运粮入京仓。元大都建成后，由于玉泉水被引入大内专供皇宫使用，坝河失去了稳定丰沛的水源，河道再次淤堵严重。至元十六年（1279）为解决坝河淤堵问题，郭守敬在旧漕河中修筑七座闸坝，分层筑坝蓄水，逆流而上。通过逐坝升高水差，采用阶梯式分段行船，每年将180万石漕粮从海拔18米的通州，运到海拔39米的元大都光熙门京仓。克服通州至大都城河道落差大、逆水行舟的难题，金朝旧漕渠也因"阜通七坝"得名坝河，成为开凿通惠河以前，通州至大都重要的漕运通道。漕运船自深沟（坝）起，抵达元大都千斯仓，可朝发夕至。从通州至大都，七座闸坝依次为深沟坝、王村坝、郑村坝、西阳坝、郭村坝、常庆坝、千斯坝。深沟坝位于坝河最东端与温榆河下游交汇处，是坝河东部第一座闸坝。郭守敬在此筑坝置闸，引温榆河水到深沟坝以通漕舟。元至元二十九年至三十年（1292～1293）通惠河开通后，作为坝河源头的玉泉水因分流到通惠河而水源不足，坝河又开始反复淤堵。坝河漕运逐渐衰落。

（三）元朝郭守敬导温榆河源开通惠河上源，入积水潭直通温榆河下游抵通州北运河

随着元大都建成，朝廷供给全部仰仗江南。漕运成为国家重中之重。元初忽必烈下令裁弯取直、疏通京杭大运河，保障南粮北运。但通州至大都城的最后四十多里，依然只能靠陆运。先是疏浚坝河通漕，因水源不足、隔坝倒搬费力费钱，而且运力远未达到京城粮饷所需数量。加之陆路运输十分废钱费力，若遇"方秋雨淋，驴畜死者不可胜计"。开通新漕河迫在眉睫，而关键仍然是水源问题。时任都水监的郭守敬经过详细踏勘测量，发现温榆河上游，也即北沙河、南沙河及清河上源的白浮山泉众泉流布，最后汇入温榆河。遂提出从温榆河上源引诸泉水作为通惠河水源的济漕计划。郭守敬从温榆河上源开辟的新水源，沿途吸纳双塔、榆河、一亩、玉泉诸水入瓮山泊。集聚丰富的水量，借助白浮瓮山引水渠向西南折，巧妙地绕过横亘于白浮泉与大都之间的沙河、清河等低洼沙地，将充沛的水量汇入积水潭，东至通州温榆河下游入潞水北运河。并创造性地以沿途二十四闸斗门互为提阀，以过舟止水，浮航运粮。创造了通惠河从温榆河上源导水开源，向西南绕一个大弯汇流积水潭，再入通州温榆河下游北运河通漕的水利工程奇迹。

三 明代温榆河上游巩华城沙河—温榆河—潞河漕运开发

明洪武元年（1368）正月，朱元璋在金陵应天府（今南京）即帝位，国号大明，年号洪武。同年秋八月明军攻占大都，元顺帝仓皇逃离大都，元朝被明朝取代。燕王朱棣封藩此地，改大都为北平藩王府。元亡后，退居草原的北元仍保有相当军事实力，不断骚扰大明北部边境，辽东地区战事频繁。明朝在北平、辽东一带屯驻重兵，筑城池修长城以抵御边患。永乐元年（1403）明成祖朱棣夺得帝位，改北平为顺天府，与南京应天府对应。永乐四年（1406）朱棣下诏兴建紫禁城。永乐七年（1409）五月开始在昌平天寿山建造长陵。此后，明代历朝皇帝皆葬于此，昌平因此成为北部边防和皇陵驻军防卫重地。最初，守陵军队前往北京粮仓直接支取俸粮，陆路往返，劳顿不堪。驻守长城沿线的居庸关、古北口等卫所官军所需粮饷，也要到京城支取，往返陆路转运，"甚为繁苦，且多弊病"。嘉靖十九年（1540），明廷在昌平沙河店之东建巩华城，开通漕运，修筑巩华城奠靖仓储备漕粮，才将军饷陆运改为漕运，疏浚温榆河上游沙河到潞河的河道。

顾炎武《昌平山水记》记载，万寿山长陵和诸陵建设时期，永乐皇帝及诸帝，均车驾北征往上陵拜谒，多驻沙河。沙河原建有皇帝行宫，后被洪水冲毁。嘉靖十七年（1538）五月，嘉靖皇帝再次在沙河店东建行宫。嘉靖十九年正月建成，名巩华城。① 嘉靖二十八年（1549），巩华城改为物资守备分所，有营房五百间。分守公署奠靖所管辖的奠靖仓，是北部最大的军饷漕粮仓储，主要供应守陵军队及居庸关等边关驻军的粮饷。为了把漕粮从通州运抵北部边境沿线，明廷先后开辟了潮河川、蓟州河、昌平河

---

① （明）顾炎武：《昌平山水记》卷上，北京出版社，2018，第162页。

等漕运支线。《明史》记载："西北若昌平,皆尝有河通,转漕饷军。"① 这应该是指这个时期开通了从通州到昌平巩华城安济桥下的沙河—温榆河—潞河漕运河道,专门漕运军队粮饷。《明神宗实录》记载:隆庆六年(1572)十月,"户部奏请开浚榆河,自巩华城(今沙河镇)达于通州渡口"②。这次对巩华城沙河—温榆河—潞河漕运河道进行了大规模整治,"发军卒三千人治之,不数月河成"。此次整治的河道,从巩华城外沙河安济桥开始,至通州渡口疏通的漕运河道,长140里,沿途河道水深必须整治到符合漕船通行的标准。开通漕运后,由通州运来的漕粮可直接入巩华城奠靖仓收纳,然后再转运皇陵驻军或居庸关驻军。竣工后的沙河—温榆河—潞河漕运,每年可运送二十万石漕粮,供给昌平一线和长城内外驻军。

沙河—温榆河—潞河漕运开通后,有专职官员负责河道和漕粮运输管理。据《万历通粮厅志》记载,万历元年(1573),首任管河官员上任后马上疏通昌平、密云二镇运河。从万历二年(1574)开始,合并两镇军务,统设户部主事一员,驻扎通州,专门负责每年从通州到巩华城运输漕粮的事务,包括河道疏浚维护。因沙河含沙量大,淤浅甚多,需反复加以疏浚,漕船才可以通行无阻。据记载,明万历六年(1578)元廷再次浚通河道,保证漕船从通州入沙河,直抵巩华城安济桥下。后来明廷规定,沙河须在每年春初水浅时疏浚。沙河—温榆河—潞河漕运,在河道水量充沛时,除官府专用漕船外,普通商船也可沿温榆河直驶到巩华城外安济桥下。据明人蒋一葵《长安客话》记载:"沙河东注与潞河合。每雨集水泛,商船往往从潞河直抵安济桥下贸易,土人(百姓)便之。"③

四 清代温榆河—北运河水系沙子营—会清河漕运兴衰历史文脉

明朝灭亡,清兵入关后,仍以北京为都城。清王朝来自关外,入主北京,则将关外关内统合一体。长城一线由边关变为京畿内域。因清代八旗

---

① (清)张廷玉等:《明史》卷八十五《河渠志三·运河上》,中华书局,1974,第2078页。
② (明)张惟贤等纂修《明神宗实录》卷六"隆庆六年十月乙卯","中央研究院"历史语言研究所,1962,第240页。
③ (明)蒋一葵:《长安客话》卷四《郊坰杂记》,北京古籍出版社,1980,第88页。

兵多驻扎在清河镇附近，明代的沙河—温榆河—潞河漕运，也转为清河—温榆河—北运河。

康熙皇帝以文治武功开创"康熙盛世"的同时，在北京西郊修建皇家园林，作为紫禁城之外皇帝处理朝政和居住之地，专门设八旗护军卫戍。雍正即位后又扩建圆明园，于雍正二年（1724）设圆明园护军营八旗。乾隆十年（1745）建香山健锐营八旗，乾隆三十六年（1771）又建蓝靛厂外火器营八旗。以上三营史称"旗外三营"。为了供应八旗卫戍军粮饷，清廷在圆明园附近设置了两座粮仓——本裕仓和丰益仓。本裕仓建于康熙四十六年（1707），设三十仓廒（150 间），位于今清河镇东南仓营村。丰益仓又名安河仓，建于清雍正七年（1729），其遗址在今中央党校北院西侧安河桥附近。丰益仓存储的俸粮，除供应圆明园和旗外三营外，还供应圆明园和万寿山工程匠役人夫所需粮米。为了运米至本裕仓，清廷利用通州北运河—温榆河—会清河漕运运输漕粮。康熙四十六年"开会清河，起水磨闸，历沙子营，至通州石坝止，中建七闸，闸夫一百二十名，运通州米由通流河至本裕仓"[①]。这里描述的就是会清河漕运路线，表明会清河漕运，从水磨闸开始，至清河口转温榆河沙子营，到通州石坝止，其间建七座闸坝，共编闸夫 120 名，将通州漕粮运到清河本裕仓。

清廷对会清河漕运十分重视，一直不断整治河道，尽力维系漕运正常。温榆河含沙量较大，河道易于淤浅。据记载，康熙五十一年（1712）四月内务府奏称，自通州石坝起至沙子营止，共淤浅七十八段，长一千二百九十丈。要求排桩加固，疏浚中流淤堵，以利漕船通行。此次整治温榆河，深挖温榆河下游河道，石砌护岸，因工程质量较高，河底以黏稠密实的红土胶泥封底，堤岸修筑牢固，温榆河长期被称为"铜帮铁底运粮河"，此后百年很少因洪水溃堤。温榆河此次整治之后，朝廷于康熙五十五年（1716）规定，凡疏浚温榆河淤堵所需经费，可由北运河每年修治费用支出。自此温榆河全河岁修有了经费保障，河道得到有效管理。清初从通州运送漕粮到本裕仓多雇用民船，容易出现偷盗漕粮的弊端。康熙五十八年（1719），

---

① 蔡蕃：《北京古运河与城市供水研究》，北京出版社，1987，第 53 页。

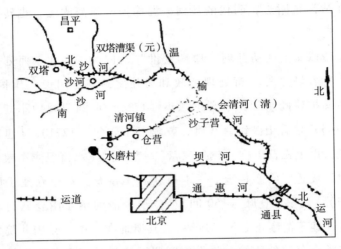

图 7 - 2　温榆河历代通漕路线示意图

资料来源：蔡蕃：《北京古运河与城市供水研究》，北京出版社，1987，第 54 页。

负责仓场事务官员奏请以官船运送漕粮，被朝廷采纳。自此从通州石坝上溯，温榆河到会清河沿岸均设有粮仓。今温榆河朝阳区段金盏村、辛堡村曾建义仓储粮。温榆河沿河有苇沟、孙河、金盏等漕运码头。

会清河—沙子营—温榆河—北运河漕运停止时间，文献无记载。根据本裕仓修治使用时间看，清同治朝后不见修治记录。估计此时会清河漕运已经停止。清末漕运全河停止后，温榆河除了灌溉功能，还作为北京东部重要的排洪河道。北京气候受季风影响显著，降水量时空分布很不均匀，汛期洪涝灾害频发，河道的排洪压力很大。清末以后，温榆河河道因为长期疏于维护，于光绪年间河道淤塞，河槽弯曲窄浅，每遇暴雨必决口泛滥，洪涝成灾。

五　民国时期温榆河—北运河水系河道变化与功能变迁

清末以前，北运河上游水源有三支，西支温榆河，古称温榆水；中支白河，古称沽水；东支潮河，古称鲍丘水。潮河、白河在密云区城区西南合流后称潮白河，至通州区城北注入温榆河，成为漕运主河道。元明称潞水、运粮河，清朝称北运河。1912 年，潮白河大水，在原顺义县李遂镇决口，南流箭杆河后汇入蓟运河。北运河由此失去主要水源，蓟运河则因河道狭窄，无力承受突如其来的巨大水量，不断发生洪灾。1925 年建顺义苏庄节制闸和泄洪闸，开挖平家疃引河，引潮白河部分水量入北运河。依然无法解决水患。1939 年，连降暴雨，温榆河两岸一片汪洋。

新中国成立后，为解除蓟运河水患，1950 年开挖潮白新河，兴建密云和怀柔水库，控制潮白河源头山区洪水。密云水库分两股进入潮白河水系，一股经天津入海；一股经京密引水渠和怀柔水库流入北京市区，是北京重要饮用水水源之一。从此潮白河与北运河各自分流，北运河上游只剩温榆河一支。

自清代以来，温榆河、小中河、坝河、通惠河分别汇入北运河河口。新中国成立后，为治理水患，在四河交汇处修建北关分洪枢纽工程。后来又修建拦洪闸和分洪闸，开挖运潮减河。2007 年对北关分洪枢纽进行改建，在旧闸下游修建新闸，新老闸之间形成源水岛。2009 年，又将通惠河和运潮减河打通，五河由此交汇一体，形成一片 750 亩的水面，源水岛镶嵌中央。2015 年 6 月 13 日，此处被确立为京杭大运河北起点。五河交汇处，立有"京杭大运河北起点"石碑作为标示。

第三节　新中国成立以来温榆河河道整治与河道流域功能变迁

温榆河河道和河道流域整治，从新中国成立以来，可分为三个阶段。

一　第一阶段：1949～1978 年聚焦温榆河流域农田水利建设——大规模建设灌区干渠和蓄排水水库工程

（一）大规模建设温榆河灌区干渠，促进农业生产发展

温榆河流域地势低平、土壤肥沃、水源充沛；农耕历史悠久，拥有发展农业得天独厚的自然条件。但元明清各代对温榆河功能的开发主要聚焦在漕运功能上，农田水利建设发展缓慢，导致温榆河流域的农业生产水平极低。1949 年新中国成立初期，该地区的粮食平均亩产只有 76.6 公斤。新

中国成立后，提升温榆河的灌溉功能，加强农田水利建设，提高温榆河流域农业生产水平，成为政府的重要战略目标。

20 世纪 50 年代末，为解决温榆河低洼易涝问题，国家多次全面系统地改造疏浚温榆河，疏挖河道 50 千米，筑堤总长 66 千米。朝阳区于 1955 年开始在温榆河流域进行大规模的灌区建设。灌区是指有可靠水源和引、输、配水渠道和相应排水沟道的区域灌溉系统。温榆河灌区是三级扬水灌区，通过修建引水渠道系统和扬水站，抽取温榆河水灌溉孙河、南泉、康营、黑桥、金盏和东坝等 2 万余亩农田。温榆河灌区建成后，大大提高了温榆河水的灌溉效率、扩大了灌溉面积，提高农业生产对旱灾的抵御能力，促进温榆河流域农业经济的恢复和发展，为朝阳区农业和经济发展，做出巨大贡献。

（二） 大力建设温榆河上、中、下游蓄排水闸坝和水库水利工程

清末民国时期，漕运停止后，温榆河除了灌溉功能，还是北京东部重要的排洪河道。北京地区气候受季风影响显著，降水量在时空分布上很不均匀，汛期洪涝灾害频发，河道的排洪压力很大。新中国成立后，为了减轻温榆河上、下游洪水宣泄压力，1957～1960 年，国家先后在温榆河上游修建了十三陵水库这座大型水库，和王家园水库、桃峪口水库等七座中小型水库，控制山区汇水面积 409 平方公里。1960 年，在温榆河上游建成上庄闸和沙河闸。1963 年，在通州下游北关闸前修建了分洪闸和运潮减河，为排泄温榆河洪水创造了有利条件。1970～1972 年，结合河道治理，又修建了曹碾、鲁疃、辛堡和金盏（苇沟）4 座拦河闸。1970 年至 1972 年，对温榆河河道分两次进行疏浚整治，拓宽加深河道，增修几十处涵闸工程。大大提高了两岸农田的排涝配套标准，减轻了洪水对沿河 40 余座村庄、5 万余人口的威胁，保障了人民的生命财产安全。建闸后拦蓄的基流水，可灌溉 20 余万亩农田。

二 第二阶段：1979～2015 年温榆河流域污水治理和绿色生态水系重建

20 世纪 80 年代，北京进入改革开放新时期。随着温榆河流域工业快速

发展和人口急剧增长，大量的生活污水和工业废水注入河道，使得温榆河河道水体面临前所未有的严重污染，流域生态环境严重恶化。

（一）改革开放三十年温榆河朝阳段河道污染情况

改革开放以来，随着经济的高速发展，大量流动人口进入北京，温榆河两岸人口激增。在经济开发过程中，除原有国有企业之外，沿岸各乡镇村落也争先恐后建立工厂。如孙河乡上辛堡村，20世纪90年代就先后建立福利塑料厂和元件厂等大大小小十多个厂。温榆河上、中游和各支流沿岸厂房密布，如清河沿岸有清河毛纺厂，南沙河流域有北京轮胎厂、食品厂等。这些工厂年排污水量200万～300万立方米，每年排入河道的悬浮物达200多吨。北沙河流域有南口机车车辆厂、北京保温瓶厂、沙河毛纺织厂等七个排污大厂，年排放污水量1000万立方米。

进入21世纪，温榆河流域人口和企业逐年剧增，大量的生活污水、工业废水被排入河道，使得温榆河河道水体严重污染，流域生态环境严重恶化。据2005年监测，每日约有60万立方米未经处理的污水排入温榆河。到2007年，温榆河干流和支流主要入河污水口共计230个，日入河污水总量达到了128.2万立方米，大部分来自温榆河流域沿岸新建的居民小区、别墅、学校、餐饮企业、养殖企业和部分低端小型工业企业。昔日一脉清流的温榆河成了一条行人避之不及的臭水沟。流域内所有河流的水质均低于国家地表水Ⅴ类标准，流域水环境恶化，已经制约了本地区社会经济的可持续发展。

（二）规划实施《温榆河绿色生态走廊规划》，治河与治污同步，关停并转与生态重建并行

为了治理温榆河流域水污染，改善人居环境，促进区域可持续发展，2001年10月，北京市委、市政府领导考察了温榆河水域的流量、水质和污染情况，由市规划委组织，市规划院、市水利局等部门共同编制建设规划。2002年6月，市政府专题会议审议通过《温榆河绿色生态走廊规划》，计划对温榆河进行系统的污水治理和水系整治工作。

在《温榆河绿色生态走廊规划》中，温榆河水系整治及污水治理规划目标，包括全流域范围。沿线用地规划为：昌平沙河水库至通州北关闸段

河道两侧各约 1.5 公里宽度，规划区总用地面积约 167 平方公里。在规划目标指导和实施过程中，朝阳区停产搬迁了一批重污染企业，关停温榆河沿岸砂石料场，在温榆河上游建设了几十座污水处理厂。并在温榆河两岸开展大规模绿化工作，以修复生态、净化水系，使温榆河生态恶化、环境污染的状况得到很大改善。

在污水集中处理方面，温榆河流域规划建设 33 个污水处理厂，日处理能力 166 万吨；到 2007 年，已建成 6 座污水处理厂。例如，于 2002 年建成并投入使用的清河污水处理厂的处理能力在全流域 15 座污水处理厂中名列前茅，日污水处理能力达 20 万吨。多座污水处理厂建成截污管线配套系统，大大改善了温榆河和清河的水质情况。

在修复河道生态系统方面，在全力建设绿色生态走廊的目标下，尽力保持天然河道风光，按照植物自然共生的规律，在温榆河河道的浅滩、河湾及河两岸，种植芦苇、荷花等多种水生植物 6 万平方米；它们既美化了环境，又可吸收水中的氮、磷等有机物，达到净化水质的目的。同时在长条形的温榆河河道滩地上，政府与民营企业合作建设生态公园和体育场地，共计 22.5 千米。温榆河绿色廊道绿化面积共达 100 多万平方米，按花园建设标准种植 38 万平方米绿草和各种景观树木，大大改善温榆河流域季节性河流、河滩、河畔生态环境。经过十多年的建设和治理，至 2014 年，温榆河的污染治理取得显著成效。流域内的排污总量大幅减少，两岸生态条件整体向好。

三 "十三五（2016～2020）"和"十四五（2021～2025）"规划实施期间，温榆河公园绿色生态廊道全面实施与朝阳段示范区建成展示

从 2016 年开始，我国正式步入第十三个五年规划时期。"十三五"时期是全面建成小康社会、建设生态文明和美丽中国的重要时期，是北京深入贯彻落实习近平生态文明思想，朝着建设国际一流和谐宜居之都战略目标迈进的关键时期。温榆河河道流域在北京市"十三五""十四五"规划战略目标实施过程中，除蓄水分洪、排污净化外，已建成北京市休闲游憩、

运动骑行、教育观赏体验等多元功能合一的温榆河公园绿色生态廊道。

（一）生态文明建设背景下北京温榆河公园的规划目标与建设

1. 北京温榆河公园绿色生态廊道的战略地位与规划实施

在"十三五（2016~2020）"和"十四五（2021~2025）"规划实施期间，北京市对温榆河治理和功能创新提出了新目标和新要求。在改善水环境、大规模绿化、进一步建设温榆河绿色生态走廊的基础上，提出在生态文明和大运河文化带建设背景下，以更高的标准建设温榆河公园绿色生态廊道。

作为朝阳区城乡生态系统建设重大项目，温榆河公园已被列入《北京城市总体规划（2016~2035）》，成为首都生态环境建设的重点工程。在加强水生态保护与修复的同时，打造"一纵四横，河网交织，湖泊湿地星罗棋布"的蓝网系统，其中"一纵"即指温榆河。建设自然优美的温榆河"一纵"绿色生态带，是温榆河公园绿色生态廊道建设的更高目标。

温榆河公园位于北京中心城区东北边缘，朝阳、顺义、昌平三区交界地区，温榆河、清河两河交汇之处，城市副中心上游。处于北京第二道绿化隔离带内，是重要的防洪通道和生态走廊。从水系分布看，温榆河公园依托北运河水系温榆河河道和清河河道，在中心城西蓄、东排、南北分洪格局中，具有承上启下的作用。从生态格局看，温榆河上游向西主要河道为南沙河、北沙河、东沙河，清河上游向西为三山五园地区，两条主要河道延伸至西山，与西部永定河，南部凉水河，东部通惠河、北运河，共同建构环中心城区三环水系绕京城的绿色生态圈，是北京市域大山大水生态格局的重要构成。温榆河公园首期规划范围约30平方公里，其中朝阳约17.7平方公里、顺义约7.5平方公里、昌平约4.8平方公里。用地范围西起北苑东路，东至温榆河东岸绿地，北达机场北线高速公路，南至京包线、来广营北路、机场南线高速公路、孙河组团边界和京密路。

温榆河公园自2017年开始概念性规划研究，2020年，北京市发布《北京市温榆河公园控制性详细规划》（以下简称《详规》）。《详规》提出，要以"生态、生活、生机"理念为统领，将温榆河公园建设成为集生态涵养、生境修复、蓄滞洪功能于一体，兼顾文化、休闲、体育等多元功能，水绿融合、生物多样、生态惠民的大尺度生态空间。

根据《详规》目标，温榆河公园将"以水为脉"，对公园范围内的温榆河、清河、老河湾三条市管河道进行综合整治，统筹北运河流域水资源配置，在公园内构建"二水五环十湿田"的水生态格局。打造水生态示范廊道："以路为骨"——建立外畅内幽、快慢交融、景路一体、园城共享的生态智慧交通系统。打造"车移景异"——驾车穿行公园感受绿色生态廊道的户外独特体验。"以境塑园"——塑造蓝绿交融、清新明亮、充满生机的整体景观风貌形象。"由景到境"——依托公园内地形地貌和绿色空间系统营造密林、疏林、灌丛、农田、草地、滩涂、水域、洼塘八种生境系统；形成生境多样、物种多样、自我演替的自然生态系统。挖掘全文化资源要素，建立"自然、历史、世界"复合文化系统，将温榆河公园建设成集生态、运动、文化和休闲四大功能于一体，"可游、可赏、可玩、可学"新兴智慧型绿色生态公园。

2. 温榆河公园绿色生态廊道建设与开放规划

按照《详规》对温榆河公园"一年启动、两年示范、五年成型、十年保育、多年成景"的建设目标要求，2019 年初，温榆河公园朝阳示范区启动建设，开始先行先试，探索积累可借鉴、可复制、可推广的经验。2020年 9 月 2 日，温榆河公园朝阳示范区举行开园仪式，正式对游人开放。截至 2022 年 4 月底，公园接待游客近 300 万人次，生态监测中发现了中华秋沙鸭、大鸨、青头潜鸭等珍稀鸟类，并连续两年荣登"北京网红打卡地"榜单前列。在总结示范区建设经验基础上，温榆河公园朝阳段一期项目于 2020 年 7 月 31 日启动建设，预计 2023 年底全部建成。

2020 年 9 月开放的温榆河公园朝阳示范区，是温榆河公园的核心区域，也是温榆河公园的亮点之一。其占地面积约 2 平方公里，东至京承高速，南至黄港南路，西北至清河。在公园建设过程中，朝阳区坚持以河道沟渠生态治理为抓手的三个"优先"——优先确保河道防洪畅通、优先发挥河道生态功能、优先建设两岸慢行系统，把温榆河打造成近自然岸线的滨水风貌展示区。温榆河公园朝阳示范区分为东、西两大园区，园区之间通过步道相连。目前两大园区共有 10 处主要景点（东园 3 处，西园 7 处）。温榆河公园朝阳示范区着力从林（近自然林）、水（水生态）、境（多样生境）、智（智慧公园）、园（林中含园）、土（建筑垃圾资源化），六个方面体现示范性。根据公园内的林、水、境、智、园、土风貌，打造森林乐谷区、梯田湿地区、花溪锦田区、活力东湖区和探险森林区五个区域；通过水脉串联飞瀑叠翠、兼葭照水、芸上梯田等多个景点。温榆河公园绿色生态廊道的建设，大幅度扩大北京东部蓝绿交织生态空间，进一步满足了人民群众对优美生态环境的需要，是首都生态文明建设成果的"金名片"。

综上所述，本章梳理叙述的温榆河河道源流、功能变迁和整治历史文脉归纳如下。

第一，温榆河河名溯源与古今源流河道变迁承载的河名、地名文化源流。温榆河上源、中游、下游河道支流与主要行经路线梳理。

第二，元以前三国魏"温水行漕"漕运开发，与金朝温榆河支流坝河漕渠漕运尝试。

第三，元初温榆河上源双塔河至通州白河（北运河）漕运开放历史文脉。元中期通惠河借温榆河上游开源济漕开通漕运，对温榆河上源与双塔河漕运的影响。

第四，明朝巩华城沙河–温榆河–北运河漕运兴衰历史文脉。

第五，清朝昌平清河–温榆河–北运河漕运兴衰历史文脉。

第六，新中国成立70多年来，温榆河农业灌渠与城市排水泄洪功能兼具的建设整治历史过程；进入21世纪，温榆河被改造整治成为城市生态水系，建成温榆河公园和温榆河绿色生态廊道、重建大运河文化带温榆河新历史人文景观的历程。

第八章 温榆河朝阳段河道流域
历史文脉

　　温榆河河道流域，指温榆河河道向两岸扩展的延伸辐射区。温榆河河道与河道流域，是既密切相关又不尽相同的空间。流域作为河道的延展辐射区，作为人—水—地交叉互动的复合系统，比河道具有更深广的延展性，具有更多样的村落群体和群体集聚空间，具有更丰富的文化类型呈现形式，也具有更源远流长的历史文脉积淀。

第一节 温榆河河道功能开发与流域
历史文脉积淀

一　温榆河上、中、下游流域分布与流域地理特征

（一）温榆河上源—上游、中游、下游流域分布

　　温榆河河道流域大致可以分为上源—上游、中游、下游。

　　上源——军都山关沟流泉，南流至八达岭居庸关地区和昌平南口；再合西山、北山流泉，汇为温榆河上游——北沙河、东沙河、南沙河三个河道支流。此为温榆河上源—上游河道流域。

　　北沙河、南沙河、东沙河三条支流，在昌平沙河镇汇为沙河，为温榆河中游之始。新中国成立后，东沙河、南沙河、北沙河皆汇入沙河水库，自沙河水库以下称温榆河。温榆河中游，大致指昌平沙河至顺义段河道

流域。

温榆河下游，大致指朝阳段河道到通州段通州城北关闸，由此入北运河。以通州城北关闸为分界，以下为北运河。从沙河水库开始，到通州城北关闸，温榆河河长47.5公里，流域面积2478平方公里。

（二）温榆河上源—上游、中游、下游流域地理、历史特征

温榆河上源出自关沟流泉；关沟起于延庆八达岭，止于昌平区南口，是长约20公里的高山峡谷。古称军都陉（太行八陉之一、陉即山间的峡谷通道），直通边塞长城各险要关口，也是中原通往塞外的重要通道。为争夺关沟，占据军事、政治地缘优势，历朝历代此处曾发生过很多著名的战役。这里山高谷深，雄关险踞，早在2000多年前，就被《吕氏春秋》《淮南子》等书称为"天下九塞"之一。

两汉时期，这里是汉王朝与匈奴攻防对峙之地；三国至北朝时期，这里是汉民族与北方草原民族拉锯争战之地。辽、金定鼎燕京后，居庸关则为"燕京之咽喉"。蒙古在此与金军周旋，后以少胜多，长驱直入占领金中都。明朝时这里是天子守国门的北方前线，从北向南，在关沟内外修建八达岭关（北口）、上关、居庸关、下关（南口），四道关隘，重重防御，重兵把守。清代一统关内外后，天险关隘古战场成为皇帝"秋猎"的猎场。

元、明、清三代均于此关设"卫"，于南、北又各置"千户所"，总称"军屯"，是温榆河北线漕运军饷的必经之路和终端。关隘天险和交通要冲的地理特征、历代兵家所争之地的定位，使温榆河最早用于漕运军饷。

温榆河沙河上源—上游，是北京地区重要的河道之源和漕河之源。最早是温榆河、北运河（潞河、白河）之源；元初，是郭守敬开温榆河之源济坝河漕运之水源；元中期，是郭守敬开温榆河济通惠河漕运之水源。

温榆河上游，既是辽金通往辽东和草原的官道，也是元明清三朝皇帝驻跸之地。终元一朝，是元朝皇帝两都巡幸必经的十二处捺钵行宫之一和重要驿站。温榆河上源—上游流域，是明朝藩王封疆和天子守国门的北方前线，与北元王朝对峙的重兵把守之地；也是明代十三陵皇陵和卫陵之所在。清代也是皇帝"北巡"或"秋狝"的必经之路。温榆河上游沿线官道上，既有历朝皇帝往来驻跸建造的"行宫"，又设置有"驿馆""驿站"。

温榆河中、下游，乃今昌平沙河、顺义天竺、后沙峪，和朝阳孙河、金盏地区一带流域，有汉代安乐城遗址和北齐古长城遗存。温榆河中、下游流域北岸，有辽代的"凉淀""避暑之地"，"华林、天柱二庄，辽建凉殿，春赏花，夏纳凉"，即今顺义花梨坎、天竺、楼台村一带。今金盏乡流域金河湾一带，还是辽金佛寺林立之处。

温榆河下游，乃今温榆河朝阳段流域孙河、金盏一带。这里土地平敞肥沃，河道纵横交错，也是汉以来历代屯田耕戍之地。此地还有北齐天保年间为防御柔然人修筑的长城，和辽金为屯田耕戍修筑的墩台望楼。温榆河下游 2000 多年沿袭不变的官道驿站和漕运码头，积淀了源远流长的屯田耕戍和官道漕运历史文脉。

二 温榆河河道功能开发与流域历史文脉积淀

（一）温榆河河道的三种功能

温榆河功能的开发利用，有记载的始于汉代。最早见于《汉书·地理志》与东汉三国桑钦编撰的《水经》。自汉代至元明清，温榆河河道功能，从流泉蓄水、排水的自然功能，扩展到人工开发农田水利灌溉；从最初的自然河道漕运开发尝试，发展到元明清开挖人工运河、运用闸坝技术、疏浚整治，实现全河道漕运通航；直至延伸出当代的生态水系、绿色滨水廊道休闲娱乐功能。温榆河流域的居民对温榆河这三种功能的开发利用，经历了 2000 多年历程。温榆河功能不断开发的历程，也是温榆河流域历史文脉不断积淀的过程。

（二）温榆河河道漕运功能开发与温榆河流域漕运文化历史文脉

温榆河上源—上游流域，关沟到南口一带，是两汉与匈奴对峙、守卫边疆的驻军要地，直通边塞长城各险要关口，也是中原通往塞外的重要通道，需要大量的粮饷。温榆河上源—上游最早利用自然河道开发漕运，是在东汉建武十三年（37），王霸提出"数上书……可从温水漕，以省陆输之劳，事宜施行"。这里的"温水"，据学界推测，应该就是连通蓟县与上谷郡的温榆河。当时，上谷郡治沮阳（今北京市延庆县城），因此漕运军饷粮船，从潞河装载起航，沿温榆河下游溯流而上，运至昌平，然后转为陆运，经过南口，出居庸关，西行约六十里，直达沮阳城。或者继续西行，用牛、驴驮运，输往宣化、大同等地。这是关于温榆河漕运最早的历史记录。此后历经北魏、隋、唐及北宋初，历代都设有河北转运使统领温榆河漕运事。自辽金定鼎燕京以来，居庸关则为"燕京之咽喉"，元、明、清三代均于此关设"卫"，于南、北又各置"千户所"，总称"军屯"。

元初（1264）到元中期（1293），为了漕运军饷，元廷大力开发温榆河漕运功能，相继在温榆河上源—上游和中下游，开通数条"漕渠"和漕运河道，打破东汉王霸时期利用温榆河自然河道漕运的常规，通过人工开凿河道，以及高超的开源汇流济漕技术，完成以下壮举：第一，在温榆河上游将双塔河开阔浚深，开通昌平"双塔漕渠"，解决长城一线千户屯兵的军饷运送问题，从而使漕运从昌平城向上延伸至南口；第二，导引高梁河水东至深沟村入温榆河下游，修筑七处闸坝以节制水量，从而将通州漕粮运至京仓收储；第三，引导温榆河上源之水，开凿通惠河，从而将漕粮自通州直接运至元大都积水潭码头；第四，在顺义白河东岸吴家庄西南龙王庙前，斜开小渠二里许，引水至坝河上湾之深沟坝入温榆河，以通漕运；第五，于通州城北通惠河积水处，开一条小渠，引水至深沟村西水渠，入温榆河，用小料船运载，将漕粮自通州土坝运至"乐岁""广储"等仓，积贮粮米七十余万石。元代郭守敬通过开发温榆河上源—上游为北运河、坝河、通惠河济漕，以及开发温榆河下游河道，使漕船从坝河和通惠河经温榆河下游入北运河，抵达京杭大运河，为明清两代的温榆河漕运，打下良好基础。元代对温榆河漕运功能的深度开发，使温榆河在北京河道中的地位和作用大大提高。

明成祖朱棣迁都北京，并在天寿山建造皇陵（今十三陵），明朝共有13位皇帝埋葬在此。一方面，朝廷派大量军队驻守护陵园，另一方面，大量军队驻守在居庸、渤海等长城沿线，需要运送大批建筑材料和军粮。最初，驻军通过陆路到北京支取粮食军饷，往返劳顿。隆庆六年（1572），朝廷开发温榆河沙河漕运，疏通通州渡口至巩华城外河段，长近80公里，由此漕粮及商船都可沿温榆河直驶安济桥下。

清代京旗外三营驻军多在清河镇附近，为三山五园建设和卫戍之用。

康熙四十六年（1707），朝廷开清河漕运，主要用于运送三山五园建材和卫戍军饷。清运粮漕船从通州沿温榆河中下游上行至清河口，再溯清河而上至清河镇，交兑本裕仓收储。一部分漕船继续上溯，停泊在安河桥附近，漕粮运至丰益仓。丰益仓又名安河仓，其原址在今中共中央党校北院的西部。温榆河清河漕运直到晚清同治年间才停止，但温榆河流域民间航运一直持续到清末，1910年3月，孙河水厂建成，在温榆河孙河河道拦坝蓄水，导致下游水源减少、水位降低，航运自此停止。

从东汉到元明清，长达两千年的温榆河河道漕运功能开发，使温榆河上源—上游流域成为北京河道之源和漕河之源，使温榆河中、下游流域成为双塔河漕运、沙河漕运、清河漕运、坝河漕运、通惠河漕运的必经河道。温榆河在北京漕运史和河道开发史上，也因此具有重要地位和作用，形成了温榆河流域源远流长的漕运历史文脉。

（三）温榆河河道水利灌渠功能开发与温榆河流域屯田耕戍历史文化

温榆河河道水利灌渠功能的开发，最早也是从汉代开始。东汉初，张堪任渔阳太守，管辖狐奴（今顺义）、潞（今通州）、雍奴（今天津市武清区）、泉州（今天津市武清区东南部）、平谷、安乐（今顺义区西南部）、傂溪（今密云区东北部）、扩平（今密云区东北部）等八县。他带领当地乡民"于狐奴开稻田八千余顷，劝民耕种，以致殷富"。狐奴县为潮河、白河、温榆河三河流经并交会之地，张堪所开"八千余顷"稻田，就是利用此三条河水灌溉之，这是京北一带最早见于史书记载的农田水利灌溉工程。由此开始历代在温榆河中下游流域屯田耕戍的传统。

之后，三国曹魏嘉平年间，刘靖坐镇蓟城，在梁山（即石景山）西麓湿水（即永定河）上修筑戾陵堰，开车箱渠，下游即利用高梁河疏导，引水东入潞河，以灌农田。南北朝时，北魏幽州刺史裴延俊，采纳本州北平府长流参军卢文伟建议，按戾陵诸堰旧迹重新修筑，"灌田万余顷"，边防由此稳固。北齐河清年间，斛律羡为幽州刺史，以突厥屡犯边塞，在沿长城各险要处"斩山筑城"，"并置立戍逻五十余所"，"又导高梁水北合易，东会于潞，因以灌田"，于是公私获利，边储岁积。至此，京北灌区已遍布整个温榆河流域。到唐代，幽州都督裴行方引水灌溉，开种稻田数千顷，所在地仍是京北温榆河中、下游灌区。直至明清，温榆河中、下游流域是从江南、山东等地北迁移民的屯田耕戍之地。屯田耕戍历史文脉，在温榆河中、下游流域源远流长。

历代朝廷对温榆河河道农田水利灌溉功能的开发，与历代在温榆河流域屯田耕戍的传统，使温榆河中、下游流域成为京北传统屯田耕戍之地，积淀了源远流长的屯田耕戍历史文化。

（四）随温榆河流域上中下游互市榷场、官道驿站与漕运码头兴起的集镇街市和商贸文化历史

先秦两汉以来，长城内外，温榆河上源—上游、中、下游流域一线，为塞内外各民族贸易往来交通要道，很早就有中原汉族与塞北各边疆民族贸易交换的"关市"，并逐步形成相对固定的"互市"地点，称为"榷场"。据史书记载，东汉献帝初平年间（190～193），幽州刺史刘虞"劝督农植，开上谷胡市之利，通渔阳盐铁之饶，"使百姓"安立生业"，"忘其迁徙"。隋唐以来，温榆河上游、中、下游流域，关市贸易更加频繁，温榆河河道流域的交通地位日益重要。辽定都燕京设"五京"制，以居庸关温榆河一路为主要通道，通过辽南京进入中原的大道连接长城各关口。据记载，其时居庸关温榆河流域的官道"可以行大车"，成为塞北与东北各地商旅往来中原的必经之路。温榆河中下游流域今孙河、金盏一带，是辽南京城通往东北两京的官道。辽南京城"大内壮丽，城北有市，陆海百货，聚于其中。……膏腴蔬蓏、果实、稻粱之类，靡不毕出，而桑、柘、麻、麦，羊、豕、雉、兔，不问可知。水甘土厚，人多技艺"[①]。从燕京到辽中京，本可直接从京东南经通州直达宁城，因京东南多沼泽湿地，只有偏北一线地势高敞平坦，适合交通。据记载，由燕京前往辽中京的具体路线是：燕京城—望京馆—古长城（苇沟村）—金盏淀—孙侯馆—温榆河。温榆河渡口的位置从辽到清一直不变，始终在孙河乡苇沟村和金盏乡金盏村之间东侧的温榆河边上。温榆河朝阳段流域所处京北古驿道和漕运水道水陆并行交汇的优势，形成温榆河朝阳段流域以孙河村、金盏村、楼梓庄村等为中心

---

① （元）叶隆礼撰，贾敬颜、林荣贵点校《契丹国志》，上海古籍出版社，1985，第 217 页。

的集镇街市和商贸文化。

（五）随辽金崇佛建寺、明代马政建置、清代圈地建墓，温榆河中下游流域历代积淀的历史文脉

北京作为辽之南京、金之中都，乘隋唐佛教隆兴之余势，秉北方民族信仰之虔诚，承先启后，在三百余年的时间里，演绎了中国佛教史上辉煌灿烂的一幕。辽南京城和金中都寺塔林立，高僧云集，皇室崇信，民众顶礼。如《契丹国志》记载：辽南京"大内壮丽，城北有市，陆海百货，聚于其中；僧居佛寺，冠于北方。锦绣组绮，精绝天下"。特别是在温榆河下游流域金盏地区，积淀了深厚的佛教庙宇经幢和信仰崇拜祭祀民俗。所谓"万里河山有燕赵，一代风俗自辽金"。贯穿整个明代，北方游牧部落一直都是明朝防御的重点。明代不仅建造了长城，屯驻了大量守军，还在温榆河上、中、下游流域水草丰茂之地大量繁育饲养军马，用于作战或者运输。明代朝廷在温榆河流域设有御马监管辖的养马场所 20 余处，名称"马房"。明代温榆河上、中、下游的昌平、朝阳地区，自然资源丰富，草木旺盛，有充沛的水源，成为御马监建马房和草料场的佳所。御马监在昌平温榆河中下游流域地区的马房有黄土马房（回龙观镇）、郑家庄马房（北七家镇）、汤山马房（小汤山镇）。这些马房都建有城堡，城中有马厩、官署、寺庙等建筑。金盏地区的北马坊和金盏马坊，积淀了独特的马房文化。清朝入关后，在温榆河中下游流域圈地建墓，此地有大量的清代皇族高官墓地，留下清代墓园文化。

综上所述，温榆河河道功能开发与温榆河流域历史文脉积淀，可以归纳为以下几点。第一，温榆河河道漕运功能开发，使温榆河上源——上游流域成为北京河道之源和漕河之源，使温榆河中、下游流域成为沙河漕运、清河漕运、坝河漕运、通惠河漕运必经河道，使温榆河在北京漕运史和河道开发史上具有重要地位和作用。由此形成温榆河流域源远流长的漕运历史文脉。第二，历代朝廷对温榆河河道农田水利灌溉功能的开发与历代在温榆河流域屯田耕戍的传统，使温榆河中、下游流域成为屯田耕戍之地，积淀了源远流长的屯田耕戍历史文化。第三，温榆河朝阳段流域官道漕运水陆交汇的优势，形成温榆河朝阳段流域集镇街市空间和商贸文化历史文脉。第四，温榆河流域特别是朝阳段流域，除源远流长的屯田耕戍历史文脉和漕运文化外，辽金明清以来，各朝各代还有一些各具特色的文化积淀在温榆河流域，如辽金的佛寺经幢文化，明代的马政建置和马房文化，清代的古墓遗存和园寝文化等。

第二节　温榆河朝阳段金盏地区流域历史文脉

金盏乡一带，东汉至宋、辽属潞县，明清属京师顺天府大兴县。明代开始有金盏地名的记载，清代始有关于金盏淀的记载。新中国成立后，1953年分别设金盏乡、楼梓庄乡。1956年划归北京市东郊区，1983年改朝阳区金盏乡，2004年楼梓庄乡并入金盏乡，设金盏乡（地区）办事处。下辖金盏西、金盏东、小店、雷庄、北马房、长店、楼梓庄、曹各庄、东窑、皮村、黎各庄、沙窝、马各庄等13个行政村。

金盏乡地处朝阳区东北部，位于温榆河下游流域、温榆河西岸朝阳区东凸内弯部位。东北以温榆河为界，与顺义区天竺、通州区宋庄镇尹各庄隔河相望；南接常营乡，西邻东坝乡，北接孙河乡前苇沟村。乡境50余平方公里，位列朝阳区之最。乡域内有温榆河、北小河、小坝河三河流经。温榆河从西北经孙河乡、向东南环绕金盏乡，经沙窝村流入通州区。坝河由西向东横穿金盏乡，汇入温榆河，水域面积多达9300余亩。

据清人记载，温榆河金盏流域一带，几百年前是一汪浅淀，因水上荷花浮若金色杯盏，故名"金盏淀"。人们傍淀而居，集而为村，村以淀名，称金盏村。金盏村是金盏乡和地区所在地。小店和金盏村北部，有一条弓形的温榆河故道，俗称旧河湾或老河湾。金盏乡地势以东北部二郎爷坡最高，西南以沙窝村滩地最低。在金盏村北，有建于北齐天保年间的古长城，有从燕京通往东北的官驿大道和温榆河古渡。这条古道路过金盏乡境的具体路径是：燕京城—望京馆—古长城—金盏淀—孙侯馆—温榆河，形成金盏乡漕运码头和官道驿站水陆交汇之势。

温榆河朝阳段流域，作为辽金元明清都城北部交通要道和漕运河道，沿岸分布有孙河、苇沟、金盏等历史悠久的码头渡口。金盏村、上辛堡村都曾设有义仓储存漕粮。孙河一带有朝廷定编的"桥户"，专职负责修桥补路，为过往的车马、行人摆渡。① 各村镇还有数目众多的寺庙、古墓、古树、古迹遗存，各村落都有独特多样的成村起源、建村历史、建村传说和民俗文化。水陆交汇的漕运文化和古驿道历史文脉，底蕴深厚，一脉相承，在温榆河流域乡民的群体认同和文化认同中，发挥着重要作用。

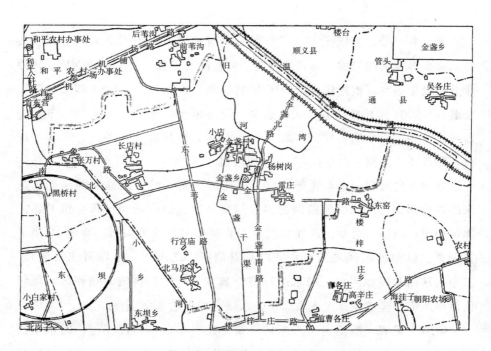

图 8-1 1993 年金盏乡乡域图

资料来源：朝阳区地名志编辑委员会编《北京市朝阳区地名志》，北京出版社，1993，第 381 页。

千百年来，温榆河流域金盏一带，孕育了源远流长的农耕文化、漕运文化、官道驿站集镇商贸文化和独具时代特色的辽金佛寺经幢文化、明代马房文化、清代园寝古墓文化。

---

① 朝阳区地名志编辑委员会编《北京市朝阳区地名志》，北京出版社，1993，第 331 页。

一　金盏地区各村成村起源、村名变迁与建村历史文脉

汉代以来，古燕京蓟城地区特别是温榆河流域的农业生产和村落形成，与历代军事屯田、移民迁徙、聚族而居密切相关。元代至正十二年（1352），丞相脱脱招募江南人耕种，岁可收粟麦百万余石，不烦海运，京师足食；西自西山，南至保定、河间，北抵檀、顺，大量迁徙移民屯田。[①]明清时期，朝廷利用温榆河和坝河历年冲积而成的土地，屯田耕戍、移民迁徙聚族而居。温榆河流域金盏地区因地势平坦水土肥沃，适于军队屯田，作为温榆河—坝河—古潞河（北运河）漕运河道和通往口外北方草原官路要道，水陆环绕，便于屯田驻营、移民迁徙定居。因此，温榆河流域自汉唐到辽金元明清时期，一直是军事屯田和移民迁徙之所。

元代温榆河流域金盏乡即有崔、杨大族移民北马房村；明初，燕王朱棣先出兵漠北，后迁都北京建紫禁城，从江南、山西、山东等地征调大批民夫、工匠、兵士赴京应役，部分移民于京郊金盏地区屯田耕戍。金盏乡大部分村落是元明时期的屯田耕戍、聚族而居的工匠、漕工、军士，后来久居繁衍成为自耕农户。清军入关时，大量满族旗人随迁京城。清初皇族豪强在京城四郊圈地，建皇族园寝宗庙；同时迁移京旗闲散人口或雇用被强占土地的汉人农户守墓，形成清末民国初特殊的村民群体结构。

经过辽金元明清近千年的历史，金盏地区古村落的建村缘起和村民群体来源，大多已经湮没不闻。唯有在村名变迁和地名文化中，可以追溯承载其中的历史文脉。以下通过梳理金盏乡各村建村起源和村名变迁过程，了解和归纳金盏乡古村落成村起源的类型，了解各村落村民群体的来源构成，把握村民群体生活方式和村落文化形成的历史文脉。

（一）因移民迁徙聚族成村

1. 长店村：元明清历代不断由移民迁徙、聚族而居的村落。长店村夏姓落户最早，元代即迁居村中。元末明初，张应举跟随燕王朱棣从南京迁北京顺天府屯田，其家族在长店村繁衍了 13 代。另有祈姓祖辈从山东迁徙

---

① （明）顾炎武：《昌平山水记》卷下，北京出版社，2018，第 183 页。

而来，杨姓由四川迁徙于此定居。

2. 沙窝村：典型的移民村落。绳氏家族是沙窝村第一大姓，从山东迁来。第二大姓贾氏家族，从山西迁来；有文字记载的家谱已经有 14 代。第四大姓张氏家族，是从山西老各庄老柳树迁至此地，四世同堂的有 11 户。

3. 北马房村：元代崔氏和杨氏两大家族移民北马房，崔氏家族在北边分住为三户，杨氏家族在村南也分住几户，这是元代最初的北马房村落起源和村民家族群体。元至元年间，元廷开发坝河，从山东迁徙的车户、船户、闸户等漕工蜂拥而至。据史载，明初燕王朱棣出兵漠北，从江南、山西、山东等地征调大批民夫、工匠、兵士赴京应役，移民北郊屯田，落户北马房村。

4. 曹各庄、黎各庄、马各庄：先民多系明代移居此地。明初，燕王朱棣出兵漠北，从江南、山西、山东等地征调大批民夫、工匠、兵士赴京应役，移民京畿屯田。曹各庄、黎各庄、马各庄先祖均为明代南方曹姓、黎姓、马姓移民。"各"为"家"的南方读音，故曹各庄意为曹家庄。黎各庄、马各庄亦复如此。明朝嘉靖年间，马各庄已经有几十户人家。

5. 东窑村：东窑村北临金盏东村，西接雷庄，是由移民家族再迁徙定居成村。清中期因"盛世滋丁、永不加赋"政策，村民生息繁衍增长较快。东窑村有楼梓庄王姓家族等迁入定居，成村后曾以姓氏自称王家新庄。后另有宋姓、赵姓窑工开窑定居于此。1937 年，定"东窑村"为村名，沿用至今。

（二）因官道驿店聚居成村

1. 小店村：小店村位于温榆河故道旧河湾西南岸。东与金盏村相连，西与长店村相邻；北与孙河乡前苇沟村交界。漕运兴盛时，船夫、漕工，及沿河捕鱼捞虾的人，多在此歇脚小憩，因此得名小店。

2. 长店村：长店村亦可作为因官道驿店成村的代表，其所处为通州北部通往顺义、昌平的通衢大道，交通方便，是来往客商歇宿之地，故名长店。

（三）因地理特征聚居成村

金盏村：金盏村位于金盏乡北部，东接东窑村、南接北马坊村，西连小店村，北靠温榆河。金盏村成村历史悠久，明代万历二十一年（1593）已有金盏村名的记载。据《日下旧闻考》引清初顾祖禹《读史方舆纪要》记载："金盏儿淀，在州（指通州）北二十五里，广袤三顷，水上有花如盏，因名。"[①] 金盏村由所处地理特征得名。

（四）因家族聚族成村以姓氏得名

1. 皮村：位于温榆河西岸，处于朝阳区最东端的外弓地带，与通州区仅隔一河之遥，俗称朝阳区的"东大门"。据传皮村村名来历，一是因村民姓氏得村名，二是因村内原有一个硝皮作坊而得名。

2. 楼梓庄："娄"为先民家族姓氏，"梓"为故里。因姓氏得村名，即"娄"姓家族的故里。明代万历二十一年（1593）称"娄梓庄"，清光绪三十四年（1908）称"娄子庄"，1917年称楼梓庄，1947又称"楼子庄"。1965年更改为今名至今。民间传说，清代乾隆皇帝曾经来此地狩猎，回宫时当地官员请赐地名，乾隆回首远望，但见坡高处民宅似楼非楼，坡下梓树成片，脱口而出"楼梓"二字，其后遂以此为村名。楼梓庄人文繁衍悠久，清末已经有上百户六七百人，主要姓氏有卢、黄、张、程、董、何、沈、苏、杜、康、王、焦等。

（五）因屯田聚族而居成村

雷庄村：东邻东窑村，西北毗邻金盏东村。相传汉代即有屯田垦荒的雷姓士兵及其眷属在此落户定居；又传因有"雷公降龙"之说而村依其姓为名。清光绪年间称雷家庄，后复名雷庄。

（六）因漕运设置粮仓成村

高安屯村：位于金盏乡乡域最南端。东界通州区，南邻五里桥，西接东坝小井村，北靠马各庄村。东北邻沙窝村。据《明太宗实录》记载，明永乐十六年（1418）九月乙丑"设北京坝上、义河、北高岸……七仓，隶北京顺天府。"[②] 其中高岸即高安村。"高安"与"高岸"谐音。1917年始

---

①　（清）于敏中等编纂《日下旧闻考》卷八十八《郊坰 东一》，北京古籍出版社，2000，第1497页。

②　"乙丑设北京坝上义河北高汗石桥南石渠黄土北草场七仓置仓大史副使各一员隶北京顺天府。"（明）张辅等纂修《明太宗实录》卷二〇四"永乐十六年九月乙丑"，"中央研究院"历史语言研究所，1962。

见高安屯村名，沿用至今。此外，该村在清代曾有"晾鞍屯""晾安屯"之称，传说乾隆皇帝巡游曾经路过此地歇马晒鞍，所以有此名。①

从以上对金盏地区村名变迁和村名文化的归纳分析可知，温榆河金盏乡流域村落大部分是由移民迁徙或屯田扎营、聚族而居成村。金盏地区村落移民迁徙群体，不仅带来原住地的生产、生活方式和地域文化，同时融入移民村落的生产、生活方式和地域文化，体现出金盏乡农耕村落、以移民为主体的村民群体多元包容、敢于闯荡、善于接纳的群体特征。

二　温榆河金盏流域漕运文化、官道集镇商贸历史文脉

位于温榆河下游、坝河与温榆河交汇处的金盏乡，元中统年间郭守敬开发金旧漕渠，先引玉泉水济漕通漕船；后建阜通七坝，开坝河漕运，成为元初潞河经温榆河下游入坝河抵达京城的重要漕运河道。位于温榆河西岸的金盏地区沙窝村，村东南曾是元朝坝河东端首坝深沟坝。由此开始，坝河漕运分七坝逐坝提高水面，上溯逆流，抵达东低西高的大都光熙门京仓。每闸隔坝倒搬漕粮，除朝廷定编的大量船工、坝夫外，需要沿岸大量村民作为扛夫、挽夫等漕工参与。元中期后，郭守敬又引温榆河上源水济漕，开通惠河漕运；漕船从潞河再次经温榆河下游进入通惠河，逐闸蓄水，梯航浮运直抵元大都积水潭码头。此后，元人于通州城北通惠河积水处，开一条小渠，引水至深沟村西水渠，入于温榆河，用小料船运载，将漕粮自通州土坝运至"乐岁""广储"等仓，积贮粮米七十余万石。坝河漕运水路与陆路之间的漕粮货物倒剥运输，多以人扛驴拉车载，元代以来其成为坝河与温榆河交汇处附近沙窝村、金盏村等周边村落村民的生计。元明清三朝700多年来，温榆河上、中、下游开通元代双塔河漕运、明代巩华城沙河漕运、清代清河漕运，在位于温榆河下游与坝河交汇处的金盏村、高安屯、北马坊等村，设有义仓储粮，并建有金盏古渡口，以利于温榆河下游漕运水陆接驳。沿岸码头渡口马车和驼队络绎不绝。金盏村、高安屯一带村民栓车赶驴当脚夫的生计行当，也盛极一时。

---

① 朝阳区地名志编辑委员会编《北京市朝阳区地名志》，北京出版社，1993，第411～412页。

作为金盏地区集镇之一的金盏村，位于温榆河下游的水陆渡口，元明清三代，处于北运河—温榆河—坝河与东坝商业区之间的过渡地带，逐渐形成水陆集镇。元代温榆河、坝河漕运高峰时，一度呈现坐商行贾络绎不绝的热闹景象。明清两代，随着各村寺庙增多，庙会集市逐渐兴盛，各村落之间的集市贸易和节庆庙会形成闹市。非节庆庙会，则逢三、七、十，村民大多去东坝赶集，逢一、五、九去李桥赶集。村民日常买肉需到金盏村，买布到东坝，普通的农产品交易，则在集市上解决。节庆庙会成为温榆河流域金盏地区村落重要的贸易和民俗文化展示场所。

作为金盏地区集镇之一的楼梓庄，位于金盏乡乡域西部，濒临坝河弯道北岸，坝河由西向东流经楼梓庄南部，村落附近有金代旧漕河和元代郭守敬开拓的坝河阜通七坝之一的王村坝。王村坝附近有楼梓庄的河渡船栈。楼梓庄村中 12 条街巷纵横交错，是来往客商、船东、扛夫歇脚住店之地；修车打掌、搬运包装等随漕运兴起的服务行业也随之兴起。金盏乡乡域南境流传的民谚："楼梓庄有三宝，卖杂面的赶脚驴，挖窝窝头（即盗墓）的也不少。"可见楼梓庄不仅是坝河和温榆河两河相交的漕运水陆通衢，而且有一技之长、一艺在身的村民较多。

金盏乡小店、长店等村，作为通州北部通衢的驿店，坐商行贾不断。长店是远近闻名的官道驿店街市，村里有四条大街、十一座庙。长店的节庆庙会和庙市繁华热闹，远近闻名。另外在马各庄外有一条连接口外到江南的传统驼道，村民也之称为"商道"，马各庄村民借此地利开有山货店。

金盏村是金盏地区较为富裕的码头村落，村里有几个富户，如首富大地主李成文，出生于道光六年（1826），家里建了四乡少见的砖瓦三合院。清末开有粉坊，加工粮食对外销售。李成文共有四个儿子，第四子李树同，在北京城区开一古玩店，低入高出。同村另一富户李铺开有油坊，也是金盏村重要的街市商户。金盏村清末民初有玉器作坊，手工制作加工，制品间接出口。20 世纪 30 年代，金盏村有社会人脉的三四户，从城区揽来挑补绣花类针线活，先自家做，后逐步发展为作坊，活计分散给各户完成，统一规格，验货付酬，使金盏各村一度成为远近闻名的挑补绣花加工区。以上显示出温榆河金盏流域村落，随官道和漕运兴盛形成的元明清漕运文化和官道集镇商贸文化。

三 金盏地区古庙与宗教信仰、各村庙会与民俗文化

燕京（北京）作为辽之南京、金之中都，乘隋唐佛教隆兴之余势，秉北方民族信仰之虔诚，承前启后，在三百余年的时间里，演绎出中国佛教史上辉煌灿烂的一幕。辽南京城和金中都，寺塔林立，高僧云集，皇室崇信，民众顶礼。如《契丹国志》记载：辽南京"大内壮丽，城北有市，陆海百货，聚于其中；僧居佛寺，冠于北方。锦绣组绮，精绝天下"。辽金崇佛建寺的风气和传统，在温榆河下游金盏地区体现得尤其显著。所谓"万里河山有燕赵，一代风俗自辽金"，由于辽金明清以来金盏地区各村落大量建置的庙宇，这里积淀了深厚的信仰崇拜和祭祀民风民俗，以及大量的村落佛教庙宇遗存等。

金盏地区各村落庙宇佛殿众多，流传着"有山就有道，有村就有庙"的说法。各村都有建庙的记载，如明万历年间楼梓庄村就有崇兴寺、武圣庙。崇兴寺是楼梓庄规模最大的建筑，坐北朝南三大主殿，挑脊歇山式宫殿型建筑。长店村有九庙，其中真武庙为清乾隆年间所建，位于村大街西端，占地15亩，台阶高8米，结构为三合院，正殿3大间。金盏村寺院最多，有南庙、上庙、下庙、娘娘庙、真武庙、五帝庙、二郎庙等10座庙宇。马各庄在明嘉靖时期，仅有几十户村民，村四周却各有一庙，分别为玉皇庙、关帝庙、五道庙和菩萨庙，来满足村民避灾、祛病、佑灵、送子等需求，且每遇庙会，大批信众进庙上香。马各庄每年农历四月十八为固定庙会日，长店村的庙会则是农历四月十五日开始，为期5天。20世纪60~70年代，各村寺庙或因年久失修，破败坍塌，或被拆除。较晚消失的是楼梓庄的崇兴寺、五圣庵，长店村南宫庙，90年代庙碑倾倒，遗址尚存。目前，境内所有古刹中，仅存金盏村二郎坡上的一处辽代经幢塔寺。

（一）二郎坡古庙与金盏经幢

金盏乡乡境内曾经有众多庙宇，最早的是位于温榆河故道、西南河畔二郎爷坡（现名北上坡）古庙。据考证，此庙建于辽代，占地13.33公顷。该寺庙北面，是辽代开始通行的两京驿道和北齐土长城遗址。庙东面是温

榆河，南边是金盏淀。辽天庆元年（1111），该庙石刻经幢一尊，立于寺中佛塔；为汉白玉石质地，上下边缘刻晚辽典型的缠枝牡丹纹理。整体呈轴对称八面菱柱体。民国时期此寺庙已经不存，该碑立于坡顶，后因土坡坍塌，碑柱陷落至河畔埋没土中。2011年修建温榆河故道西侧道路时发现并出土，经考证为"金盏经幢"。[①] 此寺庙应该为辽朝官庙，为在周边度夏的辽朝皇帝供奉所用。

（二）东窑村：关帝庙和马王爷庙

东窑村东北部有一座关帝庙，其庙有殿堂三间，外设一个300平方米的院落，围墙正南方设有大门，门框上有一幅醒目的对联，左门框上写着"日影晶华安天下"，右门框上写着"月朋梭罗定乾坤"，横楣上书有"协天大帝"四个鎏金大字。庙门东侧有一棵直径约一米的大槐树，大槐树上挂有一口大铁钟，铁钟铸有铭文，庙宇内西墙上方挂有一块木匾。关帝庙正殿供奉着关羽塑像，栩栩如生，神采奕奕。关羽右侧供奉财神爷的塑像，左侧供奉药王爷的塑像，殿内还供有关平、周仓等人的塑像以及关羽生前所骑赤兔马的塑像。神台上设有香案、香炉、铜磬，东西两侧的墙壁上还画有关羽过五关斩六将的壁画。该庙于20世纪70年代中期拆除。东窑村西南面还有一座小庙，坐北朝南，有殿堂一间，外有一个60平方米的小院，庙内神殿上供奉着马王爷和青苗神的塑像，东西两侧墙上画有模糊不清的壁画。该庙1956年拆除。

（三）楼梓庄：崇兴寺、武圣庵、关帝庙、五帝庙、小五帝庙和阎罗庙

楼梓庄规模最大的庙宇是崇兴寺，据传该寺最早建于明代，后经改建，故又名重兴寺。民国年间，该寺还是一个规制完整的寺院。南边有寺门，入寺门是大殿三间，挑脊歇山式宫殿建筑。前殿有四扇门面，两侧有东西厢房各一间，殿里供有十八罗汉像。东厢房后有一角门可通后殿，后殿正中供奉释迦牟尼像。东西有配殿各三间。后殿前有月台，两边各有翠柏一株，前后殿间又栽植两棵柏树。另东西各有厢房、禅房数间。四周皆有围墙。民国时期，该寺曾被用作小学校校舍。至20世纪70年代初该寺所有建

---

① 《金盏乡志》编纂委员会编《金盏乡志》，中国文史出版社，2018，第305页。

筑群落仍基本完好。80 年代以来，该寺建筑逐渐被拆毁。

武圣庵位于楼梓庄村村东头，建造年代已无考。庵前有三重山门，庵内前后大殿共两座，东西厢房各三间。庵中前殿正中供奉的是武圣关羽，左边是其子关平，右边塑像是亲随周仓及坐骑赤兔宝马。后殿供奉的则是大慈大悲观世音菩萨，塑像慈眉善目，俯视众生，多手并举，栩栩如生。此庵主要功能是提供民俗文化服务。村里有老人去世了，亲属后辈都得先到庵中去向神灵"报庙"，祈求其收摄亡魂，引归冥府。并邀请庵内僧众去家里设坛念经，超度亡灵。1958 年因修建关沟水闸需砖石而被拆除。

楼梓庄关帝庙俗称"老爷庙"或"关老爷庙"，在朱家坑西南角。庙无围墙，仅大殿一间，系对扇门、小隔窗的传统庙宇建筑，庙门槛约有 30 厘米高，庙前植有国槐四棵，槐树旁有水井一眼，庙门上方悬挂有木制横匾一块，上书"亘古一人"四字，以此颂扬庙内所供奉的武圣关羽。

楼梓庄五帝庙在朱家坑的东南角，仅一间庙宇。庙前有国槐五棵，庙内供奉道家冥司神灵中的五方鬼帝。五帝庙是村民家有往生者"报庙"的主要场所。每逢元宵节，庙门前悬挂纱灯，供村人观赏游玩。小五帝庙在楼梓庄村朱家坑东北角、何金家西边，供奉的也是冥司五方鬼帝，同样是村民的"报庙"场所。在楼梓庄村东、村西、村南还分别有一阎罗庙。规模皆小，也是村民"报庙"的主要场所。

楼梓庄的庙会很有特色，通常在楼梓庄崇兴寺举办，有远近闻名的文场"大鼓王"，他用过的锣鼓直至 2009 年仍保存完好。村里还有著名的轿子王和唢呐手黄德元，小名"黄元子"，相传光绪皇帝娶亲时曾请他为奏乐手。清末民初，楼梓庄的庙会曾有皮影戏和二人表演的莲花落，唱《水浒》《三国演义》《王小二赶脚》《锯大缸》等剧目。民国期间，庙会还有高跷会、小车会、狮子会等，每年农历三月三、五月初五、六月初一都要走会表演。这些庙会民俗活动，一直持续活动到 20 世纪 40 年代后期。有的会员新中国成立后仍然参加表演并且带帮后人，传承花会民俗表演艺术。

（四）金盏村：北庙、南庙、上庙、下庙、真武庙、娘娘庙、四神庵、五帝庙、西坑庙和二郎庙

金盏村北庙，位于石桥北，占地面积约 2 亩。有东、西两个庙门，山门居中，有前殿、后殿，东、西有廊房。金盏村南庙，位于石桥南，占地面积 1 亩。设有南殿、北殿，东、西两侧有厢房。金盏村上庙，位于石桥东，在南庙东侧高土坡上，有朝北向 5 间大殿，过去香火不盛。金盏村下庙，位于石桥东，在南庙东侧低下坡处，有朝北向 5 间大殿，下庙过去香火一度旺盛，善男信女来此敬香乞愿。下庙曾有住持方丈寅瑞，带一个小沙弥打理庙中杂事，逢腊月三十往村里每家送门帖，接财神；每逢打会，乞香火钱，多少不限；有 20 多亩香火地，属于庙产。

金盏村真武庙，位于南庙西侧，大松树下，占地面积约 2 亩。内殿院落有松柏，外殿空院有古槐。新中国成立前，真武庙香火鼎盛，香客不断。殿内供奉真武大帝及瘟神、二郎神。真武大帝原是北方神祇，色属黑，水者黑也，因金盏村地处温榆河畔，历史上多有水患，故立真武庙，以祈平安。

金盏村娘娘庙，位于村北温榆河古渡南岸西侧，有西朝向 5 间正殿。民间有传说，温榆河水淹到娘娘肚脐，金盏村就危险了。过去汛期，拆桥、修桥都要到娘娘庙里烧香跪拜，以祈求安康。

金盏村四神庵，位于西胡同北，占地面积约 1 亩，庙内供奉刘备、关羽、张飞、赵云四神。

金盏村五帝庙，位于斜街南，南沟沿东侧，有北朝向 3 间正殿。庙里供奉判官、小鬼、黑无常、白无常、阎王五个地狱煞神。新中国成立前，村里人家有丧事都要去五帝庙报丧。

金盏村西坑庙，位于西坑路北，有北朝向 3 间正殿。旧时村里人家有丧事除了去五帝庙，也到西坑庙报丧。

金盏村二郎庙位于村北老温榆河南岸、桥口西侧二郎坡上，居金盏地区最高处，俯视温榆河北岸。庙里供奉二郎神，此庙所居二郎坡神奇之处在于，坡四周河堤虽年年经温榆河水泛滥冲击，但从未被冲毁坍塌，坚固的堤坡被两岸村民称为"铜帮"。

综上所述，可知金盏村的寺庙很多，有南庙、北庙、上庙、下庙、娘娘庙、真武庙等十余座。其中北庙最大，其庙会最著名也最热闹，庙会民俗花会表演最丰富。晚清光绪年间（1875～1908），金盏村一带有花会文场太平锣鼓队，每年两次在金盏村二沟表演。男着皮套裤，女着绣花裙，敲锣打鼓荡秋千，附近村民都围站在沟边观看。

（五）雷庄：南庙、北庙和五道庙

雷庄村北有北庙（关帝庙）、南庙（菩萨庙），村西有五道庙。雷庄南庙、北庙隔街相对，村民习惯把在街北的关帝庙称北庙，街南的菩萨庙称南庙。两庙各占地近两亩。雷庄北庙为规制完整的庙宇，四合院建筑，坐北朝南，包括前后殿，后殿为正殿，高大宏伟，建筑精美。有大殿三间，正中一间供奉关公塑像，形象高大威严，左右两侧各有一童子。大殿两侧墙壁绘有彩色壁画，金碧辉煌，内容多源自三国典故，有"三英战吕布""千里走单骑""单刀赴会"等。正殿东西两侧各有三间禅堂，东西两个走廊前各有两匹骏马造像。村民传说先前有人看见四匹闪闪发光的金马趁着冰冷的月色到温榆河边饮水。前殿比后殿稍矮，供奉关公、周仓塑像。因前后殿均奉关公，称"双老爷庙"。院内有古柏四棵。南庙坐南朝北，未完全建成，只有一间大殿，塑有一菩萨坐莲花台上塑像；大殿东西两侧各有一排耳房。大殿墙壁同北庙一样绘有三国主题壁画，院中也有四棵古柏。新中国成立前雷庄南庙、北庙无和尚，只有看庙伙计，香火较盛，逢年过节附近村民多来此磕头上香。20世纪50年代初破除迷信时，南庙、北庙部分拆除，剩余房屋改建成学校。70年代末被彻底拆除，后陆续在原址建民居。

雷庄五道庙位于村西。村民往生后，家属在此哭庙，意在告知阎王家中有人去世，让死者灵魂在此暂歇。五道庙共有房五间，其中正房四间，两间供奉神佛，两间用来招魂，靠近大门一间，供看庙人居住。新中国成立后拆除。

（六）长店村：真武庙、佛爷庙、娘娘庙、关帝庙、东庙、地藏庙、土地庙、龙王庙

长店村真武庙，始建于清代乾隆年间，位于村大街西头，坐北朝南，有8米高的台阶，占地面积15亩。真武庙为三合院，正殿三大间，东、西耳房各一间，东、西厢房各三间，西厢房供村里儿童念书，东厢房为鲁班殿。真武庙里有4棵松树，西侧有一旗杆。1942年真武庙改成村内私塾教室。

长店村佛爷庙又叫兴化寺，位于村四条街中间，坐北朝南，占地面积为 3 亩左右，后来重修。佛爷庙山门的西侧有哼哈二将，门外西侧有一旗杆，叫标斗。佛爷庙正殿三大间，东、西耳房各三间，西厢房三间，供奉的是老佛爷。

长店村大街东头原有娘娘庙，供奉三个娘娘，西侧是眼光娘娘，中间是正宫娘娘，东侧是送子娘娘，为方圆数十里善男信女求子之所。娘娘庙坐南朝北，有正殿三大间，东、西耳房各三间，东、西厢房各三间，庙的西侧还有一棵大槐树，4 个人都抱不过来。庙两侧有将军塑像，娘娘神像前摆有瓷娃娃，妇女许愿求子后就悄悄拿回家（俗称"偷娃娃"）。娘娘庙前有修建精美的影壁一座，长约 4 米，高约 4 米。影壁下有底座，上有"人"字形瓦顶。影壁用青砖打磨对缝砌成。旧时，每年农历四月十五，人们都要在娘娘庙举办长达 5 天的庙会。庙会期间，在娘娘庙许愿求子遂愿的人带着供品前来还愿，并把瓷娃娃送回来。庙前还有人卖石榴花，邻近其他村的商贩均聚于此兜售货物。每月初一到十五，都要在娘娘庙西边撞钟。

长店村关帝庙，又称老爷庙，供奉的是关公，位于四条街东头，占地面积 10 亩。关帝庙正殿三间，东西耳房各一间，西厢房有三间，庙南侧有一旗杆。

东庙位于长店村二条街东头，清代乾隆时建的，占地面积 5 亩左右。正殿坐东朝西，供奉的三座塑像，中间是释迦牟尼，左边是观世音菩萨，右边是大势至菩萨。前殿有一座大肚如来佛，大殿有三间，北厢房三间。院内还有一棵大槐树。东庙为村民求雨之所。新中国成立后，部分被拆除，余下正庙 3 间。

地藏庙位于长店村二条街西头，又叫西庙，占地面积 3 亩左右，坐西朝东。有北厢房三间，正殿三大间，进山门就是一大殿。庙的南侧有一标斗，两棵松树。地藏庙供奉执杖的地藏王菩萨，有香炉、磬，求的是别下地狱。

长店村土地庙位于村北，现四条街老商店后边，供奉的是高度 50～60 厘米的土地爷塑像。坐北朝南，只有一间屋，没有供桌，只设香炉。

长店村龙王庙位于三条街西头，占地面积 3 亩，坐西朝东。有正殿三间，南、北耳房（配殿）各一间，正殿供奉的是可以移动的龙王。这里是打文场、唱大戏的庙会所在地。

（七）小店村：药王庙、关公庙（老爷庙）、姜东庙

药王庙位于小店村西头，坐北朝南。此庙南北长约 40 米，东西宽约 30 米，分为前后两重殿，庙内有旗杆，东边有香炉，主殿两边还有配房。进入大门后，院内有一座宫殿式的大殿，大殿门柱上有两副对联。大殿东边有一根旗杆和一个大水缸，西边有香炉坛。主殿正中供奉身着黄袍，头戴郎中的顶花翎帽的药王坐像，供桌前有香炉和蜡扦座，旁边还有一口钟，在烧香上供时打钟。大殿西侧有走廊通往后殿，后殿供奉娘娘，在后殿的东西两边都有配房。药王庙传说是用来祭祀唐代药王孙思邈的庙宇。据说农历四月二十八是他的生日，每年这一天，小店村及周围各村的村民都会来到药王庙，烧香祭祀药王。

关公庙又称武帝庙，俗称老爷庙，位于村中，是为祭祀关老爷而建。此庙坐北朝南，约 120 平方米，老爷庙前后两层殿，以关公大殿为主，正殿后面还有后殿，殿内有菩萨像、香炉、香案等。大殿正中央供奉着关老爷塑像，关公的金面塑像威武雄壮，手持大刀，气宇轩昂，站童塑像环卫左右，神情各异，惟妙惟肖。大殿后面有门通往后院的后殿，后殿供奉有菩萨像。新中国成立前，老爷庙的香火繁盛，一到春节，村民纷纷前来进香，祈祷风调雨顺，五谷丰登。20 世纪 50 年代初，关公供桌前摆放小店村第一位为革命牺牲的烈士杨深的灵牌供村民悼念，逢年过节，村民都自觉地到庙里祭奠。

姜东庙位于村东头，又名姜农庙，坐东朝西，为一个独院，有大殿 1 座，约 40 平方米。主殿有姜太公像，坐在长方形木制箱子上。传说，旧时温榆河洪水泛滥，冲来了一尊木佛，洪水过后小店村民在村东头坡下的三角坑里挖出了木佛。人们将木佛抬到坡上，就再也抬不动，发现上面有"姜公"二字，推测此木佛应该是姜太公像，后来村民在原地建庙供奉姜太公像，命名姜东庙。村民在春节时到庙中烧香祭祀。拆庙时，在姜太公坐着的箱子里翻出很多医学方面的书籍；佛木在小店村修南渠用作柴火，燃烧时冒出大量金色光芒。

庙会，又称"庙市"或"市场"。它伴随佛教、道教等宗教活动产生，

是以庙为活动空间的一种集宗教、娱乐、购物于一体的群众性集会活动。长店村娘娘庙庙会的固定日子，是每年农历四月十五，由此日开始为期五天。每年农历四月二十八是药王生日，每逢此日，小店村药王庙人山人海，各村来烧香的人络绎不绝；村里每次都准备一口大缸，供烧香的香客喝水；这一天的庙会很热闹，踩高跷的、唱莲花落的、扭秧歌的、烧香拜神的，一应俱全。马各庄的庙会时间为农历四月十八，地点就在娘娘庙，届时庙内香烟缭绕，庙外人头攒动，蔚为壮观。

庙会的内容，一是庙里举办的各种宗教活动，如水陆道场、坛醮斋戒、善男信女斋戒或听讲、烧香求福等。二是金盏地区各种花会、民俗表演，如秧歌、旱船、花会、变戏法等。"莲花落""高跷"尤为精彩，每到高潮，总能引得观众阵阵喝彩。三是庙会集市购物，庙会上不仅能吃到各种小吃，如冰糖葫芦、爆肚、羊杂、凉面等，还能买到物美价廉的日用百货、农具，尤其民间工艺品，如拨浪鼓、风车等，很受村里孩子欢迎。

明清两代，金盏地区随着各村寺庙增多，庙会集市逐渐兴盛，各村落集市贸易和节庆庙会形成闹市。节庆庙会成为温榆河流域金盏地区村落重要的民俗文化展示场所。

四　金盏地区的马房遗存和马房文化

明代北京北部边境，一直饱受北元军队袭扰。北方游牧部落，一直是明朝军事防御的重点对象。明代不仅建造长城，囤聚大量军事力量，而且还在温榆河上、中、下游流域，建置马政中心，以便大量繁育饲养军马，用于作战或者运输。今温榆河上、中、下游流域，海淀区、昌平区、顺义区、朝阳区都有许多带有"马坊"的村落地名。如昌平南口镇北马坊村、阳坊镇西马坊村、小汤山镇马坊村，海淀区上庄镇的东马坊村和西马坊村，顺义区木林镇马坊村、金盏地区北马房和金盏马房等。由东坝郑村坝马房和金盏马房、北马房、草场地、马神庙、行宫庙等地名，可以勾勒出明代在坝河与温榆河交汇的东坝地区建置马政中心的历史文脉，梳理此地积淀的马房文化遗存。

（一）坝河、温榆河交汇流域的明代马政中心和马房遗存

明朝马政主要包括三个部分。一是官牧，由御马监、苑马寺等机构使

用卫所军人养马；二是民牧，由太仆寺负责，将马分发到老百姓家中饲养，同时给予养马家庭一定补偿；三是在长城沿线定期开马市，与游牧民族以茶换马。

马政主要包括军马的牧养、征调、采办、使用等，厩牧是马政的重要一环，指建马房、设草场、置料仓养马牧马。明朝东坝御马苑的设立，直接形成了北京东郊以东坝为中心的养马体系。明代东坝称郑村坝或坝上，地势平坦，水草丰茂，是牧马的理想场所，也是明朝皇家御马苑所在地。据记载："御马苑。在京城外郑村坝等处，牧养御马，大小二十所，相距各三四里，皆缭以周垣，垣中有厩垣，外地甚平旷。自春至秋，百草繁茂，群马畜牧其间，生育蕃息。国家富强，实有赖焉。"① 这些御马，主要供宫廷乘舆及光禄寺仪仗之用。②

东坝皇家御马苑的草场、马房和马神庙，占地总面积达三万一千五百五十九顷。③ 东坝设御马监及各马房，皆有仓场储蓄草料，以供饲秣之用。④当时东坝流域有郑村坝大马房、北高马房。郑村坝大马房上场、坝东马房上场、金盏马房上场等。金盏马房上场，就是今金盏地区的明代马房遗址。

明代御马苑及其草场由御马监负责管理。御马监在明代一度成为宦官系统中最有权势的部门，马场的草料摊派各地民户，御马监负责征收。郑村坝的御马苑与草场规模在明代中后期不断壮大。到明英宗天顺元年（1457），英宗"驾幸郑村坝阅仗马"⑤，可见郑村坝马场规模之大，达到了受皇家重视的程度。而御马苑周边的百姓，可以打草卖给御马场，或在御马场打短工，这成为东坝和金盏一带百姓维持生计的主要经济来源。

（二）明代马房建置与金盏地区的马房文化

东坝北马房遗址，即今位于东坝之北、温榆河下游的北马房村。该村

---

① （明）李贤等：《大明一统志》卷之一《京师·苑囿》，载张元济选目、李致忠主编《四部丛刊四编》第 75 册·史部，中国书店，2016，第 64 页。
② 李增高：《明代的马政及北京地区的养马业》，《古今农业》2002 年第 3 期。
③ 李增高：《明代的马政及北京地区的养马业》，《古今农业》2002 年第 3 期。
④ （明）李东阳等：《大明会典》卷二十三，广陵书社，2007，第 411 页。
⑤ （明）孙继宗等纂修《明英宗实录》卷三二二"天顺四年闰十一月己未"，"中央研究院"历史语言研究所，1962，第 6681 页。

历史悠久，元代就是崔、杨两大家族的移民定居地；到明代，御马苑在这里设置了马房。今金盏地区北马房，建于明朝宣德元年（1426）六月，当时顺天府设坝上南北二仓，专掌马房草料，该村即为当时所设南北二仓马房之一，因该村居北，故名北马房。

明代东坝皇家御马苑规制宏大，占地总面积达三万一千五百五十九顷。除马神庙、行宫外，水草丰茂的草场四周分布大小二十所马房，各相距三四里，四周缭以周垣，垣中有厩，垣外地甚平旷，自春至秋，百草繁茂。金盏乡北马房和金盏上房，就是环绕草场的二十所马房之二。今北马房村东有"草场地"，南有"马厂"，西有"马神祠"，附近的大道有"跑马沟"地名，可以想见当时皇家御马苑规制之宏大。[1] 今离北马房不远，还有一个名为行宫庙的村落，是明英宗检阅马房时，驾临的行宫所在地。明英宗天顺四年（1460）闰十一月，驾幸郑村坝阅仗马。[2] 行宫后被改为庙，成村后名行宫庙。[3] 其他马房地名，如北高马房即今北皋村，金盏马房即今金盏，驹子马房即今东坝乡南部驹子房村等，皆与东坝相去不远。[4] 这些地名承载的马房历史和马房文化，都是明代御马苑建置在东坝和温榆河流域留下的马房历史文脉。

五　金盏地区的地名传说、古树民俗与民间风俗

金盏地区有丰富的民间传说，有关于地名的传说，关于古树的传说，关于民间习俗的传说，以及历史悠久的关于古塔、古碑、古桥、古道的记载，显示了金盏地区丰富的民间口传历史历史传统和口传地域文化。

（一）地名传说

1. 二郎爷坡

二郎爷坡位于温榆河畔，金盏乡一带老人们传说，温榆河早先从这里流过。因为金盏地势低，常有水患，住在这里的人们就在此筑起一道长长

---

① 朝阳区地名志编辑委员会编《北京市朝阳区地名志》，北京出版社，1993，第389页。

② （明）孙继宗等纂修《明英宗实录》卷三二二"天顺四年闰十一月己未"，"中央研究院"历史语言研究所，1962，第6681页。

③ 朝阳区地名志编辑委员会编《北京市朝阳区地名志》，北京出版社，1993，第389页。

④ 尹钧科：《北京郊区村落发展史》，北京大学出版社，2001，第209页。

的土坡，以防水淹。在筑这座长坡过程中，村里一位德高望重叫二郎的长者不幸被淹死，人们为了纪念他，称这座坡为二郎爷坡。传说，明清时期温榆河、坝河金盏段挖河疏浚，河底被冲压得很结实，被沿河村民称为"铜帮铁底温榆河"。早年这铜帮铁底的温榆河里，生长着一条金鳞金翅的大鲤鱼，每年它都会经过二郎爷坡。只要它跳出水面，准是风调雨顺，百姓生活安康。所以，附近村民常到二郎爷坡来供奉金色大鲤鱼。有一年，金色大鲤鱼没来，天天烈日当头，连长年水流充足的温榆河也快干涸见底了，人们看着庄稼慢慢干枯死了，心急如焚。人们只好成群结队来到二朗爷坡求神。举家老小带着供品，求金色大鲤鱼帮忙，哭喊声震撼苍宇。金色大鲤鱼听到了，不顾千难万阻游到天河，求好友小玉龙为二郎爷坡周围下场大雨。小玉龙一口应允下来，不顾玉皇大帝和龙王的禁令，偷出降雨令牌，到二郎爷坡上降了一场透雨。百姓们得救了，大家欢呼雀跃，在二郎爷坡上载歌载舞。小玉龙却遭了殃，它触怒玉帝，被压在阴山下受尽苦难。任凭众神求情，玉帝就是不理会，说："要想让小玉龙重返天庭，除非金豆开花。"二郎爷坡的乡亲们得知此事，又急又气，束手无策，只好再去求助金色大鲤鱼。金色大鲤鱼听了到乡亲们的祈求，便化作一个白发老婆婆对大家说："那金黄色的玉米不就是金豆吗？让它开花还难吗？"于是，大伙纷纷拿出家中的黄色玉米，炒成了玉米花，拿到二郎爷坡，铺了一片。大家对着天上喊道："金豆开花了，快放小玉龙吧！"金色大鲤鱼赶到了天庭哀求玉帝。玉帝不好食言，无奈只好让太白金星将小玉龙放了。从此，每年的二月二，乡亲们都要拿着炒好的玉米花作为供品，到二郎爷坡纪念小玉龙和金色大鲤鱼，祈求风调雨顺，国泰民安。[1] 二月二的二郎爷坡祭祀，也成为金盏乡远近闻名的节庆民俗文化。昔日的二郎爷坡，今天仅剩一段土坡，[2] 掩映在周围百亩果园千亩绿荫里，已经毫不起眼。

2. 三里边和老河湾

温榆河金盏乡段北起小店，与苇沟交界；南到金盏乡边界三里边。河道宽约三华里，河身全长约三公里，因此得名三里边。这里的河道原来是

---

① 《温榆水经》，北京市朝阳区文化委员会，2003，第 25 页。
② 《温榆水经》，北京市朝阳区文化委员会，2003，第 25 页。

直的，由于多年无人整治，洪水泛滥，将河道冲刷向西移动，形成了河湾。1970 年秋至 1971 年春，温榆河金盏段被截弯调直。现在靠近小店、金盏的原温榆河河道，形成了温榆河老河湾。温榆河主河道与老河湾之间，形成四面环水的湖心岛。① 21 世纪，这里建成北京翡翠国际康乐俱乐部和翡翠城别墅区。

（二）古树传说与民俗

1. 干妈树、干爹树、夫妻树与民俗传说

金盏乡有两棵国家一级古柏，树龄均在 300 年以上。"干妈树"位于金盏小店村村西、周王庙前，高 15 米，树径 1 米左右，三四个人才能一起合抱。树身齐胸处凸起一鼓包，形似母乳。远近村民将其当作神树，认其为母，故村民称为"干妈树"。它与金盏西村的"干爹树"仅隔一公里许，遥相呼应，人们把这两棵树合称为"夫妻树"。据传说，"干妈树"有"王母娘娘"之称，古代民间的医疗条件很差，缺医少药，小孩儿生育下来很难养活，只能求"干妈树"保佑。据说，在这棵"干妈树"前烧完香、磕完头，认了"干妈"之后的孩子就能够健康成长，免去灾祸。"干妈树"外观十分奇特，树冠像个乌龟，无论从哪个方向看都能看到它的"颈部"和"头部"，故又称"龟树"。这棵树的树干分支部分非常宽阔，人在上面睡觉都掉不下来。树干西北面有一个大的树节很像过去妇女的头卷，在树干的东南底部还有一个树疤像张开的嘴，面朝东南方向的"干爹树"。此树现已被列入北京市一级保护古树古木名录，小店村签订了保护古树古木责任书，每年要进行两次除草养护，并在其周围砌上八角坛，"干爹树"是金盏村南上坡原寺庙前的龙树，直径 1.5 米，主干挺拔笔直，形似壮男，村民们称之为"干爹树"。这棵树生长奇特，树冠酷似乌龟，树干分支宽阔。

2. 东窑村枣树

东窑村原是一个拥有许多古树的村落，直到 20 世纪 70 年代末，村里尚保留着上百棵古树。80 年代以后，许多村民都把自家屋前屋后的古树砍掉建房出租。到 21 世纪初，全村仅保留五棵古树，均为枣树。村民王奎曾祖

---

① 《温榆水经》，北京市朝阳区文化委员会，2003，第 26 页。

150 多年以前从西柳村移植来两棵枣树，现仍枝繁叶茂，硕果累累。村民聂红斌之父百年前从顺义楼台村移植来一棵枣树，至今仍挺拔繁茂，每年结枣很多。村民王芝之父王万忠 150 年前从葛渠村移植来两棵枣树，高达9 米。

3. 楼梓庄村国槐

楼梓庄村有一棵树龄 100 多年的硕大国槐，直径达 1 米左右，乡文物部门对其进行挂牌保护。旁边还有一棵略小于该树的国槐，树龄也近百年，与之毗邻而立。村西也有一棵古国槐，树龄亦过百年，该树生长速度缓慢，现枝繁叶茂，树径却只有 30 厘米。

（三）民间风俗传说

金盏乡各村落村民，自古以农耕为主，有地种地，靠河吃河，播种种粮，撒网打鱼。日出而作，日落而息，村民农本位思想深固。乡域有民谣："买卖钱，六十年；做官钱，卸任完；庄稼钱，万万年。"[1] 反映了庄稼是种田人命根子的心态，什么都不如种庄稼稳当。他们最大的心愿，就是企盼风调雨顺，五谷丰登。金盏地区积淀的以下民风民俗和祭祀仪式，充分反映了温榆河金盏流域村落农耕群体的文化心态。

1. 二月二，龙抬头，"叩坛求雨"

农历二月初二，被乡民称为"龙抬头"或"中河节"。每年春耕之前的二月初二"抛刀止雨"和"叩坛求雨"仪式，对村民和农事都格外重要，因而也格外隆重。每逢此日，老百姓害怕得罪龙王爷，早早便到龙王庙祭拜龙王爷。如遇阴雨连天，金盏乡村民便会"抛刀于野"，以求及时止雨；如果遇到久旱不雨，则到龙王庙"叩坛求雨"。这个仪式最早源自东坝乡花会"金铃祖狮"的社火活动，后来传播四乡，成为金盏乡花会会档和二月二"叩坛求雨"的经典仪式。每逢久旱之时，舞狮人便到龙王庙来行"祈雨礼"。届时舞狮人边舞狮边唱"喊头诗"："嘿、嘿、嘿、嘿，有钱难买五月旱。六月连阴吃饱饭，龙抬头、向前看，一年到头不白干。"[2]

七月十五祭河神是北京周边河道流域共有的民风民俗，温榆河和坝河

---

① 《金盏乡志》编纂委员会编《金盏乡志》，中国文史出版社，2018，第 340 页。
② 《温榆水经》，北京市朝阳区文化委员会，2003，第 42 页。

两河流域也不例外。金盏乡人称："七月十五号丧，八月五日填仓。"可见这个日子的祭祀供奉对于祈求神灵保佑丰收的重要性。金盏乡人自古将农历七月十五作为鬼节，此日必须要祭河神。各家要糊一个两三丈长、一人来高的大纸船，还要做七十二盏灯花，灯花要在太阳落山之前点着。到了时辰，把灯花放到大纸船，让灯花在河上漂着，点点灯花流过夜空河流，非常好看。因为灯花纸用油泡过，所以灯花不易灭。祭奠仪式上还有和尚念经，文场打鼓。吹鼓手从下午三点一直闹到天黑。祭河神时，参加的村民很多，几乎倾村而出。有拿烟送水的，有点灯放船的，还有人主持仪式。

2. 哭嫁和挡轿

"哭嫁"是华夏婚俗中的普遍现象，也是金盏乡村民流行的乡俗。新媳妇在结婚当日离开娘家时要哭一场，既表现出嫁的喜悦和离家的痛苦，也要表达"我嫁过去并非主动，到了夫家要好好待我"等意味。姑娘出嫁上轿前要请一个上有公婆、下有儿女的"全乎人"（有福之人），来给姑娘梳头、开脸、清眉、涂脂抹粉，戴凤冠霞帔、穿八幅绣花罗裙，系裙铃裤铃。蒙红盖头，而后供拜轿神，上轿、起轿、挡轿、送轿，整个婚礼婚俗才算完成。挡轿通常要经过很多考验，似乎要考验新郎的诚意和决心。其中一项是要唱《挡轿歌》："温榆河河水长又长，婆家好似狠心狼。二郎坡上黄土墙，你怎不把花轿挡。温榆河河水长又长，夺走我家小姑娘。要想偷驴先拔橛，出嫁要穿嫁衣裳。温榆河河水长又长，星星不落就起床。样样活计都在行，照顾公婆头一桩。温榆河水长又长，二郎坡上放牛羊，妈妈树下养儿郎。"[①]

（四）古塔与古碑传说

1. 砖塔：金盏南庙上坡处有砖塔，已经有150多年历史，塔高约3米。传说该塔是皇帝的一支笔。离砖塔不到40米处就是三角坑，传说这个大坑是皇帝的砚台，砖塔现已倒塌。

2. 辽代经幢：金盏村出土辽代经幢一尊，幢高1.8米，通体为纯汉白玉石质，形状为轴对称八面棱柱体，上刻汉字一行并列梵字一行，内容总

---

① 《温榆水经》，北京市朝阳区文化委员会，2003，第41页。

括了唐至辽金中国密宗修持的几大方向，具有极高的研究价值。辽代天庆元年（1111）在温榆河故道西南畔、金盏村北曾建寺一座，占地面积200亩，存续几百年，寺中立有纯汉白玉石质经幢一尊，曾立于北上坡顶。后因坡塌，经幢陷落至河滨埋没于土中，2011年修建温榆河故道西侧道路时被发现，学术界称其"金盏经幢"。经幢重一吨多，上下边缘镌刻晚辽典型的缠枝牡丹纹理，比一般经幡精致考究，是朝阳区唯一一处辽金遗存。据考古专家张明悟考证，此幢系作为法身舍利供奉于寺。金盏经幢有四大特点：一是幢高1.8米，在北京地区辽金经幢中单体最高，显示其所在寺庙规模宏大；二是石幢镌刻十篇密宗陀罗尼（即"真言"之义），在中国所有辽金经幢中数目最多；三是所刻内容分三大体系，即三种密宗法门合而为一，在北京地区独此一例。经幢在显示其鲜明时代特征的同时，也为辽金北京地区音韵语言学的研究提供了极其珍贵的语言文字资料。金盏经幢有四个宽面和四个窄面，是辽金经幢最典型的代表，惜历久破损，身负裂隙和两处弹坑。

（五）古桥和古道

1. 楼梓庄古石桥：楼梓庄古石桥是清朝时期村民耕种坝河南边土地时的必经之道，该桥系三孔石桥。全桥长20米，宽5米。1956年，在原基础上进行翻修，1963年下大暴雨时被洪水冲毁。现仅剩遗址，在今坝河拱桥和坝河大桥之间。

2. 金盏村古桥：在温榆河（老河湾）金盏古渡口，为简易浮桥，桥长约80米，只适于晴天出行，一到雨季汛期，温榆河水泛滥，浮桥就要拆掉，改为摆渡。渡口艄公负责修船和摆渡，也向村民募捐，作为修桥费用。古桥北岸有金盏村的上千亩耕地，这也是由南岸进入河北岸耕种田地的唯一通道。

3. 古道：辽金时期，金盏地区有辽南京和辽中京两京之间的官道驿线。从北京往东北到辽中京，本可直接从京东南经通州直达宁城，因京东南多沼泽湿地，只有偏北一线地势高亢平坦，适合交通。其具体路径是：燕京城—望京馆—古长城—金盏淀—孙侯馆—温榆河。温榆河古渡口的位置从辽代到清代一直没变。顺义—楼台—金盏渡—东坝—朝阳门，是从村西南进出京城的唯一通道，其他都为田间地垄。

六　金盏地区的明清古墓古碑遗存和墓园文化

金盏地区位于京城东郊，温榆河下游，傍河依路，自古平敞广阔，水草丰茂，风水甚佳，故明清时期皇室权贵的家族墓地多营建于此。

金盏地区古墓多分布在楼梓庄、金盏村、长店村、沙窝村等地。

楼梓庄的老公坟，是明永乐年的太监墓园，墓园规制庞大且考究。从外至内，有三重石门，门扇下垫置一个圆石球，门柱下扣以暗榫机关，极难从外面开启。穴内是汉白玉床基座垫木棺。地表全是青砖铺垫，长三米、宽两米。墓砖为明洪武年间所制，非常坚固。楼梓庄地界，还有清代两江总督太子少保萨载墓。萨载为满洲正黄旗人，伊尔根觉罗氏，谥号诚恪。萨载墓墓碑高两丈、宽三尺、厚一尺，碑刻："太子少保联任两江总督"等字样。另有小萨家墓地，墓碑高3.5米、宽1米、厚0.35米。上刻"皇清诰封资政大夫礼库塔之墓"，旁有满文，碑头刻有"诰封"字样。村外还有光绪朝体仁阁大学士福锟冢，现在已经平复不存。据传黑家坟墓主系一位古代著名武将，埋葬之时由于头颅抛于疆场，遂做成金头置于棺中下葬，出殡之时，陪葬品中皇帝钦赐的翡翠西瓜，系无价之宝。因恐其下葬后盗墓者光顾，遂于北京城开四方城门，同时出殡，多挖疑冢。楼梓庄墓葬是出东门的棺木葬地。不知确为疑冢，还是该墓已经人盗掘，1956年，该墓被发掘，里面空空如也。

那同墓位于楼梓庄现北坟地，系清代贵族墓葬园，传说是清代一位王爷的墓地。地面建筑有北向的正房，有东西厢房，新中国成立初房内有看墓人生活痕迹。墓冢用砖券封筑，系由万年灰固封。园内三重山门，门前有象征风水的月河大坑，周围遍植松柏。后边高丘有一片树林，抗战和解放战争时期有八路军和解放军在树林中休憩过。西边一小道，系营造风水的设计。该墓自清到民国间，一直由王姓家族世代守护。清代的看坟人叫王庆，系该王爷生前最器重的世袭家族，被其呼作"庆儿"，王庆后代至今仍生活于楼梓庄。

焦坟山墓有一定规模，属于古代官员墓葬，系明清古墓。原墓有完整的墓园，园内有石门、石桌、碑碣等古墓物件。由于曾多次遭人所盗，伴随墓中文物的悉数流失，具体墓主及年代已无迹可考。据传有村民曾于此墓挖出四个白色幻鱼瓷盘，该盘乍看似稀松平常之物，但一旦在盘中盛水，盘内便有游鱼飞动于涟漪之间，蔚为奇观。

长店村葬有著名的清朝理恪郡王，系康熙帝已废太子、理密亲王允礽第十子弘眡。清乾隆四年（1739）承袭理郡王之位，清乾隆四十五年（1780）薨，谥号恪。长店村还有公主坟，公主坟简称南宫，墓园宏大。公主坟前50米，矗立一座高大的石牌楼，有东西两个门洞。东墓地有两座碑，碑后为供桌。桌四周刻有莲花托，碑正面是汉文，背面是满文。碑楼东还有一座桥。种有200多棵柏树，小红门北边西侧还有一扇大红门，大红门四周用大成砖抹灰砌成5米高的红墙，里面有5个宝顶。白家坟位于长店村南，葬白姓清朝道台，据说有100多年历史。墓地前有一条月牙河。新中国成立初一直有白姓家人看护墓地，后墓地在平整土地时拆掉。金盏东村有白姓村民十几户，均为白氏家族后人。

金盏乡因为贵族墓穴众多，有的村落直接以坟墓命名。如王庆坟是九门提督那忠堂之墓，即以看坟人名字命名，该墓占地13.33公顷，苍松翠柏茂密，建有高大的墓园围墙，戒备森严，外人难近。有的或直接立石制界桩，铭刻为某某家族墓地。如东窑村南水沟旁，原有石制界桩铭刻"韩氏茔地"，是清道台、民国北京市卫生局长韩氏家族的墓地。新中国成立后，1959年乡域砍树改田，合作社时期挖井取砖，90年代又兴建企业厂房，这些占地广阔的墓丘早已被平复，只留下地名。如长店村的东坟地、公主坟；沙窝村的曹坟山子、老虎坟；还有楼梓庄一带的何家坟、亭家坟等，都是如此。有一些村落的庙宇或古墓墓穴虽然已经不存，但一些古庙的庙碑、古墓的石碑仍在。如长店村寺庙南宫碑、潘阳唐公世碑、沙窝村关帝庙左前方的明代《重修关王庙记》碑，楼梓庄南坝河北岸的一碑四青石等，通过朝阳区文物部门普查，现均已先后列入朝阳区区级文物保护单位。

七　金盏地区工匠文化

燕京作为辽南京、金中都、元大都，明清北京，北方边疆民族对有一技之长的工匠，十分重用。辽、金、元，特别是元代，多有因技获官的工匠。史载辽南京城"大内壮丽，城北有市，陆海百货，聚于其中。……水甘土厚，人多技艺"①。元代大力开发元大都周边河道漕运，明代建紫禁城，需要的漕工和工匠不计其数。辽、金、元、明、清各朝，均有从各地，特别是江南、山东等地迁徙工匠定居京郊的传统。为适应温榆河流域水陆码头口驿站和集镇之需，金盏地区各村落的工匠群体庞大，能工巧匠层出不穷，兼擅各种技艺。工匠成为金盏地区不可忽略的重要群体。

金盏乡温榆河沿河流域村落，原来多是土屋草棚，砖瓦房很少见。自东窑村清代开窑后，主要生产砖瓦建瓦房。因为有窑口，东窑村村民从事窑口工作的工匠较多。东窑村民有句民谣叫作："为人不学艺，尽下笨力气，学艺可养家，挣钱家富裕。"将村民学艺的需求和目标一语道明。东窑村民是靠学艺烧砖致富的，故东窑村孩子长到十七八岁，家长便多让孩子拜师学艺。东窑村专门有拜师的规则仪式，说明金盏地区对有一技之长工匠的尊敬。

东窑村窑工拜师前，家长或学徒本人请人向师傅介绍学艺人的具体情况，师傅决定收徒后，择日举行拜师仪式。拜师时，徒弟要给师傅磕三个头。磕完头后，师傅要赠给徒弟一件主要工具，木匠师傅赠斧头、瓦匠师傅赠瓦刀、缝纫师傅赠剪刀、石匠师傅赠錾子。事后师傅设宴宴请师叔伯师兄弟，向大家介绍新收徒弟。拜师后，徒弟要尊敬师傅，师傅要爱护和严教徒弟，收工时，徒弟要为师傅清理工具，替师傅拿工具。陪师傅吃饭时，徒弟要为师傅斟酒。每年正月初一徒弟要给师傅拜年，大年三十师傅要给徒弟包正月初一徒弟来拜年时吃的饺子。

金盏村清末民初有玉器作坊，手工制作加工，制品间接出口。20世纪30年代，社会人脉较广的三四户，从城区揽来挑补绣花类针线活，先自家做，后逐步发展为作坊。活计分散给各户完成，统一规格，验货付酬，金盏各村一度成为远近闻名的挑补绣花加工区。培养发展一大批挑补绣花的手工艺人。金盏地区皮村内原有一个硝皮作坊，工匠技艺了得，皮件加工

---

① （元）叶隆礼撰，贾敬颜、林荣贵点校《契丹国志》，上海古籍出版社，1985，第217页。

远近闻名。清乾隆年间，黎各庄兴建一酒家，工商合一，前店后厂，自酿自售。因烧酿工艺精良，酒美质优，生意兴隆，顾客日众，培养了一批酿酒工匠。

沙窝村的工匠群体庞大，村里有100多户800多人。村民除种地务农外，扛活赶脚和具有手工技艺的村民不少；有开油坊和豆腐坊的，还有精通盖四合院的泥瓦匠。沙窝村瓦匠王宝忠三兄弟曾经在北京城区承包三合院、四合院建筑工程，手艺精湛，闻名遐迩。后来专门从事建筑行业。楼梓庄12条街巷纵横交错，是来往客商、船东、运夫歇脚住店之地，修车打掌、搬运包装等手工服务也随之兴起。有一技之长的村民较多，大多从事白铁加工、绱鞋、理发、修脚、磨刀等行当。民国时期，各保甲村坊，肩挂鞋楦的补鞋匠、工具齐全的上门理发匠、吆喝声响亮的磨刀匠屡有见闻。

金盏村的几个富户，如首富大地主李成文，清末开有粉坊、加工粮食，对外销售。同村另一富户李铺开有油坊，均属农产品加工工匠。金盏地区各村落的工匠群体，是传统农耕社会的特殊群体，他们善于接受新事物，专注技术和工艺，是后来金盏地区进入改革开放新时期后，将金盏地区的传统农业，创新发展为新都市旅游农业的奠基人。

八　金盏地区的非物质文化遗产和民俗文化

（一）程式八卦掌

八卦掌，首创为河北文安县城南朱家坞村人董海川。董海川生于嘉庆四年（1799），卒于光绪八年（1882）。弱冠即携艺游历四方，中年在京入职肃王府。白天坐功，夜晚行功，系大内高手。后被王府总领班全凯亭发现，他拜董为师，八卦掌由此流传。董海川弟子上千，杰出者尹福、程廷华、马维骐、史纪栋、刘德宽、樊志勇、梁振蒲、刘凤春等70余人。现流传于楼梓庄的程式游身八卦掌，其肇传人是祖籍河北深县（今深州市）程家村的程廷华。程廷华，字应芳，生于清道光二十八年（1848）。其人自幼酷好摔跤。后经人引荐，拜于武术名师董海川门下，深得其八卦掌之精髓。在其师所授基础上，潜心推研，最终整理创新出一套独具特色的程式游身八卦掌。掌风沉稳内敛，刚柔相兼；气脉贯通，游离酣畅；行掌拧翻扣转，密谨稳健；运掌屈腿淌泥，横推逆搬；挪步摆扣入卦，法度笃严。流传至今，程式游身八卦掌以劈、掤、搬、抛、横、推、托、带、领、钻、扣、旋、挽等掌功特色见长于武术界。其掌劲裹挟劲道聚藏于真元，而八卦气场旋磁力则笼罩乎天地，行掌时外人无法接近。与楼梓庄渊源甚厚的人物"童林小霸王""吕四娘""眼镜程"等武术名家，使得该村成为远近闻名的"八卦武术之乡"。八卦掌在北京的师承流派，由鼻祖董海川始，京城内外练习八卦掌者众。后传播到全国各地，形成多个流派体系。楼梓庄的第一代宗师为程廷华，后传至程廷华四弟程殿华。程殿华是程式八卦掌第二代传人，程有龙和程有信是程式游身八卦掌第三代传人。程有信回北京楼梓庄，娶楼梓庄女子为妻定居于此。将其程式游身八卦掌传于马德山，马德山是为第四代传人。又将其艺传于楼梓庄人司珍、司福和杨九华等，为程式游身八卦掌第五代传人。借助楼梓庄人素来的尚武之风，司珍遂将程式八卦掌在北京楼梓庄发扬光大。先后有入室弟子奎恩凤、郭凤山、奎恩林、蔡玉婷、孙铁锤、邢连海 6 人，尽得其所学，习武弟子遍布四海，共有 200 多人。

在程氏八卦掌第五代传人司珍家中，存放着一套完整的程式八卦掌传承人授教宗旨及学艺者行为规范。八卦掌在北京楼梓庄流传发展，严格遵循传承规矩，每一代传承人都遵循其严格的规则程序。由上一代师父为其开题门户，第四代传承人马德山临终时，为第五代传人司珍题的武馆名是"继震卦武学社"，准其开馆授徒。司珍的六大入室弟子都举行过严格的投帖拜师叩首礼。司珍子司国栋尽得其父真传，其孙司马峥受业于祖父司珍。1982 年 4 月，在中国武术协会、北京市体育总会、北京市武术运动协会等各方协调下，由李子鸣倡议，在北京成立了八卦掌武术研究会，弘扬程式八卦掌，李子鸣为第一任研究会会长。程式八卦掌第五代传人司珍在 20 世纪 80 年代带领弟子在楼梓庄成功举办了八卦武术大赛，影响较为深远。2009 年，司珍辞世，其子司国栋近年来未曾收徒，保存着一整套有关八卦武术的文史资料，其孙司马峥对其程式八卦掌尚勤练不辍，并能熟练完整地演示演绎，但因其家宅面临农转非搬迁，北京楼梓庄的程式八卦掌已面临失传，程式游身八卦掌的传承和发展前景堪忧。

（二）金盏地区的花会民俗文化

花会表演作为汉族民间的一项的传统民俗活动，历史悠久，流传甚广，至今仍作为春节期间必不可少的民俗文化活动，深受民众喜爱。金盏地区明清以来民俗表演盛行，晚清光绪年间，金盏一带有太平锣鼓，每年两次在二沟表演。楼梓庄还有著名的"轿子王"和"大鼓王"。清末民初，皮影戏和二人表演的莲花落盛行，其中《唱水浒》《三国演义》《王二小赶脚》等莲花落唱段已超过 80 年。金盏地区的花会表演会档众多，包括小车会、文场、吵子、舞龙舞狮等。"长店吵子"作为朝阳区民间十三档花会之一的会档，多次在北京市花会大赛中荣获奖项，曾参加 1997 年香港回归庆祝表演，参与录制中央电视台《同一首歌》并协助影视剧拍摄，2014 年参与朝阳区国庆 65 周年庆祝活动等，2017 年参加了多个地区的邀请演出近百场，金盏地区成为名副其实的"吵子"名乡。以下是金盏地区传承不断、源远流长的花会民俗文化遗产。

1. 莲花落：莲花落在金盏地区已经有 100 多年的历史。作为一门民间说唱艺术，一直深受村民喜爱。莲花落的表演形式以说唱为主，参加演出的一般有 30 多人，包括说唱及扮装走场。说唱的人手里有 4 块竹板，架子上拴着镲，随着敲打节奏进行表演，曲目一般分小场，时间不是很长，有时有全本的大场。新中国成立前后每逢正月十五，金盏村的老艺人就在村东石桥搭台演出，村民争相观看，场面非常红火。随着众多老艺人离世，这项民间艺术正逐渐消失。

2. 文场会：文场会是金盏地区 18 种会中的一种，又称"走会"。文场表演形式主要以打击演奏锣鼓器乐为主，主要道具有鼓、镲、铙、钹、单皮等，其中镲分大、小镲，小镲又分 5 斤、6 斤和 7 斤不同重量，打击声音也不同。文场一般演奏一场约 15 分钟。文场主要在丧葬、求雨、佛爷庙上香这些场合表演。

3. 吵子会：吵子会以演奏乐器为主，有文会、武会之分。吵子会以大钹为主，多在春节和喜庆日子进行，参加表演的人数不限，但需要演员为双数，表演者多时可达几十人。长店村就有两档吵子会，即"金盏乡长店村众生同乐吵子圣会""金盏乡长店村众友同乐吵子圣会"。"众生同乐"以齐炳文、张银山、宋德海为主（1998 年成立）；"众友同乐"是以郭文福为主。吵子会主要活动形式有两种，一是"走街"，一是"撂档儿"，套路有

"五虎齐心""中心开花""普天同乐"等。2001 年在首届华声天桥杯北京市民间花会大奖赛中，长店"众生同乐"吵子会获纪念奖；2006 年，长店吵子会在首届"东岳杯"朝阳区民间花会大赛中获铜奖；2008 年春节，在北京市东岳庙举行的民间花会中，长店吵子会荣获第一名。作为一个独特的民间艺术种类，吵子会一直为村民所喜爱。

4. 小车会：小车会于清嘉庆年间传入长店村一带，表现的是一辆小车在凹凸不平的道路上艰难行进的情景。表演形式为一辆双轮彩车，上坐一少妇，一老翁推车，前面还有少女、公子，帮衬人十几人。表演者皆着戏装，扭摆着行进，加些锣鼓、唢呐等乐器伴奏。小车会原表演内容有"大秃和尚逗柳翠"等庸俗内容，后被"跑驴""猪八戒背媳妇"等内容取代。

5. 舞狮会：舞狮起源于河南黄河边上，到清代，舞狮广泛流传于北京民间。长店村有两拨舞狮会，一个是以郭文福为主的"众友同乐飞镖舞狮圣会"，另一个是以张银山为主的"金松神彪舞狮圣会"。长店村舞狮会以北狮为主，角色有雌雄二狮，又可分为太狮和少狮，太狮需两名演员装扮，一人演狮头，一人演狮尾，少狮就是一个人伏在狮形道具里表演。

6. 高跷会：高跷会俗称"大秧歌"，有文会、武会之区分。武会表演以各种惊险高难动作技巧为特色，文会表演则以走场、堆山子为主。演员脚底下绑上三四尺高的木棍进行表演。20 世纪 50 年代，长店村高跷会曾经分九次去通县九区、楼梓庄表演，80 年代还参加了很多庆典活动。高跷会中每个角色都有自己的动作，有特定的队伍。高跷会表演时角色以渔翁、樵夫、农夫、书生为主，称为渔、耕、樵、读。传统的高跷会有 13 个角色。

7. 京东大鼓：20 世纪 80 年代，长店村村民王英业余爱好演说京东大鼓，喜欢自编自演，拿着小板一边持棒敲鼓一边说唱。现今，王英老人仍然在村文化站为村民说唱京东大鼓，他的喜剧性演唱结合时代内容颇受村民喜爱。

8. 评剧：新中国成立初，长店村里演出蹦蹦戏。1950 年成立长店评剧团，剧团负责人是李松泉，负责保管道具服装的是杨长山、杨德山。剧目有《柳树井》《锔缸》《刘巧儿》《张羽煮海》《小放牛》等。1950 年，评剧团演出《兄妹开荒》。1951 年，评剧团上皮村演出了《小女婿》《小二黑结婚》等剧目。这些剧目宣传自由恋爱思想，痛斥旧社会包办婚姻制度。村里演出则在四条街兴化寺庙里，从正月初一到正月十五，演出的剧目有《杨三姐告状》《小节练》等。评剧团的刘华庭、孙毕良等人还会表演数来宝，可以出口成段儿，作品是现场自编的，深受村民喜爱。

九　21世纪温榆河流域绿色生态廊道功能规划实施与金盏地区村落古今变迁

从以上对温榆河朝阳段金盏地区流域历史文脉的挖掘可知，自汉代至元明清，温榆河河道功能从流泉蓄水、排水的自然功能，到人工开发农田水利灌溉；从最初的自然河道漕运开发尝试，到元明清开挖人工运河、运用闸坝技术、疏浚整治，实现全河道漕运通航。对温榆河每一次、每一种功能的开发实施，温榆河流域都会发生翻天覆地的变化。温榆河功能不断开发的历程，也是温榆河流域历史文脉和流域文化不断积淀的过程。改革开放以来，特别是进入21世纪，温榆河绿色生态廊道休闲娱乐功能的开发、规划实施过程，也是温榆河朝阳段金盏地区流域发生古今变迁的过程。金盏地区村落的古今变迁梳理如下。

（一）小店村

小店村位于金盏乡北部，东与金盏村相连，西与长店村相邻；南与行宫庙村接壤，北与孙河乡前苇沟村交界。小店村依傍温榆河，位于温榆河故道旧河湾西南岸。漕运兴盛时，船夫、漕工及沿河捕鱼捞虾的人，多在此歇脚小憩，因此得名小店。

（二）长店村

长店村与小店村、金盏村毗邻，南与东坝乡接壤；西隔南皋路与张万村相望，北与前苇沟村交界。据《通州志》记载："在州（通州）北安德乡（东坝）有通衢曰长店。"长店村所处为通州北部通往顺义、昌平的通衢大道，交通方便，是来往客商歇宿之地，故名长店。

长店村成村历史悠久，夏姓落户最早，系元代迁居此地。张应举元末明初跟随燕王朱棣从南京迁北京顺天府屯田。其后在此繁衍十三代。长店村另有祈姓家族，祖辈系从山东迁来。清乾隆四十五年（1780）康熙帝孙子理恪郡王葬在长店村，墓丘今已平灭无存。清代还有一些非满族的权贵名门曾经在此置地建坟，坟主后裔所请守墓人定居于此，成为地地道道的本村居民。

改革开放以来，长店村是最早创新发展新产业的村落之一。1996 年南皋村村民承包长店村 600 亩贫瘠土地，种植水稻，兼在稻田养蟹，同时经营客房、餐厅、垂钓池，开始粗放的都市农业和旅游观光业态。1997 年 9 月金盏乡北京蟹岛种植养殖有限公司注册成立，在长店承包耕地种植有机蔬菜、水稻和养殖畜禽鱼蟹，兴建蟹岛绿色生态度假村。2000 年蟹岛度假村被国家环保局、中国环境科学学会评为"北京绿色生态园"。

（三）金盏村

金盏村位于金盏乡北部，东接东窑村，南接北马坊村，西连小店村，北靠温榆河，与顺义天竺乡楼台村隔河相望。金盏村成村历史悠久，明代万历二十一年（1593）已有金盏村名记载。据《日下旧闻考》引清初顾祖禹《读史方舆纪要》记载："金盏儿淀，在州（指通州）北二十五里，广袤三顷，水上有花如盏，因名。"① 金盏村村址东北即温榆河经年积淀的旧河湾南岸，地势低洼。村由淀得名，沿用至今。金盏村是一个东西长、南北短的斜长方矩形集聚村落。1958 年，金盏村分为东、西两村，村民经常直呼东村、西村。

金盏村与孙河乡前苇沟村紧邻，村东临温榆河渡，渡南有北齐古长城遗迹。金盏村所在的金盏淀，辽代湖面宽阔，临河傍路。金盏淀旁的二郎坡高处建有辽寺庙，庙里有辽代著名的石质经幢。更远处的顺义天柱、华林建有辽朝皇帝度夏纳凉的行宫。金盏村与毗邻的前苇沟村交界处，自辽代开始有京城通往东北的官道和温榆河古渡口，接驳水道陆路，位置自辽至清未变。金盏村由明清以来远近闻名的漕运古渡、官道驿站，逐步形成兴盛的集镇街市。

新中国成立后，金盏村社队企业兴起，砖瓦生产、农机修配、小化工等行业陆续起步。改革开放后，金盏村更率先发展科技含量更高的电子行

---

① （清）于敏中等编纂《日下旧闻考》卷八十八《郊坰·东一》，北京古籍出版社，2000，第1497 页。

业和汽车配件制造行业。金盏乡京华汽车配件厂被北京市命名为"星火示范企业",其产品被列入北京市"八五"计划,销往全国各地。"八五"期间,金盏村工业"三资"企业迅速崛起,率先与美国"三A"公司合作。进入21世纪前后,在金盏乡纳税的外来企业有298个,年收入1000万元以上的企业25家。1997年年底,东苇路以西建设了金盏郁金香花园,利用花园逐年提升的品牌效益和社会影响力,以花为媒,以绿为体,以人为本。这里举办了郁金香文化节、四季花海游、荷花节、乡村文化艺术节、金秋菊花展等大型游园娱乐活动,成为集娱乐休闲、餐饮住宿、会议活动于一体的综合度假村。

(四) 东窑村

东窑村北临金盏东村,东隔温榆河与通州区寨里村相望;南靠曹各庄、西接雷庄。清代后期,有楼梓庄王姓家族等四户人家迁此定居,成村后曾以姓氏称王家新庄。后另有宋姓、赵姓窑工开窑定居于此。清光绪九年(1883)王姓家族与赵姓在村西合开西窑。虽然成村后王氏自称王家新庄,但四邻村落仍以窑称呼其村名。东邻的皮村称其为西窑或大荒窑,南临的楼梓庄称其为大北窑,西临的雷庄称其为东窑。历史上东窑村曾先后隶属金盏村、雷庄村。1932年从雷庄分出独立为村,1937年定东窑村为村名,沿用至今。金盏乡温榆河沿河村落,原来多是土屋草棚,砖瓦房很少见。自东窑村开窑后,逐步生产砖瓦建瓦房。东窑村的村民很多从事窑口工作。东窑村地处温榆河故道,地势西南高、东北低。温榆河自西北向东南流经村北部。东窑村四周遍布水塘,西北有七个水塘,村东北有两个水塘,村南有一条灌溉干渠及六条泄水沟。东窑村自古以传统种植业为主,民国期间,始有店铺零售日常用品。村民多赊账买货,秋收后年前一次结清。21世纪以来,村办企业有毛毯厂、贝雕厂、珐琅厂等十多家,年产值650万元。其中珐琅厂的产品打入国际市场,年创汇25万元。2000年利用村落周边遍布的水塘,改造绿化后建成的北京绿风碧野农庄,占地60亩,成为绿色生态旅游特色乡品牌。

(五) 皮村

皮村位于温榆河西岸、处于朝阳区最东端的外弓地带,与通州区仅隔一河，俗称朝阳区的"东大门"。皮村东隔温榆河与通州区尹各庄、草寺相望，南临黎各庄，西南毗连朝阳农场，北隔温榆河与通州区葛渠村相望。皮村有皮硝作坊，皮件加工远近闻名。皮村地处温榆河故道，地势平坦。温榆河由西北折转向南流经村北和村东部。村内有七纵五横 12 条街巷。改革开放以来，皮村东北与东窑村相邻处有西坞富邦马术俱乐部，曾经举行过国际马术比赛。温榆河畔、中心街北侧的华圣桃园，是金盏乡较早的都市农业项目，为温榆河绿色生态走廊建设提供了示范。

（六）黎各庄

黎各庄位于金盏乡东部边缘的温榆河故道，东隔温榆河与通州区尹各庄、富豪村相望，南与沙窝村接壤，西部毗连楼梓庄、北靠皮村。相传明初该村居民多为屯田的南方黎姓移民，明代成村时称黎家庄。因南方方言"家"与"各"相近，后演变为今名黎各庄。清乾隆年间，黎各庄村兴建酒家，工商合一，前店后厂，自酿自售。黎各庄东有温榆河护堤林带，村北和村东南有片树林，村南建有朝阳陵园。黎各庄原有古庙，新中国成立后改为学校，古庙遗址上尚存一株树龄三百多年的古槐。1939 年、1949 年黎各庄遭遇最大洪涝灾害，水深处没过房顶，村里水可行船，庄稼颗粒无收。

新中国成立以来，黎各庄从传统种植业转型为多种产业并行，包括建立葡萄园，开办养猪场、奶牛场，农、林、牧、渔全面发展。另有铸造厂、油漆厂、建筑队。1993 年黎各庄与北京市殡仪馆管理处联合创建朝阳陵园，建墓穴 17000 个，形成新的服务业态和丧葬文化。21 世纪以来，结合温榆河绿色生态走廊和天安生态园绿化建设，黎各庄和沙窝村再一次大规模平坟迁墓。90 年代末，楼梓庄引进的阿魏菇食用菌生产基地带动黎各庄出口菜生产专业村建设，为村民提供更多就业机会。

（七）沙窝村

沙窝村是朝阳区金盏乡东部与通州区界临界村落，东濒温榆河与通州富豪村隔河相望，南临通州区邓家窑村，西南过坝河与马各庄相交，北与黎各庄接壤。村落海拔 20 米。沙窝村曾名沙务村，村中古庙内的重修碑记可资佐证。因村址濒临温榆河、坝河两河汇合处附近，多沙丘，年深日久形成大片沙地，俗称"沙窝"。且"沙窝"与"沙务"谐音，故更为今名。

温榆河自北向南流经村西南部，村西有大面积水塘。村东、村西各有一条护堤林带。村落东南为金、元时期漕运河道阜通七坝之一的深沟坝遗址。

沙窝湿地原是北京市仅存的几块芦苇型半天然湿地之一，有多种鸟类、哺乳动物和两栖、爬行动物在此栖息。还有三十多种芦苇、香蒲等水生和湿生植物。由于连年干旱，加上城市发展建设飞速发展，以及人们对湿地保护意识不足，沙窝湿地已经不复存在。21世纪以来，根据北京市规划，沙窝村配合温榆河绿色生态走廊和温榆河大道规划，将温榆河与坝河交汇的沙窝三角地带建成温榆河公园新旅游风景区。

20世纪50年代初，沙窝村有100多户800多人。村民除种地务农外，扛活赶脚和具有手工技艺的村民不少；有开油坊和豆腐坊的，还有精通盖四合院的泥瓦匠。进入21世纪前后，沙窝村借助楼梓庄阿魏菇新扩建的种植基地，建成日光温室大棚50栋。又在黎各庄与沙窝村交界处兴建朝阳草莓主题公园，发展都市农业和旅游休闲的绿色产业。

（八）楼梓庄

楼梓庄位于金盏乡乡域西部，濒临坝河弯道北岸。东邻黎各庄，南接马各庄，西与东坝乡三岔河、板桥村相交，东北与曹各庄毗连。

楼梓庄村域周边古有河渡船栈，坝河由西向东流经楼梓庄村南部，村落附近有金代旧漕河，元代郭守敬疏浚开拓的漕运河道——坝河阜通七坝之一的王村坝遗址在村落附近。

楼梓庄村1958年划归北京市朝阳区，1983年属楼梓乡，2004年划归金盏乡。1999年，楼梓庄将发展食用菌产业作为解决三农问题的突破口。在乡蔬菜站的基础上成立乡食用菌专业合作社，并从新疆木垒请来阿魏菇人工培植专家，成为阿魏菇种植专业村和发展基地。2008年在从工业向都市农业转型过程中，北京慧远电线电缆厂总经理承包楼梓庄村南菜地1100亩，建设北京首家蓝莓示范区——蓝调庄园，其经济效益是传统农耕生产的20倍，成为都市型现代农业的新亮点。2009年，楼梓庄全村在金融服务区项目征地和机场二通道建设中腾退拆迁，腾退搬迁户于2011～2013年安置于金泽家园。

（九）北马房村

北马房村，位于金盏乡乡域西南隅，东接金盏东村、雷庄村、楼梓庄，南接三岔河，西北隔北小河与东坝相望，北与行宫庙村毗连。该村成村历史悠久，为明代御马苑遗址之一。曾名北马坊。据《明实录·明宣宗实录》记载："宣德元年（1426）六月，设顺天府坝上南北二仓，专掌马房草料。"① 据考证，该村为明代御马房之一。因该村位置居北，故名"北马房"。今北马房村村东有"草场地"，村南有"马厂"，村西有"马神祠"，附近的大道还有"跑马沟"之称。紧邻还有行宫庙村，据《明实录·明英宗实录》记载："天顺四年（1460）闰月驾幸郑村坝（今东坝）阅仗马。"② 曾在北马房村北建行宫，后为庙，庙周边逐渐形成村落聚居后，即称行宫庙自然村。与北马房村毗连。③ 据考证，从元代即有崔氏和杨氏两大家族移居北马房村。1984年北马房村设为行政村，辖北马房村和行宫庙村两个自然村。2010年在"土储"腾退和机场二通道建设中全村拆迁。

（十）高安屯村

高安屯村，位于金盏乡乡域最南端。东界通州区，南邻五里桥，西接东坝小井村，北靠马各庄。东北邻沙窝村。据《明太宗实录》记载，明永乐十六年（1418）九月乙丑"设北京坝上、义河、北高岸……七仓，隶北京顺天府。"④ 其中高岸即高安村。1917年始见高安屯村名，沿用至今。另外，该村在清代曾有"晾鞍屯""晾安屯"之称，传说乾隆皇帝巡游曾经路过此地歇马晒鞍，所以有此村名。⑤ 1990年高安屯西邻的何家屯、亭家屯两个自然村并入该村，统称今名。

2002年，朝阳区委托房地产经营开发公司征用高安屯村全境土地，建设朝阳区垃圾无害处理中心。2003年上半年，高安屯完成撤村、转居、转工、征地、拆迁、补偿工作，行政村建置撤销。全村1202人转为非农业户

① （明）张辅等纂修《明宣宗实录》卷十八"宣德元年六月丁丑"，"中央研究院"历史语言研究所，1962，第482页。
② （明）孙继宗等纂修《明英宗实录》卷三二二"天顺四年闰十一月己未"，"中央研究院"历史语言研究所，1962，第6680页。
③ 朝阳区地名志编辑委员会编《北京市朝阳区地名志》，北京出版社，1993，第411页。
④ "乙丑设北京坝上义河北高汗石桥南石渠黄土北草场七仓置仓大史副使各一员隶北京顺天府。"（明）张辅等纂修《明实录·明太宗实录》卷二〇四"永乐十六年九月乙丑"，"中央研究院"历史语言研究所，1962，第2104页。
⑤ 朝阳区地名志编辑委员会编《北京市朝阳区地名志》，北京出版社，1993，第411~412页。

口，给予转工安置。

（十一）金盏地区的古今变迁与民俗文化整合创新发展

1. 金盏乡的古今变迁

温榆河金盏地区流域自古平阔坦荡，历代移民迁徙定居，先民们利用温榆河与坝河丰润的水源和年久冲积形成的深厚土地，屯田耕成、繁衍生息。辽元明清时期，温榆河畔还是鱼米之乡。20世纪40年代，时局动荡，战火纷飞，当地小农经济生态遭到破坏，耕作粗放，产量极低。50年代，经过土地改革，农业开始恢复发展。60、70年代，通过治理温榆河、坝河，兴修水利，改进种植品种和种植方式，提高农机作业水平，粮食生产有了大幅提升。80年代，金盏地区开始大力调整农业结构，农、林、牧、渔业多元发展，楼梓庄渔场建成"活鱼库"，成为全市的水产供应基地。金盏东村亩产上千斤，获得北京市政府授予金穗奖。金盏公社和楼梓庄公社成为朝阳区的产粮农业大乡和农副产品生产基地之一，达到了地区农业发展顶峰期。90年代至今，通过企业重组转制、绿化隔离区生态环境建设，设施农业和生态旅游业逐渐形成并初具规模，绿色产业呈现集团式发展。

进入21世纪后，金盏乡历经产业结构调整，形成农殖旅游、休闲科教服务相互融合的区域产业亮点。金盏乡通过农游合一、旅游休闲—都市农业、制造业和第三产业优化组合，使迅速崛起的郁金香花园、蟹岛度假村、阿魏菇生产基地、蓝调庄园等几大新型产业集团成为朝阳区绿色生态旅游乡的经济支柱和知名品牌。

（十二）新中国成立以来金盏乡民俗文化整合创新发展

1. 金盏乡传统民俗文化整合创新

清末民初活跃于金盏乡乡域的民俗文化活动，有锣鼓乐器、高跷会、小车会、狮子会等。年节时期只在规模较大的寺庙或村街上走会表演，没有专门的文化演出场地和设施。

新中国成立初，北马房村成立业余京剧团、长店村成立评剧团，都是金盏乡较为活跃的业余剧团。改革开放以来，高安屯村的高跷会恢复，重新开始活动。1982年，长店村成立高跷会、小车会，金盏、小店等村也组建高跷会、文场会等民间花会。各村陆续建成秧歌队。同年，长店村民武士春的剪纸作品在北京政协礼堂展出，此后被作为区级、市级非物质文化遗产项目进行保护传承。"九五"期间，金盏乡每年在元宵节和七月底举办"元宵佳节文艺汇演"和"消夏联欢晚会"。2000年春节期间，金盏乡举办为时五天的"首届金盏文化节"，全年循例组织正月十五花会、五月的鲜花歌会、夏日文化广场等新节庆活动。

2. 金盏乡创建的新民俗文化

在整合、传承、发展原来的花会民俗文化之外，金盏乡还率先发现扶持乡村文化新典型——农村"文化大院"，出现城乡接合部的新事物"皮村打工人俱乐部""皮村打工者小学"，成为京城和全国首创。

2006年，金盏乡"富贵文化大院"作为金盏文化品牌，会同北京歌剧院、青春朝阳艺术团、中国评剧院、心灵呼唤残疾人艺术团，年均演出20余场，将影响扩大至国内外。同年，金盏乡有8档花会参加正月初一至初五的首届"东岳庙杯"朝阳区民间花会大赛，长店的"飞彪同乐舞狮圣会"和"众生同乐吵子圣会"获得银奖和金奖。2008年北京市旅游局为金盏"富贵""世山"两个文化大院挂牌"乡村梨园"。

进入21世纪以来，新农村建设和新规划发展战略目标的推行使得村村有文化站，乡乡有剧院。2009年春节，北马房剧院接待了区文委组织的三下乡活动。2010年，"富贵""世山"两个文化大院均获得"星火工程文艺演出"二类演出资格，乡政府每年补贴演出费用，进行可持续发展。

3. 金盏乡开创"农游合一"新度假村旅游模式和旅游品牌

进入21世纪，金盏乡建设"农游合一旅游乡"，农业制造业和第三产业优化组合，迅速崛起了郁金香花园、蟹岛度假村、蓝调庄园等几大新型产业集团，在金盏地区原有的文化遗产继承整合下，创新开拓发展了新的都市节庆和民俗节气文化品牌。1989年4月，金盏乡利用桃花盛开的桃园，举办第一届桃花节，至1994年，连续举办六届桃花节。推广以金盏郁金香花园、蟹岛度假村、金港汽车公园为中心的集旅游、观光、度假、农游于一体的都市农业项目品牌，连续举办秋季菊花文化节、金港汽车文化节、螃蟹节主题游园活动等。

十 温榆河绿色生态走廊建设与金盏乡的绿色产业发展

温榆河绿色生态走廊建设，是 21 世纪前后，由北京市决策规划、朝阳区组织实施的重大环境保护和生态项目，金盏地区属于这项系统工程的核心区域。2001 年，金盏乡启动绿色产业招商，2002 ~ 2003 年，金盏乡借助温榆河绿色生态走廊建设战略，借势进行产业结构调整。在其他街乡还停留在腾退拆迁的矛盾纠结之中时，金盏乡已经前瞻性地将温榆河绿色生态走廊建设与金盏乡乡域产业发展、新农村文明环境建设结合在一起。

（一）全面提升金盏地区村落的绿化水平

1999 年，乡党委乡政府将全面提升绿化美化水平作为首项工作来抓。乡政府投资 944 万元，在全乡道路两侧植树 8 万多株，建设占地 388 亩的郁金香公园并种植郁金香 100 万株，全乡绿化覆盖率达到 23% 。2000 年，被评为"全国造林绿化百佳乡"。2002 年、2003 年，结合"温榆河生态走廊"的开发建设和首都第二条绿化隔离带建设的工程规划，借势加快产业结构调整，扩大温榆河沿线的绿化植树面积 4941.7 亩；在温榆河岸建设高尔夫球场馆，种植草坪 600 多亩，温榆河沿线的林网建设达 100 ~ 200 米宽、10公里长，已成为一条绿色生态走廊和亮丽的风景线。

（二）根据都市农业发展方针发展都市农业

根据朝阳区"九五"计划制定的"重点东移，城乡一体，进入市场，建设以'三高'为中心的具有旅游、观赏、无公害"特点的都市农业发展方针，金盏乡把发展都市农业作为全乡经济发展的机遇，结合温榆河绿色生态走廊建设新规划目标，将都市农业发展做大做强。

（三）"以绿招商"作为金盏乡都市农业、三产合一产业结构战略调整的新理念

"以绿招商"是金盏乡都市农业、三产合一产业结构战略调整的新理念。截至 2001 年签约的项目有 9 个，其中如蟹岛绿色生态园、金港汽车公园早已建成投产，效益显著。2003 年 7 月，朝阳区启动第二道绿化隔离地区建设，温榆河绿色生态走廊作为重点工程，河道整治和绿化同时推进，温榆河筑堤扩河工程和沿线永久绿化带年底全面完成，绿化面积超额完成

全年任务的两倍。金盏乡"十五"期间按照文化、体育、健身、旅游、度假、休闲的功能定位，配套中央商务区和朝阳区的"三化四区"，加大开发引资力度，精心选择项目。

（四）合理布局，构建"三带""四区"都市农业绿色生态经济板块

2004 年区划调整后，金盏乡坚持"以人为本，以绿为体，以水为轴，以花为媒"的规划原则，对辖区内土地资源进行产业规划，合理布局，构建"三带""四区"经济板块。"三带"即东部温榆河生态、观光、休闲产业带，中部现代制造业和第三产业发展带，西部南部农游合一生态旅游业产业带。"四区"即温榆河生态开发产业区、北马房现代制造业产业区、楼梓庄文化教育产业区和长店生态旅游产业区。

（五）温榆河绿色生态走廊建设与金盏乡发展齐头并进

2004 年北京朝阳区温榆河生态走廊建设管理委员会入驻金盏乡，统筹温榆河生态走廊的规划、建设、管理。2009 年，启动温榆河景观大道金盏段沿线建筑物腾退工作，至 2010 年 1 月，温榆河大道沿线东村、东窑、雷庄部分村民动迁。至 2013 年，沿河永久绿化带建成，以绿化中心路为轴，形成西北部生态旅游区、东北部绿色产业区。温榆河生态岛已成为野趣横生的公园，吸引城区游客来此休闲。金盏乡借助温榆河绿色生态走廊新规划发展战略和目标实施，一直走在朝阳区发展前列。全长 18 公里的温榆河生态景观大道，北起机场南线，南至朝阳北路，两侧分别按植物层次造景和色彩组团，以银杏、雪松、云杉、白皮松等高大乔木为主景，搭配金叶梅、女贞球等各色彩叶树种，辅以红王子锦带、连翘、大叶黄杨等球花、灌木，形成金盏地区亮丽的环境名片和品牌形象。

十一　国家"十三五"和"十四五"（2016～2025）规划实施期间，温榆河公园绿色生态廊道全面实施与朝阳段示范区建成展示

从 2016 年开始，我国正式步入第十三个五年规划时期。"十三五"时期是全面建成小康社会、建设生态文明和美丽中国的重要时期，是北京市深入贯彻落实习近平生态文明思想，朝着建设国际一流和谐宜居之都战略目标迈进的关键时期。在建设温榆河生态走廊的基础上，温榆河流域在北

京市"十三五""十四五"规划战略目标实施过程中，已建成北京市休闲游憩、运动骑行、教育观赏体验等多元功能合一的温榆河公园生态绿色走廊。

（一）生态文明建设背景下北京温榆河公园的规划目标与建设

1. 北京温榆河公园绿色生态廊道的战略地位与规划实施

进入 21 世纪，特别是国家"十三五"和"十四五"（2016～2025）规划实施期间，北京市对温榆河治理和功能创新，提出了新目标和新要求。在改善水环境、大规模绿化、进一步建设温榆河绿色生态走廊的基础上，提出在生态文明和大运河文化带建设背景下，以更高的目标规划建设温榆河公园绿色生态廊道。

作为朝阳区城乡生态系统建设重大项目，温榆河公园已被列入《北京城市总体规划（2016 年—2035 年）》，作为首都生态环境建设的重点工程。在加强水生态保护与修复的同时，打造"一纵四横，河网交织，湖泊湿地星罗棋布"的蓝网系统，其中"一纵"即指温榆河。建设自然优美的温榆河"一纵"绿色生态带，是温榆河公园绿色生态廊道建设的高标准高起点。

2. 温榆河公园绿色生态廊道建设与开放规划

按照《北京市温榆河公园控制性详细规划》对温榆河公园"一年启动、两年示范、五年成型、十年保育、多年成景"的建设目标要求，2019 年初，温榆河公园朝阳示范区启动建设，开始先行先试，探索积累可借鉴、可复制、可推广的经验。2020 年 9 月 2 日，温榆河公园朝阳示范区举行开园仪式，正式对游人开放。截至 2022 年 4 月底，公园接待游客近 300 万人次，生态监测中发现了中华秋沙鸭、大鸨、青头潜鸭等珍稀鸟类，并连续两年荣登"北京网红打卡地"榜单前列。在总结示范区建设经验基础上，温榆河公园朝阳段一期项目于 2020 年 7 月 31 日启动建设。预计 2023 年底全部建成。

2020 年 9 月开放的温榆河公园朝阳示范区是温榆河公园的核心区域，也是温榆河公园的亮点之一。占地面积约 2 平方公里，东至京承高速，南至黄港南路，西北至清河。在公园建设过程中，朝阳区坚持以河道沟渠生态治理为抓手的三个"优先"——优先确保河道防洪畅通、优先发挥河道生态功能、优先建设两岸慢行系统，把温榆河打造成近自然岸线的滨水风貌展示区。温榆河公园朝阳示范区分为东、西两大园区，园区之间通过步道相连。目前两大园区共有10处主要景点（东园3处，西园7处）。温榆河公园朝阳示范区着力从林（近自然林）、水（水生态）、境（多样生境）、智（智慧公园）、园（林中含园）、土（建筑垃圾资源化）六个方面体现示范性。根据公园内的林、水、境、智、园、土风貌，打造森林乐谷区、梯田湿地区、花溪锦田区、活力东湖区和探险森林区等五个区域；通过水脉串联飞瀑叠翠、兼葭照水、芸上梯田等多个景点。温榆河公园绿色生态廊道的建设，大幅度扩大北京东部蓝绿交织生态空间、满足人民群众对优美生态环境的需要，是首都生态文明建设成果的"金名片"。

　　2022年底建成的金盏森林公园，位于朝阳区金盏乡马各庄，是二道绿隔郊野公园环上的重要一环，也是首都中心城区东北部生态屏障的重要组成部分。金盏森林公园建设大尺度近自然森林，新增造林3785亩、改造提升385亩，绿化总面积3839亩（占总占地面积的92%）。金盏森林公园共设置森林生态涵养区、公园核心区、森林运动休闲区、森林田园观览区四个区域。森林生态涵养区位于公园北侧及西侧，遍植彩叶树种，让游客体验惬意跑步、骑行、赏叶、观鸟等多种活动，以森林景观引领游客体验大自然的魅力。森林运动休闲区位于公园南侧，紧邻南侧居住区，是公园向城市延伸的生态过渡带、周边居民健身娱乐的文化休闲区。该区域将引进足球、篮球、儿童游乐、森林拓展、森林骑行等多种休闲活动项目，为游客提供锻炼身心的活动场所。森林田园观览区位于公园东侧，将结合原有农田和苗圃景观，点缀山楂、枣树、核桃、柿树、石榴等果树，在城市森林中添加田园风光。公园核心区在公园所在的马各庄旧址上，还原了金盏乡的本土乡间风貌。这一区域将在保留村中原有树木的同时，点缀常见的桑树、海棠、石榴等植物，体现乡情、乡愁和乡思。村庄内特色建筑门楼、老村口等代表性的构筑物也将移至核心区广场，供村民观赏留念。在植被设计上，金盏森林公园将结合场地现状，打造大尺度、特色突出的森林、湿地景观。建成后，将进一步完善"二道绿隔郊野公园环"，在中心城区东部形成一处近自然、大尺度、成方连片的郊野公园景观。

（二）大运河文化带建设背景下温榆河生态精品走廊新愿景

　　2017年党的十九大提出"坚定文化自信，推动社会主义文化繁荣兴盛"

的重大战略部署，为将大运河打造成为中华民族伟大复兴的标志性文化品牌提供了宝贵的历史机遇。2019 年 2 月，国务院出台《大运河文化保护传承利用规划纲要》，保护传承建设大运河文化带，被提高到党中央、国务院重大战略决策部署高度。大运河文化带顶层设计的目标是："坚持以文化为引领，打造大运河璀璨文化带、绿色生态带、缤纷旅游带。"2019 年 12 月，北京市发布《北京市大运河文化保护传承利用实施规划》，以 2025 年、2035 年和 2050 年为三个节点，对大运河文化保护传承利用的中长期目标进行规划实施，涉及文物、生态、旅游、景观建设等多个方面。

2020 年 6 月，朝阳区推进全国文化中心建设领导小组出台了《朝阳区大运河文化保护传承利用规划》，对温榆河流域的空间布局与规划建设提出新目标：以绿为底、以水为脉，以森林为主体、湿地为特色、人文为支撑，连点成片；构建以温榆河漕运文化和古驿道文化为历史文脉的生态建设格局，打造温榆河生态精品走廊。

朝阳区温榆河生态精品走廊规划实施目标，包含建设生态文明精品工程、水文化主题展示和打造古驿道文化景观三方面要求。生态文明精品工程，包括构建"面水望河"的景观格局和多样化滨水空间；传承、整合温榆河流域漕运文化和关隘馆驿文化，打造大运河文化带和水生态示范带。加快建成功能完善、生态宜人的孙河郊野公园。水文化主题展示——以"运河水文化"为重点，依托孙河水厂遗址等点位，创新整合为集漕运历史展示、工业遗址展示于一体的特色景观。温榆河古驿道文化景观建设，包括保护金河寺辽代经幢，挖掘望京驿馆、孙堠驿馆等历史文脉，沿驿道设置北齐古长城景观雕塑群；整合辽金金盏淀特色民俗，展示具有金盏特色的古驿道文化、民俗文化。温榆河生态精品走廊，必将在北京大运河文化带的画卷上，书写浓墨重彩的一笔。

综上所述，本章挖掘梳理了温榆河下游孙河地区和金盏地区历史文脉，归纳如下。

第一，梳理元明清以来温榆河河道功能开发与温榆河流域历史文脉积淀，归纳了温榆河上、中、下游流域两千多年来随温榆河功能开发形成的温榆河流域漕运文化历史文脉；屯田耕成、移民迁徙定居历史文脉；官道驿站漕运码头兴起的集镇街市和商贸文化历史。

第二，温榆河朝阳段流域孙河地区历史文脉：以屯田耕戍为底蕴的农耕文明、漕运文化、官道集镇街市文化与流域古迹遗存、庙会民俗文化。

第三，温榆河朝阳段流域金盏地区历史文脉：以屯田耕戍为底蕴的农耕文明、漕运文化、官道驿站集镇商贸文化，和独具时代特色的辽金佛寺经幢文化、明代马房文化、清代园寝古墓文化。

第四，21 世纪以来，随着温榆河绿色生态廊道功能开发规划实施，温榆河朝阳段金盏地区流域发生的古今变迁；传承、整合创新温榆河流域漕运文化和关隘馆驿文化，打造大运河文化带和水生态示范带的美好愿景。

结　语

　　通过以上四编八章篇幅，我们完成了对大运河文化带朝阳段流域通惠河、坝河、萧太后河、温榆河河道和河道流域历史文脉的挖掘、梳理、整合和巡礼。元明清三代对通惠河、坝河、萧太后河、温榆河河道漕运功能的不断开发利用和疏浚治理过程，同时也是通惠河、坝河、萧太后河、温榆河河道流域历史文脉积淀的过程。清末漕运停止，通惠河、坝河、萧太后河、温榆河在结束其漕运功能、被弃置五十年后，在新中国成立 70 多年以来，经过持续不断治理，通惠河、坝河、萧太后河、温榆河河随之发生翻天覆地的变化。通惠河、坝河、萧太后河、温榆河由淤堵不堪的臭河沟，成为当代北京都市生态水系和公园绿色廊道的古今变迁过程，同时也是各河道流域历史文脉革古变新的升华过程。通惠河、坝河、萧太后河、温榆河由以往单一的蓄水泄洪、灌溉排污功能，扩展为璀璨文化带、绿色生态带、缤纷旅游带的多元功能，凝聚了北京市朝阳区委、区政府和全体人民长期以来"理顺水脉、追溯文脉、疏通路脉、保育绿脉"的共同努力。

　　从对这四条漕运河道底蕴深厚、源远流长的历史文脉挖掘梳理中，我们深切体会到，北京大运河朝阳段文化带，不仅是跨越元明清七百多年南北大运河的文脉集萃，更是承载华夏政治国脉、经济命脉、历史文脉和精神气脉源远流长的时空积淀。本书梳理的大运河文化带朝阳段流域通惠河、坝河、萧太后河、温榆河河道流域历史文脉，本身蕴藏着巨大的文化传播价值和亟待挖掘的应用活力，期待它们为北京市朝阳区的大运河文化带传承、利用、活化发展建设做出贡献！

参考文献

（汉）班固撰，（唐）颜师古注《汉书》，中华书局，1962。

（汉）桑钦：《水经》，中华书局，1991。

（北魏）郦道元：《水经注》，商务印书馆，1958。

（唐）李百药：《北齐书》，中华书局，1983。

（唐）魏徵等：《隋书》，中华书局，1973。

（宋）范晔撰，（唐）李贤等注《后汉书》，中华书局，1965。

（宋）洪皓：《松漠纪闻》，吉林文史出版社，1986。

（宋）欧阳修、（宋）宋祁撰《新唐书》，中华书局，1975。

（宋）王辟之撰，吕友仁点校《渑水燕谈录》，中华书局，1981。

（宋）徐梦莘：《三朝北盟会编》，上海古籍出版社，1987。

（元）孛兰肹等著，赵万里校辑《元一统志》，中华书局，1966。

（元）苏天爵辑撰，姚景安点校《元朝名臣事略》，中华书局，1996。

（元）脱脱等：《金史》，中华书局，1975。

（元）脱脱等：《辽史》，中华书局，2016。

（元）脱脱等：《宋史》，中华书局，1977。

（元）熊梦祥：《析津志辑佚》，北京古籍出版社，1983。

（元）叶隆礼撰，贾敬颜、林荣贵点校《契丹国志》，上海古籍出版社，
　　1985。

（明）顾炎武：《昌平山水记》，北京出版社，2018。

（明）蒋一葵：《长安客话》，北京古籍出版社，1980。

（明）李东阳等撰《大明会典》，广陵书社，2007。

（明）李贤等：《大明一统志》，载张元济选目、李致忠主编《四部丛刊四编》，中国书店，2016。

（明）刘侗、（明）于奕正：《帝京景物略》，北京古籍出版社，1980。

（明）宋濂等：《元史》，中华书局，1983。

（明）孙继宗等纂修《明实录·明英宗实录》，"中央研究院"历史语言研究所，1962。

（明）王琼撰，姚汉源、谭徐明点校《漕河图志》，水利电力出版社，1990。

（明）吴仲撰，杨之峰标点《通惠河志》，北京出版社，2019。

（明）徐光祚等纂修《明实录·明武宗实录》，"中央研究院"历史语言研究所，1962。

（明）杨宏、（明）谢纯撰，荀德麟、何振华点校《漕运通志》，方志出版社，2006。

（明）张辅等纂修《明实录·明太宗实录》，"中央研究院"历史语言研究所，1962。

（明）张辅等纂修《明实录·明宣宗实录》，"中央研究院"历史语言研究所，1962。

（明）张懋等纂修《明实录·明宪宗实录》，"中央研究院"历史语言研究所，1962。

（明）张懋等纂修《明实录·明孝宗实录》，"中央研究院"历史语言研究所，1962。

（明）张溶等纂修《明实录·明世宗实录》，"中央研究院"历史语言研究所，1962。

（明）张惟贤等纂修《明实录·明神宗实录》，"中央研究院"历史语言研究所，1962。

（清）毕沅编著，"标点续资治通鉴小组"校点《续资治通鉴》，中华书局，1999。

（清）曹振镛等纂修《清实录·仁宗睿皇帝实录》，中华书局，1986。

（清）李有棠：《辽史纪事本末》，载《续修四库全书》编纂委员会编《续修四库全书》，上海古籍出版社，2002。

（清）马齐等纂修《清实录·圣祖仁皇帝实录》，中华书局，1985。

（清）庆桂等纂修《清实录·高宗纯皇帝实录》，中华书局，1986。

（清）世续等纂修《清实录·德宗景皇帝实录》，中华书局，1987。

（清）谈迁撰，汪北平点校《北游录》，中华书局，1997。

（清）吴长元辑《宸垣识略》，北京古籍出版社，1981。

（清）于敏中等编纂《日下旧闻考》，北京古籍出版社，2000。

（清）允禄、（清）弘昼编《世宗宪皇帝上谕内阁》，载（清）永瑢、（清）纪昀等纂修《景印文渊阁四库全书》，台北商务印书馆，1986。

（清）张廷玉等：《明史》，中华书局，1974。

（清）赵尔巽等撰：《清史稿》，中华书局，1976。

（清）震钧：《天咫偶闻》，北京古籍出版社，1982。

（清）郑日奎：《漕议》，载贺长龄辑《皇朝经世文编》，文海出版社，1972。

（清）周家楣、（清）缪荃孙等编纂《光绪顺天府志》，北京古籍出版社，1987。

《军机处录副奏折》光绪三十二年六月初二日，署两江总督周馥等折。

（宋）苏辙撰，曾枣庄、马德富校点《栾城集》，上海古籍出版社，1987。

（元）揭傒斯著，李梦生标校《揭傒斯全集》，上海古籍出版社，2012。

（元）萨都剌：《念奴娇·登石头城次东坡韵》，载李时人编著《中华山水名胜旅游文学大观》，三秦出版社，1998。

（元）苏天爵编《元文类》，上海古籍出版社，1993。

（明）程敏政：《篁墩文集》，上海古籍出版社，1991。

（明）李时勉：《古廉集》，载（清）永瑢、（清）纪昀等纂修《景印文渊阁四库全书》，台北商务印书馆，1986。

（清）爱新觉罗·敦敏：《懋斋诗钞》，新文丰出版股份有限公司，1977。

（清）宝廷著，聂世美校点《偶斋诗草》，上海古籍出版社，2005。

（清）得硕亭：《草珠一串》，载路工编选《清代北京竹枝词（十三种）》，北京古籍出版社，1982。

（清）富察敦崇：《燕京岁时记》，北京古籍出版社，1981。

（清）麟庆著文，汪春泉等绘图《鸿雪因缘图记》，北京古籍出版社，1984。

（清）潘荣陛：《帝京岁时纪胜》，北京古籍出版社，1981。

（清）田雯：《古欢堂集》，载（清）永瑢、（清）纪昀等纂修《景印文渊阁四库全书》，台北商务印书馆，1986。

（清）汪述祖：《二闸竹枝词》，载丘良任、潘超、孙忠铨总主编《中华竹枝词全编》，北京出版社，2007。

（清）文昭：《紫幢轩诗》，中国国家图书馆电子古籍本，清康熙雍正间（1662—1735）。

著作

侯仁之：《步芳集》，北京出版社，1981。

崇彝：《道咸以来朝野杂记》，北京古籍出版社，1982。

蔡蕃：《北京古运河与城市供水研究》，北京出版社，1987。

常征、于德源：《中国运河史》，燕山出版社，1989。

朝阳区地名志编辑委员会编《北京市朝阳区地名志》，北京出版社，1993。

北京市公路局、北京市公路局通县分局编《通县公路志》，北津出版社，1995。

北京市档案馆编《北京寺庙历史资料》，中国档案出版社，1997。

侯仁之：《明清北京城》，载《侯仁之文集》，北京大学出版社，1998。

蒋效愚、李凤玲主编《京畿丛书·朝阳》，北京图书馆出版社，1998。

北京市地方志编纂委员会编《北京志·地质矿产水利气象卷·水利志》，北京出版社，2000。

〔韩〕林基中主编《燕行录全集》，东国大学校出版部，2001。

尹钧科：《北京郊区村落发展史》，北京大学出版社，2001。

《温榆水经》，北京市朝阳区文化委员会，2003。

侯仁之主编《什刹海志》，北京出版社，2003。

王永斌：《北京的关厢乡镇和老字号》，东方出版社，2003。

北京市政协文史资料委员会编《北京文史资料》第68辑，北京出版社，2004。

于德源:《北京漕运和仓场》,同心出版社,2004。

杨良志选编《金受申讲北京》,北京出版社,2005。

朝阳区非物质文化遗产保护工作小组《北京非物质文化遗产》,2007。

陈瑞芳:《十里河》,世界知识出版社,2007。

高春利、李萍、曹彦生主编《高碑店村民俗文化志》,民族出版社,2007。

尹钧科、吴文涛:《历史上的永定河与北京》,北京燕山出版社,2008。

孙爱军主编、北京民俗博物馆编《东坝民俗文化志》,民族出版社,2009。

王文和:《京东重镇——东坝风情录》,东坝地区工委东坝地区工委,2009。

赵书主编,北京民间文艺家协会编著《北京胡同故事》,文物出版社,2009。

郑永华:《姚广孝史事研究》,人民出版社,2011。

吴文涛:《北京水利史》,人民出版社,2013。

北京市朝阳区文化委员会编《朝阳文物志》,文物出版社,2014。

林京:《寻觅旧京》,人民文学出版社,2014。

叶广芩:《太阳宫》,太白文艺出版社,2015。

〔美〕约翰·詹布鲁恩摄影《约翰·詹布鲁恩镜头下的北京:1910—1929》,中国摄影出版社,2016。

《北京市朝阳区豆各庄乡志》编纂委员会编《北京市朝阳区豆各庄乡志》,中国时代经济出版社,2016。

老舍:《四世同堂》,东方出版中心,2017。

吴文涛:《萧太后河历史探源及相关文献辨析》,载《北京史学论丛(2016)》,中国社会科学出版社,2017。

赵福生、蔡蕃:《北京大运河概述》,载《北京文博文丛》,北京燕山出版社,2017。

《金盏乡志》编纂委员会编《金盏乡志》,中国文史出版社,2018。

蔡蕃、裴玉娜:《中国大运河水利工程概论》,载李泉主编《运河学研究 第2辑》,社会科学文献出版社,2018。

报刊论文

沈从文:《逛二闸》,《晨报副刊》1927年9月28、29、30日。

华北特别市工务局：《北平通航计划之草案》，《中华工程师学会学报》1928
　　　年15第7、8期。

华南圭：《北平特别市工务局组织成立宣言》，《中华工程师学会学报》1928
　　　年15第5、6期。

蔡蕃：《元代的坝河——大都运河研究》，《水利学报》1984年第12期。

李燮平：《明初徐达筑城与元大内宫殿的拆毁——"明代北京营建始末"辨
　　　析之一》，《故宫博物院院刊》1997年第2期。

李增高：《明代北京地区的农业》，《古今农业》2001年第2期。

李增高：《明代的马政及北京地区的养马业》，《古今农业》2002年第3期。

邓庆平：《明清北京的马神崇拜及其功能、意义的转变》，2006年第2期。

李裕宏：《京水钩沉（一）》，《北京规划建设》2007年第1期。

李裕宏：《京水钩沉（三）》，《北京规划建设》2007年第3期。

耿长宝：《另眼看京城之酒仙桥——寻访酒仙桥的前世今生》，《北京纪事》
　　　2009年第11期。

王秋霞：《寻访失落的萧太后河》，《环境与生活》2010年第10期。

刘精义、吴梦麟：《碑刻与文献中记载的明永乐朝采木》，载《中国紫禁城
　　　学会论文集（第七辑）》，故宫出版社，2012。

吴文涛：《大运河对北京的历史文化意义》，《前线》2014年第11期。

杨玉昆：《历史上的三条东直门外大街》，《北京档案》2016年第7期。

郗志群：《北京大运河"五脉"：独具魅力的文化符号》，《北京日报》2017
　　　年12月25日。

景萌：《大运河北京段古桥研究》，北京建筑大学硕士论文，2018。

吴文涛：《北京运河的历史变迁及其文化意义》，《北京史学》2018年春季
　　　刊（总第7辑）。

报告规划

《坝河流域（含东坝古镇）历史文化资源保护与利用研究》，载《朝阳区文
　　　旅局"十三五"课题研究报告》，2017。

《东坝三村历史民俗文化资源保护与利用研究报告》，载《朝阳区文旅局

"十三五"课题研究报告》，2017。

《将台乡历史文脉课题研究报告》，载《朝阳区文旅局"十三五"课题研究
　　报告》，2017。

《太阳宫文化历史发展研究》，载《朝阳区文旅局"十三五"课题研究报
　　告》，2017。

《左家庄历史文化脉络研究报告》，载《朝阳区文旅局"十三五"课题研究
　　报告》，2017。

《朝阳分区规划（国土空间规划）（2017年—2035年）》，2019。

《朝阳区大运河文化保护传承利用规划》，2020。

其他

北京朝阳区庆丰公园。

北京朝阳区文化馆非遗中心供图。

北京朝阳区萧太后展览馆。

北京酒仙桥798艺术区管委会供图。

北京市朝阳区高碑店村史博物馆。

北京市朝阳区人民政府网站。

北京市朝阳区水务局。

北京市朝阳区文化馆供图。

北京市朝阳区文化旅游局。

北京市朝阳区文化旅游局文物管理所。

北京市市政设计研究院总院有限公司。

北京市通州区图书馆。

后　记

　　2020 年 9 月,《大运河文化带北京朝阳段流域历史文脉》作为"大运河文化带丛书"首册开局实施。编委会提供的资料《北京朝阳区"十三五(2016—2020)"时期课题研究》,是 11 份完成于 2016～2018 年的《朝阳区历史文化风貌保护规划深入研究报告》,内容包括朝阳区部分街乡和河道的历史文化资源保护和利用研究,篇幅长短不一。虽然与最终定稿的《大运河文化带北京朝阳段流域历史文脉》宗旨、题目、体例、内容、范围明显不同,仍具有参考价值。

　　在邀请国内相关专家反复研讨后,《大运河文化带北京朝阳段流域历史文脉》的编撰目标、原则、体例、结构和内容大纲,得到北京朝阳区文旅局和编委会首肯。

　　通过搜集研究国内外已经出版的大运河相关论著,我们发现大部分论著的时间脉络或止于清代,不涉及新中国成立以来的 70 多年历程;或在空间上仅限于河道,河道流域往往一笔带过。不符合本书"大运河文化带历史文脉",必须兼具河道和河道流域源流追溯,必须时间历时性和空间共时性相结合的原则。经过反复研究讨论,我们决定将本书时间脉络由元明清,延展到新中国成立以来直至 2025 年"十四五"规划完成年为止;将空间脉络由河道扩展到河道流域。这意味着所有的文献资料搜集、实地走访调研工作量,因此增加一倍到一倍半以上。从已经完成的书稿看,这样的投入是值得的,目前的篇章结构编撰,不仅可以使读者看到元、明、清三代大运河历史文脉的积淀形成和兴衰过程,同时更可以看到新中国成立 70 多年来,大运河文化带朝阳段历史文脉复兴、整合重构的传承利用、活化创新过程。这正是本书的创新和填补空白之处。

感谢北京朝阳区文旅局领导和本书顾问、总编、副主编、全体编委会委员对本书的指导，感谢北京朝阳区文旅局文管所领导和项目负责人，对我们的支持。本书历经三稿修改，2021 年第一稿 40 多万字，2022 年第二稿 58 万字，2023 年第三稿 43 万字。

感谢中国非物质文化遗产保护中心原副主任、著名中国非遗专家田青先生和中国社会科学院吴光兴先生对本书的肯定鼓励和推荐；感谢中国社会科学院文学研究所学术委员会委员的支持，使本书入选为中国社会科学院老年科研基金出版资助项目。感谢中国社会科学院院离退休干部局老年科研基金资助本书出版。感谢社会科学文献出版社王玉霞编辑对本书文稿、图片和文献使用的建议，感谢出版社郭峰老师和本书编辑李淼老师对本书的审定和建设性建议。感谢王子林先生，花费大量的时间和精力，对本书四百多条注释和参考文献引用书目逐一查证、审定。没有上述所有人的鼎力支持，就没有本书的顺利出版。在此一一深表感谢！

2023 年 12 月于
北京

图书在版编目（CIP）数据

大运河文化带北京朝阳段流域历史文脉 / 王筱芸，
潘潇琦编著. -- 北京：社会科学文献出版社，2023.12
（中国社会科学院老年学者文库）
ISBN 978 - 7 - 5228 - 2883 - 1

Ⅰ.①大…　Ⅱ.①王…　②潘…　Ⅲ.①大运河 - 文化
史 - 朝阳区　Ⅳ.①K928.42

中国国家版本馆 CIP 数据核字（2023）第 225368 号

中国社会科学院老年学者文库
大运河文化带北京朝阳段流域历史文脉

编　　著 / 王筱芸　潘潇琦

出 版 人 / 冀祥德
组稿编辑 / 任文武
责任编辑 / 李　淼　郭聪燕　黄　丹
责任印制 / 王京美

出　　版 / 社会科学文献出版社·城市和绿色发展分社 (010) 59367143
　　　　　　地址：北京市北三环中路甲 29 号院华龙大厦　邮编：100029
　　　　　　网址：www. ssap. com. cn
发　　行 / 社会科学文献出版社 （010）59367028
印　　装 / 三河市尚艺印装有限公司

规　　格 / 开 本：787mm × 1092mm　1/16
　　　　　　印 张：26.75　字 数：408 千字
版　　次 / 2023 年 12 月第 1 版　2023 年 12 月第 1 次印刷
书　　号 / ISBN 978 - 7 - 5228 - 2883 - 1
定　　价 / 128.00 元

读者服务电话：4008918866